ANTOLOGÍA DE LA LITERATURA ESPAÑOLA

EDAD MEDIA

ANTOLOGÍA DE LA LITERATURA ESPAÑOLA

EDAD MEDIA

Bárbara Mujica
Georgetown University

en colaboración con Amanda Curry

RESOURCE *Publications* · Eugene, Oregon

Resource Publications
A division of Wipf and Stock Publishers
199 W 8th Ave, Suite 3
Eugene, OR 97401

Antologia de la Liteatura Espanola: Edad Media
By Mujica, Bárbara

ISBN 13: 978-1-60608-192-1
Publication date 9/17/2008
Previously published by John Wiley & Sons, Inc., 1991

A Samuel G. Armistead
Con afecto y gratitud

PREFACIO

El proyecto de crear esta antología se originó en una conversación con un colega que tuvo lugar hace ocho años en un pasillo viejo y ruinoso del edificio que era entonces la Facultad de Lenguas y Lingüística de la Universidad de Georgetown. El tema era la falta de textos adecuados para la enseñaza de nuestros cursos generales de literatura. Casi medio siglo había pasado desde la publicación de la antología de Angel del Río, aún la preferida por la mayoría de nuestros compañeros que enseñaban cursos en los cuales se ofrecía un bosquejo de la literatura española. Aunque existían otras antologías más modernas, por lo general éstas no ofrecían la gran variedad de textos que se ofrecían en la de del Río. Sin embargo, la antología de Angel del Río terminaba con la generación del '27. Mucho se había escrito desde su publicación. Aun en los campos de la literatura medieval y renacentista, la crítica había avanzado muchas nuevas teorías y la disponibilidad de nuevos textos y ediciones suministraba al antologista moderno material más auténtico y exacto. Además, esta colección tan preferida por muchos profesores de literatura ya era difícil de conseguir.

Se emprendió la creación de esta nueva *Antología de la literatura española* para satisfacer las necesidades pedagógicas de la generación actual de profesores de literatura. Este libro es el primero de cuatro tomos. El segundo volumen se titula *Renacimiento y Siglo de Oro*; el tercero se llama *Siglos XVIII y XIX* y el cuarto, *Siglo XX*. Para compilar los cuatro volúmenes de esta colección, se han empleado las mejores ediciones disponibles de los textos. Se ha hecho un esfuerzo por ofrecerle al instructor una gran variedad de material y, de hecho, se representan aquí varios autores y obras que no se han incluido anteriormente en antologías de este tipo.

Cada sección comienza con una introducción general. Estas introducciones reflejan las corrientes críticas más recientes y, en el caso de teorías divergentes, se explican ambas perspectivas. Aunque las limitaciones de espacio han impedido que se incluya una bibliografía completa para cada sección, se han sugerido algunas ediciones críticas que le serán útiles al estudiante que quiera examinar el texto más a fondo.

Para facilitar la lectura, se han incluido glosas al costado del texto o al pie de la página. Estas contienen información lingüística o histórica que ayudará al estudiante a descifrar el material sin recurrir constantemente a libros de referencia.

Durante la Edad Media la lengua estaba en un estado de formación. Para dar al estudiante una idea del español medieval, se ha resistido la tentación de modernizar los textos. A causa de la gran diversidad de formas lingüísticas que se empleaban en el período y también la variedad de fuentes que se han utilizado para preparar esta antología, ha sido imposible imponer una ortografía uniforme. Sin embargo, por lo general, se ha mantenido la uniformidad dentro de cada selección. La excepción sería una obra como La Celestina, en la que se han señalado ciertas variaciones (por ejemplo, «aucto», «auto», «acto») precisamente para demostrar las fluctuaciones léxicas.

Esta antología se podrá emplear a varios niveles. El profesor del *survey* clásico que se ofrece en la gran mayoría de universidades norteamericanas encontrará ejemplos de todos los géneros literarios y selecciones de todos los autores principales. El amplio surtido de textos le proveerá de la oportunidad de eligir esas selecciones que le sirvan para su curso. El profesor de cursos más avanzados y especializados encontrará en cada uno de los tomos suficiente material para el estudio de un período específico. Esta colección también será ideal para el *graduate survey* que se ofrece en algunas universidades, o podrá servir de repaso al estudiante graduado que prepara sus exámenes. Al profesor y especialista, estos cuatro volúmenes le servirán de libros de referencia.

En los dos primeros volúmenes, se han organizado las selecciones por género literario, lo cual permitirá al estudiante seguir el desarrollo de un género particular desde sus orígenes. También permite que esta antología se emplee para cursos especializados sobre materias como, por ejemplo, la poesía medieval o el teatro del Renacimiento. Sin embargo, si el professor prefiere una presentación estrictamente cronológica, no le será difícil reordenar las selecciones.

La preparación de esta antología ha sido una tarea

larga y ardua. De hecho, duró bastante más tiempo que la construcción del hermoso edificio nuevo donde ahora se encuentra la Facultad de Lenguas y Lingüística. Durante los últimos ocho años he tenido la excelente fortuna de poder contar con los talentos, ayuda y buena voluntad de muchas personas. Quisiera agradecer a Ronald Nelson, editor encargado de libros en lenguas extranjeras de John Wiley & Sons, que ha apoyado este proyecto desde el principio, y con quien he trabajado en éstos y otros libros durante unos quince años. Estoy igualmente agradecida a Micheline Frederick, supervisora de producción, y a Ann Marie Renzi, diseñadora, ambas de Wiley. También quisiera agradecer a mi colaboradora, Amanda Curry, que ha hecho contribuciones significantes al primer tomo, a Julio Baena por su lectura meticulosa y sus sugerencias excelentes, a mis colegas Thomas Walsh y Héctor Campos, quienes me han ayudado a resolver numerosos problemas lingüísticos y a Carolyn Colwell, Assistant Reference Librarian de la biblioteca de Georgetown, quien me ayudó a localizar muchos textos raros y difíciles de encontrar.

Estoy especialmente agradecida a los profesores Aníbal Biglieri (University of Kentucky), Louis C. Pérez (Pennsylvania State University), y Kenneth Scholberg (Michigan State University), por sus recomendaciones valiosas. Estos comentarios fueron solicitados por Wiley y me fueron enviados anónimamente. Sin embargo, tardé solo segundos en reconocer la voz (que emanaba de las hojas de papel) de mi viejo amigo y antiguo profesor, Samuel G. Armistead (University of California-Davis), cuyas observaciones llenaban cuarenta páginas llenas de importante información histórica, lingüística y bibliográfica.

Finalmente, quisiera agradecer a mi esposo, Mauro E. Mujica, quien ha leído con paciencia mucho de este material y ha ofrecido numerosas sugerencias.

Bárbara Mujica
Georgetown University
Washington, D.C., 1990

INDICE

ANTOLOGÍA DE LA LITERATURA ESPAÑOLA

EDAD MEDIA

Poesía

LA LIRICA TEMPRANA

Interior de la Mezquita de Córdoba.

Hasta hace relativamente poco, se creía que la literatura española comenzaba con un poema épico, *El Cantar de mio Cid*, cuya fecha de composición la mayoría de los investigadores han colocado durante la primera mitad del siglo XII, pero que algunos colocan al principio del siglo XIII. Con el descubrimiento de la *kharja* (palabra árabe cuya forma españolizada es jarcha), la literatura española se hizo por lo menos un siglo más antigua, y no comienza con la épica, sino con la lírica.

¿Qué es la jarcha? Para contestar esta pregunta de una manera adecuada tenemos que recordar el momento histórico en que se producen los primeros brotes de la literatura española. En el año 711 los árabes invaden España. Traen con ellos una nueva religión—el Islam—, además de conceptos políticos y sociales que tendrán una gran influencia en España durante los siglos venideros. La dominación árabe tiene un impacto profundo sobre todo en el arte y en la literatura.

Además de los musulmanes, existía una población judía que enriquecía el ambiente con sus dotes administrativas, comerciales, intelectuales y artísticas. Durante la Edad Media, árabes, judíos y cristianos ocupan la Península, a veces con tolerancia y buena voluntad, a veces con tensión y violencia. En Asturias se organiza la resistencia. La Reconquista dura ocho siglos. En 1492, los Reyes Católicos, Fernando e Isabel, logran tomar Granada, último baluarte de los invasores, lo que pone fin a la ocupación árabe. Ese mismo año se expulsa a los judíos de España; cuatro años más tarde salen de Portugal. Pero a pesar de su éxodo forzado, las poblaciones semitas tuvieron una influencia decisiva en el desarrollo de la cultura española.

Los poetas cultos hebreos y árabes—los más antiguos que conocemos son del siglo XI—hacían unas composiciones que se llamaban *muwashshaḥāt* (singular: *muwashshaḥa*). Estos poemas se escribían en árabe o en hebreo, pero al final, se ponía una jarcha (del verbo árabe *kharaje*, "salir")—es decir, una estrofilla escrita no en el mismo idioma que el resto de la composición, sino en el dialecto hispano-romance que hablaba toda la población de la España musulmana: tanto musulmanes, como judíos y mozárabes (cristianos sometidos a la dominación mora). La *muwashshaḥa* era una composición original que requería el uso de un lenguaje muy refinado. La jarcha, en cambio, se tomaba de una tradición oral cantada y viva. El lenguaje era más conversacional; a veces se mezclaban palabras árabes con el romance. En muchos casos las jarchas provenían de una tradición muy antigua, de las profundidades de la Edad Media, aunque en otros, eran de la misma época de la *muwashshaḥa*. El lenguaje de las jarchas más antiguas, según el crítico Dámaso Alonso, es tan antiguo que, en su comparación, parece de ayer el del *Cantar de mio Cid*.

Ya en el siglo XIX, el investigador Marcelino Menéndez Pelayo sospechaba la existencia de una tradición lírica más antigua que *El Cid*. En 1948, el arabista Samuel Stern descubrió y publicó algunas jarchas. Después, el hebraísta español Francisco Cantera toma la lectura bastante rudimentaria de Stern, que sabía poco español, y la convierte en un texto ya muy coherente. Emilio García Gómez retoca y mejora las lecturas precedentes, e interpreta algunas de las jarchas no descifradas.

Hoy en día existe una corriente crítica que duda de la autenticidad de muchas de estas interpretaciones. Se trata de un lenguaje muy antiguo, difícil de descifrar. Como en la escritura árabe no se escribe la vocal, muchas palabras se prestan a varias traducciones. Algunos críticos alegan que las transcripciones de los primeros investigadores son creaciones propias y no recreaciones de textos auténticos, aunque la mayoría de los expertos no aceptan esta hipótesis.

La costumbre de cerrar las *muwashshaḥāt* con una estrofa final en romance hispánico fue primero árabe, y de los árabes la imitaron los poetas hebreos. Sin embargo, Stern encontró sólo una *muwashshaḥa* árabe con estrofa en romance; el resto eran hebreas. En 1952 García Gómez publicó veinticuatro jarchas de *muwashshaḥāt*.

El tema de la jarcha es usualmente el amor. El poeta árabe Ibn Sanā' al-Mulk describe la manera correcta de componer una jarcha en el prefacio a una colección de *muwashshaḥāt* escritas al principio del siglo XIII: Los requisitos son que sea erótica o aun escabrosa, que esté o en árabe conversacional o en algún otro idioma vernáculo, como el mozárabe, y que sea cantada en primera persona singular por una mujer o un joven.

De hecho, el 80% de las jarchas conocidas están en voz de mujer. A menudo se dirige a otra persona, por ejemplo, a su madre o a una amiga, que llama «hermana». A veces su interlocutor es su amado, un pariente, o un grupo de amigas. Nunca tiene miedo de que la castiguen por su franqueza. Al contrario, las jarchas revelan mucha confianza entre las mujeres.

Ibn Sanā' al-Mulk explica que la estrofa final es la parte esencial de la *muwashaha* y debe ser compuesta primero porque a su metro y rima obedece todo el poema. A veces los poetas, por ser incapaces de escribir buenas jarchas, tomaban una ajena, lo cual, según el tratadista, era mejor que usar una original de calidad inferior. Así, las jarchas pasaban de una generación a la próxima. La más antigua que conocemos es de Yosef el Escriba, escrita por lo menos cien años antes que *El Cid*. Esta jarcha es entonces el primer poemita europeo escrito en una lengua vulgar de que tenemos noticia.

La lírica femenina, de la cual las jarchas son el ejemplo más antiguo, no se limita a España. Casi todos los países de Europa tienen un cuerpo de «canciones de mujer». Hay muchas semejanzas entre las jarchas y el *Frauenlied* alemán, la *cantiga de amigo* gallego-portuguesa, el villancico castellano y las canciones folklóricas de Cataluña, Italia, Grecia y otras áreas. Margit Frenk Alatorre ha encontrado *chansons de femme* francesas de los siglos XIII y XIV que son muy semejantes a ciertas jarchas.

¿Qué influencia tuvieron las jarchas en el desarrollo de la lírica española? Resulta que ciertas de estas estrofillas sobrevivieron, con modificaciones, y se convirtieron en canciones folklóricas llamadas *villancicos*. Unas pocas de estas canciones se cantan aún hoy en varias partes de España y en Latinoamérica, aunque estos casos son muy raros.

El villancico es una canción popular rústica con estribillo. Algunos, aunque no todos, están relacionados estructural y temáticamente con las jarchas. La temática del villancico es mucho más variada que la de la jarcha. Abarca casi todos los aspectos de la vida del pueblo—el amor, el trabajo, la naturaleza, el mito, la religión, el juego, la fiesta. Hay villancicos burlescos que revelan la picardía y el buen humor del campesino y canciones de Navidad que revelan su fe y su devoción. Aunque a veces la situación es semejante a la de muchas jarchas—una joven que se queja del amante a su madre o a una amiga—el tono ha cambiado. Ahora la muchacha tiene miedo de que la castiguen. Algunos críticos han sugerido que esta modificación se debe al dominio cristiano del período que sigue a la expulsión de la población semita.

Debemos muchos de nuestros conocimientos de la lírica temprana a estudiosos del Renacimiento, que recogían canciones y romances tradicionales. Antes del descubrimiento de las jarchas, se creía que Castilla no había tenido una tradición lírica primitiva. Se creía que la lírica era gallego-portuguesa y provenzal, porque existían excelentes cancioneros con un gran número de ejemplos compilados durante el siglo XV. En 1919, Ramón Menéndez Pidal expuso su teoría tradicionalista, que supone que los cantarcillos utilizados por los dramaturgos del Renacimiento tenían que obedecer a una tradición innegable en cuanto a la forma y a la temática, y aun en cuanto a la función que desempeñaban en el drama. Postuló la existencia de una corriente lírica castellana paralela a la gallego-portuguesa. Más tarde ofreció algunas pruebas de esta teoría, mostrando que la estrofa conocida con el nombre de zéjel, inventada posiblemente por Muquaddam ibn Mucāfa al-Qubrī en el siglo IX, había sido imitada por los poetas provenzales, gallego-portugueses, italianos y españoles. El zéjel era una poesía escrita en lengua vulgar o callejera que a veces incluía palabras romances. La forma del zéjel es una serie de trísticos monorrimos (tres versos que riman entre sí), seguidos de un verso más. Algunos de los villancicos españoles más populares y antiguos están en forma de zéjel, por ejemplo, esta canción para callar al Niño Jesús:

Calladvos, Señor,
nuestro Redentor,
que vuestro dolor
durará poquito.

El descubrimiento de la relación entre el villancico y el zéjel es importante porque demuestra que la lírica gallego-portuguesa y la castellana tienen una raíz común.

Esta primera, la gallego-portuguesa, se divide tradicionalmente en dos categorías: las cantigas de amigo, que la crítica ha calificado como creaciones populares y espontáneas, y cantares de amor, que se han clasificado como artificiales y cortesanas, meras imitaciones de la lírica provenzal. El crítico español Eugenio Asensio ha demostrado que las cantigas de amigo y los cantares de amor se distancian menos de lo que suele pensarse.

Ambas parecen tener su origen en la canción de mujer. Por lo general, se trata de una temática bastante limitada. El amor es la preocupación central. En las cantigas de amigo, se pasa por alto lo anecdótico; más importantes que el contexto o la situación son los sentimientos. Las cantigas de amigo cuentan con un número reducido de escenas. Típicamente una joven se queja de sus desdichas en el amor. La ausencia o la timidez del amante, la oposición de los padres y la infidelidad son temas recurrentes. En ciertas cantigas, por ejemplo, las de romería o las de mar, hay un contexto específico. En las de romería, la escena es un santuario, donde la amiga ruega por el amigo que está combatiendo contra los moros. En las marineras, la doncella mira con ojos hostiles el mar que lleva a su amigo al combate. A veces se mencionan los barcos o el paisaje; a veces se identifica el lugar—riberas de Lisboa, por ejemplo. Pero el enfoque siempre es la emoción. La cantiga refleja el mundo interior y borra el exterior.

La lírica popular y folklórica provee de base a toda la expresión poética, aun la culta. Antes del siglo XIV la influencia transpirenaica es pujante en todos los aspectos intelectuales y artísticos de la vida española. Llegan a la Península Ibérica grandes números de monjes, soldados, artistas, trovadores y agricultores de Francia. Las gestas y la lírica provenzal se injertan en la poesía existente. Tanto en las cantigas de amigo como en los cantares de amor son evidentes los temas y ademanes trovadorescos. El concepto del amor como *cuita* o aflicción comienza a dominar. El amante—ya sea hombre, ya sea mujer—sufre y aguanta. La nueva poesía recalca la angustia al mismo tiempo que insiste en el valor de la mesura.

La poesía culta se satura de estos temas y conceptos. En las cantigas populares, la mujer sigue siendo la campesina, aunque a veces los poetas le atribuyen la frialdad y altivez que son características de las damas de la poesía provenzal. En la lírica culta, la mujer comienza a ser endiosada; poco a poco se convierte en ese ser enigmático e inalcanzable que cantan los trovadores. A la simple muchacha de los cantares tempranos la reemplaza una gran señora a quien el poeta aspira casi siempre en vano. La poesía culta, empapada de valores feudales, transforma a la mujer en un ídolo a quien el poeta sirve y adora con fervor religioso. Estos conceptos se mantendrán vigentes durante el Renacimiento y le servirán de base a toda la poesía amorosa.

Para el estudio de la jarcha recomendamos *Corpus de poesía mozárabe*, de J. M. Sola-Solé (Barcelona: Hispam, 1973); para el de la cantiga y del villancico, *Lírica hispánica de tipo popular: Edad media y renacimiento* de Margit Frenk, (México: Universidad Nacional Autónoma de México, 1966) y *Corpus de la antigua lírica popular hispánica*, de Margit Frenk, John Albert Bickford y Kathryn Kruger-Hickman (Madrid: Castalia, 1987).

Una nota sobre el español antiguo

Para facilitar la lectura de textos antiguos, señalamos las siguientes características del español medieval:

La **f** se escribe en muchas palabras en que actualmente se usa una **h: fermosa (hermosa).**

La **x** se escribe donde actualmente se usa una **j: dixo (dijo).**

La **t** se escribe en vez de **d** al final de ciertas palabras: **verdat (verdad).**

En ciertos casos se alternan la **e** y la **i: recebir** por **recibir; dicir** por **decir.**

En ciertos casos la **o** se usa en vez de **u: sos** por **sus; sospiró** por **suspiró.**

Agora se usa a menudo en vez de **ahora.**

Ansí se usa en vez de **así.**

De se combina con pronombres y adjetivos demostrativos para formar una sola palabra: **de él = dél; de esto = desto.**

La terminación **-escer** es común en los verbos que hoy en día terminan en **-ecer: parescer (parecer).**

JARCHAS

Garid vos, ay yermanillas, ¿cóm' contener a meu male? Sin el *ḥabīb* non vivreyu: ¿ad ob l'irey demandare?	*Decidme, ay hermanitas, ¿cómo contener mi mal? Sin el amado no viviré: ¿adónde iré a buscarlo?*
¡Tant' amare, tant' amare, *ḥabīb*, tant' amare! ¡Enfermaron welyos, guay Deus! e duelen tan male.	*¡Tanto amar, tanto amar, amado, tanto amar! ¡Enfermaron (mis) ojos, ay Dios! y duelen tanto.*
Vaise mio corachón de mib. ¡*Ya Rab!* ¿si se me tornarad? Tan mal miio doler *li-l-ḥabīb*: enfermo yed, cuánd sanarad?	*Vase mi corazón de mí. ¡Ay Dios! ¿acaso tornará? Tan grande es mi dolor por el amado: enfermo está, ¿cuándo sanará?*
Meu sidi Ibrahim, ya nuemne dolche, vent' a mib de nohte. In non, si non queris, yireim' a tib: garme d'on venis.	*Señor mío Ibrahim, ¡oh dulce nombre! vente a mí de noche. Si no, si no quieres, iréme a ti: dime dónde encontrarte.*
Gar, ¿qué fareyu? ¿cómo vivrayu? Est' *al-ḥabīb* espero, por él murrayu.	*Dime, ¿qué haré? ¿cómo viviré? A este amado espero, Por él moriré.*
¿Qué faréi, mamma? Meu *al-ḥabīb* est ad yana.	*¿Qué haré, madre? Mi amado está a la puerta.*

CANTIGAS DE AMIGO

Pela ribeira do rio cantando ia la virgo d'amor:	*Por la ribera del río cantando iba la doncella de amor:*
«Quen amores á ¿cómo dormirá? ¡Ai, bela frol!	*«Quien amores tiene ¿cómo dormirá? ¡Ay, bella flor!*
—Tal vai o meu amigo con amor que lh'eu dei come cervo ferido de monteiro del-rei.	*—Así va mi amigo. con el amor que yo le di como el ciervo herido por el montero del rey.*
Tal vai o meu amigo, madre, con meu amor come cervo ferido de monteiro maior.	*Así va mi amigo, madre, con mi amor como ciervo herido por el montero mayor.*
E se el vai ferido, irá morrer al mar: si fará meu amigo se eu d'el non pensar.	*Y si él va herido, irá a morir al mar: así hará mi amigo si yo no me acuerdo de él.*
—E guardade-vos, filha, ca já um atal vi que se fez coitado por guaanhar de mi.	*—Tened cuidado, hija, que yo a alguno he visto que se ha fingido afligido (de amor) para alcanzarme a mí.*

E guardade-vos, filha,
ca já um vi atal
que se fez coitado
por de min guaanhar.

Y tened cuidado, hija,
que yo he visto a alguno
que se ha fingido afligido
para alcanzarme a mí.

Ondas do mar de Vigo,
¿se vistes meu amigo?
E ai Deus, ¡se verrá cedo!

Ondas do mar levado,
¿se vistes meu amado?
E ai Deus, ¡se verrá cedo!

¿Se vistes meu amigo,
o por que eu sospiro?
E ai Deus, ¡se verrá cedo!

¿Se vistes meu amado,
por que ei gram cuidado?
E ai Deus, ¡se verrá cedo!

Ondas del mar de Vigo,
¿acaso habéis visto a mi amigo?
Y, ay Dios, ¿si vendrá pronto?

Ondas del mar llevado,
¿acaso habéis visto a mi amigo?
Y, ay Dios, ¿si vendrá pronto?

¿Acaso habéis visto a mi amigo
aquél por quien yo suspiro?
Y, ay Dios, ¿si vendrá pronto?

¿Acaso habéis visto a mi amigo
aquél por quien yo tengo un gran cuidado?
Y, ay Dios, ¿si vendrá pronto?

VILLANCICOS

¡Bien haya° quien hizo
cadenicas, cadenas,
bien haya quien hizo
cadenas de amore!

bendito sea

Aquel ¿si viene o no viene?
aquel ¿si sale o no sale?
en los amores no tiene
contento que se le iguale.

Sospiró una señora
que yo vi:
¡ojalá fuese por mí!

Pues se pone el sol,
palomita blanca,
vuela y dile a mis ojos
que por qué se tarda.

Moriré de amores, madre,
moriré.

Pensad hora° en ál°,
triste corazón,
pensad hora en ál,
que en amores non.

ahora / otra cosa

LA POESIA EPICA

La épica—o la epopeya—es una expresión poética que se ha manifestado en diversas situaciones culturales a lo largo de los siglos, desde las más altas creaciones de la Antigua Grecia, *La Ilíada* y *La Odisea* de Homero, hasta la poesía oral que aún hoy se conserva en ciertas poblaciones de los Balcanes. La épica es una manifestación de la identidad colectiva en la cual se exaltan los valores de la comunidad. Como la misión de una sociedad se ha realizado tradicionalmente en el campo de batalla, el enfoque de la epopeya es esencialmente militar. Por lo general, el poeta subraya en su narración los temas de la habilidad guerrera, la osadía frente a la muerte, la lealtad a una causa, y la conciencia de un destino común. Este idealismo se representa típicamente en un personaje central cuyas hazañas o *gestas* constituyen el contenido de la obra. El héroe épico es una figura que encarna las virtudes de su pueblo, un individuo superior que ejemplifica la valentía y la dedicación. Se trata muchas veces de un protagonista que debe confrontar formidables obstáculos en la defensa de un ideal. Requiere el relato de estas aventuras un tono elevado en el cual se da por sentado que el héroe de la epopeya y el público a quien se dirige la obra comparten el mismo código moral.

La poesía épica europea de la Edad Media pertenecía a una tradición popular. Los cantares heroicos eran representados en la lengua vernácula por *juglares*, artistas callejeros que se ganaban la vida recitando poemas épicos, muchas veces con un acompañamiento de música. Estas representaciones eran premiadas con los donativos de un público que las escuchaba. Los juglares llevaban, por lo general, una vida ambulante, condición que habría contribuido a la difusión de ciertos temas épicos por varios países. La naturaleza internacional de este género se comprueba, por ejemplo, en los cantares que surgieron en torno a Roncesvalles, la batalla en que se enfrentaron las fuerzas de Carlomagno y, según la leyenda, los árabes de España. Durante los siglos siguientes, este acontecimiento engendraría una célebre epopeya francesa, *La Chanson de Roland*, además de otros cantares heroicos en Inglaterra, Alemania y España.

En Francia tanto como en Castilla, la asonancia, propia de la composición oral, caracteriza la epopeya. En contraste con el centenar de epopeyas que han sobrevivido en francés, se hallan muy pocas en castellano. Aún no se han descubierto las causas de esta diferencia. Muchos medievalistas creen que existieron otros cantares de gesta en la Castilla medieval, pero que éstos se han perdido.

El más antiguo de los textos castellanos, y el único que se ha conservado casi íntegramente, es el *Cantar de mio Cid*. La teoría más aceptada sobre los orígenes de esta epopeya es la tradicionalista o colectivista, propuesta por Ramón Menéndez Pidal, quien fechó la obra alrededor de 1140. Según esta teoría, el *Cantar de mio Cid* fue compuesto por un individuo, pero en el proceso de pasar de un juglar a otro, se modificó hasta convertirse en una obra anónima y colectiva. El *Cantar de mio Cid* entonces formaría una parte del *mester de juglaría*, la poesía producida por los juglares. Relataría de una manera bastante verídica los hechos históricos, ya que los primeros narradores los habrían oído de algún testigo.

En 1983 Colin Smith, un investigador inglés, publicó *The Making of the Poema de mio Cid*, en el cual pone en duda la teoría colectivista. Según Smith, *El Cid* fue el primer poema épico castellano. Fue compuesto alrededor de 1207 por un solo autor, Per Abbat, un clérigo culto que hasta entonces los historiadores habían creído ser sólo un copista del poema. Los asuntos narrados por Per Abbat se alejarían bastante de los hechos históricos, ya que el autor tendría noticia de ellos sólo por medio de leyendas y crónicas. Esta hipótesis sugiere que *El Cid* no fue parte del *mester de juglaría*, sino del *mester de clerecía*, la poesía que se escribió en la abadías y monasterios. Muchos investigadores no han sido convencidos por la teoría de Smith, la cual ha provocado una acalorada polémica.

El *Cantar de mio Cid* versa sobre la vida de un personaje histórico, Rodrigo (o Ruy) Díaz, a quien se dio los títulos honoríficos de «Cid» («señor» en árabe) y «campeador» («vencedor» en el español antiguo). Nació en 1043 en Vivar, un pueblo al norte de Burgos. Sirvió primero a Fernando I, el rey que logró reunir los reinos de León, Galicia y Castilla. Con la muerte de Fernando en 1065, el dominio fue dividido de nuevo entre sus hijos. Durante este conflicto, Rodrigo se mantuvo fiel al Rey Sancho de Castilla, destacándose en las campañas militares de su monarca para reconquistar León y Galicia. En 1072,

Sancho murió asesinado. Los esfuerzos de Rodrigo por vengar este crimen habían de provocar la ira de Alfonso VI, quien subió a los tronos de Castilla y León con la muerte de su hermano. No le convenía al nuevo rey, sin embargo, mantener esta enemistad: pertenecía Rodrigo Díaz a la nobleza mediana de Castilla, una fuerza política que rivalizaba con las clases más elevadas de León y de su propio país. Dada la influencia personal del héroe, Alfonso VI se vio obligado a establecer buenas relaciones con él. En 1074, le casó con Jimena Díaz, una dama de sangre real. Esta reconciliación, sin embargo, no había de ser definitiva: en 1081 las tensiones brotaron de nuevo cuando Rodrigo fue acusado por sus enemigos de haber robado unos tributos. A causa de estas calumnias, Alfonso VI ordenó que Rodrigo se exiliara de Castilla. Durante este tiempo, el Cid vivió entre los árabes, manteniéndose al servicio del rey moro de Zaragoza. El hecho de que estuviera afiliado con los infieles (un detalle que se omite en el *Cantar*) no habría sido considerado un acto alevoso; durante la Reconquista, las alianzas de este tipo se daban con frecuencia. Los últimos años de su vida fueron dedicados a la defensa del reino moro de Valencia contra los almorávides, una secta islámica de Marruecos que había invadido España con el propósito de derrumbar los reinos decadentes de los hispano-árabes. Motivados por el fanatismo de una reforma religiosa, los almorávides eran unos enemigos formidables. La ocupación de Valencia por las fuerzas del Cid en 1094 habría sido uno de los éxitos militares más brillantes de su carrera. Murió el Cid cinco años más tarde en Valencia, y fue enterrado cerca de Burgos en el monasterio de San Pedro de Cardeña.

El tema central del *Cantar* es la restauración del honor: el progreso del héroe desde el destierro hasta la adquisición de un prestigio aún mayor. Comienza con la marcha del Cid al exilio, una desgracia que se transforma más adelante en triunfo. Ayudado por los caballeros que se unen con él, el héroe vence a los moros en numerosas batallas. Durante los años de su destierro, acumula riqueza en forma de botín y tierras conquistadas. Pese a la injusticia que ha sufrido, el héroe se mantiene leal al rey, y le manda regalos. A su vez, Alfonso le ofrece una reconciliación. Para recompensar al Cid, ordena el matrimonio de sus hijas con dos nobles leoneses, los Infantes de Carrión. Más tarde, los Infantes se muestran cobardes y codiciosos; vanidosos del prestigio de su linaje, son, en realidad, inferiores a la verdadera nobleza moral del Cid. Para insultar a su suegro, los Infantes llevan a sus esposas a un sitio aislado donde las azotan cruelmente. Indignado, acude el Cid a la convocación de las cortes para exigir una reparación. En la confrontación subsiguiente entre los partidarios del Cid y los nobles degenerados que apoyan a los Infantes, los enemigos del héroe son desacreditados ante el Rey y los jueces. Termina la venganza del Cid con la derrota y la humillación de los Infantes en unos duelos judiciales, y las nupcias aún más prestigiosas de sus hijas con los Infantes de Aragón y Navarra. Muere el Cid tranquilamente unos años más tarde.

Aunque se hallan en el *Cantar de mio Cid* los rasgos más típicos del género—la actitud guerrera y el engrandecimiento del héroe—hay que señalar la originalidad de la obra frente a otras épicas. Llama la atención, por ejemplo, su verosimilitud. En vez de recurrir a los elementos fantásticos y las exageraciones fabulosas que surgen en la *Chanson de Roland* y en otros cantares, el autor del *Cid* se empeñó en crear una impresión de la realidad. Los detalles que incluye en la narración—los pormenores cotidianos de la vida militar y la exactitud de las descripciones geográficas—son productos de una imaginación mesurada que procuraba mantener la credibilidad. La singularidad del *Cantar de mio Cid* se evidencia también en el tono de la obra. Aunque se exalta la grandeza del Cid, la solemnidad tan característica de la épica no es constante. Supo el poeta intercalar momentos de humor y sátira en su narración heroica, sobre todo al referirse a los enemigos del Cid. La representación del héroe es otra innovación de la pauta épica. Lejos de ser una figura unidimensional cuya identidad se traza sólo en términos guerreros, el Cid es un personaje estimado igualmente por sus virtudes como esposo y padre. Este énfasis en la vida doméstica del protagonista logra que el Cid sea una personalidad más convincente al nivel humano que el típico héroe épico. Hay que señalar también el realismo psicológico de los restantes personajes, dibujados, en muchos casos, con rasgos específicos.

Otro aspecto notable del *Cantar de mio Cid* es la naturaleza concreta de su lenguaje. Esta manera de expresión no era una innovación del poeta; por lo general, el idioma oral y escrito de la Edad Media carecía de dimensiones abstractas. No obstante, se utiliza el lenguaje concreto con una gran fuerza emotiva en *El Cid*. Hay que señalar, sobre todo, los efectos dramáticos que logra el poeta en su empleo de imágenes corporales. Se intensifica la narración en muchas partes con un ademán o una postura. En los momentos solemnes, por ejemplo, el Cid toca su barba. Al reunirse con su esposo, doña Jimena se pone de rodillas. El acto de besar la mano a otra persona puede significar una admisión de lealtad o la petición de un favor. Estos elementos dramáticos sirven para expresar los sentimientos abstractos de una manera visual. Al despedirse de su familia en San Pedro, el héroe le pide al abad que proteja a sus hijas, manteniéndolas «en brazos». La tristeza se expresa cuando los personajes lloran «de los ojos». El *Cantar de mio Cid*, como otras epopeyas, fue compuesto para la representación oral. Estas alusiones habrían dado al recitante la oportunidad de dramatizar sus palabras con la mímica.

El *Cantar de mio Cid* no es la única epopeya basada en la vida de Rodrigo Díaz. La leyenda del Cid engendra también *El cantar de las mocedades de Rodrigo*, una composición tardía del siglo XIV que es el último ejemplo castellano del género. Se trata de una versión ficticia del casamiento de Rodrigo y Jimena en la cual el joven mata al padre de ella. En contraste con la verosimilitud del *Cantar de mio Cid*, una profusión de elementos sensacionalistas caracterizan las *Mocedades*. En vez del héroe leal y mesurado del *Cantar del mio Cid*, el Rodrigo de las *Mocedades* es un joven rebelde y arrogante.

El *Poema de Fernán González* está basado en uno de los primeros condes independientes de Castilla. Nacido en la primera parte del siglo X, Fernán González sirvió bajo el rey de León en la Reconquista. Intervino más tarde en los esfuerzos de Castilla por emanciparse de León. El *Poema de Fernán González* no es una canción popular sino un poema culto. A diferencia de las otras epopeyas, emplea la «cuaderna vía», un metro poético que consta de cuatro versos alejandrinos (de catorce sílabas) con rima de consonantes. La naturaleza culta de este estilo y la importancia que se otorga al monasterio de San Pedro de Arlanza en el poema indican que fue escrito probablemente por un monje de este convento.

Los héroes de la *Chanson de Roland* inspiraron varias composiciones castellanas en torno a la invasión de España por Carlomagno y la derrota de su retaguardia. De este ciclo épico en España sólo nos queda un fragmento del cantar *Roncesvalles*, compuesto probablemente a fines del siglo XIII. Los cien versos conservados en el manuscrito relatan el llanto de Carlomagno al ver el aniquilamiento de sus fuerzas por los moros y su búsqueda angustiosa de su sobrino Roldán entre los cadáveres.

El *Cantar de los Infantes de Lara* tiene lugar durante el reinado de Ramiro III (966–84). Ruy Velázquez ordena la decapitación de sus sobrinos, los siete Infantes de Lara, para vengar una supuesta afrenta a su esposa doña Lambra. Gonzalo Gustioz, padre de las víctimas, ve las cabezas y las examina una por una. La escena ilustra la fascinación por lo macabro que caracteriza mucha literatura medieval. El lamento por los héroes caídos es un motivo central de la composición. El *Cantar de los Infantes de Lara* contiene muchos elementos novelescos, aunque Menéndez Pidal demostró hace décadas su base en la historia del siglo X, época en la cual la acción se sitúa.

La popularidad de la epopeya disminuyó en España a fines del siglo XV, cuando empezó a crecer el gusto por los romances, canciones breves que se derivaban, en muchos casos, de los cantares.

Para el estudio del *Cantar de mio Cid* el estudiante podrá consultar las ediciones de Menéndez Pidal (Madrid: Espasa Calpe, 1971) y de Colin Smith (Madrid: Cátedra, 1983). Para los demás textos véase Ramón Menéndez Pidal, *Reliquias de la poesía épica española* (Madrid: Universidad Complutense, 1980).

CANTAR DE MIO CID

Esta presentación inicial del héroe tiene el propósito de inspirar compasión y asombro. En la primera escena del Cantar, el Cid contempla la ruina de sus propiedades antes de irse al exilio. Las imágenes de pobreza y de miseria que se reiteran ofrecen un fuerte contraste con la riqueza y el poder que el héroe obtiene más tarde. Se destaca igualmente la discreción del Cid, una virtud propia de la nobleza, y su actitud lacónica ante la desgracia. A la par con la resignación cristiana del héroe, se manifiesta su empeño en recuperar su posición en la corte. La mención de los sesenta pendones es un detalle importante, puesto que sirve para subrayar el séquito reducido que forma el núcleo original del ejército. El incremento de estas tropas a lo largo del destierro es un indicio de la progresión del Cid de un paria exiliado a un señor poderoso.

1

De los sos ojos tan fuertemientre° llorando
tornaba la cabeza y estaba los catando°;
vio puertas abiertas e uzos sin cañados°
alcándaras° vacías, sin pieles e sin mantos
e sin falcones e sin adtores mudados°
Sospiró Mio Cid, ca° mucho avie° grandes cuidados
fabló Mio Cid bien e tan mesurado°:
«¡Grado° a ti, Señor, Padre que estás en alto!
Esto me han vuelto mios enemigos malos!°»

fuertemente
estaba... estaba mirándolos (sus palacios)
e uzos... y portillos sin cerraduras
perchas para colgar ropa donde también se posaban las aves para la caza / **adtores**... azores (que ya han mudado las plumas y pueden utilizarse para la caza) / porque / tenía
tan discretamente
gracias
Esto... mis enemigos malvados han provocado esta desgracia, (los «malos mestureros» que se mencionan más adelante.)

2

Allí piensan de aguijar°, allí sueltan las riendas;
a la exida° de Vivar ovieron° la corneja diestra°
y entrando a Burgos ovieron la siniestra°.
Meció Mio Cid los hombros y engrameó la tiesta°

picar al caballo para ir de prisa
salida / tuvieron / a la derecha (un agüero de buena suerte).
ovieron... la tuvieron a la izquierda (un agüero de mala suerte).
Meció... el Cid se encogió de hombros e hizo una señal con la cabeza (ante el mal agüero).

«¡Albricia, Albar Fáñez, ca echados somos de tierra°!

mas a grand ondra° tornaremos a Castiella°.»

Albricia... ¡Salud! (una salutación de origen árabe) porque somos desterrados (por el mandato del rey) (Alvar Fáñez, el «brazo derecho» del Cid, es su lugarteniente más importante, y uno de los personajes que se destacan a lo largo del *Cantar de mio Cid*.)

honra / Castilla (Este verso ha sido reconstruido por Menéndez Pidal.)

3

Mio Cid Ruy Díaz por Burgos entraba
en su compaña sesenta pendones°
Exien lo ver° mugieres° e varones
burgueses e burguesas por las finiestras son°
plorando° de los ojos, tanto avien el dolor°;
de las sus bocas todos dicían una razón°
'¡Dios, qué buen vasallo, si oviesse buen señor°!'

banderas, estandartes

Exien lo...salían a verle / mujeres

burgueses... burgaleses y burgalesas están a las ventanas

llorando / tanto dolor tenían

de... todos decían de común acuerdo

si tuviera buen señor (los burgaleses reconocen que el destierro del Cid es una injusticia y que el rey es indigno de un vasallo tan leal.)

Antes de marcharse de Castilla, el Cid pasa por el monasterio de San Pedro de Cardeña para despedirse de sus hijas y de su mujer, una escena que demuestra la ternura y el cariño que el héroe siente por su familia. La importancia que el Cid otorga al casamiento de sus hijas ilustra una actitud típica del período. Para la sociedad medieval, el matrimonio era una alianza política y económica que reflejaba la categoría de una familia. Tanto como la empresa militar, el casamiento suponía para el Cid una oportunidad para restaurar el renombre de su linaje.

Hay que señalar aquí las referencias a la barba del Cid como un símbolo de la virilidad y la honra. Los epítetos que evocan la espesura y la largueza de la barba del héroe subrayan su fuerza y calidad de invencible.

15

Llamaban a la puerta, y sopieron el mandado°
¡Dios, qué alegre fue el abat don Sancho!
Con lumbres° e con candelas al corral dieron salto°
con tan grant gozo reciben al que en buen hora nasco°
«Gradesco lo a Dios°, Mio Cid,» dixo el abat don Sancho,
«pues que aquí vos veo, prendet de mí hospedado°.»
«Gracias, don abat, y soy vuestro pagado°,
yo adobaré conducho°, pora° mí y pora mis vasallos;
mas porque me vo de tierra, dovos cincuenta marcos°,
si yo algún día visquier, servos han doblados°
Non quiero fazer en el monesterio un dinero de daño°
evades aquí° pora doña Ximena dovos° cient marcos,
a ella e sus fijas sirvádeslas este año°
Dues fijas dexo niñas y prendet las en los brazos°,
aquí vos las acomiendo° a vos, abat don Sancho
de ellas y de mi mugier fagades todo recabdo°.
Si esa despensa vos falleciere, o vos menguare algo°,

las noticias

antorchas / **dieron**... salieron

al... al hombre que nació en buena hora (uno de los epítetos que se reiteran para reforzar dramáticamente la superioridad del Cid.)

Gradesco... gracias a Dios

prendet... aceptad mi hospitalidad

soy... cuánto os agradezco

adobaré... prepararé provisiones para el viaje / para

dovos... os doy cincuenta marcos (una unidad monetaria)

si... si sobrevivo, recibiréis el doble de esta cantidad

Non... no quiero que el monasterio pierda dinero por mí

evades... he aquí / os doy

a... cuidad a doña Jimena y a sus hijas

Dues... dejo a mis dos hijas muy pequeñas, mantenedlas bajo vuestra protección

aquí... yo os las confío

de... tened gran cuidado con ellas

Si... si esta cantidad no os basta y os falta dinero

bien las abastad°, yo así vos lo mando,
por un marco que despendades°, al monesterio
daré yo cuatro
Otorgado ge lo avie el abat de grado°.
Afevos doña Ximena con sus fijas dó va llegando°
señas dueñas las traen y aduzen las adelant°;
ante el Campeador doña Ximena fincó los inojos
amos°,
lloraba de los ojos, quísol' besar las manos:
«¡Merced, Campeador, en hora buena fuestes
nado°!
Por malos mestureros° de tierra sodes° echado.

bien... proveed de todo para ellas
por... por cada marco que gastéis
Otorgado... el abad se lo otorgó de buena gana
Afevos... ahora viene doña Jimena con sus hijas
señas... las niñas se acercan, llevada cada una por una dama / **fincó**... se puso de rodillas
en... nacistéis en buena hora (una expresión formularia)
calumniadores / sois

16

¡Merced, ya Cid, barba tan cumplida!
Fem' ante vos°, vuestras fijas,
ifantes° son e de días chicas°,
con aquestas mis dueñas de quien soy yo
servida°.
Yo lo veo que estades vos en ida°
y nos de vos partir nos hemos° en vida.
¡Dadnos consejo, por amor de Santa María!»
Enclinó° las manos la barba vellida°,
a las sus fijas en brazo las prendía°,
llególas al corazón°, ca mucho las quería;
llora de los ojos, tan fuertemientre sospira:
«Ya doña Ximena, la mi mugier tan cumplida°,
como a la mi alma yo tanto vos quería.
Ya lo vedes° que partir nos hemos en vida,
yo iré y vos fincaredes remanida°.
¡Plega a Dios y a Santa María°
que aún con mis manos case estas mis fijas,
o que dé ventura e algunos días vida°
e vos, mugier hondrada, de mí seades servida°!»

Fem'... aquí estoy
niñas / **de**... de poca edad
con... con estas dueñas que me sirven
que... que estáis para marcharos
partir... hemos de separarnos
Inclinó / hermosa (Para el poeta, la barba del Cid es una extensión de su ser. Aquí, incluso, llega a ser una imagen que representa al hombre entero.) / las abrazó
llególas... las estrechó contra su pecho
la... mi mujer tan excelente (un epíteto)
veis
vos... os quedaréis aquí
Plega... Dios quiera y Santa María
o... si tengo buena suerte y días de vida
seades... seáis favorecida

Según el mandato del rey, el Cid tiene un plazo de nueve días para marcharse de Castilla. Se establece aquí una tensión entre el paso de los últimos días, la distancia que han de cubrir, y el incremento de la compañía. En este primer aumento de las tropas del Cid, el poeta pone énfasis en el sacrificio de cada individuo como evidencia de la confianza y la lealtad que el héroe inspira en sus vasallos. De este modo, se anticipa el ascenso de la fortuna del Cid y de los hombres que le acompañan.

Sirve la oración en esta parte para reforzar la caracterización de doña Jimena y para relacionar la situación del Cid con el sufrimiento de varios personajes religiosos. Jimena apela a la intervención divina en favor del héroe, rogando a Dios que ampare a su marido, de la misma manera que salvó a Jonás, Daniel y San Sebastián de la muerte. La alusión a Susana, quien, como el Cid, fue la víctima de enemigos calumniadores, es particularmente apropiada.

18 She-mena is Ximena's old pronunciation

Cuando lo sopo Mio Cid el de Vivar
quel' crece compaña° por más valdrá
apriessa cabalga recebirlos salié°

dont a ojo los ovo° tornós a sonrisar°;
lléganle todos, la manol' van besar°,
fabló Mio Cid de toda voluntad:
«Yo ruego a Dios e al Padre spiritual

quel'... que su ejército aumenta
sale a recibirlos
dont... cuando los vio (frase reconstruida por Menéndez Pidal) **tornós**... volvió a sonreírles
la... todos se acercan para besarle la mano (como juramento de fidelidad)

vos que por mí dexades° casas y heredades°,
enantes° que yo muera, algún bien vos pueda
far°,
lo que perdedes° doblado vos lo cobrar.»
Plogo a Mio Cid porque creció en la yantar°
plogo a los otros omnes° todos cuantos con él
están
Los seis días de plazo pasados los han°,
tres han por trocir, sepades que non más°.
Mandó el rey a Mio Cid a aguardar°,
que, si después del plazo en su tierral pudies
tomar°,
por oro nin por plata non podríe escapar°.
El día es exido la noch querié entrar°,
a sos caballeros mandólos todos juntar:
«Oid, varones, no vos caya en pesar°,
poco aver trayo°, darvos quiero vuestra part,
Sed membrados como lo devedes far°:
a la mañana cuando los gallos cantarán
non vos tardedes, mandedes ensellar°;
en San Pedro a matines° tandrá el buen abat,
la misa nos dirá, ésta será de Santa Trinidad;
la misa dicha, pensemos de cabalgar°,
ca el plazo viene acerca°, mucho avemos de
andar°»
Cuemo° lo mandó Mio Cid, así lo han todos a
far°.
Pasando va la noch, viniendo la man°,
a los mediados gallos° piensan de ensellar°.
Tañen a matines° a una priesa° tan grand,
Mio Cid e su mugier° a la iglesia van,
echós'° doña Ximena en los grados delante el
altar,
rogando al Criador cuanto ella mejor sabe°
que a Mio Cid el Campeador que Dios le curiás de
mal°.
«Ya Señor glorioso, Padre que en cielo estás,
fezist° cielo e tierra, el tercero° el mar,
fezist estrellas y luna y el sol pora escalentar°;
prisist encarnación° en Santa María madre,
en Belén aparecist° como fue tu veluntad°,
pastores te glorificaron, ovieron te a laudare°
tres reyes de Arabia te vinieron adorar,
Melchior y Gaspar y Baltasar°
oro y tus e mirra° te ofrecieron, como fue tu
veluntad
salvaste a Jonás cuando cayó en la mar,
salvaste a Daniel con los leones en la mala cárcel,
salvaste dentro en Roma al señor San Sebastián,
salvaste a Santa Susana del falso criminal;
por tierra andidiste° treinta y dos años, Señor
spiritual,
mostrando los miraclos° por en avemos que
fablar°;
del agua fezist° vino e de la piedra pan,
resucitest a Lázaro ca fue tu voluntad°;

dejáis / propiedades heredadas
antes que / **vos**... os pueda hacer
lo... por todo lo que perdáis, os devolveré el doble
Plogó... Se alegró el Cid de que creciera su compañía durante la comida
plogo... los otros hombres se alegraron
Los... ya han pasado seis días del plazo
tres... le quedan tres días, nada más
vigilar
si... si se prende al Cid en Castilla al terminarse el plazo
por... no podrá escaparse, ni por oro, ni por plata
El... el día se va, viene la noche
no... no os desesperéis
poco... tengo poco dinero
Sed... sed prudentes, como debéis ser
non... no tardéis, mandad ensillar los caballos
las campanas que suenan por la mañana
pensemos... nos iremos a caballo
viene... pronto termina / **mucho**... tendremos que viajar mucho
Como / **así**... así todos lo han de hacer
mañana
a... a la madrugada / **piensan**... ensillan los caballos
Tañen... repican las campanas / prisa
mujer
se postró
cuanto... con toda su voluntad
que... que le guarde de mal
hiciste / el tercer día
calentar
prisist... te encarnaste
naciste / voluntad
ovieron te... te adoraron
Melchior... los Tres Reyes Magos del Nuevo Testamento
oro... los regalos que los Reyes Magos ofrecieron al niño Jesús
anduviste
milagros / **por**... de los cuales siempre se hablará
hiciste
ca... porque lo deseaste (Lázaro fue resucitado por Jesús cuatro días después de su muerte.)

a los judíos te dejaste prender; dó° dicen Monte Calvarie°
pusiéronte en cruz por nombre en Golgotá°,
dos ladrones contigo, éstos de señas partes°,
el uno es° en paraíso, ca° el otro no entró allá;
estando en la cruz vertud fezist muy grant°:
Longinos era ciego que nunquas vio alguandre°,
diote con la lanza en el costado dont ixió la sangre°,
corrió por el astil ayuso°, las manos se ovo de untar°,
alzólas arriba, llególas a la faz°,
abrió sus ojos, cató° a todas partes,
en ti crovo al hora por end es salvo de mal°;
en el monumento resucitest,
fust a los infiernos° como fue tu voluntad,
quebranteste las puertas y saqueste los santos padres°.
Tú eres rey de los reyes y de todo el mundo padre,
a ti adoro y creo de toda voluntad
y ruego a San Pedro que me ayude a rogar
por Mio Cid el Campeador que Dios le curie° de mal;
cuando hoy nos partimos, en vida nos faz juntar°.»
La oración fecha, la misa acabada la han°,
salieron de la iglesia, ya quieren cabalgar.
El Cid a doña Ximena íbala abrazar
doña Ximena al Cid la manole va besar°,
llorando de los ojos que non sabe qué se far°,
e él a las niñas tornólas a catar°:
'A Dios vos acomiendo°, fijas, e al Padre spiritual,
agora nos partimos; Dios sabe el ajuntar°.'
Llorando de los ojos que no viestes° atal,
asis se parten unos de otros como la uña de la carne°.
Mio Cid con los sus vasallos pensó de cabalgar°,
a todos esperando, la cabeza tornando va°;
a tan grand sabor° fabló Minaya Albar Fáñez:
«Cid, ¿dó son° vuestros esfuerzos? En buena hora nasquiestes° de madre;
pensemos de ir nuestra vía, esto sea de vagar°.
Aún todos estos duelos° en gozo se tornarán°,
Dios que nos dio las almas consejo nos dará.»
El abat don Sancho tornan de castigar°
cómo° sirva a doña Ximena y a las fijas que ha°
e a todas sus dueñas que con ellas están;
bien sepa el abat que buen galardón de ello prendrá°.
Tornado es° don Sancho y fabló Albar Fáñez;
«Si viérdes yentes venir por concusco ir°, abat,
decildes que prendan el rastro e piensen de andar°
ca en yermo o en poblado poder nos han alcanzar°.»

donde / Calvario
por... que se llama Gólgota (donde Cristo fue crucificado)
de... a cada lado
está / pero
estando... mientras estabas en la cruz, hiciste un gran milagro
que... que nunca había visto nada (Se refiere aquí al centurión romano que, según la leyenda, recobró la vista al untarse con la sangre de Cristo.)
diote... te hirió con la lanza en el costado, de allí salió la sangre
por... por la varilla de la lanza / **se**... se untó
la cara
miró
en... desde aquel momento creyó en ti, y, por eso, se salvó del mal
en... resucitaste en la tumba, bajaste al infierno
quebranteste... Rompiste las puertas y sacaste a los santos padres (Se refiere aquí a la doctrina teológica que mantiene que Cristo descendió al Infierno para librar a los santos del Antiguo Testamento.)
guarde
cuando... que Dios nos reúna en la vida, aunque hoy hemos de separarnos
la... han terminado la misa
la... va a besarle la mano
non... no sabe qué hacer
tornólas... volvió a mirarlas
A... a Dios os confío
agora... ahora nos separamos, sólo sabe Dios cuándo volveremos a vernos / **que**... nunca habéis visto cosa semejante (el poeta se dirige al público)
asis... así se separaron como una uña que se arranca de la carne (una de las pocas comparaciones que se hallan en el cantar, una imagen que comunica vivamente el dolor de la despedida.)
pensó... se preparó para cabalgar / **la**... volvió la cabeza (para mirar una vez más a su familia) / **a**... prudentemente
dó... dónde están
naciste
pensemos... debemos seguir nuestra ruta, no debemos perder más tiempo / penas / se convertirán
tornan... vuelven a mandar
que / tiene
que... que una buena recompensa ganará
vuelve
Si... si vierais venir a más hombres a buscarnos
decildes... decidles que sigan nuestro camino y que se den prisa
ca... porque podrán encontrarnos en el desierto (las tierras inhabitadas) o en los pueblos

Soltaron las riendas, piensan de andar°,
cerca° viene el plazo por el reino quitar.
Vino Mio Cid yacer° a Spinaz de Can,
grandes yentes se le acogen esa noche de todas partes°.
Otro día mañana piensa de cabalgar,
ixiéndose va de tierra° el Campeador leal,
de siniestro° San Esteban, una buena cipdad°,
de diestro° Alilón las torres que moros las han°,
pasó por Alcobiella, que de Castilla fin es ya,
la calzada de Quinea iba la traspasar°,
sobre Navas de Palos el Duero° va pasar,
a la Figueruela Mio Cid iba posar°;
vánsele acogiendo yentes de todas partes°.

piensan... se van
pronto
pasar la noche
grandes... esa noche vienen muchos hombres de todas partes para reunirse con él
ixiéndose... marchándose de su tierra
de... a la izquierda / ciudad
de... a la derecha / **que**... con las torres de los moros
la... atravesó el camino de Quinea
el Río Duero
se detuvo
vánsele... va adquiriendo tropas de todas partes

Durante los años de su destierro, el Cid y sus vasallos deben ganarse la vida combatiendo a los moros, una empresa económica cuya progresión es un reflejo del prestigio ascendiente del héroe. Tras su conquista de la ciudad de Alcocer, el Cid se encuentra cercado por un ejército moro que llega a 3.000 hombres. Sus propias fuerzas se componen de unos 600 hombres, 300 caballeros con el mismo número de peones. Al cabo de tres semanas, el héroe decide atacar al enemigo antes de agotar sus provisiones, y los cristianos salen a batalla contra un ejército que les excede en proporción de cinco a uno. Para insistir en la superioridad de las fuerzas del Cid, el poeta reitera la presencia de los 300 caballeros castellanos, que lidian como cuerpo único contra los árabes, a quienes despachan con gran eficacia. Se utiliza la fórmula «veriedes» como una apelación que incita dramáticamente el asombro del auditorio ante la ferocidad de la batalla. Como en otras partes del cantar, esta expresión sirve para iniciar una escena de acción.

35

Enbrazan° los escudos delant° los corazones,
abaxan° las lanzas abueltas° de los pendones,
enclinaron las caras de suso de los arzones°,
íbanlos ferir de fuertes corazones°.
A grandes voces llama° el que en buen hora nasció°:
«¡Feridlos°, caballeros por amor de caridad!
¡Yo so Ruy Díaz el Cid de Vivar Campeador!»
Todos fieren en el az° do° está Pero Vermúez,
trescientas lanzas son, todas tienen pendones;
seños moros mataron, todos de seños colpes°;
a la tornada que fazen° otros tantos muertos son.

embrazan, aseguran / en frente de
bajan / a mismo tiempo que
de... encima de los arzones (los fustes de las sillas de montar)
íbanlos... salen a la batalla con valentía
A... grita en voz alta / nació
¡al combate!
Todos... todos se ponen en fila / donde
seños... cada golpe mataba a un moro
a... al volver a la batalla

36

Veriedes° tantas lanzas premer° e alzar,
tanta adágara° foradar° y pasar,
tanta loriga° falsar e desmanchar°,
tantos pendones blancos salir vermejos° en sangre,
tantos buenos caballos sin sos dueños andar.
Los moros llaman Mafómat e los cristianos Santi Yagüe°;
cayen en un poco de logar moros muertos mil y trescientos ya°.

ved (un recurso dramático; el poeta se dirige al público) / bajar
un tipo de escudo hecho de cuero / penetrar (con la lanza)
una especie de armadura hecha de cuero con escamas de metal cosidas encima / romperse y deshacerse (las mallas de la loriga)
rojos
Los... los moros invocan a Mahoma, y los cristianos a Santiago (el Apóstol, el santo patrón de los cristianos durante la Reconquista)
cayen... en poco tiempo, 1300 moros cayeron muertos en la batalla

Con la reconciliación entre el rey y el Cid, sus hijas doña Elvira y doña Sol son casadas por orden real con los Infantes de Carrión, una alianza que el héroe acepta con recelo. Después de las bodas, los Infantes viven en Valencia con sus suegros. Allí los dos nobles leoneses quedan en ridículo cuando dan muestras de su falta de ánimo en el campo de batalla.

Se comprueba en este episodio la inferioridad inherente de los Infantes, cuya cobardía e indignidad se resalta en contraste con la valentía y fortaleza moral del Cid. Subraya el poeta la majestad personal del héroe, demostrando su capacidad de dominar incluso a una fiera. Por otro lado, los Infantes, tan orgullosos de su sangre noble, actúan de una manera que desacredita su linaje. La difamación de los dos yernos del Cid se representa simbólicamente en el ensuciamiento de la ropa, una imagen que insinúa las manchas que deslustran su honor. El comportamiento vergonzoso de los Infantes en esta situación y el resentimiento que surge de su humillación pública proveen el ímpetu que desencadena la acción del resto del *Cantar de mio Cid.*

112

En Valencia sedí° Mio Cid   con todos sus vasallos,
con él amos sus yernos°   los infantes de Carrión.
Yacies' en un escaño°,   durmie° el Campeador,
mala sobrevienta°,   sabed, que les cuntió°:
saliós' de la red   y desatós' el león°.
En grant miedo se vieron   por medio de la cort°;
enbrazan los mantos   los del Campeador°
e cercan el escaño   e fincan sobre su señor°.
Ferrán González°   ifant de Carrión
no vio allí dós' alzase°,   nin cámara abierta nin torre,
metiós' so'l escaño   tanto ovo el pavor°.
Diego González   por la puerta salió,
diciendo de la boca: «¡No veré Carrión°!»
Tras una viga lagar   metiós' con gran pavor°,
el manto y el brial°   todo sucio lo sacó.
En esto despertó   el que en buen hora nació,
vio cercado el escaño   de sos buenos varones:
«¿Qué's esto, mesnadas,   o qué queredes vos°?»
«Ya señor honrado,   rebata nos dio el león°.»
Mio Cid fincó el cobdo°   en pie se levantó,
el manto trae al cuello°,   y adeliñó para el león°
El león, cuando lo vio,   así envergonzó°,
ante Mio Cid la cabeza premió   y el rostro fincó°
Mio Cid don Rodrigo   al cuello lo tomó
y liévalo adestrando°,   en la red le metió.
A maravilla lo han   cuantos que í son°
y tornáronse al palacio   para la cort°.
Mio Cid por sos yernos   demandó y no los falló,
maguer° los están llamando,   ninguno non responde.
Cuando los fallaron,   así vinieron sin color°,
no viestes tal juego   como iba por la cort°;
mandó lo vedar°   Mio Cid el Campeador.
Mucho's tovieron por enbaídos°   los infantes de Carrión,
fiera cosa les pesa   d'esto que les cuntió°

estaba

amos... sus dos yernos

Yacies'... reclinándose en un banco / dormía

una mala sorpresa / les aconteció

saliós'... un león se desató de la red (que le servía de jaula), y se escapó / en medio del corredor

enbrazan... los vasallos del Cid ponen los mantos sobre el brazo (para poder sacar la espada) / **e**... rodean el banco para proteger a su señor / (uno de los Infantes de Carrión)

no... no encontró un lugar para esconderse

metiós'... tanto miedo tenía que se escondió debajo del banco

No... Nunca volveré a ver Carrión

metiós'... con mucho miedo, se metió detrás de un lagar (una prensa para hacer vino) / la túnica

Qué's... ¿qué es esto, vasallos míos, qué queréis?

rebata... el león nos asustó

fincó... se alzó por el codo

el... (no se envuelve en el manto para protegerse) / **y**... se acercó al león / se acobardó

la... agachó la cabeza y bajó la cara al suelo

liévalo... lo llevó, guiándolo

A... al verlo, todos allí se maravillaron

y... volvieron al palacio por la corte

aunque

sin... pálidos

no... jamás habéis escuchado tanta risa (provocada por la cobardía de los Infantes) / **mandó**... prohibió las burlas de sus vasallos (Se revela aquí la «mesura» del Cid; pese a su propia aversión a estos matrimonios, intenta defender a sus yernos del escándalo.) / **Mucho's**... se consideraban muy deshonrados

fiera... lo que había pasado les causó mucha vergüenza

Para vengar las humillaciones que han sufrido en la compañía del Cid, los Infantes de Carrión deciden deshonrar a sus hijas. Parten de Valencia con sus esposas so pretexto de volver a sus tierras de Carrión. Se detienen en el camino para disfrutar de la hospitalidad de Avengalbón, un aliado moro del Cid. Al ver la riqueza de su anfitrión, los Infantes conspiran para asesinarle. Cuando se descubre esta traición, el moro no les mata sólo porque se trata de los yernos de su amigo. Es de notar que, aunque los árabes se presentan como los adversarios militares del Cid, en esta confrontación entre Avengalbón y los Infantes, el infiel se muestra moralmente superior a los dos nobles.

Ofrece la afrenta de Corpes uno de los momentos más dramáticos del cantar. La inminencia del peligro se prefigura en el ambiente siniestro del bosque con la vegetación espesa, la niebla, y la presencia de las fieras. Puesto que la imaginación medieval concebía el bosque como un lugar lleno de espíritus malévolos, el horror de esta situación habría sido patente.

La degeneración espiritual de los Infantes se demuestra plenamente en su tratamiento de doña Elvira y doña Sol. Hacen el amor a sus esposas para que las injurias que les infligen más tarde sean aún mayores. Es significativo que esta escena se sitúe en un vergel dentro del bosque, un jardín bucólico que típicamente evocaría el amor idealizado. La traición que los Infantes cometen contra el honor de sus esposas y el sacramento del matrimonio se refleja, así, exteriormente; el vergel, lejos de ofrecer la serenidad y la ternura, resulta ser un lugar de humillación y deshonra.

Hay que señalar influencia de la hagiografía en esta escena. La súplica de doña Sol es típica de las proclamaciones de los mártires en las leyendas de los santos. El tema del martirio se evidencia igualmente en la descripción detallada de la flagelación y en la representación de las hijas como víctimas sacrificiales. Los Infantes no las matan porque la ignominia de vivir sin honor se consideraba peor que la muerte.

Batalla entre cristianos y moros, ilustración de las *Cantigas de Alfonso X*.

127

El moro Avengalvón mucho era buen barragón°,
con doscientos° que tiene iba cabalgar,
armas iba teniendo, parós'° ante los infantes,
de lo que el moro dixo a los infantes no place°:
«¡Decidme qué vos fiz° infantes de Carrión!
Yo sirviéndovos sin art e vós consejastes pora mi muerte°.
Si no lo dexas por Mio Cid° el de Vivar,
tal cosa vos faría° que por el mundo sonás°
y luego levaría° sus fijas el Campeador leal;
vós nunqua en Carrión entrariedes jamás°.

buen... un hombre valiente
doscientos hombres
se paró
no... no les gustó
hice
Yo... me he comportado bien con vosotros, mientras habéis conspirado para mi muerte
Si... si no fuera por Mío Cid
vos... os haría / **que**... que jamás hubierais visto el mundo
llevaría
vos... y nunca volveríais a Carrión

128

Aquím' parto de vós° como de malos y de traidores.
Iré con vuestra gracia°, don° Elvira y doña Sol
poco precio las nuevas° de los de Carrión.
Dios lo quiera e lo mande, que de tod' el mundo es señor,
d'aqueste casamiento ques' grade el Campeador°.'
Esto les ha dicho y el moro se tornó°,
teniendo iba armas al trocir de Salón°
cuemo de buen seso° a Molina se tornó°.
Ya movieron del Ansarera los infantes de Carrión,
acójense a andar° de día y de noch,
a siniestro dexan° Atienza, una peña muy fuert,
la sierra de Miedes pasáronla estoz°,
por los Montes Claros aguijan a espolón°,
a siniestro dexan° a Griza que Alamos pobló,
allí son caños do° a Elpha encerró,
a diestro dexan° a Sant Esteban, más cae aluén°.
Entrados son los infantes al robredo° de Corpes,
los montes son altos, las ramas pujen con las núes°;
¡e las bestias fieras que andan aderredor°!
Fallaron un vergel° con una linpia fuent°,
mandan fincar° la tienda infantes de Carrión,
con cuantos que ellos traen í yacen esa noch°,
con sus mugieres° en brazos demuéstranles amor,
¡mal ge lo cumplieron cuando salie el sol°!
Mandaron cargar las azémilas° con grandes averes°,
cogida han la tienda° do albergaron° de noch,
adelant eran idos los de criazón°,
así lo mandaron los infantes de Carrión
que no í fincás ninguno°, mugier nin varón,
si non amas sus mugieres° doña Elvira y doña Sol;
deportar° se quieren con ellas a todo su sabor°.
Todos eran idos, ellos cuatro solos son,
tanto mal comidieron° los infantes de Carrión
Bien lo creades°, don Elvira y doña Sol,
aquí seredes escarnidas° en estos fieros montes.

Aquím'... aquí me separo de vosotros
con... con su permiso / doña
poco... me voy con una mala opinión
d'... que el Campeador no llegue a arrepentirse de estos matrimonios
se fue
teniendo... llevando sus armas, cruzó el río Jalón
cuemo... como prudente / volvió
acójense... se ponen a viajar
a... a la izquierda dejan
entonces
con las espuelas
a... a la izquierda dejan
allí... allí están las cuevas donde (Probablemente se refiere aquí a alguna leyenda local de encantamiento relacionada con la cueva.)
a... a la derecha dejan / **más**... que se halla más allá
bosque de robles
las... la niebla envuelve las ramas de los árboles
(Estas bestias habrían sido lobos y jabalíes, animales que se encontraban comúnmente en los bosques en la Edad Media.)
Fallaron... Hallaron un jardín / **linpia**... limpia fuente
erigir
con... con toda su compañía, allí pasan la noche
mujeres
mal... (sus gestos de amor) habrían de ser falsos al salir el sol
bestias de carga / sus posesiones
cogida... han recogido la tienda / **do**... donde pasaron
adelant... delante de ellos, se fueron sus criados
que... que no quedara nadie allí
si... excepto sus dos mujeres
confinar / **a**... según su voluntad
tanto... malas intenciones tenían
podréis creer
insultadas

Hoy nos partiremos   dexadas seredes de nós°,
non abredes part°   en tierras de Carrión.
Irán aquestos mandados°   al Cid Campeador,
nós vengaremos por aquésta°   por la° del león.»
Allí les tuellen°   los mantos y los pellizones°,
páranlas en cuerpos   y en camisas y en ciclatones°.
Espuelas tienen calzadas   los malos traidores°,
en mano prenden las cinchas°   fuertes y duradores°.
Cuando esto vieron las dueñas,   fablaba° doña Sol:
«¡Por Dios vos rogamos,   don Diego y don Ferrando!
Dos espadas tenedes°   fuertes y tajadores°,
al uno dicen Colada   y al otra Tizón°,
cortandos° las cabezas,   mártires seremos nós,
moros e cristianos   departirán d'esta razón°,
que por lo que nós merecemos°   no lo prendemos nós.
A tan malos ensienplos   no fagades sobre nós°;
si nós fuéremos majadas,   abiltaredes a vós°,
retraer vos lo an   en vistas o en cortes°.»
Lo que ruegan las dueñas   no les ha ningún pro°,
esora les conpiezan a dar°   los infantes de Carrión,
con las cinchas corredizas   májanlas tan sin sabor°
ronpién° las camisas y las carnes   a ellas amas a dos°,
linpia salie° la sangre   sobre los ciclatones°;
ya lo sienten ellas   en los sos corazones°
¡Cuál ventura serie ésta,   si ploguiese al Criador°,
que asomase esora   el Cid Campeador°!
Tanto las majaron°   que sin cosimente son°,
sangrientas en las camisas   y todos los ciclatones.
Cansados son de ferir°   ellos amos a dos,
ensayandos' amos   cuál dará mejores colpes°.
Ya non pueden fablar don Elvira y doña Sol;
por muertas las dexaron   en el robredo de Corpes.

dexadas... os abandonaremos
no... no tendréis parte
estas noticias
ésta / la deshonra
quitaron / túnicas de piel (Al quitar la ropa exterior de sus mujeres, los Infantes las despojan simbólicamente de su honor y de la protección matrimonial.) / **páranlas**... las dejaron casi desnudas en sus camisas y túnicas de seda / **Espuelas**... se ponen las espuelas (Esta acción es particularmente ultrajosa en contraste con el comportamiento anterior de los Infantes. Después de pasar la noche amorosamente con sus mujeres en brazos, se arman ahora con instrumentos de tortura.) / faja con que se asegura la silla de montar al caballo / duras
habló
tenéis / afiladas
al... se llaman (Las dos espadas, que fueron regaladas a los Infantes por el Cid, simbolizan la justicia.) / cortadnos
moros... todos dirán de común acuerdo
por... no hemos hecho nada para merecer este tratamiento
no... no nos tratéis de esta manera tan infame
si... si nos golpeáis, quedaréis deshonrados
retraer... seréis condenados (por este crimen) en las cortes o en los tribunales / **no**... les fue en vano
esora... ahora empiezan a golpearlas
con... con las cinchas con hebillas, les pegaban cruelmente
cortaban (con las cinchas) / **a**... de las dos
sale / las túnicas de seda (El acto de ensangrentar las túnicas de las mujeres es, para los Infantes, una retribución por las manchas su reputación.) / **ya**... en el corazón sienten esta vergüenza / **si**... si agradara a Dios / **que**... que el Cid apareciera
golpearon / **sin**... están sin conocimiento
Cansados... (los Infantes) se cansan de pegarles
ensayandos'... cada uno intentaba sobrepasar al otro en dar golpes

Para exigir una reparación por la afrenta que han sufrido sus hijas, el Cid se presenta en la corte del rey Alfonso. Ayudado por sus vasallos, logra desacreditar a sus yernos. Don García, un antiguo enemigo del Cid, interviene en el proceso para justificar la conducta de los Infantes de Carrión. En la confrontación entre don García y el Cid, los insultos que intercambian se relacionan con la barba de cada uno. Don García alude irrisoriamente a la barba del Cid, burlándose de las pretensiones del héroe. Para oponerse al escarnio de éste, el Cid le recuerda la deshonra de su derrota en Cabra, cuando le arrancó la barba. En vista de la importancia de este símbolo de autoridad y fuerza, el acto de agarrar a un hombre por la barba habría sido una gran humillación. En comparación, su propia barba está intacta, declara el Cid, tan intocable como su honra. Al hablar del cuidado que ha tenido en dejarla crecer, el héroe alude a su empeño en mantener el prestigio de su familia.

139

Decid, ¿qué vos merecí°,   infantes de Carrión,
en juego o en vero   o en alguna razón°?
Aquí lo mejoraré   a juicio de la cort°.

qué... ¿qué os he hecho?
en... en realidad o fingido o de cualquier manera
Aquí... cumpliré con la decisión de la corte

¿A quém' descubristes las telas del corazón°?
A la salida de Valencia mis fijas vos di yo°
con muy gran ondra y averes a nombre°;
cuando las non queriedes°, ya canes° traidores,
¿por qué las sacávades de Valencia sus honores°?
¿A qué las firiestes a cinchas y a espolones°?
Solas las dexastes° en el robredo de Corpes
a las bestias fieras e a las aves del mont:
por cuanto les fiziestes menos valedes vós°.
Si non recudedes, véalo esta cort°.»

A... ¿por qué me habéis hecho sufrir?
mis... os entregué mis hijas
averes... posesiones innumerables
cuando... si no las queríais / perros
por... ¿por qué las llevasteis de sus estados en Valencia?
A... ¿por qué las golpeasteis con cincha y espolón?
dejasteis
por... a causa de este acto, habéis quedado deshonrados
Si... si no podéis justificar (el crimen), entonces dejemos la decisión a la corte

140

El conde don García en pie se levantaba:
«¡Merced, ya rey, el mejor de toda España!
Vezós' Mio Cid a las cortes pregonadas°;
dexóla crecer e luenga trae la barba°,
los unos le han miedo y los otros espanta°.
Los de Carrión son de natura tan alta°
non ge las devién querer sus fijas por varraganas°,
o ¿quién ge las diera por parejas o por veladas°?
Derecho fizieron por que las han dexadas°.
Cuanto él dice no ge lo preciamos nada°.»
Esora° el Campeador prisos' a la barba°:
«¡Grado° a Dios que cielo y tierrà manda!
Por eso ès luenga que a delicio fue criada°;
¿qué avedes vós, conde, por retraer la mi barba°?
Ca de cuando nasco° a delicio fue criada,
ca non me priso a ella fijo de mugier nada°,
nimbla mesó° fijo de moro ni de cristiana.
como yo a vós, conde°, en el castiello° de Cabra;
cuando pris a Cabra y a vós por la barba°,
no í ovo rapaz que no mesó su pulgada°.
La que yo mesé aún no es eguada°.

Vezós'... el Cid asiste a las audiencias solemnes de la corte
dexóla... la ha dejado crecer, larga tiene la barba (El poeta habla sarcásticamente.) / **los**... algunos le tienen miedo, y otros se espantan / **de**... de linaje tan noble
non... que no han de querer a sus hijas, ni siquiera como concubinas
¿quién... ¿quién se las dio para que fuesen sus mujeres legítimas?
Derecho... hicieron bien en dejarlas
Cuanto... no nos importan sus acusaciones
con eso / **prisos'**... se tomó (un ademán que indica la solemnidad de su refutación) / gracias
Por... es tan larga porque creció con mucha atención
¿qué... ¿qué motivo podéis tener para reprochar mi barba?
Ca... porque desde que nací
ca... porque nadie me ha tirado de ella
nimbla... ni la ha arrancado
como... como yo os hice, conde / castillo
cuando... cuando conquisté Cabra, os agarré por la barba
no... cada niño que estaba allí pudo arrancar un pedazo
La... la parte que arranqué todavía no ha vuelto a crecer

El Cid elige tres campeones para confrontar a los Infantes de Carrión en el duelo judicial que ha de seguir al proceso en la corte. El héroe vuelve entonces a Valencia para esperar el resultado de los combates. Tres semanas más tarde, los Infantes son derrotados por dos partidarios del Cid en las dos primeras lides. En la tercera, Muño Gustioz, uno de los vasallos más fieles del Campeador, vence a Asur González, el hermano mayor de los Infantes. La determinación por armas de una disputa era una práctica común en la Edad Media. Aunque el pleito contra los Infantes de Carrión es resuelto primero por la justicia civil de la corte, la vindicación final del Cid se logra, de acuerdo con las tradiciones épicas, en el campo de combate. Para la mentalidad medieval, el resultado de un duelo era una prueba de la voluntad de Dios.

La verosimilitud se mantiene a lo largo del cantar. En vez de situar la muerte del Cid en el campo de batalla, el poeta subraya la piedad y la dignidad cristiana del final de su vida.

152

Los dos han arrancado°, dirévos° de Muño Gustioz,
con Asur González, cómo se adobó°.
Firiénse° en los escudos unos tan grandes colpes°;
Asur González, furzudo y de valor°,
firió° en el escudo a don Muño Gustioz,
tras el escudo falsóge la guarnizón°,

han sido derrotados (se refiere aquí a las dos primeras lides) / ahora os diré (el poeta se dirige al auditorio) / cómo le salió la lid
se dieron / golpes
furzudo... fuerte y valiente
golpeó
falsóge... penetró su armadura

en vacío fue al lanza°   ca en carne nol' tomó.
Este colpe fecho°,   otro dio Muño Gustioz,
tras el escudo   falsóge la guarnizón:
por medio de la bloca   el escúdol' quebrantó°,
nol' pudo guarir°,   falsóge la guarnizón;
apart le priso,   que no cab' el corazón°,
metiól' por la carne adentro   la lanza con el pendón,
de la otra part   una braza ge la echó°,
con él dio una tuerta,   de la siella lo encamó°,
bermejo salió el astil°   e la lanza y el pendón.
Todos se cuedan°   que ferido es de muert°.
La lanza recombro   e sobr' él se paró°,
dixo Gonzálo Asúrez: «¡Nol' firgades, por Dios°!»
Venzudo es el campo   cuando esto se acabó°,
dixieron los fieles: «Esto oímos nós°.»
Mandó librar el canpo°   el buen rey don Alfonso,
las armas que í rastaron°   él se las tomó.
Por honrados se parten   los del buen Campeador°,
vencieron esta lid°,   grado° al Criador.
Grandes son los pesares°   por tierras de Carrión.
El rey a los de Mio Cid   de noche los envió
que no les diesen salto   ni oviesen pavor°.
A guisa de menbrados°   andan días y noches,
félos° en Valencia   con Mio Cid el Campeador;
por malos los dexaron   a los infantes de Carrión,
conplido han el debdo°   que les mandó so señor,
alegre fue d'aquesto°   Mio Cid el Campeador.
Grant es la biltanza°   de infantes de Carrión,
qui buena dueña escarnece   y la dexa después°
a tal le contesca   o siquier peor°.
Dexémosnos de pleitos   de infantes de Carrión°,
de lo que han preso   mucho han mal sabor°;
fablémosnos d'aqueste   que en buen hora nació°.
Grandes son los gozos°   en Valencia la mayor°
porque tan hondrados fueron   los del Campeador.
Prisos' a la barba°   Ruy Díaz su señor:
«¡Grado al rey del cielo,   mis fijas vengadas son!
Agora las hayan quitas   heredades de Carrión°.
Sin vergüenza°   las casaré o a qui pese o qui non°.»
Andidieron en pleitos°   los° de Navarra y de Aragón,
ovieron su ajunta°   con Alfonso el de León,
fizieron sus casamientos°   con don Elvira y con doña Sol.
Los primeros fueron grandes,   mas aquéstos son mijores°,
a mayor hondra las casa   que lo que primero fue°.
¡Ved cuál hondra crece   al que en buen hora nació°
cuando señoras° son sus fijas   de Navarra y de Aragón!
Hoy los reyes d'España   sos parientes son°,
a todos alcanza hondra°   por el que en buen hora nació.

en... la lanza no llegó a herirle
este golpe hecho
por... el escudo se rompió en el centro
nol'... no pudo parar el golpe
apart... (Muño Gustioz) le dio un golpe en el costado sin dar en el corazón
de... (la lanza) le atravesó el cuerpo, saliendo en el otro lado tan larga como un brazo / **con**... le hizo dar una vuelta, echándole de la silla de montar / **bermejo**... la varilla (de la lanza) salió roja
todos creyeron / **de**... mortalmente
La... (Muño Gustioz) recobró su lanza, poniéndose de pie delante de su rival / **Nol'**... ¡No le golpee más, por Dios!
Venzudo... el combate termina cuando se llega a este punto
dixieron... dijeron los árbitros, «Confirmamos esta decisión.»
mandó que todos se fuesen
las armas que (los derrotados) habían dejado
Por... los vasallos del Cid se van con gran honor
lucha / gracias
las quejas
que... para que no fuesen atacados ni tuviesen miedo
A... como hombres prudentes
llegaron
la obligación
de esto
la vergüenza
qui... quien deshonra a una dama virtuosa y la abandona
a... merece que le suceda tal desgracia o algo peor
Dexémosnos... no hablemos más de los Infantes de Carrión
de... quienes han sido castigados duramente
fablémosnos... hablemos ahora del Cid
Grandes... hay mucha alegría / la gran ciudad de Valencia
Prisos'... cogió la barba
Agora... que queden ahora libres, los estados de Carrión (un comentario irónico)
sin deshonra / **o**... como quiera yo
Andidieron... comenzaron las negociaciones (de matrimonio) / los príncipes de
ovieron... tuvieron una reunión
fizieron... contrajeron matrimonio
Los... los primeros (matrimonios con los Infantes de Carrión) fueron grandes pero éstos son mejores
a... ahora se casan con más honor aún
Ved... ¡Mirad cuánto prestigio ha alcanzado el Cid!
reinas
sos... son sus descendientes
a... todos ganan honor siendo descendientes del Cid

Pasado es d'este sieglo   Mio Cid de Valencia señor
el día de cinquaesma°;   ¡de Cristo haya perdón!
¡Así fagamos nós todos   justos y pecadores°!
Estas son las nuevas°   de Mio Cid el Campeador,
en este logar   se acaba esta razón°.

Pasado... se fue de esta vida . . . en el día de Pentecostés
Así... como perdona a todos nosotros, tanto a los pecadores como a los virtuosos
hazañas
en... aquí termina nuestra historia

CANTAR DE LOS INFANTES DE LARA

Comienza la disputa entre doña Lambra y los Infantes de Lara, cuando los siete hermanos interrumpen las bodas de la dama con su tío, Ruy Velázquez. Afrentada, doña Lambra exhorta a su marido que le busque una reparación por esta injuria. Engañando a sus sobrinos y a Gonzalo Gustioz, el padre de ellos, con muestras de amistad, Ruy Velázquez logra que los jóvenes entren en su servicio. Para desembarazarse de su cuñado, Ruy Velázquez le manda al caudillo moro Almanzor con un mensaje escrito en árabe, en el cual le pide al moro que mate al portador de la carta. Negándose a participar en esta traición, Almanzor salva su vida y ordena que don Gonzalo se quede en su corte como rehén. Traicionados por su tío, los Infantes y su ayo son asesinados y luego decapitados por un grupo de moros. Sus cabezas son llevadas al palacio de Almanzor. Sin saber que las cabezas son de los hijos de su prisionero, el moro le pide a don Gonzalo que las identifique. Al ver las ocho cabezas, el noble rompe a llorar, lamentando la muerte de cada hijo. Años después, los siete Infantes de Lara son vengados por su hermanastro Mudarra, el hijo bastardo que nace del amor entre don Gonzalo y la hermana de Almanzor. Mueren Ruy Velázquez y doña Lambra al final de la obra, castigados por sus crímenes.

(Almanzor le presenta a Gonzalo Gustioz las ocho cabezas.)

Llorando de los sus ojos dixo entonces a Almanzor:
«Bien conosco° estas cabezas por mis pecados,
señor;
conosco las siete, ca de los míos fijos son°,
la otra es de Muño Salido, su amo que los crió°.
¡No las quiso muy grant bien quien aquí las ayuntó°!
captivo desconortado para siempre soy°»

conozco
ca... porque son de mis hijos
su... el ayo que les crió
No... ¡No los quería bien quien reunió sus cabezas aquí!
captivo... soy un rehén desconsolado

. . .

alinpiólas muy bien° del polvo y de la sangre
cada una como nasció púsolas en aze°
estaban lo oteando° Almanzor y Alicante.

las limpió bien
cada... puso las cabezas en fila, ordenándolas por su edad
estaban mirándole

(Lamento por Suero González)

«Fijo, Suero González, cuerpo tan leale°,
de las vuestras buenas mañas° un rey se debía
pagare°,
de muy buen cazador no avie° en el mundo vuestro
par°
en cazar muy bien con aves y a su tiempo las
mudar°.
¡Malas bodas vos quiso el hermano de vuestra
madre°,
metió a mi cativo y a vos fizo descabezar°!:
los nascidos y por nascer traidor por ende le dirán°»

cuerpo... hombre tan leal
habilidades / **se**... estaría orgulloso
no había / igual
y... y en saber el tiempo en que mudan las aves (un factor importante en la caza)
(Se refiere aquí a la boda de Rodrigo Velázquez con doña Lambra, cuando surgió la enemistad entre los Infantes y la dama.)
metió... me encarceló y os decapitó
los... los que han nacido y los que van a nacer le llamarán traidor

(Lamento por Fernando González)

Besó la cabeza llorando y en su lugar la dexove°,
la de Fernant Gonzales en brazos la tomove°.
«Fijo, cuerpo° honrado, y nombre de buen señore,
del conde Fernant González, ca él vos bateó°.
De vuestras mañas°, fijo, pagar se debía° un emperador;
matador de oso y de puerco y de caballeros señore°,
quier de caballo quier de pie que ningún otro mejor°.
Nunca rafezes compañas, fijo, amastes vos°,
y muy bien vos aveníades con las más altas y mejores°,
¡Vuestro tío don Rodrigo malas bodas vos quiso:
a vos fizo matar y a mí metió en prisión°!,
¡traidor le llamarán cuantos que nascer son°!»

depositó
tomó
caballero
bautizó (fue vuestro padrino)
habilidades / **pagar**... estaría orgulloso
matador... hábil para cazar osos y jabalíes y como líder de caballeros
quier... a pie o montado a caballo, no había nadie mejor que vós
Nunca... nunca amasteis a compañeros viles
y... pues sólo amabais a los mejores
a... os hizo matar y a mí me encarceló
cuantos... todos los que han nacido

CANTAR DE RONCESVALLES

La retaguardia de las fuerzas de Carlomagno, bajo el mando de su sobrino Roldán, es cercada en Roncesvalles por un gran ejército moro. Pese a la dificultad de la situación, los franceses luchan con tenacidad. El fragmento que se conserva de esta leyenda en castellano empieza con el llanto de Carlomagno después de la derrota en el campo de batalla. Buscando entre los cadáveres, lamenta la muerte de sus caballeros más nobles, hasta que encuentra, por fin, el cuerpo de Roldán. El elogio de los caídos y la tristeza de los sobrevivientes son motivos que se repiten en el género épico.

. . . Vio un colpe° que fizo° don Roldane:
«Esto fizo con cuyeta° con grant dolor que aviáe°.»
Estonz° alzó los ojos, cató cabo° adelante,
vido° don Roldán acostado a un pilare°,
como se acostó a la hora de finare°
El rey cuando lo vido°, oíd lo que faze,
arriba alzó las manos por las barbas tirar°,
por las barbas floridas° bermeja sayllia° la sangre;
esa hora el buen rey oíd lo que dirade°,
diz°: «¡muerto es mio sobrino, el buen de don Roldane!
Aquí veo atal cosa que nunca vi tan grande;
Yo era pora morir, y vos pora escapare°.
Tanto buen amigo vos me soliádes ganare°;
por vuestra amor arriba muchos me solían amare°;
pues vos sodes° muerto, sobrino, buscar me han todo male°.
Asaz° veo una cosa que sé que es verdade°:
que la vuestra alma bien sé que es en buen logare°;
mas atal viejo mezquino, ¿agora qué faráde°?
Hoy he perdido esfuerzo con que solía ganare°.
«¡Ay, mi sobrino, no me queredes fablare°!
No vos veo colpe ni lanzada por que oviésedes male°,
por eso no vos creo que muerto sodes° don Roldane.
Deysámos vos ne azaga donde prisiestes male°;
¡las mesnadas y los pares ambos van ayllae°
con vos, y amigo, por amor de a vos guardare°!
Sobrino, ¿por eso no me queredes fablare°?
Pues vos sodes muerte°, Francia poco vale.
Mío sobrino, ante que finásedes era yo pora morir maes°.
A tal viejo mezquino ¿qui lo conseyárede°?

golpe / que había hecho
afligido / que tenía
entonces / miró hacia
vio / un peñasco
morir
vio
por... para arrancarse la barba
lucidas / roja salía
dirá
dice
Yo... yo era quien debía morir y vos debíais de haberos salvado
Tanto... tantos buenos amigos me ganabais
por... muchos me amaban gracias a vuestra amistad
sois / **buscar**... todos van a ponerse contra mí
bien / verdad
que... que está en un buen lugar
agora... ¿ahora qué hará?
esfuerzo... todas las fuerzas con que ganaba mis triunfos
no... no queréis hablarme
No... No veo (en vuestro cuerpo) ningún golpe ni lanzada que pudiera haber causado vuestra muerte / **que**... que estéis muerto
Deysámos... os di la retaguardia, y eso causó vuestra ruina
las... mis vasallos y los Pares (caballeros más elevados) iban allá
por... para defenderos
no... ¿no me queréis hablar?
Pues... puesto que estáis muerto
ante... Antes de que murierais, debía de morir yo.
A... ¿quién aconsejará a un pobre tan miserable?

POEMA DEL CONDE FERNÁN GONZÁLEZ

Para vengar la muerte de su hermano don Sancho de Navarra, doña Teresa, la reina de León, tiende una trampa al conde Fernán González. La reina le engaña ofreciéndole la mano de su sobrina doña Sancha, la hija del rey García de Navarra. Cuando el conde se presenta para aceptar el matrimonio, enemigos navarros lo prenden y encarcelan en Castro Viejo. No obstante, la infanta Sancha se enamora de Fernán González y le ayuda a escaparse, huyendo con él por la noche. Escondiéndose en un bosque, los descubre un cura, quien les amenaza con notificar al rey García. Llama la atención en este episodio la inversión de los papeles, el estado incapacitado del héroe y la fuerza que demuestra la dama en la defensa de su honor.

Así como los vio° comenzó de decir,
dixo: «Donos° traidores, no vos podedes ir°,
del buen rey García non podredes foir°,
amos a dos avredes mala muerte morir°»

Se refiere al arcipreste.
señores / no podéis iros
non... no podréis huir
amos... los dos moriréis de mala muerte

Dixo el cond: «Por Dios, sea la tu bondat°,
que nos quieres tener aquesta poridat°:
en medio de Castiella dar te he una cibdat°,
de guisa que la hayas siempre por heredat°.»

sea... ten la bondad de
tener... guardar nuestro secreto
en... en Castilla te daré una ciudad
de... para que la tengas siempre como tu herencia

El falso° arcipreste llieno de crueldat°,
mas que si fuesen canes no ovo piedat°:
«Conde, si vos queredes que sea poridat°,
dexad me con la dueña conplir° mi voluntat.»

traicionero / lleno de crueldad
mas... como si fuesen perros no tuvo piedad
si... si queréis que guarde el secreto
cumplir

Cuando oyó don Fernando cosa tan desguisada°,
non sería más quexado° si l'dies una lanzada°.
«Par° Dios,» dixo le «pides cosa desaguisada°,
por poco de trabajo demandas grand soldada°»

tan ofensiva
afligido / **si**... si le hubieran dado una lanzada
por / injusta
grand... mucho pago

La dueña fue hartera° escontra 'l coronado°:
«Arciprest, lo que quieres yo lo faré de grado,
por ende no nos perdremos amos y el condado°;
más val que ayunemos todos tres el pecado°.»

astuta / **escontra**... contra el cura
no... no queremos morirnos ni perder el condado
más... más vale que partamos el pecado entre los tres

Dixo l'° luego la dueña:» Pensat vos despojar°,
aver vos ha el conde los paños de guardar°,
y por que él no vea a tan fuerte pesar°,
plega vos, arcipreste, d'aquí vos apartar°.»

le dijo / desnudaros
aver... el conde le guardará sus vestiduras
por... para que no sufra de vernos
plega... os ruego que os apartéis de aquí

Cuando el arcipreste ovo aquesto oido°,
ovo° grand alegría y tovo s' por guarido°,
vergüenza no avia° el falso descreído°:
confonder cuidó otro, mas el fue confondido°.

ovo... oyó esto
tuvo / **tovo**... creía que no había peligro
no tenía / hipócrita
confonder... pensaba engañar al otro, pero él fue engañado

Ovieron se entramos yacuanto d' apartar°,
cuidara se la cosa el luego d'acabar°:
ovo el arcipreste con ella de trabar°,
con sus brazos abiertos iba se la abrazar°.

Ovieron... los dos se apartaron un poco
cuidara... (el cura) pensaba que iba a cumplir su voluntad
ovo... pensaba que la iba a poseer
iba... iba a abrazarla

La infant doña Sancha, dueña tan mesurada°
—nunca omne no vio dueña tan esforzada—°,
trabó l' a la boruca° dio l°'una grand tirada,
dixo: «Don traidor, de ti seré vengada.

inteligente
nunca... nunca se había visto una dama tan fuerte como ella
trabó... le agarró por la barba / le dio

El conde a la dueña no podía ayudar,
ca tenía grandes fierros° no podía andar;
su cuchiello en mano ovo a ella llegar°,
ovieron le entramos al traidor matar°.

ca... porque llevaba grandes hierros (de haber estado en la prisión)
su... le dio su cuchillo
ovieron... los dos mataron al traidor

Cuando de tal manera morió el traidor,
—nunca merced le quiera aver el Criador—°
la mula y los paños y el mudado azor°,
quiso Dios que oviesen más honrado señor°.

nunca... que Dios le castigue
el halcón (que el cura iba a usar para cazar).
que... que tuvieran un señor más honrado

CANTAR DE LAS MOCEDADES DE RODRIGO

A la edad de doce años, Rodrigo mata al padre de doña Jimena en una lid, y apresa a sus dos hermanos. Desamparada, doña Jimena acude a la corte en Zamora para quejarse ante el rey Fernando de León. Pide como reparación que el rey le dé por marido a Rodrigo. El rey decide concederle este favor, y manda una carta a Rodrigo y a su padre don Diego Laínez, en la cual exige la presencia de los dos en la corte. Don Diego teme por su hijo, creyendo que va a ser ejecutado por su crimen. Rodrigo, por otro lado, demuestra su bravura y arrogancia. Al llegar a la corte, el joven es casado por la fuerza con doña Jimena. Indignado, hace un voto de realizar cinco actos de proeza antes de ver a su esposa.

. . . Allegó° don Diego Laínez al rey besarle la mano;
cuando esto vio Rodrigo no le quiso besar la mano,

. . .

se acercó

(Faltan versos aquí, en que el padre de Rodrigo le exhorta que bese la mano del rey.)

Rodrigo fincó los inojos° por le besar la mano,
el espada traía luenga, el rey fue mal espantado°.
A grandes voces dixo: «Tiradme allá ese pecado°.»
Dixo estonce° don Rodrigo; «Querría más un clavo°
que vos seades° mi señor ni yo vuestro vasallo:
porque vos la besó mi padre soy yo mal
 amancellado°.»
Esas horas dixo° el rey al conde don Osorio su amo°:
«Dadme vos acá esa doncella: desposarmos este
 lozano°.»
Aún no lo creyó don Diego tanto estaba espantado.
Salió la doncella, et tráela el conde por la mano;
ella tendió los ojos et a Rodrigo comenzó a catarlo°.
Dixo: «Señor, muchas mercedes°, ca° éste ese es el
 conde que yo demando°.»
Allí desposaban° a doña Jimena Gómez con Rodrigo
 el Castellano.
Rodrigo respondió muy sañudo° contra el rey don
 Fernando:
«Señor, vos me desposastes, más a mi pesar que de
 grado°:
mas prométolo a Christus° que vos no bese la mano,
ni me vea con ella en yermo ni en poblado°,
fasta que venza° cinco lides en buena lid en campo.»
Cuando esto oyó el rey fízose maravillado°.
Dixo: «No es éste omne°, mas figura de pecado°.»
Dixo el conde don Osorio: «Mostrar vos lo he
 privado°:
cuando los moros corrieren° a Castilla, no le acorra
 omne nado°,
veremos si lo dice de veras, o si lo dice bafando°.»
Allí espedieron° padre y fijo, al camino fueron
 entrados°:
fuese° para Vivar, a San Pedro de Cardeña, por
 morar í el verano°.

fincó... se puso de rodillas
el... traía una espada larga y el rey tuvo miedo
dixo... dijo «Quitadme de ahí este diablo.»
entonces dijo / No me importa nada
que seáis
insultado
Esas... entonces dijo / su ayo
desposarmos... casaremos a este joven arrogante
comenzó a mirarle
muchas gracias / porque / que yo reclamo
casaron
furiosamente
vos... me casasteis más a mi pesar que a mi gusto
mas... pero prometo a Cristo
en... ni en el campo ni en las aldeas
hasta que haya ganado
se quedó asombrado
hombre / sino figura de diablo
Mostrar... os ofrezco una ocasión para mostrarlo
entren en / **no**... que no le ayude nadie
diciendo baladronadas
se despidieron / **fueron**... se pusieron
se fue / **por**... para pasar el verano allí

LA POESIA CLERICAL

En la mayor parte de la Europa occidental, caracterizó el siglo XII un despertar cultural. Este resurgimiento se manifestó en la fundación de las primeras universidades, la expansión de los núcleos urbanos y del comercio, y el nuevo cultivo de las letras por las clases nobiliarias. Sin embargo, debido a los disturbios internos que sufrieron los reinos hispanos durante este período, este renacimiento cultural no brotaría en la Península Ibérica hasta unos cien años más tarde. Tanto las guerras contra el Islam como las intrigas y las contiendas civiles retardaron el desarrollo artístico y literario. En Castilla, el florecimiento intelectual del siglo XIII coincidió con la reanudación de la Reconquista. Esta empresa, que había avanzado poco desde la toma de Toledo en 1085, llegó a un punto decisivo en 1212 con la victoria de los cristianos en la batalla de las Navas de Tolosa. Ya para mediados del siglo XIII, casi todas las ciudades principales de Andalucía, con la excepción de Granada, se hallaban bajo el dominio de los castellanos. La prosperidad que procedió de la extensión territorial de los cristianos dio paso a un clima de mayor refinamiento que fomentaría la evolución de la literatura culta.

Esta renovación intelectual inició una amplia producción de poesía erudita que se originó principalmente en los monasterios de Castilla. El «mester de clerecía», consta de obras compuestas por clérigos cuyo propósito era difundir la literatura culta al pueblo. El rasgo más notable de estos poemas narrativos es la utilización de la «cuaderna vía», una forma métrica que consta de estrofas de cuatro versos alejandrinos, con una cesura (pausa) en el medio, y una sola rima consonante. Estas obras se destinaban a la recitación pública, y la regularidad estilística de la cuaderna vía probablemate proporcionó un vehículo que mantenía la atención del auditorio con gran eficacia. Por lo general, los argumentos de los poemas se derivaban de la Biblia, las vidas de los santos, las narraciones piadosas, y los relatos fabulosos de la antigüedad clásica. Las leyendas heroicas también podían convertirse en poesía culta; como ya hemos visto, el *Poema de Fernán González* es tal vez una reelaboración en cuaderna vía de una epopeya.

Los poemas más importantes en cuaderna vía son las composiciones religiosas de Gonzalo de Berceo, el primer poeta español de nombre conocido. Tenemos pocos datos sobre la vida de este clérigo. Nació probablemente hacia fines del siglo XII en Berceo, un pueblo de la Rioja. Pasó la mayor parte de su vida en el monasterio benedictino de San Millán de la Cogolla donde ocupó un puesto secular de tipo administrativo. Hacia 1230 Berceo comenzó a escribir poemas que trataban, en su conjunto, los temas principales de la cultura piadosa de este tiempo: la hagiografía, la devoción mariana y los asuntos bíblicos y litúrgicos. Debió morir ya viejo; a mediados del siglo XIII su nombre aún se menciona en documentos del monasterio.

Aunque los detalles biográficos que tenemos sobre Berceo son escasos, sus versos iluminan la personalidad de este clérigo hábil en la adaptación de las historias sacras a la comprensión de un auditorio iletrado. Se destaca en su poesía un notable esfuerzo por enlazar con sus oyentes, identificándose como un miembro de la comunidad rural en que vivía. La utilización de la primera persona tan frecuente en los poemas de Berceo habría convenido al fin pedagógico del clérigo; la expresión de una afinidad con el público le servía para captar su interés y simpatía. Hay que señalar también el sentimiento popular evidente en el lenguaje de Berceo: las imágenes y las alusiones a la vida campestre, la llaneza de las expresiones, la reiteración de voces dialectales y los proverbios derivados del habla cotidiana. Recurriendo a un estilo familiar, el poeta se empeñó en manipular las emociones de sus oyentes contrastando la bajeza de la vida terrestre con la perfección de Dios. Se halla igualmente en la poesía de Berceo un esfuerzo por evitar la monotonía tan frecuente en la literatura piadosa mediante la inclusión de elementos humorísticos y detalles realistas.

Al componer sus versos, Berceo se apoyó en los tres modelos que habría tenido a su disposición como clérigo: el sermón popular, los procedimientos de la retórica medieval y la tradición juglaresca. La influencia de la técnica sermonística se evidencia en la estrategia de combinar el mensaje didáctico con la diversión. Berceo se valió de una táctica característica de los predicadores de este período al recurrir a los *exempla*, cuentos ilustrativos, para enseñar la doctrina de una manera que deleitara a la congregación. Estos relatos se derivaban de la Biblia, las leyendas de los santos, el folklore e, incluso, de las experiencias personales del orador. La estructura y el enfoque narrativo de los poemas de Berceo debieron de basarse en los mismos métodos que los clérigos empleaban en el púlpito.

La retórica, las reglas formales que habían sido elaboradas por los escritores clásicos del latín, tuvo un impacto enorme en la mentalidad literaria de la Edad Media. Se trataba, ante todo, del arte de la persuasión mediante el uso de estructuras sintácticas, combinaciones sonoras, y convenciones temáticas que agradaban al público. Las construcciones parejas y las repeticiones que surgen en los versos de Berceo son recursos estilísticos recomendados en los manuales de retórica medievales. Hay que señalar igualmente la tendencia a la amplificación; la expresión retórica se daba más a la expansión temática y a la división equilibrada del relato que a la brevedad. De la misma manera, la insistencia del poeta en la fidelidad de su obra al texto escrito y sus proclamaciones de humildad son lugares comunes de esta tradición.

La poesía popular que se recitaba durante este período en las plazas públicas también dejó sus huellas en la obra de Berceo. Como los juglares, los predicadores tenían la necesidad de adaptar su discurso a las exigencias de la presentación oral para mantener el interés de sus oyentes. Se halla en los poemas narrativos de Berceo un recurso a las expresiones formularias de la literatura juglaresca. Esta táctica le habría servido al poeta para reforzar el contenido de sus obras de una manera que incitara una respuesta emotiva del público. En uno de los poemas hagiográficos de Berceo, la *Vida de San Millán*, la influencia de la poesía popular se manifiesta, incluso, temáticamente en la representación del santo como héroe militar.

De acuerdo con el idealismo que caracterizaba la percepción medieval de la individualidad, los poemas hagiográficos de Berceo presentan la biografía de cada santo con el fin de ejemplificar las virtudes cristianas. La mentalidad de este período tendía a un enfoque en lo prototípico que evaluaba la vida del individuo, no tanto por su unicidad personal, sino por su significación teológica. La primera obra hagiográfica escrita por Berceo fue probablemente la *Vida de San Millán de la Cogolla* sobre el eclesiástico visigodo del siglo VI, que, según la leyenda, fundó el monasterio donde el poeta servía como clérigo. Basándose en un tratado sobre San Millán escrito en latín en el siglo VII, Berceo dividió su narración en tres partes, una estructura simbólica de la Trinidad. En la primera parte se relata la juventud de San Millán, un humilde pastor, y su decisión de dedicarse a una vida de contemplación religiosa. El santo se transforma en un guerrero contra las fuerzas del mal en la segunda división del poema; el poeta nos describe su lucha contra la persecución de sus enemigos, y los tormentos que le inflige el mundo demoníaco. En la última parte se narran los milagros efectuados por el santo después de su muerte y su intervención maravillosa en una batalla contra los moros.

Aparte de la *Vida de San Millán*, Berceo compuso otros poemas hagiográficos sobre las vidas de Santo Domingo de Silos, Santa Oria y San Lorenzo. Conviene señalar que los cuatro santos cuyas leyendas fueron relatadas por Berceo están todos vinculados históricamente con el monasterio de San Millán. El hecho de que Berceo se limitara a estos santos regionales, en vez de narrar alguna hagiografía de interés más universal, indica que uno de sus objetivos principales era la divulgación de las leyendas asociadas con su parroquia. A la luz de las investigaciones realizadas por el medievalista Brian Dutton, este hecho es particularmente significativo. Dutton ha encontrado pruebas de que los monjes de San Millán fueron responsables de una falsificación de documentos durante la vida de Berceo. Estas falsificaciones se llevaron a cabo con el propósito de encarecer el prestigio de San Millán, una especie de propaganda eclesiástica que tenía el fin de motivar a los fieles para que aportaran más dinero al monasterio. Según Dutton, es probable que este interés hubiera inspirado, en parte, la actividad poética de Berceo, y que su obra tuviera no sólo el propósito de enseñar al vulgo, sino también el de ensalzar al monasterio de San Millán.

Los *Milagros de Nuestra Señora*, una obra escrita en la madurez del poeta, manifiestan la devoción mariana que predominaba en la religiosidad de este período. La Virgen María, que había recibido poca atención en los primeros siglos del cristianismo, llegó a ocupar un lugar central en la piedad popular de la Baja Edad Media. Los cultos marianos que se extendían por toda Europa adoraban a la Virgen como la encarnación del amor maternal, una imagen benévola que atenuaba la severidad de la teología medieval. Berceo, de acuerdo con este fervor religioso, se empeñó en representar a la «Gloriosa» de una manera que humanizaba la doctrina de la redención. Los *Milagros de Nuestra Señora* se componen de veinticinco relatos breves que ilustran la intervención de la Virgen a favor de los creyentes. Siempre consciente del nivel cultural de su público, Berceo quiso ilustrar que la protección de la Virgen se extendía especialmente a los individuos humildes de fe sencilla y a los pecadores arrepentidos. Como en el caso de otros poemas de Berceo, los *Milagros* fueron derivados, en su mayor parte, de una fuente latina, una colección de leyendas en prosa que pertenecía a la tradición mariana europea.

La composición más extensa en la cuaderna vía del siglo XIII, y probablemente la más antigua, es el *Libro de Alexandre*, una narración fabulosa de la vida de Alejandro Magno. Aunque este poema es atribuido a Berceo en una copia manuscrita del texto, la crítica se inclina hoy a considerarlo una composición anónima en vista de su poco parecido con la obra del clérigo de San Millán. En contraste con el sentimiento popular patente en las obras de

Berceo, el poeta del *Libro de Alexandre* se empeñó en desplegar una erudición casi enciclopédica en su descripción de las hazañas y la sabiduría del héroe. La narración consta de una reelaboración de varias versiones de la historia de Alejandro Magno, en la cual se intercalan episodios secundarios y elementos de fantasía. La intención didáctica de esta obra se evidencia en la insistencia en los pecados del héroe; no se trata de una reconstrucción del mundo helénico, sino de una «medievalización» de la leyenda de Alejandro Magno para iluminar los preceptos de la moralidad cristiana.

Una visión anacrónica de la Antigüedad se halla igualmente en el *Libro de Apolonio*, un poema en cuaderna vía derivado de una redacción latina de la historia del rey de Tiro, un tema de gran difusión en la Edad Media. Como en el caso del *Libro de Alexandre*, la actitud caballeresca y los detalles pintorescos que surgen en la obra son más propios de la realidad castellana del siglo XIII que del mundo pagano. El poeta nos relata las andanzas de Apolonio en busca de su mujer Luciana y su hija Tarsiana, a quienes creía muertas. El argumento de esta leyenda es una cadena complicada de naufragios, raptos y reuniones inesperadas, una técnica típica de los libros de aventuras de la literatura griega. Pese a su naturaleza novelesca, encierra el *Libro de Apolonio* un obvio mensaje moralizante: el desenlace feliz de tantas desventuras para el protagonista y su familia es una recompensa de Dios por su fe y virtud cristiana.

Aparte de estas obras en cuaderna vía, se produjeron en la primera mitad del siglo XIII dos poemas hagiográficos escritos en versos pareados de métrica irregular: la *Vida de Santa María Egipciaca* y el *Libro dels tres reys d'Orient*. Estas dos composiciones anónimas representan una poesía más enlazada con la cultura popular, una adaptación de los temas y lenguaje eclesiásticos al estilo formulario de los juglares. En la *Vida de Santa María Egipciaca* se trata de una variación de la leyenda de la prostituta arrepentida, un motivo hagiográfico derivado de la historia de María Magdalena. Basándose en una obra francesa sobre la vida de María Egipciaca, el poeta subrayó la penitencia de la santa contrastando la promiscuidad escandalosa de su juventud con el ascetismo de su vida de anacoreta tras su conversión. También de índole didáctica, el *Libro dels tres reys d'Orient* es una narración de la adoración de los Magos y de otros temas relacionados con el Nacimiento y la Crucifixión. El poeta a menudo recurre a los libros apócrifos (la parte de la Biblia cuya inspiración divina no es segura). Un aspecto importante del libro es la ilustración del concepto teológico de la gracia.

Una de las obras más conmovedoras de este período es el *planctus* «¡Ay Jherusalem!», un canto inspirado de las Cruzadas. Se trata de una elegía en que se lamenta la devastación de Jerusalén por los sarracenos en 1244. Para comunicar la magnitud de las atrocidades cometidas en Jerusalén, el autor recurrió a la lírica juglaresca, describiendo de una manera emotiva la profanación del Santo Sepulcro y la persecución de los cristianos por los infieles. Este poema es igualmente significativo desde un punto de vista histórico: debido a la lucha que proseguía contra las fuerzas del Islam dentro de la Península, la participación de los caballeros españoles en las Cruzadas era escasa. Es probable que el poeta de «¡Ay Jherusalem!» tuviera el intento de despertar más interés en España por la defensa de la Fe en la Tierra Santa.

Otro género literario que brotó en el siglo XIII fue la poesía de debate inspirada de los modelos del latín clásico. Estas obras consistían en la exposición de algún tema polémico en forma de versos dialogados que representaban, por lo general, dos opiniones contrarias. Para los letrados de este período, la discusión de las cuestiones filosóficas, así como la de los asuntos más cotidianos, suponía un modo de comprobar su facultad de raciocinio y su dominio de la retórica. La literatura que surgió de este ejercicio académico era una poesía de índole dramática que englobaba las tradiciones de la lírica narrativa. En el poema *Elena y María*, por ejemplo, se relata un debate esencialmente irónico sobre los méritos relativos de las diferentes clases sociales, una polémica común en la Edad Media. La división de la sociedad en tres estados—clérigos (los esclesiásticos y otras personas cultas), caballeros y campesinos—era un concepto firmemente arraigado en la mentalidad medieval. La rivalidad entre los dos grupos más elevados era un tema popular en la literatura franco-provenzal de este período. En *Elena y María*, como en otros poemas sobre este tema, el debate se presenta en la forma de una disputa entre la amante de un clérigo y la de un caballero. El tono burlesco de este poema proviene de su visión satírica de la sociedad, sobre todo con respecto a los clérigos.

La *Razón de amor con los denuestos del agua y del vino* es una obra problemática en vista de su carácter doble. En la primera parte del poema, dos enamorados se encuentran en un jardín, lugar asociado tradicionalmente con las escenas amorosas. Se destaca en el tono lírico la influencia de las «canciones de amigo», sobre todo en las palabras de la dama. La transición a la segunda parte ocurre cuando una paloma que se baña en el jardín vierte agua en un vaso de vino. Entonces comienza una disputa de carácter satírico-burlesco entre el agua y el vino en cuanto al valor de cada uno—tema que había sido un motivo tradicional en la poesía de debate latina. Aunque estas dos partes se consideraron fragmentos independientes por mucho tiempo, hoy en día la crítica suele subrayar el vínculo ideológico que existe entre el erotismo de la escena inicial, y el juego entre el agua, símbolo del amor puro, y el vino, símbolo del amor sexual. Esta yuxtaposición de la castidad y la sensualidad es un reflejo de la necesidad de reconciliar dos conceptos dispares, un enfoque propio del debate medieval.

Pese a las alteraciones socio-económicas y a la gran mortandad de las pestilencias, el desarrollo literario de la España cristiana continuó durante el siglo XIV gracias a la fundación de nuevas universidades y la creciente importancia que la Iglesia otorgaba a la educación. En la poesía, el surgimiento cultural estuvo caracterizado por el debilitamiento de la cuaderna vía, un género que ya había comenzado a decaer en la segunda mitad del siglo XIII. La actividad poética del siglo XIV no se limitaba a los círculos monásticos; entre las obras de este período se destacan una crónica versificada sobre la historia contemporánea, unos proverbios didácticos escritos por un rabino y una exposición de índole social compuesta por un miembro de la clase noble. En suma, la poesía culta del siglo XIV representaba una reelaboración estilística y temática de la anterior tradición clerical.

El *Libro de la miseria de omne* es una composición representativa de la última evolución de la cuaderna vía. Basado en *De Contemptu Mundi*, una obra en prosa latina escrita por el Papa Inocencio III, este poema es una descripción moralizante de las miserias del mundo y la naturaleza pecaminosa del hombre. El tono es amargo y satírico. En vez de los versos alejandrinos propios de la cuaderna vía, el poeta emplea versos de dieciséis sílabas. Quizás el aspecto más interesante del *Libro de la miseria de omne* es su crítica de la injusticia de las condiciones socio-económicas del período: el sufrimiento de las clases inferiores y la ociosidad de las clases adineradas.

En los *Proverbios de Salomón*, un poema anónimo derivado del libro del *Eclesiastés* de la Biblia, también se habla de los contrastes entre la vida de los pobres y la de los ricos. Adaptando el estilo aforístico del *Antiguo Testamento*, el poeta reitera la fugacidad de los bienes terrestres y la igualdad de todos los hombres ante la muerte. Aunque la fuente principal es el *Eclesiastés*, un libro atribuido tradicionalmente al rey Salomón, el autor también alude a otras partes de la Biblia. La métrica de cuaderna vía que se utiliza en los *Proverbios de Salomón* es bastante irregular.

Compuesto a mediados del siglo XIV por Rodrigo Yáñez, el *Poema de Alfonso XI* combina la visión historiográfica de las crónicas en prosa con elementos de la epopeya popular. Se narran en esta obra los sucesos del reinado de Alfonso XI, uno de los más geniales guerreros de la España medieval, cuyos logros habían de ser la consolidación de la autoridad real a costa de la nobleza, y el avance de la Reconquista. La utilización de los epítetos y de otras expresiones formularias en el *Poema de Alfonso XI* es propia de la poesía épica, mientras que la regularidad de su métrica de cuartetas octosilábicas demuestra una influencia culta.

La muerte de Alfonso XI abrió paso a un período calamitoso para Castilla. El nuevo rey, Pedro I, era incapaz de mantener el orden social y el progreso que había iniciado su padre. Su reino había de ser completamente desangrado por una guerra civil incitada por la rebelión de sus medio hermanos, los Infantes de Trastamara. El Rey Pedro, denominado el «Cruel» por sus enemigos, era para los judíos el «Justiciero». En contraste con el antisemitismo de los partidarios de los Trastamara, la actitud de don Pedro hacia este grupo minoritario era bastante benévola, y hasta dio puestos importantes a judíos.

El rabino Shem Tob fue el escritor judeo-español más notable del siglo XIV. Dedicó sus *Proverbios morales* al rey cristiano con el propósito de ganar su favor y su protección. La obra de Shem Tob constituye uno de los pocos testimonios en favor de don Pedro que sobrevivieron a la censura de los Trastamara, el partido triunfante. Los *Proverbios morales* se derivan de la vena popular de la literatura aforística, una corriente que el poeta alimentó con la sabiduría del Talmud y de la Tora. Se trata, en efecto, de una auténtica muestra de la cultura judía medieval expresada poéticamente en castellano. Analizando los aspectos de la conducta humana, Shem Tob amonesta y aconseja al lector con breves estrofas que comunican un sentimiento de inquietud y de resignación personal. La métrica de los *Proverbios* puede considerarse una forma de la «redondilla» de cuatro versos con rima consonante, aunque algunos críticos sostienen que esta obra es una manifestación tardía de la cuaderna vía con una rima consonante interna.

El último poema largo compuesto en cuaderna vía es el *Rimado de Palacio* de Pero López de Ayala, un poeta y cronista cuya afiliación política era opuesta a la del rabino Shem Tob. La obra poética de este hidalgo, quien llegó a ser uno de los dirigentes principales de Castilla, es una amalgama de diversos temas en la cual se representa un amplio cuadro didáctico de la sociedad castellana. Se compone este libro de piezas sueltas escritas probablemente entre 1380 y 1404, versos que denuncian el caos moral del período con la visión acerba de un personaje aristocrático que debe confrontar el derrumbamiento del orden tradicional a su alrededor. La primera parte del *Rimado* es una declaración de la religiosidad personal de López de Ayala basada en las convenciones de la confesión. El resto del libro encierra una diatriba satírica contra los pecados de la sociedad y una serie de consejos al rey y a otros oficiales. Por la mayor parte, la métrica utilizada en el *Rimado* es la cuaderna vía, aunque se encuentran otras formas estróficas, sobre todo en los poemas religiosos.

Conviene recordar que los poemas clericales co-existían en la Península con otras formas poéticas. Las epopeyas siguieron recitándose en las plazas públicas de Castilla hasta fines del siglo XV, y los villancicos seguirían siendo un elemento importante de la lírica popular hasta la primera parte del siglo XVII.

Recomendamos las siguientes ediciones de los textos que se mencionan en esta sección: Gonzalo de Berceo, ed. Brian Dutton. *Obras completas* (London: Támesis, 1975) o *Milagros de Nuestra Señora*, ed. E. Michael Gerli (Madrid: Cátedra, 1984); *Libro de Alexandre*, ed. Jesús Cañas Murillo (Madrid: Editora Nacional, 1978); *El libro* *de Apolonio*, ed. Manuel Alvar (Barcelona: Planeta, 1984) o ed. Carmen Monedero (Madrid: Castalia, 1987); *Vida de Santa María Egipciaca*, ed. Manuel Alvar (Madrid: Alcalá, 1967) o María S. de Andrés Castellanos (Barcelona: Ronda de la Universidad, 1947); *Tres reys d'Orient*, ed. Manuel Alvar (Madrid: Consejo Superior de Investigaciones Científicas, 1965); *Ay Jherusalem*, ed. María del Carmen Pescador del Hoyo, en «Tres poemas medievales», *Nueva Revista de Filología Hispánica* (14), 1960, 242–247, véase tambien Eugenio Asensio, «*Ay Jherusalem*, Planto narrativo del siglo XIII» *Nueva Revista de Filología Hispánica* (14) 1960, , 251–270 y ed. Manuel Alvar, *Antigua poesía española lírica y narrativa* (México, D. F., 1970) 179–186; *Razón de amor con los denuestos del agua y el vino*, ed. Mario di Pinto (Pisa: Goliardica, 1959) o ed. Ramón Menéndez Pidal, *Textos medievales españoles.* (Madrid: Espasa-Calpe, 1976); Shem Tob de Carrión, *Proverbios*, ed. T. A. Perry (Madison: Hispanic Seminary of Medieval Studies, 1986); *Libro de miseria de omne* ed. Pompilio Tesauro (Pisa: Giardini, 1983) o ed. Jane E. Connolly (Madison: Hispanic Seminary of Medieval Studies, 1987); *Poema de Alfonso XI*, ed. Yo ten Cate (Madrid, 1956)*; *Rimado de Palacio* ed. Michel García (Madrid: Gredos, 1978), ed. Jacques Joset (Madrid: Alhambra, 1978) o ed. Germán Orduna (Madrid: Castalia, 1987).

* Esta edición es la última que se ha hecho; la recomendamos con algunas reservas.

GONZALO DE BERCEO

Milagros de Nuestra Señora

El romero engañado por el Diablo

El milagro de «El romero engañado por el Diablo» se sitúa en el marco de una experiencia característica de la religiosidad medieval: la peregrinación a Santiago de Compostela. A lo largo de la Edad Media, los fieles iban a Galicia de todas partes de Europa para venerar al Santo Apóstol, cuyo sepulcro se hallaba en la catedral de la ciudad. El protagonista de este relato ha cometido el pecado de no hacer penitencia por un acto de fornicación antes de comenzar su viaje a Santiago. Aprovechando el remordimiento que siente el peregrino por esta transgresión, un diablo le convence de que debe remediar su pecado castrándose a sí mismo. El fornicador sigue este consejo, y muere a consecuencia de su herida. Pese a la gravedad de este pecado—el suicidio—es salvado finalmente por Santiago y la Virgen María. Es interesante notar que Berceo no omitió los pormenores más escabrosos en su representación del dilema en que se encuentra este personaje. La separación entre la carnalidad y la espiritualidad estaba menos arraigada en la conciencia medieval que en la nuestra, y el público de este período no habría encontrado ofensivos los detalles gráficos que surgen en la narración.

Virgen y Niño, por Jaime Sena, 1410.

Verso	Glosa
Señores e amigos, por Dios e caridat,	
oíd otro miraclo°, fermoso por° verdat;	milagro / de
Sant Hugo lo escripso°, de Gruñiego abat°,	**lo**... lo escribió / **de**... el abad de Cluny
qe cuntió° a un monje de su sociedat°.	**qe**... que sucedió / **de**... de su monasterio
Un fraire° de su casa, Guiralt era clamado°,	fraile / llamado
ante qe fuesse monje° era non bien senado°,	**ante**... antes de ser monje / **era** ... era insensato
facié a las debeces follía a peccado°,	**facié**... cometía locuras y pecados
como omne° soltero qe non es apremiado°.	hombre / **non**... no tenía compromisos
Vino ·l en corazón do se sedié un día°	**vino**... Pensó una vez en su pueblo
al apóstol d'España de ir en romería°;	**ir**... ir en peregrinación a Santiago de Compostela
aguisó su facienda°, buscó su compañía°,	**aguisó**... arregló su hacienda / compañeros
destajaron el término como fuessen su vía°	Todos se pusieron de acuerdo para hacer el viaje.
Quand a essir ovieron fizo una nemiga°:	**Quand**... Cuando iban a salir, cometió un pecado
en logar de vigilia° yogo° con su amiga.	**en**... en lugar de hacer vigilia / se acostó
Non tomó° penitencia como la ley prediga°	**Non**... No hizo / ordena
metióse° al camino con su mala hortiga°	Se puso / remordimiento
Poco avié° andado aún de la carrera,	había
avés podrié seer° la jornada tercera,	**avés**... apenas podría ser
ovo un encontrado° cabo° una carrera,	**ovo**... tuvo un encuentro / en
mostrábase por bueno, en verdat no lo era°.	(Con alguien) quien sin ser bueno, lo parecía

El dïablo antigo° siempre fo° traïdor,
es de toda nemiga maestro sabidor°;
semeja a las veces ángel del Crïador°
e es dïablo fino, de mal sosacador°.

antiguo / fue
es... es conocedor de toda mala acción
semeja... se disfraza de ángel
e... pero es un diablo listo lleno de maldad

Transformóse el falso en ángel verdadero,
paróseli° delante en medio un sendero°:
«Bien seas tú venido —díssoli al romero°—
semējasme cossiella° simple como cordero.

Se puso / **en**... en mitad del camino
díssoli... le dijo al peregrino
seméjasme... me pareces una cosita

Essisti° de tu casa por venir a la mía,
quando essir quisisti fizist una follía°;
cuidas° sin penitencia complir tal romería,
non te lo gradirá° esto sancta° María.»

Saliste
quando... cuando ibas a salir, cometiste una locura
piensas /
agradecerá / Santa

«¿Quién sodes° vos, señor?» díssoli° el romeo°.
Recudió ·l°. «Yo so Jácobo°, fijo de Zebedeo;
sépaslo bien°, amigo, andas en devaneo°,
semeja° que non aves° de salvarte deseo.»

sois / le dijo / romero
Le respondió / Santiago
sépaslo... debes saber / locamente
parece / tienes

Disso° Guirald: «Señor, pues vos, ¿qé me mandades°?
Complirlo quiero todo, qequier qe me digades°,
ca° veo yo qe fizi° grandes iniquitades°,
non prisi el castigo° qe dicen los abades°.»

Dijo / **¿qé**... ¿qué me mandáis?
qequier... lo que me ordenéis
porque/ **qe**... que hice / **grandes**... grandes pecados
non... no hice penitencia / **qe**... como mandan los abades

Disso° el falso Jácob: «Esti es el judicio°:
qe te cortes los miembros qe facen el fornicio°;
dessent qe te degüelles°: farás° a Dios servicio,
qe de tu carne misma li° farás sacrificio.»

Dijo / **Esti**... Esto es el castigo:
qe... con que pecaste
dessent... después de que te mutiles
li... le

Crediólo el astroso, loco e desessado°,
sacó su cuchellijo° qe tenié amolado°,
cortó sus genitales, el fol malventurado°,
dessende degollóse°, murió descomulgado°.

Crediólo... Le creyó el infeliz loco
cuchillo / **tenié**... tenía afilado
el... el loco miserable
dessende... Por haberse castrado / excomulgado

Cuando los compañeros qe con elli isieron°
plegaron a Guiraldo e atal lo vidieron°,
fueron en fiera cuita en qual nunqa sovieron°,
esto cómo avino° asmar° no lo pudieron.

qe... que habían venido con él
plegaron... Encontraron a Guiraldo, y le vieron de esa manera
fueron... Sintieron gran dolor, como nunca habían sentido
ocurrió / imaginarse

Vidién qe de ladrones non era degollado°,
ca no·l tollieran nada ni·l avién ren robado°;
non era de ninguno omne desafiado°,
non sabién de qual guisa° fuera ocasionado.

Vidién... Vieron que no había sido mutilado por ladrones
ca... Porque no le habían quitado ni robado nada
non... tampoco había sido en desafío
non... no sabían de qué manera

Fussieron° luego todos e fueron derramados°,
teniénse d'esta muerte qe serién sospechados;
porque ellos no eran enna cosa culpados°,
qe serién por ventura presos e achacados°.

Huyeron / **fueron**... se desparramaron
teniénse... Temían que se sospechara de ellos
no... no tenían ninguna culpa
qe... que podrían ser prendidos y acusados

El qe dio el consejo con sus atenedores°,
los grandes e los chicos, menudos e mayores,
travaron de la alma° los falsos traïdores,
levávanla al fuego, a los malos suores°.

El... El diablo que le había aconsejado y sus ayudantes
travaron... agarraron el alma (del muerto)
levávanla... Para llevarla al fuego eterno del infierno

Ellos qe° la levavan non de buena manera,
víolo Sanctïago cuyo romeo era°;
issiólis a grand priessa° luego a la carrera,
paróselis delante enna az delantera°.

Ellos... Que ellos
víolo... Lo vio Santiago de quien (el muerto) era peregrino
issiólis... Salió a encontrarles
paróselis... Se les puso delante haciéndoles frente

«Dessad —disso— maliellos la preda qe levades°,
non vos yaz tan en salvo como vos lo cuidades°;
tenedla a derecho, fuerza no li fagades°,
creo qe non podredes maguer qe lo qerades°.»

Dessad... Dejad—dijo (el santo)—malvados, la presa que lleváis.
non... no os pertenece tanto como lo imagináis
tenedla... Debéis llevarlo por derecho, no por fuerza
creo... Me parece que no podréis, por mucho que lo deseéis

Recudióli° un dïablo, paróseli refacio°:
«Yago, quiéreste fer° de todos nos° escarnio;
a la razón derecha quieres venir contrario,
traes mala cubierta° so° el escapulario.

le contestó / **paróseli**... se paró delante de él
Yago... Santiago, quieres hacer / nosotros
Tienes malas intenciones / bajo

Guirald fizo nemiga°, matóse° con su mano,
debe seer judgado° por de Judas ermano°;
es por todas las guisas° nuestro parroquïano°,
non quieras contra nos Yago seer villano°.»

Guirald... Guiraldo hizo un pecado / se mató
seer... ser juzgado / **por**... como un hermano de Judas
maneras / compadre
non... No intentes, Santiago, cometer esta villanía contra nosotros

Díssoli Sanctïago°: «Don traïdor parlero°,
non vos puet vuestra parla valer un mal dinero°;
trayendo la mi voz° como falso vocero,
disti° consejo malo, matest al mi romero.

Díssoli... Le dijo Santiago / charlatán
non... Sus palabras no valen ni un dinero
trayendo... Tomaste mi voz
Le diste / mataste a mi peregrino

Si tú no li dissiesses qe Sanctïago eras°,
tú no li demostrasses sennal de mis veneras°,
non dannarié su cuerpo con sus mismes tiseras°,
nin yazdrié como yaze fuera por las carreras°.

Si... Si tú no le hubieras dicho que eras Santiago
tú... Si tú no le hubieras enseñado mis veneras
non... No se habría mutilado con sus propias tijeras
nin... Ni yacería, como yace, en la carretera.

Prisi muy grand superbia de la vuestra partida°,
tengo qe la mi forma es de vos escarnida°,
matastes mi romeo° con mentira sabida,
demás veo agora la alma maltraída°.

Prisi... Tu acción me ha enfurecido
tengo... Tú te burlas de mí
matastes... Mataste a mi peregrino
la... que llevas su alma por fuerza

Seedme a judicio de la Virgo María°,
yo a ella me clamo en esta pleitesía°;
otra guisa de vos° yo non me quitaría,
ca veo qe traedes muy grand alevosía°.»

Seedme... Vamos a juicio ante la Virgen María
yo... apelo a ella en este pleito
otra.. de otra manera de ti
ca... Porque veo que eres muy alevoso

Propusieron su voces° ante la Gloriosa,
fo bien de cada parte afincada la cosa°;
entendió° las razones la reina preciosa,
terminó la varaja° de manera sabrosa:

Propusieron... Fueron con sus alegatos
fo... Cada uno defendió su punto de vista
Escuchó
terminó... Resolvió la disputa

«El enganno qe priso, pro li debié tener°,
elli a Sanctïago cuidó obedecer°,
ca tenié qe por esso podrié salvo seer°;
más el engannador lo debié padecer°.»

El... El engaño que sufrió debía beneficiarle
elli... porque creyó que obedecía a Santiago
ca... y pensaba que podría salvarse (por la mutilación)
debié.. debe ser castigado (por el crimen)

Disso°: «Yo esto mando e dólo° por sentencia:
la alma sobre quien avedes la entencia°,
qe torne° en el cuerpo, faga su penitencia,
desend qual mereciere, avrá tal audïencia°.»

Dijo / lo doy
sobre... sobre la cual disputáis
vuelva
Importará sólo lo que haga desde ahora

Valió esta sentencia, fue de Dios otorgada,
fue la alma mezquina en el cuerpo tornada,
qe pesó al dïablo, a toda su mesnada°,
a tornar fo la alma a la vieja posada°.

qe... Lo cual enfureció al diablo y a su compañía
a... Al devolver el alma a su antiguo sitio

Levantóse el cuerpo qe yazié trastornado°,
alimpiava su cara Guirald el degollado°;
estido un ratiello como qui descordado°,
como omne qe duerme e despierta irado°.

qe... que yacía boca abajo
alimpiava... Se limpió la cara Guiraldo el castrado
estido... Estuvo un rato confundido
como... Como una persona que duerme y se despierta de mal humor

La plaga qe oviera° de la degolladura°
abés parecié d'ella la sobresanadura°;
perdió él la dolor e toda la cochura°,
todos dizién: «Est omne fue de buena ventura°.»

La... La herida que resultó / castración
abés... A penas se veía la cicatriz
perdió... ya no tenía ni dolor ni fiebre
todos... Todos decían, «Este hombre tuvo buena suerte».

Era de lo ál todo sano e mejorado°,
fuera de un filiello qe tenié travesado°;
mas lo de la natura quanto qe fo cortado°,
no li creció un punto, fincó en su estado°.

Era... Estaba, por lo demás, sano y curado
un... una señal como un hilo que tenía al través
mas... pero lo de la naturaleza (el miembro) que fue cortado
no... no le creció nada, quedó como estaba

De todo era sano, todo bien encorado°,
pora° verter su agua fincóli el forado°;
requirió su repuesto, lo qe trayé trossado°,
pensó de ir° su vía alegre e pagado.

cicatrizado
Para / **fincóli**... le quedaba un agujero
qe... que traía para el camino
continuar

Rendió gracias a Dios e a sancta María,
e al sancto apóstolo do va la romería°;
cueitóse de° andar, trobó la compannía°,
avién esti miraclo por solaz cada día°.

al... el Santo Apóstol (Santiago) de quien era peregrino
cueitóse... se puso a / **trobó**... encontró a sus compañeros
avién... Sintieron gran consuelo por este milagro

Sonó° por Compostela esta grand maravilla,
viniénlo a veer° todos todos los de la villa°;
dicién: «Esta tal cosa, debiemos escrivilla°.
Los qe son por venir, plazrális de oilla°.»

Corrió
viniénlo... Venían a verle / **de**... de la ciudad
dicién... decían: «Debemos escribir este hecho
Los... a los que vengan después de nosotros les placerá oír la historia.»

Cuando fo en° su tierra, la carrera complida°,
e udieron° la cosa qe avié contecida°,
tenién grandes clamores, era la gent movida°
por veer esti Lázaro dado de muert a vida°.

fo... volvió a / **la**... terminado el viaje
todos oyeron / **qe**... que había ocurrido
tenién... le aclamaban / **la**... la gente corría
por... para ver a este Lázaro, a quien fue devuelta la vida

Metió en su facienda esti romeo mientes°,
cómo lo quitó° Dios de maleítos dientes°;
desemparó° el mundo, amigos e parientes,
metióse en Grunniego, vistió pannos punientes°.

metió... el peregrino pensó en su deber
salvó / **de**... de las garras del diablo abandonó
abandonó
metióse... Entró en Cluny (el monasterio), se vistió en el hábito de los monjes

Don Hugo, omne° bueno, de Grunniego abbat
varón religioso, de muy grand sanctidat°,
contaba est miraclo qe cuntió en verdat°,
metiólo en escripto, fizo grand onestat°.

hombre / **de**... el abad de Cluny
grand... gran santidad
est... este milagro que ocurrió de verdad
metiólo... lo escribió, lo hizo con gran sinceridad

Guirald finó en orden° vida buena faciendo°,
en dichos e en fechos° al Criador sirviendo,
en bien perserverando°, del mal se repindiendo°,
el enemigo malo non se fo d'él ridiendo°.
De quanto que peccara, dio a Dios buen emiendo°.

Guirald... Guiraldo murió como miembro de la orden / llevando
en... con palabras y hechos
perseverando / **se**... arrepintiéndose
non... no volvió a burlarse de él
De... Hizo penitencia por todos sus pecados

El clérigo simple

En el milagro de «El clérigo simple» la Virgen María defiende a un cura devoto contra la arrogancia de sus enemigos. El clérigo, un hombre ignorante, es insultado y denunciado por sus superiores porque sólo sabe recitar de memoria la misa de la Virgen. La severidad de este castigo habría sido un reflejo de la oposición de las autoridades eclesiásticas de la Edad Media a toda manifestación de devoción personalizada. Desde el siglo XI, la ortodoxia de la fe cristiana había sido amenazada por varios movimientos populares que se inclinaban hacia una actitud de disensión espiritual. En este clima social, el rito individualizado del pobre clérigo habría de despertar las sospechas de los demás, y, por eso, el obispo le acusa de ser hereje. Reconociendo la sinceridad del cura, la Virgen aparece ante el pedante obispo para humillarle por su engreimiento e injusto tratamiento de su devoto.

Era un simple clérigo, pobre de clerecía°,
dicié cutiano missa° de la sancta° María;
non sabié° decir otra, diciéla° cada día,
más la sabié por uso° qe por sabiduría.

pobre... de poco saber
dicié... decía la misa todos los días / Santa
non... no sabía / la decía
costumbre

Fo est missacantano al bispo acusado°,
qe era idiota, mal clérigo probado°;
El «Salve Sancta Parens» sólo tenié usado°,
non sabié° otra misa el torpe embargado°.

Fo... Este clérigo fue acusado, ante el obispo
qe... De que era idiota y mal clérigo
tenié... había usado
sabía / ignorante

Fo durament movido el obispo a saña°,
dicié: «Nunqua de preste oí atal hazaña°.»
Disso: «Dicit al fijo de la mala putanna
qe venga ante mí, no lo pare por manna°.»

Fo... El obispo se puso furioso
dicié... Decía: «Nunca he oído tales cosas de un cura»
Disso... Dijo: «Digan a este hijo de puta que no espere hasta mañana.»

Vino ant° el obispo el preste peccador°,
avié° con el grand miedo perdida la color°,
non podié° de vergüenza catar contra 'l sennor°,
nunqa fo el mesquino en tan mala sudor°.

Vino... Se presentó ante / **el**... el cura pecador
tenía / **perdida**... se puso pálido
non... no podía / **catar**... mirar al obispo
nunca... el pobre nunca había sudado tanto

Díssoli° el obispo: «Preste, dime verdat°,
si es tal como dicen la tu necïedat°.»
Díssoli el buen omne°, «Sennor, por caridat,
si disiesse qe non, dizría falsedat°.»

Le dijo / **Preste**... «Cura, dime la verdad»
tu... tu necedad
Díssoli... Le dijo el buen hombre
si... si le dijera que no le diría una mentira.

Díssoli° el obispo: «Quando non as ciencia°
de cantar otra missa nin as sen nin potencia°,
viédote que non cantes, métote en sentencia°,
vivi como mereces por otra agudencia°.»

Le dijo / **Quando**... «Puesto que no tienes el saber
nin... no tienes ni inteligencia ni habilidad,
viédote... Te prohibo que cantes esta misa, te doy la sentencia
mereces... De vivir como mereces, una vida seglar

Fo el preste su vía° triste e dessarrado°,
avié muy grand vergüenza, el danno muy granado°,
tornó en° la Gloriosa, ploroso e quesado°,
qe li diesse° consejo ca era aterrado°.

Fo... Volvió el cura a su casa / desolado
avié... Tenía mucha vergüenza, el perjuicio era grande
tornó... Se presentó ante / **ploroso**... lloroso y quejumbroso
qe... que le diera / **ca**... porque estaba afligido

La madre piadosa qe nunqua falleció°
a qui° de corazón a piedes li cadió°,
el ruego del su clérigo luego gelo udió°,
no lo metió por plazo, luego li acorrió°.

qe... que nunca abandona
a... a quien / **a**... a sus pies se postra
gelo... Lo escuchó
no... No le hizo esperar, le ayudó en seguida

La Virgo piadosa, madre sin diciön°,
apareció·l al bispo° luego en visión°;
díxoli fuertes dichos, un brabiello sermón°,
descubrióli° en ello todo su corazón.

sin... sin pecado
al... ante el obispo / en una visión
díxole... Le habló seriamente un excelente sermón
Le descubrió

Díxoli brabamientre°: «Don obispo lozano°,
¿contra mí por qe fust tan fuert e tan villano?
Yo nunqa te tollí valía de un grano°,
e tú hasme tollido° a mí un capellano.

Díxoli... Le dijo bravamente / orgulloso
contra... ¿Por qué te comportaste tan mal conmigo?
yo... Nunca te quité el valor de un grano
e... Y tú me has quitado

El qe a mí cantaba la misa cada día,
tú tovist que facié yerro de heresía°;
judguéstilo° por bestia e por cosa radía°,
tollístili la orden° de la capellanía.

tú... Le tuviste por hereje
Le juzgaste (le consideraste) / **cosa**... una cosa insignificante
tollístili... Le echaste de la orden

Si tú no li mandares° decir la misa mía
como solie° decirla, grand querella avría°,
e tú serás finado hasta'l trenteno día°,
¡desend verás qé vale la sanna de María°!»

Si... Si no vuelves a mandarle
solía / **grand**... me enojaré
e... y tú te morirás dentro de treinta días
desend... ¡Entonces verás cuánto vale mi saña!

Fo° con estas menazas° el bispo espantado°,
mandó enviar° luego por el preste vedado°;
rogó·l qe·l perdonasse lo qe avié errado°,
ca fo en el su pleito durament engannado°.

Fue / amenazas / **el**... el obispo tuvo miedo
buscar / **por**... al cura censurado
rogó... le rogó que le perdonara porque había hecho un error
ca... porque se había equivocado en su pleito

Mandólo qe cantasse como solié° cantar,
fuesse de la Gloriosa siervo del su altar°,
si algo li menguasse° en vestir o calzar,
él gelo mandarié° del suyo mismo dar.

Mandólo... le mandó que cantara como solía.
fuesse... Y que fuera servidor del altar de la Gloriosa
si... Si algo le faltara
él... que él se lo mandaría

Tornó el omne bueno° en su capellanía,
sirvió a la Gloriosa, madre sancta° María;
finó° en su oficio de fin cual yo querría°
fue la alma a gloria a la dulz° cofradría.

tornó... El buen hombre volvió
Santa
murió / **de**... como yo también quiero hacer (Llama la atención aquí la referencia personal. Berceo se asocia a sí mismo con el cura sencillo para ganar la simpatía de su público.) / dulce

Non podriemos° nos tanto escribir nin rezar,
aun porqe podiéssemos muchos annos durar°,
que los diezmos miraclos° podiéssemos contar,
los qe por la Gloriosa denna Dios demostrar°.

podríamos
aun... aunque viviéramos muchos años
los... una décima parte de los milagros
que... que Dios hace por medio de la Gloriosa.

La vida de San Millán

En su mayor parte, los milagros realizados durante la vida de San Millán se relacionaban con el exorcismo de las personas endemoniadas. Para vengarse de su enemigo, los diablos se reúnen con el propósito de atormentar al santo con un incendio. Gracias a una intervención del Cielo, los demonios fracasan, y son ellos mismos quemados por el fuego. Los elementos humorísticos que se emplean en este fragmento para describir la confusión y la huida de los diablos son recursos característicos de la poesía de Berceo.

Quando ovo el buen omne los ojos apremidos°,
Tovieron bien el siesto los falsos descreídos°,
Con sos faias ençesas° fueron luego venidos
Por quemar al sant' omne todos bien avenidos°.

ovo... hubo el buen hombre cerrado los ojos
tovieron... los infieles (los demonios) se pusieron en sus sitios
sos... sus hachas encendidas
Por... todos preparados para quemar al santo hombre

Ante que aplegasen al lecho los tizones°,
Tornáronse las flamas° atrás como punzones,
Quemábanlis las barbas, a bueltas los grinones°,
Isíenlis a mal puerto todas sues tractiones°.

Ante... antes de acercar los tizones al lecho
Tornáronse.. se volvieron las llamas
Quemábanlis... Les quemaban las barbas y las gorras
Isiénlis... Su ataque les salió mal

Los viegdos de las flamas° a los dientes plegaban°,
Los unos a los otros dura-ment' se reptaban°,
Cuidábanse aquellos que estos los quemaban,
E estos ad aquellos otrosi los danpnaban°.

Los... las puntas de las llamas / llegaban
Los... duramente se vituperan los unos a los otros
E...y aquéllos se inculpaban mutuamente

En quantos hy vinieron entró esta creençia°,
Ovieron a caer en grant desavenençia°;
Vacíos de bondat, plenos de descreençia°,
Fueron unos a otros de mala captenençia°.

En... Todos pensaban lo mismo
Ovieron... Habían de sufrir una gran desgracia
Vacíos... Vacíos de bondad, llenos de desconfianza
Fueron... Cada uno miró mal al otro (Ninguno quiso ayudar al otro.)

Empezaron de darse a muy grant misión°,
Los unos a los otros non fazíen nul perdón°,
Fue en los malaestrugos tan grant disensión°;
Non fue en Babilonia mayor confusión°.

Empezaron... Empezaron a insultarse
non... sin pedir perdón
Fue... Había entre los malvados tan gran discordia
El poeta se refiere a la confusión de la Torre de Babel.

Firíense° por los rostros a grandes tizonadas°,
Trayen° las sobrecejas sangrientas e quemadas,
Las fruentes° mal batidas, las barbas socarradas,
Nunqua vidiestes bebdas tan mal descapelladas°,

Se herían / a tizonazos
Tenían
Las frentes
Nunqua... Nunca hubo viudas más desgreñadas

Desent° quando ovieron echados° los tizones,
Prisiéronse a pelos e a los cabezones°,
Dándose espoladas e fuertes aguijones°,
Por fer toda nemiga metíen los corazones°.

Después / echaron
Prisiéronse... se dieron cabezazos agarrándose por el pelo
Dándose... Dándose patadas y puntillazos
Se empeñaban en hacerse daño.

El confesor preçioso° siervo del Criador
Levantó la cabeza, cató en derredor°,
Vio esta revuelta, entendió el fervor,
Por poco se non riso, tant' ovo grant sabor°.

San Millán
cató... miró alrededor
Por... Tanto gusto tuvo que por poco se ríe

Rendió° gracias al Fijo° de la Virgen gloriosa,
Que por° salvar el mundo nació de su esposa°,
Ca entendíe que vino por él esta tal cosa,
Que nozir non li pudo esta az alevosa°.

Dio / Hijo
para / (la Virgen María)
Ca... Porque entendía que por El se ha conseguido
Que... Que no le hiciera daño este ejército alevoso

En la última parte de la *Vida de San Millán* se relatan los milagros póstumos realizados por el santo. El incidente más impresionante es la aparición de San Millán junto con Santiago en una batalla contra los moros. Se destaca en este episodio la conexión que existía en la mentalidad medieval entre el militantismo de la cristiandad y el concepto heroico de la caballería, un concepto basado en una proclamación de San Pablo en que decía que los cristianos eran «soldados de la Iglesia». En la Castilla de la Reconquista, esta actitud dio lugar a una fusión entre los ideales políticos y religiosos que se realizaba plenamente en las leyendas de los santos guerreros. La representación elaborada por Berceo de Santiago y de San Millán, montados a caballo para luchar con las huestes cristianas, eran imágenes victoriosas grabadas en la cultura popular del período.

Quando estaban en campo los reys°, azes paradas°,
Mezclaban las feridas°, las lanzas abaxadas°,
Temiense los christianos° de las otras mesnadas,
Ca° eran ellos pocos, e ellas muy granadas°.

reyes / **azes**... los ejércitos los contemplaban
Mezclaban... Se herían / abajadas
Temiense... Los cristianos tenían mucho miedo
Porque / **ellas**... (las mesnadas de los moros) eran muy grandes

Mientre en esta dubda sedíen las buenas yentes°,
Asuso contra'l cielo parando mientes°:
Vieron dues personas fermosas e lucientes°,
Mucho eran más blancas que las nieves recientes.

Mientre... Mientras los cristianos estaban temiendo
Asuso... Miraron hacia el cielo
dues... dos personas hermosas

Viníen° en dos caballos plus blancos que cristal,
Armas quales non vio nunqua omne mortal°:
El uno teníe croza°, mitra pontifical,
El otro una cruz, omne non vio tal°.

Venían
quales... que no se habían visto nunca
uno... uno tenía báculo
omne... que no se había visto nunca

Avíen° caras angélicas, celestial figura,
Desçendíen por el aer a una grant presura°,
Catando° a los moros con turva catadura°,
Espadas sobre mano, un signo de pavura.

Tenían
Desçendíen... Descendían por el aire con gran prisa
Mirando / **con**... con una mirada feroz

Los christianos con esto foron mas esforzados°,
Fincaron los ynojos en tierra apeados°,
Firíen°todos los pechos con los puños cerrados,
Prometiendo emienda a Dios de sus pecados.

foron... se hicieron más fuertes
Fincaron... Se pusieron de rodillas, desmontando de los caballos
Se golpearon

Quando cerca de tierra fueron los caballeros,
Dieron° entre los moros dando golpes certeros,
Fiçieron tal domage en los más delanteros°,
Que plegó° el espanto a los más postremeros°.

Se metieron
Fiçieron... Hicieron tanto daño en las vanguardias
llegó / **los**... las retaguardias

A vuelta d'estos ambos que del cielo vinieron°,
Aforzaron christianos, al ferir se metieron,°
Juraban los moriellos° por la ley que prisieron°
Que nunqua en sos días tal priesa non ovieron°.

A... Junto con los dos que vinieron del cielo
Aforzaron... Se esforzaban los cristianos / **al**... se metieron para
moros / **por**... por su fe golpear
que... que nunca vieron herir con tanta prisa

Caíen a muy grant priesa° los moros descreídos,
Los unos desmembrados°, los otros desmedridos°
Repisos° eran mucho que hi eran venidos°,
Ca entendíen del pleyto que seríen mal exidos°.

Caíen... Caían con gran prisa
sin miembros / aterrorizados
Arrepentidos / **que**... que habían venido allí
Ca... Porque entendían que iban a ser derrotados

LIBRO DE ALEXANDRE

El retrato que se presenta de Alejandro Magno en este poema es esencialmente ambiguo. Mientras los logros intelectuales, el valor y la compasión del héroe son cuidadosamente delineados, se señalan igualmente los pecados de Alejandro: su orgullo y su codicia por los conocimientos prohibidos. La vida de este joven talentoso, cuyas ambiciones le impulsaron a fundar el mayor imperio del mundo, ejemplificaba la naturaleza perecedera de la grandeza humana para la mentalidad medieval. Para ilustrar la pasión desordenada de Alejandro al conquistar el mundo, el poeta describe sus esfuerzos por extender su reino al dominio del mar y el cielo. En la siguiente selección, se narra la expedición fantástica que realiza Alejandro en una especie de submarino para explorar las profundidades del mar. Los comentarios del rey al observar la brutalidad de este ambiente presagian su propia muerte más tarde a manos de un traidor.

... Dicen que por saber qué fazen los pescados°.
cómo viven los chicos entre los más granados°,
fizo arca de vidrio con muzos° bien cerrados;
metió se él° de dentro con dos de sus criados.

qué... que hacen los peces
grandes
bordes (El poeta imaginaba el arca como una botella.)
metió... él se metió

Estos fueron catados° de todos los mejores,
por tal que non oviessen dono de traidores°;
qua que el li que ellos avrién aguardadores°,
non farién a su guisa los malos reboltores°.

considerados
por...para que no hubiera traidores entre ellos
que... que él o que ellos tendrían una comitiva
non... los rebeldes no podrían hacer nada

Fue de buena betumne° la casa aguisada°,
fue con buenas cadenas bien presa e calcada°;
fue con pliegos° bien firmes a las naves plegada°,
que fondir no-s podiesse e soviesse colgada°.

betún / preparada
presa... apretada y ceñida
ligaduras / atada
que... para que no se pudiera hundir y estuviera colgada

Mandó que lo dexassen quince días folgar°,
las naves con tod esto pensassen de andar°;
assaz podrié° en esto saber e mesurar
e meter en escripto° los secretos del mar.

que... que lo dejaran pasar quince días
con... con todo eso se preparaban para irse
assaz... bastante podría
escrito

La cuba fue echada° en que el rey yazié°,
a los unos pesaba, a los otros plazié°;
bien cuidaban° algunos que nunca end saldrié,
mas destajado era que en mar non morrié°.

sumergida / yacía
a... a otros les gustaba (Se refiere a la comitiva de Alexandre.)
creían / **que**... que nunca saldrían de esto
mas... pero el destino era que no moriría en el mar

Andaba el buen rey en su casa cerrada,
sedié grant corazón° en angosta posada;
vedié° toda la mar de pescados poblada,
non es bestia en sieglo que non fues i trobada°.

sedié... tenía gran corazón
veía
non... no hay bestia en el mundo que se halle allí

Non vive en el mundo ninguna creatura°
que non cría el mar su semejant° figura;
traen enemistades entre sí por natura,
los fuertes a los flacos dan les° mala ventura.

criatura
semejante
dan... les dan

Estonz° vío el rey en aquellas andadas°
cómo echan los unos a los otros celadas°;
dicen que ende° fueron presas e sossacadas°,
fueron desent° acá en el sieglo usadas° . . .

Entonces / vidas
trampas
por lo tanto / sacadas
desde entonces / **en**... la costumbre en el mundo

«. . . Qui° más puede más faze, non de bien mas° de mal;
qui más have° más quiere, muere por ganar ál°;
non verié° de su grado ninguno su egual°;
¡mal pecado ninguno non es a Dios leal.

quien / sino
qui... quien más tiene / aún más
vería / igual

«Las aves e las bestias, los omnes°, los pescados,
todos son entre sí a bandos derramados;
de vicio e superbia son todos entecados°,
los flacos de los fuertes andan desafiados».

hombres
contagiados

Si como lo sabié° el rey bien asmar°
quisiesse a sí mismo a derechas judgar°,
bien debié un poquiello su lengua refrenar°,
que tan fieras grandías° non quisiesse befar° . . .

sabía / apreciar
quisiesse... Quería evaluarse a sí mismo justamente
debié... Debió refrenar su lengua un poco
bravata / **non**... no quisiera decir

LIBRO DE APOLONIO

En este episodio del *Libro de Apolonio*, se narra una escena pintoresca de la vida medieval. Tarsiana, la hija de Apolonio, ha sido vendida como esclava a un rufián, quien la ha puesto a precio en un burdel. Para evitar la prostitución, la joven convence a su dueño de que ganaría más dinero actuando ante el público. El rufián accede a que Tarsiana sea juglaresa, y la doncella se presenta en un mercado para cantar y recitar sus versos. Su gracia atrae la atención de todos, y una muchedumbre se junta en la plaza para escucharla. Conviene señalar la actitud de Tarsiana hacia el mester de juglaría: se dedica a este oficio porque es forzada por la necesidad. Según la heroína, este arte era «más sin pecado» que la prostitución, un comentario que indica que la juglaría no se consideraba una ocupación completamente respetable.

Dixo la buena dueña° un sermón tan tenprado°.
«Señor, si lo oviesse yo de ti condonado°,
otro mester sabría que es más sin pecado,
que es más ganançioso e que es más hondrado.

dama (Tarsiana) / agradablemente
si... Si me lo permitieras

Si tú me lo condonas° por la tu cortesía
que meta yo estudio° en esa maestría,
cuanto tú demandases° yo tanto te daría;
tú avríes° gran ganancia e yo non pecaría.

concedes
que... que me dedique a practicar
cuanto... todo lo que tú me pidas
obtendrás

De cual guisa se quiere que pudiese seyer°,
cuanto mayor ganancia tú pudieses aver°.
Por eso me compreste°, eso debes façer;
a tu provecho fablo, débesmelo creyer° ».

ser
tener
compraste
débesmelo... debes creérmelo

El sermón de la dueña fue tan bien adonado°
que fue el corazón del garçón° amansado.
Dïole plazo poco°, a día señalado,
más que ella catase° que había demandado.

gracioso
del... del rufián
Dïole... Le dio un poco de tiempo
reparaba

Luego el otro día, de buena madurgada,
levantóse la dueña ricamient adobada°.
Priso° una viola buena e bien tenprada°
e sallió° al mercado vïolar por soldada°

levantóse... Se levantó la muchacha ricamente adornada
Tomó / armoniosa
salió / **viölar**... a tocar su viola para ganar dinero

Comenzó unos viesos° e unos sones° tales
que traíen grant dulçor e eran naturales°.
Finchíense de omnes apriesa los portales°,
non les cabíen las plaças, subíen a los poyales.

versos / sonidos
traíen... tocaba con gran dulzura y suavidad
Finchíense... Los portales se llenaron de gente rápidamente
non... No cabían en las plazas, subían a los bancos

Cuando con su vïola hovo bien solazado°,
a sabor de los pueblos hovo asaz cantado°,
tornóles a rezar° romance bien rimado
de la su razón° misma por ó havía pasado°.

Fizo bien a los pueblos su razón entender°.
Más valíe de çient marquos ese día el loguer°.
Fuesse el traidor pagado del mester°;
ganaba sobejano° por ello grant aver°.

Cogieron con la dueña todos muy grant amor
todos de su fazienda° avían grant sabor°.
Demás°, como sabían que avía mal señor°,
ayudábanla todos de voluntat mejor°.

hovo... había bien entretenido al público
a... Al gusto de la gente había cantado bastante
tornóles... volvió a contar
discurso / **por**... donde había pasado
su... escuchar su poema
Más... Ganó ese día más de cien marcos
Fuesse... El traidor (el rufián) se quedó contento
ganaba... muy / gran riqueza
obra / **avían**... tenían mucho placer
Además / **que**... que tenía un dueño malo
ayudábanla... Todos la ayudaban de buena voluntad

VIDA DE SANTA MARÍA EGIPCIACA

En la primera parte de esta composición se describe la naturaleza lasciva de María y la violencia que desata su actividad de prostituta en Alejandría. El poeta destaca el encanto sensual de la joven como una cobertura que oculta la suciedad y perversión moral. Este juego entre las apariencias internas y externas se amplifica en la narración de la vida de la santa después de su conversión. Estropeada por los años que ha vivido en el desierto, María ya no posee ninguna huella de su belleza anterior, mientras su alma, por otro lado, ha sido purificada por su penitencia y devoción a Dios. Llega a ser el afeamiento físico un reflejo de la verdadera belleza espiritual.

(Llegada de María a Alejandría:)

. . . Los fijos de los burzesses mandó llamar°,
que la viniessen mirar°.
Ellos de ella abién grant sabor°,
que tal era como la flor.
Todos la hi van corteyar°
por el su cuerpo acabar°.
Ella los recibié de volonter°
porque fiziessen su plazer°;
e pora fer todo su vicio°,
los mantenie a grant delicio°.
En beber e en comer e follía°,
cuidaba° noche e día.
Cuando se lleva de yantar°,
con ellos va deportar°.
Tanto quiere jugar e reir,
que nol' miembra que ha de morir°.

Los mancebos de la cibdat°
tanto les plaze de la beltat°,
que cada día la van veyer°
que non se pueden d'ella toller°.
Tantas hi van de conpañas°,
que los juegos tornan a sañas°;
ante las puertas, en las entradas,
dábanse grandes espadadas°:
la sangre que d'ellos sallía°
por medio de la cal corría°. . . .

Los... Mandó llamar a los jóvenes de la ciudad
que... para que vinieran a mirarla
Ellos... les daba gran placer verla
Todos... Todos van allí a cortejarla
por... para gozar de su cuerpo
Ella... los recibía con mucho gusto
porque... para que le hicieran su deseo
pora... para hacer todas sus perversiones
los... les hacía mucho placer
locuras
se ocupaba
se... se levanta de la mesa después de comer
a jugar
que... que no se acuerda de la muerte
Los... A los jóvenes de la ciudad
tanto... tanto les gusta su hermosura
a ver
non... no pueden separarse de ella
Tantas... Tantos grupos (de jóvenes) van allí
tornan... se convierten en peleas
dábanse... se daban estocadas
que... que se derramaba
por... corría por las calles

(Descripción de la joven María:)

. . . De la beltat° de su figura,
como dice la escriptura°,

belleza
la escritura (El poeta se refiere aquí a la obra francesa en que basa su poema.)

ante que° siga adelante,
direvos de su semblante°:
de aquel tiempo que fue ella°,
después no nasció tan bella°;
nin reina nin condesa
non viestes otra tal como ésta°.
Abié° redondas las orejas,
blanquas como leche d'ovejas°;
ojos negros e sobrecejas°;
alba fruente, fasta las cernejas°;
la faz tenié colorada°,
como la rosa cuando es granada°,
boque° chica e por mesura°
muy fermosa la catadura°.
Su cuello e su petrina°,
tal como la flor dell espina°.
De su tetiellas bien es sana°
tales son como mazana°.
Brazos e cuerpo e tod' lo al°
blanco es como cristal.
En buena forma fue tajada°,
nin era gorda nin muy delgada;
nin era luenga nin era corta°,
mas de mesura bona°.

antes de que
os hablaré de su rostro
de... en su época
no... no nació (una mujer) tan bella
non... no se encuentra otra como ella
Tenía
blanquas... Blancas como la leche de oveja
cejas
alba... la frente blanca, hasta el cabello
la... Tenía la cara sonrosada
cuando... cuando se abre
la boca / **por**... bien proporcionada
muy... una mirada muy hermosa
pecho
dell... del espino
su... sus pechos eran tan sanos
que parecían manzanas
e... y todo el resto
En... Era de una forma armoniosa
nin... ni alta ni baja
mas... sino de buena proporción

(Retrato de María penitente:)

. . . Toda se mudó d' otra figura°,
qua non ha paños nin vestidura°.
Perdió las carnes e la color,
que eran blancas como la flor;
los sus cabellos, que eran rubios,
tornáronse blancos e suzios°.
Las sus orejas, que eran albas°,
mucho eran negras e pegadas.
Entenebridos abié los ojos°;
abié perdidos los sus mencojos°.
La boca era empeleçida°,
e derredor muy denegrida°.
La faz° muy negra e arrugada
de frío viento e de la elada°.
La barbiella° e el su griñón°
semeja cabo de tizón°.
Tan negra era la su petrina°,
como las pez e la resina.
En sus pechos non abié tetas°,
como yo cuido°, eran secas.
Brazos luengos° e secos dedos,
cuando los tiende semejan espetos°.
Las uñas eran convinientes°,
El vientre abié° seco mucho,
que non comié nengun conducho°.
Los piedes eran quebraçados°:
en muchos logares eran plagados°,
por nada non se desviaba°
de las espinas on las fallaba°.

Toda... se le cambió completamente el aspecto
qua... Porque no tiene ni paños ni ropa
tornáronse... se ensuciaron y se pusieron blancos
blancas
Entenebridos... Tenía los ojos tenebrosos
los... las pestañas
cubierta de pellejos
derredor... con manchas negras alrededor
la cara
e... y del hielo
la barbilla / la quijada
semeja... parecía la punta de un tizón
la... su pecho
non... no tenía tetas
creo
largos
semejan... que parecían asadores
como se podía esperar
tenía
que... porque no comía
los... los pies estaban llenos de grietas
eran... tenía muchas llagas (en los pies)
por... por donde iba
de... siempre había espinas

LIBRO DELS TRES REYS D'ORIENT

Se recoge en este poema la leyenda del buen ladrón que, según la tradición apócrifa, protegió a la Sagrada Familia durante su huida a Egipto para escapar de la matanza ordenada por Herodes. María, José, y el Niño Jesús se refugian en la casa de su defensor, cuyo hijo es leproso. El niño es curado milagrosamente cuando la Virgen le baña en la misma agua que ha utilizado para lavar a Jesús, un acto simbólico del bautismo.

Va la huéspeda correntera°
e puso del agua en la caldera.
De que el agua hovo° asaz caliente,
el niño en brazos prende°.
Mientre lo baña, ál non faz°
sino cayer lágrimas por su faz°.
La Gloriosa la cataba°,
demandól'° por qué lloraba:
—«Huéspeda°, ¿por qué llorades?°
«Non me lo celedes, si bien hayades°.»
Ella dixo: «Non lo celaré°, amiga,
«mas queredes° que vos diga:
«yo tengo tamaña cueita°,
«que querría seyer muerta°;
«un fijuelo que había°,
«que parí el otro día,
«afelo allí don jaz gafo°
«por mi pecado despugado°».

con prisa
tuvo
toma
ál... no hace otra cosa
sino... que verter lágrimas por su rostro
miraba
le preguntó
señora / lloráis
Non... Tened a bien no ocultármelo
ocultaré
mas... puesto que queréis
tamaña... gran dolor
querría... preferiría morir
un... el hijito que tengo
afelo... miradlo allí, donde yace leproso
condenado

La Gloriosa diz°: «Dátmelo, varona°,
«yo lo bañaré, que no só ascorosa°
«e podedes dezir° que en este año
«non puede haber° mejor baño».
Fue la madre e prísolo° en los brazos,
a la Gloriosa lo puso en las manos;
la Gloriosa lo metió en el agua
do bañado era°
el rey del cielo e de la tierra.

dice / **Dátmelo**... dádmelo, señora
que... pues no me da asco
e... y podréis
tener
lo tomó
do... donde había bañado

La vertut fue fecha man a mano°,
metiól' gafo e sacól' sano°.
En el agua fincó° todo el mal,
tal lo sacó como un cristal°.
Cuando la madre vio el fijo guarido°
grant alegría ha consigo°:
—«Huéspeda, en buen día a mi casa viniestes°
«que a mi fijo me diestes°
«et aquel niño que allá jaz°.
«que tales miraglos faz°,
«atal es mi esperanza°
«que Dios es sines dubdança»°.

La... el milagro fue hecho en el acto
metiól... lo metió (en el agua) leproso y lo sacó sano
quedó
tal... el niño quedó tan limpio como un cristal
el... que su hijo estaba curado
grant... sintió una gran alegría
en... en buena hora vinisteis a mi casa
disteis
duerme
miraglos... milagros hace
atal... tal es mi creencia
sines... sin duda

ELENA Y MARÍA

En este poema de debate, María, que defiende el amor del clérigo, y Elena, que prefiere el del caballero, discuten las virtudes respectivas de estos dos estados. Las dos mujeres dialogan cáusticamente, cada una elogiando a su enamorado y escarneciendo a su rival. El humor proviene de los esfuerzos de cada doncella por deshacer las pretensiones de la otra. Mientras la amante del caballero insiste en la elevada misión de su galán, la del clérigo describe la prosperidad y la tranquilidad que ofrece la vida eclesiástica. El manuscrito de esta composición está inacabado, pero en vista de las características caricaturescas que el poeta atribuye al clérigo, es probable que el debate hubiera terminado a favor del caballero.

Elena la cató°
de su palabra la son sanó°,
grave mientre le rrespuso°,
agora oid como fabró°:
«Calla, María,
por qué dices tal follía°?
esa palabra que fabreste°
al mio amigo denosteste°,
mas se lo bien catas°
e por derecho lo asmas°
non eras tu pora conmigo°
nin el tu amigo pora con el mio°;
somos hermanas e fijas de algo°,
mays yo amo el mays alto°,
ca° es caballero armado,
de sus armas esforzado°,
el mio es defensor°,
el tuyo es orador°:
quel mio defende° tierras
e sufre batallas e guerras,
ca el tuyo janta e jaz°
e sienpre está en paz°.»
María, atan por arte°,
rrespuso dela otra parte°:
«ve, loca trastornada,
ca° non sabes nada!
dices que janta e jaz°
por que está en paz!
ca el vive bien honrado
e sin todo cuydado°;
ha comer e beber°
e en buenos lechos jazer°;
ha vestir e calzar°
e bestias° enque cabalgar,
vasallas e vasallos,
mulas e caballos;
ha dineros e paños°
e otros averes tantos°.
De las armas non ha cura°
e otrosi de lidiar°,
ca mas val seso e mesura°
que sienpre° andar en locura,
como el tu caballero
que ha vidas de garzon°.

miró
suavizó
grave... Le contestó gravemente / habló
locura
hablaste (lo que me dijiste)
al... Has insultado a mi amigo
mas... Pero si lo consideras bien
e... y lo piensas de una manera razonable
non... Tú no eras mi igual
nin... Ni tu amigo igual al mío
fijas... hijas e hidalgas
mays... Pero yo amo al mejor
porque
experto
caballero
clérigo
defiende
ca... mientras el tuyo come y duerme
e... y está siempre descansando
por... con astucia
rrespuso... le contestó como sigue:
porque
janta... come y duerme
sin... sin ninguna preocupación
ha... tiene de qué comer y beber
dormir
ha...tiene trajes y zapatos
caballos
ha... tiene dinero y ropa
e... y muchas propriedades
De... No se preocupa por las armas
e... Ni tampoco por el combate
ca... Porque la inteligencia y el juicio valen más
siempre
que... que vive de una manera disoluta

¡AY JHERUSALEM!

Basándose en las noticias que había recibido de la Tierra Santa acerca de la ruina de Jerusalén, el poeta de esta composición quiso despertar un sentimiento de ultraje ante la toma de la ciudad por los sarracenos. La fuerza conmovedora de las siguientes estrofas proviene de la naturaleza repetidora del lamento por Jerusalén y de la representación de los cristianos como mártires de la Fe.

. . . Pocos son cristianos, menos que ovejas°.
Muchos son los moros, más que las estrellas.
Non dubdan morir°
por la conquerir
a Iherusalem°.

Las ovejas eran animales asociados con el sacrificio.
Non... No vacilan en morir
Jerusalén

¡Cuánta grand batalla fuera° en aquel día!
Con los caballeros es la clerecía°,
por tomar pasión°
por la defensión°
de Iherusalem.
Reuenden cristianos muy bien la su sangre°:
por muerte de uno cient moros van delante°.
De todo por encima°
vence morería°
en Iherusalem.
Sacerdotes e frayres° en cadenas presos;
tienen a los abades en cepos de maderos.
Afán° e amargura
hanlo por folgura°
en Iherusalem.

Vienen las doncellas que eran delicadas
en cadenas presas e muy atormentadas.
Afán e quebranto°,
fazían grande llanto
en Iherusalem.
Veen los cristianos a sus fijos asar°,
veen a sus mugeres vivas destetar°;
vanse por los campos°,
cortos° pies e manos
en Iherusalem.
De las vestimentas facían cubiertas°;
del Sepulcro Santo facían establo;
de las cruces santas
facían estacas
en Iherusalem.
Quien este canto non quiere oir,
non tiene mientes de a Dios servir°
nin poner un canto°
en el Concilio santo
de Iherusalem.

¡Cuánta... ¡Qué grandes fueron las batallas
Con... Los clérigos luchan con los caballeros
por... para recibir la muerte
la defensa
Reuenden... Los cristianos venden bien su sangre
por... por cada cristiano que muere, mueren cien moros
De... A pesar de todo
vence... los moros triunfan
frailes
sufrimiento
hanlo... lo tienen en abundancia
desdichas
Veen... Los cristianos ven quemar a sus hijos
veen... Ven a los moros arrancar los pechos a las mujeres vivas
Vanse... Se huyen
cercenados
De... De la vestimenta de la Iglesia hacían coberturas (para los caballos)
non... No quiere servir a Dios
nin.. ni tomar parte en el son acordado

RAZÓN DE AMOR CON LOS DENUESTOS DEL AGUA Y EL VINO

El protagonista de la primera parte de esta obra, un joven clérigo o «escolar», se despierta en un jardín maravilloso. Encuentra allí dos vasos, uno lleno de agua y otro de vino. Una hermosa fuente pasa por el huerto, y al beber el agua fresca, el escolar se pone a pensar en el amor. En este momento, ve acercarse a una hermosa doncella que viene cogiendo flores y cantando de su «amigo», a quien, sin embargo, nunca ha visto. Los dos se reconocen como enamorados al ver los regalos que han intercambiado. Entonces, el escolar y la dama consuman su amor. Se separan después con promesas de fidelidad, y el protagonista queda triste y abandonado. En esta escena inicial, se hallan varios motivos relacionados con el amor cortés: el enamoramiento a distancia, la pasión frustrada, y el *locus amoenus* idílico del jardín. El tono del poema se altera bruscamente con el debate que sigue entre las personificaciones del agua y del vino. Intercambiando insultos, los dos disputan. La relación entre la visión amorosa y el debate proviene de un concepto dual de la sed, el deseo que el hombre siente por los valores espirituales (el agua), y el delirio que le inspira la pasión sexual (el vino). La mezcla de los dos líquidos en el poema habría de simbolizar la necesidad de armonizar estos dos anhelos en la vida.

Mas vi venir una doncella,
pues nací non vi tan bella;
blanca era e° bermeja,

y

cabellos cortos sobr' el oreja,
fruente° blanca e lozana°,
cara fresca como mazana°,
nariz egual e dreyta°,
nunca viestes tan bien feyta°;
ojos negros e ridientes°,
boca a razón° e blancos dientes;
labros° bermejos, non° muy delgados,
por verdat° bien mesurados;
por la centura° delgada,
bien estant e mesurada°;
el manto e su brial°
de xamet era, que non d'al°;
un sombrero tiene en la tiesta°,
que nol' fiziese mal la siesta°;
unas luuas° tiene en la mano,
sabet, non ie las dio vilano°.
De las flores viene tomando,
en alta voz de amor cantando.
E decía: «ay, meu° amigo,
»si me veré jamás contigo!
»Amet° sempre, e amaré
»cuanto que viva seré!
»Por que° eres escolar
»quis' quiere te debría más amar°.
»Nunqua odi de homne decir°
»que tanta bona manera hubo° en sí.
»Más amaría contigo estar
»que toda España mandar.

»Mas d'una cosa so cuitada°:
»e miedo de seder enganada°;
»que dicen que otra dueña,
»cortesa e bela° e buena,
»te quiere tan gran ben°,
»pon ti pierde su sen°;
»e por eso e° pavor
»que a esa quieras mejor°.
»Mas s'io te vies' una vegada°,
»a plan me queryes por amada°!».
Yo conocí luego las alfayas°,
que yo ie las había enbiadas°;
ela conoció una mi cinta man a mano°,
qu'ela la fiziera con la su mano°.
Tolios' el manto de los onbros°,
besome° la boca e por los ojos;
tan gran sabor de mí había°,
sol fablar non me podía°.
«Dios señor, a tí loado°
»quant° conozco meu° amado!
»agora e tod bien comigo°
»quant° conozco meo° amigo!«
Una grant pieza ali estando°,
de nuestro amor ementando°,
elam dixo: «el mio senor, oram' serya de tornar°,

frente / tersa
cara... su cara tan fresca como una manzana
equal... proporcionada y recta
hecha
risueños
conveniente
labios / no
por... en verdad
cintura
bien... (le daba) armonía y buenas proporciones
túnica
de... era de seda, no de otra cosa
cabeza
que... para que no le hiciera mal el calor
unos guantes
sabet... sabed que no se los dio un hombre vil
mi
te amé
cuanto... mientras esté viva
Puesto que
debría... deberías ser mucho más amado
Nunqua... Nunca oí de nadie decir
que... que tuviera maneras tan corteses
d'una... estoy preocupada por una cosa
e...tengo miedo de ser engañada
bella
te... te quiere tanto
pon... por ti pierde el seso
tengo
que... de que prefieras a esa doncella
Mas... Pero si te viese una sola vez
a... Estoy segura de que me querrías por amada
alhajas
ie... se las había enviado
una... una cinta mía en seguida
qu'ela... que ella misma había hecho
Tolios'... Se quitó el manto de los hombros
me besó
tan... tan grande era el placer que tenía conmigo
sol... que ni siquiera podía hablarme
Dios... Loado sea Dios
por fin / mi
agora... Ahora todo me va bien
cuando / a mi
Una... Después de estar allí un buen rato
hablando
elam... y ella me dijo, «Mi amor, tengo que regresar.

»si a vos non fuese en pesar°.»
Yol' dix': «Yt, la mia senor, pues que yr queredes°,
»mas de mi amor pensat, fe que deuedes°.»
Elam' dixo: «bien seguro seyt de mi amor°,
»no vos camiaré por un enperador.»

si... si a vos no te da pena
Yol'... y yo le dije: «Id señora mía, puesto que queréis marcharos.»
mas... pero pensad en mi amor como habéis prometido
Elam'... Ella me dijo «Estad bien seguro de mi amor
no... No te cambiaría ni por un emperador»

. . .

El vino, con sana pleno°,
dixo: «don agua, bierua uos ueno°!
»Suçia, desberconçada°,
»salit buscar otra posada°;
»que podedes° a Dios jurar
»que nunca entrastes° en tal lugar;
»antes amaryella e astrosa°,
»agora bermeja e fermosa°.»
Respondió el agua:
»Don vino, que y ganades°
»en villanías que digades°?
»Pero si vos en apagardes°,
»digamos vos las verdades°:
»que no a homne que no lo sepa°
»que fillo sodes° de la cepa,
»y por verdat vos digo
»que non sodes pora comigo;
»que grant tiempo a que vuestra madre serye
arduda°,
»si non fusse por mia iuda°:
»mas quando veo que le van cortar,
»ploro e fago la levar°.»

con... lleno de saña
bierua... qué verborrea
desvergonzada
salit... id a buscar otro lugar
podéis
habéis estado
antes... antes (erais) amarilla y desastrada
hermosa (por haberse mezclado con el vino)
que... qué ganáis con esto
decís
si... puesto que queréis
digamos... te voy a decir la verdad
no... todo el mundo sabe
que que sois hijo
que... que no eres para mí
que... que hace mucho tiempo que vuestra madre se habría quemado.
si... si no fuera por mi ayuda
mas... pues cuando veo que la van a cortar
ploro... lloro y la hago crecer

LIBRO DE LA MISERIA DE OMNE

En la siguiente selección del *Libro de la miseria de omne*, el poeta hace hincapié en la explotación del pueblo por los nobles. La situación que describe habría ocurrido frecuentemente en el siglo XIV: llega un señor a la choza de un humilde campesino para descansar de la caza. Abusando de su estado superior, el noble malagradecido se apodera de los bienes de su anfitrión, y le echa de su propia casa. Se destaca en estos versos la crítica social del escritor al expresar, desde el punto de vista del campesino, la degradación moral y el sacrificio material que causa la soberbia de la clase alta.

De miseria dominorum servorum

Cuando en casa del siervo el señor quiere cenar
envía su scudero° que lo faga adobar°
del siervo mal aventurado° lo que ave° quier° negar
mas con todo ¡negro día! avelo de magnifestar.°

El señor en este comedio° por las viñas va cazar
Anda valles y oteros, caza non puede trobar°
trae cansada la bestia°, los canes° quieren folgar°
el azor anda gritando por amor de se cebar°.

El señor viene aposado°, el su rocín muy cansado
trae sus canes fanbrientos° y el azor non cebado
cuando entra en el posade° muéstrase muy airado
el siervo está apremiado como mur en el forado°.

escudero / **faga**... haga preparar
desgraciado / tiene / quiere
avelo... lo tiene que ofrecer
en... mientras tanto
encontrar
el caballo / los perros / descansar
por... porque quiere cebarse
montado
hambrientos
la casa
apremiado... espantado como un ratón en un agujero

Maguer° quiera o non quiera aver se ha de demostrar°
Como el buey va a la melena° va su mano a besar
Desende si ave gallina, si non ir la ha buscar°
pora conprarla como quier pora el azor cebar°.

aunque / **aver**... tiene que ofrecérselo
como... contra su voluntad
Desende... si tiene una gallina, la baja; si no (la tiene), la ha de buscar
pora... para comprar el cebo que quiere para el azor

E demas si ave° el siervo buey o puerco o pollino
sacárgela ha de casa e metrá y su rocino°
será desapoderado° del su pan e del su vino
e yazrá con sus fijuelos° en casa de su vecino.

E... y además si tiene
sacárgela... ha de sacárselo (el animal) de la casa (del establo) y meter allí el caballo del señor
privado
e... y dormirá con sus hijos

Aun quiero vos decir sobre esta mesquina cena
por la culpa del señor el siervo ave lazeria°
y el siervo ave° culpa, el señor ave la prenda°
que quier canten los mayores, los menores han la pena°

ave... tiene que pasar hambre
tiene / **ave**...se beneficia
que... siempre cuando cantan (disfrutan) los nobles, los pobres sufren

Onde° dice grande verdat el rey sabio Salamón
el siervo con su señor non andan bien a conpañón°
nin el pobre con el rico non partirán bien quiñón°
nin será bien segurado° oveja con el león.

Donde
non... no se llevan bien
nin... los bienes se reparten mal
protegida

PROVERBIOS DE SALOMÓN

En los siguientes versos de los *Proverbios de Salomón*, se describen las vanidades y los engaños de este mundo, recurriendo a la dicción coloquial de las sentencias morales. El egoísmo de los hombres se compara con la voracidad de los peces (una imagen que también surge, como hemos visto, en el *Libro de Alexandre*). Apoyándose en la doctrina del *Eclesiastés*, el poeta hace hincapié en la naturaleza mortal de todo ser humano y en el deber de bien emplear los dones de Dios. El tema de la muerte como una fuerza igualadora que quita los bienes al rico y al poderoso (estrofa 5) se encuentra también en la *Danza de la Muerte* y en las *Coplas* de Jorge Manrique.

Amigos, si queredes oír una razón
de los proverbios que dixo el sabio rey Salamón,
fabla de aqueste mundo° e de las cosas que y son°
como son dexaderas a poca de sazón°.

fabla... habla de este mundo / **que**... que se hallan allí
son... han de desaparecer en poco tiempo

¡O mezquino diz° del mundo, como es lleno de engaños!
en allegar° riquezas e averes tamaños°,
mulas e palafrenes°, e vestidos e paños°,
por ser todo dejado en tan pocos de años.

dice
acumular / **averes**... grandes fortunas
un tipo de caballo / ropa

Comer bien e beber, cabalgar en mula gruesa
non se miembra del tiempo que yazera en la fuessa°,
el cabello mesado, la calavera muesa°:
botica mucho noble do° la malicia cesa.

non... No se piensa en el tiempo en que yacerá en la sepultura
herida
donde

El bien de aqueste°, mundo la muerte lo desata,
non se puede asconder° por ninguna barata°.
fallescen° los dineros, el oro e la plata,
el pres e la bruneta°, el verde, el escarlata.

este
esconder / **por**... de ninguna manera
desaparecen
el... la gloria y el resplandor

Morran los poderosos, reys e potestades°,
obispos e arzobispos, calonjes° e abades;
fincaran los averes°, las villas e cibdades°,
las tierras e las viñas, las casas e heredades°.

Morran... Morirán los poderosos, reyes y gobernadores
canónigos
fincaran... Quedan los bienes / ciudades
haciendas

Atales son los omnes° como en el mar los pescados:
los unos son menudos°, los otros son granados°;

Atales... Así son los hombres
pequeños / grandes

comense° los mayores a los que son menguados°:
los reys e los principes los que son apoderados.

se comen / pequeños

. . .

Mezquino pecador, en fuerte punto nado°,
¿qué cuenta podrás dar de lo que has ganado?
Non guardaste tesoro, que Dios te aya grado°,
el día del juicio serte a° mal demandado.

en... en mala hora nacido

aya... tenga gracia

serte... te ha de ser

RODRIGO YÁÑEZ

Poema de Alfonso Onceno

En la primera parte de este poema, el escritor narra los sucesos de la desastrosa minoría de Alfonso XI, describiendo vivamente el sufrimiento del pueblo y su explotación por la aristocracia en los años antes de la ascensión al trono del joven rey. A la edad de catorce años, Alfonso subió al trono y comenzó a castigar enérgicamente a los nobles que habían tomado parte en las discordias de la regencia. Los elogios que se reiteran a lo largo de la composición crean un retrato idealizado del monarca compuesto de las virtudes prototípicas de la caballería. Se insiste, sobre todo, en una imagen del rey como defensor de las clases oprimidas.

(Las condiciones en Castilla antes de la ascensión de Alfonso XI al trono:)

. . . En este tienpo° los señores
Corrían a Castiella°,
Los mesquinos° labradores
Pasaban grant mansiella°.

tiempo
Castilla
pobres
grant... gran sufrimiento

Los algos° les tomaban
Por mal e por codicia;
Las tierras se hermanaban°
Por mengua° de justicia . . .

los bienes
se... se convertían en yermo
falta

Cadal día ases° parando,
Astragando° los menores,
Las tierras robando,
Matando los labradores.

Cadal... cada día los ejércitos
destruyendo

Despechando° mercaderes
Non se querían avenir°,
E mataban los romeros°
Que venían a Dios servir.

abusando de
acordar
peregrinos

(La descripción del joven rey:)

. . . Dios por la su mesura°
Al rey dio bondat,
Muy apuesta° criatura
De muy gran beldat°.

gracia
graciosa
belleza

Doncel° noble e muy fermoso,
E en todo percebido°,
Buen señor e gracioso,
Con Dios Padre tenido°.

joven
inteligente
gracioso... la gracia de Dios estaba con él

Costunbres° fue tomando
entre sí de gran nobleza,
E luego fue amostrando°
Que vernía a gran altesa°.

costumbres
demostrando
vernía... llegaría a grandes alturas

E luego fue acostunbrado°
De probar caballería°,
Echando al tablado
Las espadas esgremía°,

acostumbrado
probar... ejercitarse en hechos de armas
esgrimía (Se refiere aquí a un juego que probaba la proeza del esgrimidor.)

Todos dél° eran pagados°
E decían con placer,
Que en buen día fueron nados°
Para tan buen señor haber°! . . .

de él / contentos
fueron... habían nacido
tener

(El nuevo monarca somete a los nobles insubordinados y restablece la justicia en Castilla:)

. . . Por Castilla más valer
Castigó° bien su conpaña°
Luego se fiso° temer
Fasta cima de la Bretaña

corrigió / compañía (Se refiere aquí al conjunto de soldados bajo el mando del rey.)
se hizo

Mató luego los mayores°
Que solían andar robando
E fuéronse los menores
Por aquesto castigando°.

los miembros más altos de la nobleza
E... fueron escarmentando por esto (Los nobles menores aprendieron del ajusticiamiento de los demás.)

Las sierras e las montañas
Ronpió° como león fuerte,
Prendiendo malas conpañas°
E fasiendo crua muerte° . . .

rompió
compañías (las tropas de los traidores)
fasiendo... haciendo muerte cruel (ajusticiando severamente)

SHEM TOB

Proverbios morales

En la introducción a sus *Proverbios morales*, el rabino Shem Tob dedica su obra a su protector, el rey Pedro I, declarando que su reinado ha de ser una continuación de la grandeza alcanzada por su padre Alfonso XI. Cuando Shem Tob compuso sus versos, Castilla ya había comenzado a sufrir los disturbios que caracterizarían la monarquía de don Pedro. Durante este período de tumulto social, el antisemitismo tradicional del pueblo iba aumentando. El elogio del nuevo soberano que se expresa en estos versos era la más mera adulación; para Shem Tob y para toda la comunidad judía, el patrocinio del rey era una manera de asegurar su supervivencia frente a la hostilidad de los cristianos. Llaman la atención en esta selección las imágenes líricas que emplea el poeta para describir la desolación que siguió a la muerte de Alfonso XI, y la dignidad del nuevo rey.

Un médico y sus pacientes. Durante la Edad Media, la mayoría de los médicos eran o judíos o árabes. Ilustración de las *Cantigas de Alfonso X*.

Introducción

Señor, noble, rey alto,
Oíd este sermón°
Que vos dice don Santo,
Judío de Carrión.
Comunalmente rrimado°
De glosas°, y moralmente
De filosofía sacado,
Es el decir siguiente.
El rey Alfonso finando°,
Así fincó la gente°
Como el pulso cuando
Fallece° al doliente°;
Ca ninguno cuidaba°
Que tan grande mejoría
En el Reino fincaba°,
Nin honbre° lo creía.
Cuando es seca la rosa
Que ya su sazón sale°,
Queda el agua olorosa,
Rosada, que más vale.
Así quedastes vos del°
Para mucho durar°,
Y librar° lo que él
Cobdiciava librar° . . .

discurso

comunalmente... compuesto justamente
comentarios

muerto (Se refiere aquí a Alfonso XI, el padre de don Pedro.)
fincó... la gente quedó

falta / enfermo
Ca... Porque nadie pensaba

se instalaba
Nin... Ni hombre (Nadie)

Que... Que ya termina su frescura

Así... Así os quedasteis de él
perseverar
concluir
Cobdiciava... Deseaba realizar

Elogio al saber y al libro

Uno de los rasgos más notables de las máximas de Shem Tob es el énfasis que pone—de acuerdo con la tradición hebrea—en la erudición como un aspecto importante de la vida moral del hombre. Asociando la fuerza intelectual con la virtud, el poeta consideraba la palabra escrita un instrumento de Dios. El libro que elogia en estos versos es probablemente la Biblia.

En el mundo tal cabdal°
Non hay como el saber;
Más que heredad val°
Nin thesoro nin aver°
El saber es la gloria
De Dios y donadío°;
Non se fallara en estoria°
Tal joya nin averío°;
Nin mejor conpañía°
Que el libro, nin tal:
Tomar grande porfía°
Con él, más que paz val°.

Cuanto más va tomando
Con el libro porfía,
Tanto irá ganando
Buen saber toda vía°.
Lo° sabios que querría
Ver, ay los fallará°
En él, y toda vía
Con ellos fablará°;
Los sabios muy loados
Que onbre deseava°,

En el... En todo el mundo (no hay) tal riqueza

Más... No hay una heredad que tanto valga
Nin... Ni tesoro ni haberes

El... el saber es gloria y regalo de Dios
Non... No se hallará en la historia
bienes
compañía

fuerza
más... vale más que la paz

todavía
Los
ay... Los hallará ahí

Con ellos... hablará con ellos

Que... Que todo hombre deseaba (conocer)

Filósofos honrados,
Que ver los cobdiciaba°;
Lo que de aquellos sabios
El cobdicia avía°
E delos sus labrios°
Oír sabiduría,
Allí lo fallará
En el libro signado°,
Y rrespuesta averá°
Dellos por su dictado.
Fallará nueva cosa
De buen saber nonesto,
Y mucha sotil° glosa
Que fizieron al testo°. . .

Que... que deseaba verlos
El... El deseaba
E... y de sus labios
señalado
y... y obtendrá una respuesta
perspicaz
fizieron... hicieron al texto

PERO LÓPEZ DE AYALA

Rimado de Palacio

En la sección del *Rimado de Palacio* que concierne la crítica social, López de Ayala expresó sus teorías sobre la naturaleza de la monarquía y la conducta del rey. En vista de la lealtad política del poeta, esta parte de su obra es de un interés psicológico: durante la guerra civil entre los petristas y los enriqueños, López de Ayala renunció al rey legítimo para apoyar al usurpador. Se halla en el *Rimado de Palacio* un notable esfuerzo por justificar esta deserción, una actitud aún más patente, como veremos en la *Crónica del rey Don Pedro* que López de Ayala es cribió en prosa. En los siguientes versos se revela la mo ralidad política del escritor. Mientras el vasallo debe s obediencia a la monarquía, tiene, no obstante, la obl gación de denunciar el mal gobierno. En contraste con e verdadero rey cuyas acciones reflejan la voluntad d Dios, el tirano es indigno de ocupar el trono. En la primer estrofa, el poeta se refiere a la crisis demográfica de est período, la despoblación de grandes áreas de Castill que había sido consecuencia de las epidemias de l peste negra.

Del gobernamiento de la república

Los reyes e los príncipes e los emperadores,
los duques e los condes e los otros señores
gobiernan las sus tierras con los sus moradores°,
que ado moraban ciento, fincan tres pobladores°.

habitantes
ado... donde vivían cien personas, ahora quedan tres.

Cuando en otro tiempo los judíos pidieron
a Nuestro Señor rey, d'El entonces oyeron
lo que después por fecho e por los ojos vieron:
si algo recabdaron° en su pro°, lo sintieron.

lograron / favor, honor (Se alude a un episodio del *Antiguo Testamento*, I Reyes, VIII.)

Este nombre de rey de buen regir desciende
—quien ha buena ventura bien así lo entiende—;
el que bien a su pueblo gobierna e defiende,
éste es rey verdadero: tírese el otro dende°.

de allí (Según Ayala, el tirano no puede ser un rey verdadero.)

De un padre e de una madre con ellos decendemos°,
una naturaleza ellos e nos avemos°,
de vivir e morir una ley tenemos,
salvo que obediencia de les tener debemos°.

De... Como los reyes, descendemos de Adán y Eva
nosotros tenemos (Los reyes también son mortales.)
les... que debemos tenerles (a los reyes)

Quiera por su merced Dios bien les ayudar,
que puedan los sus pueblos regir e gobernar
con paz e con sosiego, que grant cuenta han de dar
a aquel rey verdadero° que la sabrá tomar.

aquel... Dios

Dios les guarde de guerras e de todo bollicio°.
puedan bien responder a Dios de su oficio;
mas, ¡mal pecado!, andan todos fuera de quicio°:
quien les dice el contrario no entiende qué es servicio . . .

tumulto
fuera... desequilibrados

JUAN RUIZ, ARCIPRESTE DE HITA (¿1283?–¿1351?)

Hoy en día el *Libro de buen amor*, de Juan Ruiz, Arcipreste de Hita, es la obra más leída de la literatura española medieval. La primera redacción, la cual contiene el cuerpo de la obra, apareció en 1330. Se publicó una segunda version en 1343; ésta contiene los mismos poemas que la primera, además de varias composiciones adicionales, algunas de las cuales parecen referirse al encarcelamiento del autor.

No se sabe casi nada de la vida de Juan Ruiz. Pese a la estructura autobiográfica del *Libro de buen amor*, la obra revela escasos datos concretos sobre el autor. De hecho, pocos críticos creen que los acontecimientos narrados en el libro le sucedieran realmente. Probablemente nació en Alcalá de Henares alrededor de 1283, estudió en Toledo y entró en la vida religiosa. Se ha conjeturado que fue encarcelado por orden del Arzobispo de Toledo y compuso parte del *Libro de buen amor*, o tal vez todo, mientras estaba preso.

El *Libro de buen amor* tiene la forma de un cancionero personal y autobiográfico. El hilo unificador que da cohesión a la colección es el amor, tema que el Arcipreste explora desde diversas perspectivas. Según las afirmaciones del autor, su propósito es contrastar el «buen amor», es decir, el amor de Dios, con el «loco amor», el mundano. A pesar de esta aclaración, los propósitos del Arcipreste de Hita son ambiguos. Explica en su introducción que su obra es un libro de ejemplos del cual los episodios de loco amor sirven para exponer los peligros de la carne. Su propósito, insiste el Arcipreste, es guiar a los hombres hacia el bien: «la mi intención non fue de lo fazer por dar manera de pecar nin por mal dezir; mas fue por reduzir a toda persona a memoria buena de bien obrar e dar ensiemplo de buenas costumbres, e castigos de salvación.»

Aunque algunos críticos conservadores encuentran estas alegaciones convincentes, el hecho es que el Arcipreste dedica mucho más tiempo y espacio al amor humano que al divino. No sólo se muestra tolerante de las flaquezas morales de los hombres, incluso de los clérigos, sino que afirma repetidamente el valor del amor humano, presentando su obra como un manual de loco amor: «Empero, porque es umanal (humana) cosa el pecar, si algunos quisieren usar del loco amor, aquí fallarán algunas maneras para ello.» En una ocasión llama «Buen Amor» a Trotaconventos, una medianera que es, precisamente, agente del loco amor.

El tono de Juan Ruiz es a menudo burlesco y satírico; a veces incluso raya en lo escabroso. Aunque la influencia trovadoresca es evidente en muchas partes de la obra, la perspectiva del autor no es la de la clase señorial, sino la del pueblo. La espontaneidad y el sabor popular se hacen sentir en el lenguaje, las actitudes y la facilidad con la cual el Arcipreste cuenta sus aventuras amorosas—siempre fallidas.

Sin embargo, el Arcipreste era un hombre culto. La gran variedad de sus fuentes demuestra su amplia formación intelectual. Poseía extensos conocimientos de las literaturas bíblica y clásica y de las reglas de la retórica. Incorpora muchas corrientes de la cultura medieval: la clásica (la cual se ve en su uso de autores, fábulas y mitos antiguos); la latino-eclesiástica (que se evidencia en los rezos y referencias teológicas); las árabes (fuente de muchos apólogos y fábulas morales); y europeas (que se notan en los temas—parecidos a veces a los de Chaucer—, en los elementos novelescos de posible origen francés y en las formas líricas). A pesar de esto, el *Libro de buen amor* es una obra única. María Rosa Lida de Malkiel afirma que «no tiene paralelo en otra literatura de la Europa occidental», ya que las narraciones autobiográficas no aparecen hasta mucho después.

Algunos historiadores han señalado las semejanzas que existen entre los *maqāmāt* hispanohebreos, en los que un autor cuenta sus aventuras en primera persona, intercalando poemas varios, fábulas, invectivas, aforismos y disertaciones morales. A pesar de los elementos que el libro del Arcipreste comparte con los *maqāmāt*, ha sido imposible probar una influencia directa de éstos sobre el Arcipreste.

Aunque el *Libro de buen amor* está escrito en su mayor parte en «cuaderna vía»—cuartetas monorrimas cuyos versos oscilan entre 14 y 16 sílabas—no existe ninguna unidad estructural entre las poesías. Se incluyen poemas de 16, 14, 8, 7, 6, 5 y 3 sílabas. Hay elementos del mester de clerecía y elementos juglarescos; hay influencias eruditas y populares. Diversos géneros literarios están representados: hay composiciones religiosas, composiciones narrativas, bailes, cantares de ciegos, burlas y canciones para escolares. Se ha sugerido que el *Libro de buen amor* se formó por acumulación, aunque también es posible que en 1330 el autor compusiera una primera versión, revisándola y ampliándola en 1343.

El contenido es tan variado como la estructura. Abundan los elementos burlescos, alegóricos y satíricos. La obra incluye anécdotas, parodias de textos sagrados y profanos, fábulas y ejemplos, además de una paráfrasis del *Arte de amar* del poeta romano Ovidio. Un segmento del libro, el episodio de don Melón y doña Endrina, es una imitación de la comedia latina del siglo XII, *Pamphilus*. A causa de la confluencia de temas y formas que se encuentra en *El libro de buen amor*, varios críticos han visto en la obra una síntesis del arte medieval.

Aunque incluye diversas poesías líricas religiosas, morales o ascéticas, no se ve en esta obra la piedad interior o meditación que caracterizarán a los poetas metafísicos del Renacimiento. Para el Arcipreste, la religión no es una abstracción, sino algo concreto e inmediato. Su relación con la Virgen es personal y dinámica. El Diablo y la Muerte son seres tangibles que inspiran miedo y odio. Dios como un ser remoto y etéreo se invoca sólo al principio de la obra. Como Berceo y otros poetas medievales, Juan Ruiz representa a las figuras religiosas de una manera gráfica y concreta.

Esta ambigüedad no prueba que la postura moralizadora del Arcipreste sea hipócrita, ni que sus elogios a la Virgen carezcan de sinceridad. El hombre de la Edad Media aceptaba como naturales los extremos de la conducta humana; así que tanto la virtud como el pecado tenía su lugar en el esquema general del mundo—y lo mismo se podría decir de la devoción y la crueldad, la obediencia y la rebelión, la caridad y la brutalidad. Se ha sugerido que la introducción al *Libro de buen amor* fue escrita después del resto de la obra, posiblemente con el objetivo de justificar la creación de un tomo tan escandaloso. Es concebible que las autoridades eclesiásticas obligaran al Arcipreste a añadir la introducción, pero también es posible que para el autor no hubiera ningún conflicto entre los numerosos cuadros de loco amor y las poesías religiosas.

Sin embargo, el Arcipreste estaba plenamente consciente del hecho de que su libro se prestaba a múltiples interpretaciones. La naturaleza engañadora de las apariencias es uno de los temas fundamentales de la obra. En su invocación insinúa que su mensaje es diferente del que el lector puede pensar—«ca, segund buen dinero yaze en vil correo,/assí en feo libro está saber non feo»—y le ruega que no juzgue su obra por las aparciencias. La ambigüedad del signo es el tema central de «La disputación que los griegos e los romanos ovieron», en la cual el humor se deriva de la tendencia del ser humano a interpretar cualquier situación según sus ideas preconcebidas.

De hecho, mucha de la ironía de Juan Ruiz depende de juegos de apariencias. En «De las propiedades que las dueñas chicas han», por ejemplo, alaba a las mujeres pequeñas, calificándolas de apasionadas, hacendosas y bellas, sólo para destrozarlas en la última estrofa, en la que explica que prefiere a la «dueña chica» porque es prudente «del mal, tomar lo menos». Así que lo que parecía ser un elogio es, en realidad, una condenación no sólo de la mujer pequeña, sino de todas las mujeres.

El orden de los poemas refleja la tendencia de la literatura medieval de progresar de lo general a lo concreto por vía de la experiencia propia o el ejemplo. El libro comienza con una introducción en prosa, seguida de oraciones y poesías a la Virgen. Se clarifica el tema (el contraste entre la moral cristiana y el amor concebido como ley natural). Se explica cómo el Arcipreste se enamoró y aparece el Amor como personaje alegórico. Este dialoga con el Arcipreste, quien introduce el tema de la astrología al atribuir su aflicción al hecho de que nació bajo el signo de Venus. El Amor y su esposa Venus le recomiendan que busque una medianera. La que se presenta es Trotaconventos, personaje importante en el desarrollo de la literatura española, ya que servirá de modelo para varias otras alcahuetas fictivas, entre ellas Celestina, de la obra que lleva su nombre, de Fernando de Rojas, y Fabia, de *El caballero de Olmedo*, de Lope de Vega.

El episodio principal del libro describe los amores de don Melón (que parece ser una extensión del Arcipreste mismo) y doña Endrina. Don Melón (cuyo nombre indica que aunque es duro y fuerte por fuera, es dulce por dentro) ve a doña Endrina (cuyo nombre también es el de una deliciosa fruta) caminando por la plaza y se enamora de ella. En esta primera entrevista, doña Endrina se mantiene cortés pero distante, pero Trotaconventos tiene un plan para hacer caer a la joven viuda. La alcahueta pregona afeites y otras mercancías por la calle de doña Endrina hasta que ésta la llama. Entonces se introduce en la casa y pica la curiosidad de la muchacha, hablándole de un admirador. Aunque doña Endrina se mantiene abierta ante la posibilidad de un nuevo matrimonio, se enfría cuando Trotaconventos le dice que el pretendiente es el que le ha hablado en la calle. La medianera defiende a don Melón, explicando que sería un protector ideal porque tiene conocimientos legales. Una segunda entrevista tiene lugar en casa de Trotaconventos, quien ha llevado a doña Endrina allí bajo un pretexto. Don Melón, colaborando con la alcahueta, se introduce en la casa y la alcahueta se las ingenia para dejarlos solos. Cuando vuelve, doña Endrina ya ha sido deshonrada. Reprocha a Trotaconventos, quien responde con cierto cinismo y sugiere que la joven se case con don Melón para remediar el mal que se ha hecho. El episodio termina con el triunfo del amor y gran regocijo.

Aunque la historia sigue bastante de cerca la de *Pamphilus*, el Arcipreste desarrolla sus personajes mucho más que su antecesor. La caracterización de doña Endrina, quien oscila entre el deseo y el honor y después culpa a la vieja cuando finalmente se entrega, revela bastante penetración psicológica.

Al terminar este episodio, el Arcipreste se retira a la sierra a causa de la Cuaresma. Allí hace una penitencia poco rigurosa y se divierte con las serranas, unas mujeres amazónicas que son extremadamente sensuales. La lucha entre la carne y el espíritu se representa alegóricamente en la batalla entre don Carnal y doña Cuaresma. Aunque la religión vence a la pasión, con el principio de la primavera vuelve a reinar el Amor. Siguen algunos episodios amorosos, la muerte de Trotaconventos y poesías varias.

El Arcipreste estaba consciente de su arte. Escribe en su introducción que uno de sus propósitos es «dar lección y muestra de versificar y rimar y trovar», y a través de su obra insiste en el elemento artístico, a veces recalcando su falta de destreza poética, a veces comentando sobre las funciones de la literatura, a veces insistiendo en el poder del arte de revelar la verdad. Aunque Berceo y los poetas anónimos medievales también poseían finos conocimentos artísticos, Juan Ruiz y su contemporáneo, don Juan Manuel, fueron los primeros escritores españoles en expresar claramente su intención de cultivar el estilo.

La obra de Juan Ruiz combina lo real con lo fantástico, lo bello con lo grotesco, lo burlesco con lo transcendental. Emplea un sinfín de recursos literarios: el doble sentido, la caricatura, la hipérbole, la ironía. Reproduce la lengua hablada, incorporando refranes, dichos, giros lingüísticos. Ya se notan en la obra de Juan Ruiz muchos rasgos que caracterizarán a los grandes satíricos del renacimiento.

Existen varias ediciones útiles del *Libro de buen amor*, entre ellos la de Jacques Joset (Madrid: Espasa Calpe, 1979); la de Raymond Willis (Princeton: Princeton University Press, 1972) y la de Anthony N. Zahareas (Madison: Hispanic Seminary of Medieval Studies, 1988).

Libro de buen amor

«*Intellectum tibi dabo, et instruam te in via hac, qua gradieris; firmabo super te oculos meos*°.»

El profecta° David, por Spíritu Santo fablando°, a cada uno de nos° dice en el psalmo tricésimo primo° del verso deceno, que es el que primero suso° escreví. En el cual verso entiendo yo tres cosas, las cuales dicen algunos doctores filósofos que son en el alma e propiamente suyas. Son éstas: entendimiento, voluntad e memoria. Las cuales, digo, si buenas son, que traen al alma consolación, e aluengan° la vida al cuerpo, e dan la honra con pro° e buena fama. Ca°, por el buen entendimiento, entiende hombre el bien e sabe de ello el mal.

E por ende°, una de las peticiones que demandó David a Dios, porque sopiese° de su Ley, fue ésta: «*Da mihi intellectum, e cetera*°.»

Ca el ome°, entendiendo el bien, avrá° de Dios temor, el cual es comienzo de toda sabidoría°; de que dice el dicho profecta: «*Initium Sapientiae timor Domini*°.»

Ca luego es el buen entendimiento° en los que temen a Dios.

E por ende° sigue la razón° el dicho David en otro logar en que dice: «*Intellectus bonus omnibus facientibus eum, e cetera*°.»

Otrosí° dice Salomón en el libro de la Sapiencia°: «*Qui timet Dominum, faciet bona*°.» E esto se entiende en la primera razón° del verso que yo comencé, en lo que dice: «*Intellectum tibi dabo.*»

E desque° está informada e instruida el alma, que se ha de salvar en el cuerpo limpio, e piensa e ama e desea omne° el buen amor de Dios e sus mandamientos.

E esto atal° dice el dicho profecta: «*Et meditabor in mandatis tuis quae dilexi*°.»

E otrosí desecha° e aborresce el alma el pecado del amor loco de este mundo.

E de esto dice el salmista: «*Qui diligitis Dominum, odite malum, e cetera*°.»

E por ende° se sigue luego la segunda razón del verso que dice: «*Et instruam te*».

E desque° el alma, con el buen entendimiento e buena voluntad, con buena remembranza escoge e ama el buen amor, que es el de Dios, e pónelo en la cela° de la memoria porque se acuerde de ello, e trae al cuerpo a fazer buenas obras, por las cuales se salva el ome.

E de esto dice Sant Joan° Apóstol en el *Apocalipsi*° de los buenos que mueren bien obrando: «*Beati mortui, qui in Domino moriuntur: opera enim illorum secuntur illos*°.»

E dice otrosí el Profecta: «*Tu reddes unicuique juxta opera sua*°.» E de esto concluye la tercera razón del verso primero que dice: «*In via hac qua gradieris: firmabo super te oculos meos.*»

Intellectum... Inteligencia te daré y te instruiré en este camino, por el cual has de andar; tendré fijos sobre ti mis ojos. (*Salmo* XXXI, 8) / profeta / **por**... hablando en nombre del Espíritu Santo / nosotros

treinta y uno

arriba

prolongan / provecho

Pues

por... por lo tanto

supiese / **Da**... Dame entendimiento, etc. (*Salmo* CXVIII, 34) / hombre / tendrá

sabiduría

Initium... El temor de Dios es el principio de la sabiduría (*Salmo* CX, 10) / **Ca**... Por lo tanto, el buen entendimiento está / **por**... así / razonamiento

Intellectus... Todos los que se ejercitan en el (temor de Dios) tienen buen entendimiento (*Salmo* CX, 10) / También / Sabiduría

Qui... Quien teme a Dios hará el bien / afirmación / una vez que

hombre

esto... por esto

Et... y meditaré en tus mandatos que amé

rechaza

Qui... Los que amáis al Señor odiáis el mal (*Salmo* XCVI, 10)

por... por lo cual

cuando

guarda

Sant... San Juan / *Apocalipsis*

Beati... Bienaventurados los muertos que mueren en el Señor porque sus obras les seguirán (*Apocalipsis*, XIV, 13)

Tu... Tú darás a cada uno el retorno, según sus obras (*Salmo* LXI, 13)

E por ende debemos tener sin dubda° que obras siempre están en la buena memoria, que con buen entendimiento e buena voluntad escoge el alma e ama el amor de Dios por se salvar° por ellas. Ca Dios, por las buenas obras que faze omne en la carrera de salvación en que anda, firma° sus ojos sobre él.

E ésta es la sentencia del verso que empieza primero°: «*Breve.*» Como quier que a las vegadas se acuerde pecado e lo quiera e lo obre, este desacuerdo non viene del buen entendimiento°, nin tal querer non° viene de la buena voluntad, nin de la buena obra non viene tal obra. Ante viene de la flaqueza de la natura° humana que es en el omne, que se non puede escapar de pecado. Ca dice Catón: «*Nemo sine crimine vivit*°.»

E dícelo Job: «*Quis potest facere mundum de inmundo conceptum semine*°?»

Quasi dicat°: «Ninguno salvo Dios.» E viene otrosí de la mengua del buen entendimiento, que lo non ha estonce°, porque ome piensa vanidades de pecado.

E de este tal pensamiento dice el salmista: «*Cogitationes hominum vanae sunt.*»°

E dice otrosí a los tales, mucho disolutos e de mal entendimiento: «*Nolite fieri sicut equus et mulus, in quibus non est intellectus*°.»

E aún digo que viene de la pobredad° de la memoria, que non está instructa° del buen entendimiento, ansí que non puede amar el bien nin acordarse de ello para lo obrar.°

E viene otrosí esto por razón que la natura humana, que más aparejada e inclinada es al mal que al bien, e a pecado que a bien; esto dice el Decreto.

E estas son algunas de las razones, porque son fechos los libros de la ley e del derecho e de castigos e costumbres e de otras ciencias.

Otrosí fueron la pintura e la escriptura° e las imágenes primeramente falladas, por razón que la memoria del ome desleznadera es°; esto dice el Decreto. Ca tener todas las cosas en la memoria e non olvidar algo°, más es de la Divinidat que de la umanidad; esto dice el Decreto.

E por esto es más apropiada a la memoria del alma, que es spíritu° de Dios criado e perfecto, e vive siempre en Dios.

Otrosí dice David: «*Anima mea illi vivet: quaerite Dominum, et vivet anima vestra*°.» E non es apropiada al cuerpo humano, que dura poco tiempo.

E dice Job: «*Breves dies hominis sunt*°.»

E otrosí dice: «*Homo natus de muliere*°: *breves dies hominis sunt.*» E dice sobre esto David: «*Anni nostri sicut aranea meditabuntur e cetera*°.»

Onde° yo, de mi poquilla ciencia e de mucha e grand rudeza, entiendo cuántos bienes fazen perder el alma e al cuerpo, e los males muchos que les aparejan e traen el amor loco del pecado del mundo, escogiendo e amando con buena voluntad salvación e gloria del paraíso para mi ánima, fiz° esta chica escriptura en memoria de bien.

E compuse este nuevo libro en que son escriptas° algunas maneras, e maestrías, e sotilezas engañosas del loco amor del mundo, que usan algunos para pecar.

Las cuales leyéndolas e oyéndolas ome o mujer de buen entendimiento, que se quiera salvar, descogerá e obrarlo ha.°

E podrá decir con el salmista: «*Viam veritatis, e cetera*°.»

Otrosí° los de poco entendimiento non se perderán; ca leyendo e coidando° el mal que fazen o tienen en la voluntad de fazer, e los

duda

salvarse

fija

empieza... se cita al principio

Como... Aunque a veces uno se acuerda del pecado y a veces se comete, este desacuerdo no viene del buen entendimiento

nin... ni tampoco

naturaleza

Nemo... Nadie vive sin pecado

Quis... ¿Quién puede hacer limpio al que fue concebido de la semilla inmunda? (*Job*, XIV, 4)

Quasi... Como si dijera

que... que cuando el hombre no lo tiene (el buen entendimiento)

Cogitationes... Los pensamientos de los hombres son vanidades (*Salmo* XCIII, 11)

Nolite... No queráis hacer como el caballo y el mulo, que no tienen entendimiento

pobreza

instruida

lo... hacerlo

escritura

por... porque la memoria del hombre es deleznable

nada

espíritu

Anima.. y mi alma vivirá para El: Buscad a Dios y vivirá vuestra alma (*Salmos* XX, 31 y LXVIII, 33)

Breves... Breves son los días del hombre

Homo... El hombre nacido de mujer (*Job*, XIV, 1 y 5)

Anni... Nuestros años son semejantes a la frágil tela de araña (*Salmo* LXXXIX)

Así

hice

escritas

descogerá... escogerá cómo usarlo

viam... El camino de la verdad (he escogido) (*Salmo* CXI, 30)

Por otra parte / observando

porfiosos° de sus malas maestrías°, e descobrimiento publicado de sus muchas engañosas maneras, que usan para pecar e engañar las mujeres, acordarán° la memoria e non despreciarán su fama: ca mucho es cruel° quien su fama menosprecia; el Derecho lo dice. E querrán más amar a sí mesmos que al pecado; que la ordenada caridad de sí mesmo° comienza: el Decreto lo dice. E desecharán e aborrescerán las maneras e maestrías malas del loco amor, que faze perder las almas e caer en saña de Dios, apocando° la vida e dando mala fama e deshonra e muchos daños a los cuerpos. Enpero°, porque es umanal° cosa el pecar, si algunos, lo que non los consejo°, quisieren usar del loco amor, aquí fallarán algunas maneras para ello.

obstinados / mañas

despertarán, aprestarán

ca... porque es muy duro

de... de uno mismo

acortando

Sin embargo

humano / **los**... les aconsejo

E ansí este mi libro a todo omne o mujer, al cuerdo e al non cuerdo, al que entendiere el bien e escogiere salvación, e obrare bien amando a Dios, otrosí al que quisiere el amor loco, en la carrera que anduviere, puede cada uno bien decir: «*Intellectum tibi dabo, e cetera.*»

E ruego e consejo a quien lo oyere e lo oyere que guarde bien las tres cosas del alma; lo primero que quiera bien entender e bien juzgar la mi entención°, porque lo fiz, e la sentencia de lo que ý° dice, e non al son feo de las palabras. E segúnd derecho° las palabras sirven a la intención e non la intención a las palabras.

intención / allí

segúnd... según el Derecho

E Dios sabe que la mi intención non fue de lo fazer por dar manera de pecar, ni por mal decir, mas fue por reducir° a toda persona a memoria buena de bien obrar, e dar ensienpro° de buenas costumbres e castigos de salvación.

despertar

ejemplo

E porque sean todos apercebidos° e se puedan mejor guardar de tantas maestrías, como algunos usan por el loco amor.

porque... para que todos estén avisados

Ca dice Sant Gregorio que menos firíen° al hombre los dardos que ante son vistos, e mejor nos podemos guardar de lo que ante hemos visto.

hieren

E conpóselo° otrosí a dar algunos lección e muestra de metrificar° e rimar e de trovar; ca trovas e notas e rimas e ditados e versos, que fiz conplidamente°, segúnd que esta ciencia requiere.

lo compuse / escribir poesía (en metros)

cumplidamente

E porque de toda buena obra es comienzo e fundamento Dios e la fe católica, e dícelo la primera Decretal de las Clementinas que comienza: «*Fidei Catholicae fundamento*°,» e do éste non es cimiento non se puede fazer obra firme nin firme edificio:

Fidei... El fundamento de la fe católica

Segúnd dice el apóstol.

Por ende comencé mi libro en el nombre de Dios e tomé el verso primero del salmo, que es de la Santa Trinidad e de la fe católica, que es: «*Quicumque vult*°,» el verso que dice: «*Ita Deus Pater, Deus Filius, e cetera*°.»

Quicumque... Cualquiera que

Ita... En verdad Dios Padre, Dios Hijo, etc.

Invocación

AQUÍ DICE DE CÓMO EL ARCIPRESTE ROGÓ A DIOS QUE LE DIESE GRACIA QUE PODIESE FAZER ESTE LIBRO.

Dios Padre, Dios Fijo, Dios Spíritu Santo,
el que nació de la Virgen, esfuércenos de tanto°
que siempre lo loemos en prosa e en canto;
sea de nuestras almas cobertura e manto.

esfuércenos... dénos fuerza, tanto

El que fizo el cielo la tierra e el mar,
Él me done° su gracia e me quiera alumbrar,
que pueda de cantares un librete rimar,
que los que lo oyeren puedan solaz° tomar.

dé

descanso, entretenimiento

Tú, Señor Dios mío, que el omne crieste°, — creaste
enforma° e ayuda a mí el tu arcipreste, — informa
que pueda fazer un libro de buen amor aqueste°, — **que**... para que pueda hacer este libro de buen amor
que los cuerpos alegre e a las almas preste°. — dé fuerza

Si queredes°, señores, oír un buen solaz, — quisierais
escuchad el romance, sosegadvos° en paz, — sosegáos
non vos diré mentira en cuanto en él yaz°, — **en**... a lo que lleva adentro
ca por todo el mundo se usa e se faz°. — **ca**... porque todos tienen la costumbre de actuar tal como yo digo

E porque mejor de todos sea escuchado°, — **porque**... para que sea de todos mejor escuchado
fablarvos he° por trovas e cuento rimado; — **fablarvos**... os hablaré
es un decir fermoso e saber° sin pecado, — arte, ciencia
razón más placentera, fablar más apostado°. — delicado

Non tengades° que es libro necio de devaneo, — penséis
nin creades que es chufa° algo que en él leo; — burla
ca segúnd buen dinero yace en vil correo° — **ca**... porque como una cartera fea que puede contener buen dinero
ansí en feo libro está saber non feo.

El axenuz° de fuera más negro es que caldera, — ajenuz (tipo de semilla)
es de dentro muy blanco más que la peñavera;
blanca farina está so negra cobertera°, — tapa, cubertura
azúcar negro e blanco está en vil cañavera°. — caña azucarera

Sobre la espina está la noble rosa flor,
en fea letra está saber de grand dotor;
como so° mala capa yace buen bebedor — bajo
ansí so el mal tabardo° está buen amor. — manto

E porque de todo bien es comienzo e raíz
la Virgen Santa María, por ende yo Joan Roiz°, — **por**... por esta razón, yo Juan Ruiz
Arcipreste de Fita, de ella primero fiz
cantar de los sus gozos siete que ansí diz:

Gozos de Santa María.

¡O María!,
luz del día,
tú me guía
todavía°. — por todo camino

Gáname° gracia e bendición — Dame
e de Jesú consolación,
que pueda con devoción
cantar de tu alegría.

El primero gozo que se lea
en cibdad° de Galilea, — ciudad
Nazaret creo que sea,
oviste mensajería° — **oviste**... recibiste un mensaje

Del ángel que a ti vino,
Gabriel santo e digno;
tróxote mensaj divino°; — **tróxote**... te trajo mensaje
díxote: «Ave María.»

Tú, desque° el mandado oíste, — cuando
omilmente rescebiste°, — **omilmente**... humildemente lo recibiste
luego Virgen concebiste,
al fijo que Dios en ti envía°. — **Dios**... Dios te envía

En Belén acaeció
el segundo, cuando nació
e sin dolor apareció
  de ti, Virgen, el Mexía°. — Mesías

El tercero cuenta las leyes
cuando vinieron los reyes
e adoraron al que veis
  en tu brazo do° yacía. — donde

Ofreciól mira° Gaspar, — **Ofreciól**... le ofreció mirra
Melchior fue enciensо° dar°, — incienso / a dar
oro ofreció Baltasar,
  al que Dios e omne seía°. — sería

Alegría cuarta e buena
fue cuando la Madalena° — Magdalena
te dixo, gozo sin pena,
  que el tu fijo vevía°. — vivía

El quinto placer oviste° — tuviste
cuando al tu fijo viste
sobir° al cielo, e diste — subir
  gracias a Dios ó subía°. — **ó**... hacia el que subía

Madre, el tu gozo sesto° — sexto
cuando en los discípulos presto
fue Spíritu Santo puesto
  en tu santa compañía.

Del septeno°, Madre Santa, — séptimo
la Iglesia toda canta;
sobiste con gloria tanta
  al cielo e cuanta ý avía°. — **e**... y gozaste de cuanta (gloria) allí había

Reinas con tu fijo quisto°, — querido
Nuestro Señor Jesú Cristo;
por ti sea de nos visto
  en la gloria sin fallía°. — **por**... por tu intercesión gocemos de Él en la gloria

AQUÍ FABLA DE CÓMO TODO OME, ENTRE LOS SUS CUIDADOS, SE DEBE ALEGRAR, E DE LA DISPUTACIÓN° QUE LOS GRIEGOS E LOS ROMANOS EN UNO OVIERON°. — debate / **en**... tuvieron entre ellos

Palabras° son de sabio° e díxolo Catón°,
que omne a sus coidados° que tiene en corazón
entreponga° placeres e alegre° la razón,
que la mucha tristeza mucho coidado pon°.

frases, sentencias / posible alusión a Salomón, rey bíblico conocido por su sabiduría /Catón, el político e historiador latino, fue célebre por la austeridad. Es dudoso que estas sentencias sean realmente de él. / **a**... entre las penas / debe mezclar / alegrar
mucho... muchos pecados causa

E porque de buen seso° no puede omne reír,
abré algunas bulras aquí a enxerir°;
cada que las oyerdes° non querades comedir°
salvo en la manera del trovar e del decir.

de... cuando está serio
abré.. tendré que introducir unas burlas
cada... cada vez que las oigas / discutir

Entiende bien mis dichos e piensa la sentencia,
non me contesca° contigo como al doctor de Grecia — pase
con el ribaldo° romano e con su poca sabiencia, — truhán
cuando demandó Roma a Grecia la ciencia.

Ansí fue que romanos las leyes non avíen°,
fueron las demandar a griegos que las teníen;
respondieron los griegos que non las merecíen°,
nin las podrían entender pues que tan poco sabíen°.

las... no tenían leyes
merecían
sabían

Pero si las queríen para por ellas usar,
que ante les convenía con sus sabios disputar,
por ver si las entienden e merecían levar°;
esta respuesta fermosa daban por se excusar.

llevárselas

Respondieron romanos que les placía de grado;
para la disputación pusieron pleito° firmado,
mas porque non entedríen el lenguaje non usado°,
que disputasen° por señas, por señas de letrado.

contrato
porque... como no entendían el idioma extranjero
debatirían

Pusieron día sabido todos° por contender;
fueron romanos en coita°, non sabían qué se fazer,
porque non eran letrados, nin podrían entender
a los griegos doctores nin al su mucho saber.

Pusieron... Todos fijaron una fecha
en... afligidos

Estando en su coita, dixo un cibdadano°
que tomasen un ribaldo, un bellaco romano,
segúnd Dios le demonstrase fazer señas con la mano
que tales las feziese: fueles consejo sano°.

ciudadano
que... que hiciese señales en la disputa, y fue buen consejo

Fueron a un bellaco, muy grand e muy ardid°;
dixiéronle: «Nos avemos con griegos nuestra conbit°
para disputar por señas, lo que tú quisieres pid°
e nos dártelo hemos°; escúsanos de esta lid°.»

astuto
Nos... Tenemos que encontrarnos con los griegos
pide
nos... nosotros te lo daremos; / **escúsanos**... sácanos de este problema

Vistiéronlo muy bien paños de grand valía°,
como si fuese doctor en la filosofía;
subió en alta cátreda°, dixo con bavoquía°:
«D' oy mais° vengan los griegos con toda su porfía.»

bien... ricos paños de gran valor
silla, sitial / bravuconería
D'oy... ya, ahora, sin esperar

Vino ahí un griego doctor muy esmerado,
escogido de griegos, entre todos loado;
sobió en otra cátreda°, todo el pueblo juntado,
e comenzó sus señas, como era tratado°.

acordado

Levantóse el griego, sosegado, de vagar,
e mostró sólo un dedo que está cerca del pulgar;
luego se asentó° en ese mismo lugar.
Levantóse el ribaldo, bravo, de mal pagar°.

sentó
de... irascible, bravo

Mostró luego tres dedos contra el griego tendidos,
el polgar° con otros dos que con él son contenidos,
en manera de arpón los otros dos encogidos;
asentóse el necio, catando° sus vestidos.

pulgar
mirando

Levantóse el griego, tendió la palma llana,
e asentóse luego con su memoria sana.
Levantóse el bellaco, con fantasía vana,
mostró puño cerrado, de porfía° avía° gana.

riña, pelea / tenía

A todos los de Grecia dixo el sabio griego:
«Merecen los romanos las leyes, yo non gelas° niego.»
Levantáronse todos con paz e con sosiego;
grand honra ovo° Roma por un vil andariego.

se las
tuvo

Preguntaron al griego qué fue lo que dixiera
por señas al romano, e qué le respondiera.
Diz: «Yo dixe que es un Dios; el romano dixo que era
uno y tres personas, e tal señal feziera°.

había hecho

Yo dixe que era todo a la su voluntad;
respondió que en su poder teníe° el mundo, e diz
verdat.
Desque° vi que entendíen° e creíen° la Trinidad
entendí en que merecíen° de leyes certenidad°.»

tenía
cuando / entendían / creían
merecían / con toda seguridad

Preguntaron al bellaco cuál fuera su antojo;
diz: «Díxome que con su dedo que me quebrantaría
el ojo;
de esto ove° grand pesar e tomé grand enojo,
e respondíle con saña, con ira e con cordojo°,

tuve
furia

Que yo le quebrantaría, ante todas las gentes,
con dos dedos los ojos, con el pulgar los dientes.
Díxome luego, en pos° esto, que le parase mientes,°
que me daría grand palmada en los oídos
retinientes°.

después de / **le**... si no le ponía cuidado
en... haciendo mis oídos calientes

Yo le respondí que le daría una tal puñada,
que en tiempo de su vida nunca la viés° vengada.
Desque° vio que la pelea teníe° mal aparejada°,
dexóse de amenazar do non gelo precian nada°.»

vería
cuando / tenía / **teníe**... se le presentaba mal
do... a quien no le da importancia a estas amenazas

Por esto dice la pastraña° de la vieja ardida°:
«Non ha mala palabra si non es a mal tenida.»
Verás que bien es dicha, si bien fuese entendida;
entiende bien mi dicho e avrás° dueña garrida°.

historia popular, dicho / astuta
tendrás / **dueña**... una mujer bonita

La bulra° que oyeres non la tengas en° vil,
la manera del libro entiéndela sotil°;
que saber bien e mal decir, encobierto e doñeguil°,
tú non fallarás uno de trobadores mil°.

burla / por
sutil (entiende las sutilezas)
con palabras aceptables para un público femenino (es decir, con el decoro necesario)
non... no hallarás un poeta en mil

Fallarás muchas garzas, non fallarás un huevo;
remendar bien non sabe todo alfayate° nuevo.
A trovar con locura non creas que me muevo;
lo que buen amor dice con razón te lo pruebo.

sastre

En general a todos fabla la escriptura;
los cuerdos con buen seso entendrán la cordura,
los mancebos livianos guárdense de locura;
escoja lo mejor el de buena ventura.

Las del buen amor son razones encubiertas;
trabaja do fallares las sus señales ciertas°.
Si la razón entiendes o en el seso° aciertas,
non dirás mal del libro que agora refiertas°.

do... donde halles señal cierta
la intención, la lógica
repruebas

Do coidares° que miente dice mayor verdat;
en las coplas pintadas° yace la falsedat.
Dicha buena o mala por puntos la juzgat,
las coplas con los puntos load o denostat.

crees
pulidas

De todos instrumentos yo libro so pariente°;
bien o mal, cual puntares°, tal te dirá ciertamente°.
Cual tú decir quisieres y faz punto y tente°;
si me puntar sopieres siempre me avrás en miente°.

De... yo, libro, soy pariente de todos los instrumentos musicales
bien... si tocas bien o mal / con seguridad
Cual... Detente en las cosas que te interesen
si... si me supieres tocar, siempre me tendrás en la mente

AQUÍ DICE DE CÓMO SEGÚND NATURA LOS OMES E LAS OTRAS ANIMALIAS° QUIEREN AVER° COMPAÑÍA CON LAS FEMBRAS.

animales / tener

Como dice Aristótiles°, cosa es verdadera,
el mundo por dos cosas trabaja: la primera
por aver° mantenencia°; la otra cosa era
por aver juntamiento° con fembra placentera.

filósofo griego (384–322 antes de C) que fue el oráculo de los filósofos de la Edad Media
tener / sustentamiento
unión

Si lo dixiese de mío° sería de culpar°;
dícelo grand filósofo, non só yo de rebtar°.
De lo que dice el sabio non debemos dubdar°,
que por obra° se prueba el sabio e su fablar°.

de... como cosa mía / **sería**... la gente me culparía
non... no soy yo a quien hay que reprender
dudar
hechos / **el**... la sabiduría de sus palabras

Que diz verdat el sabio claramente se prueba:
omnes, aves, animalias, toda bestia de cueva
quieren segúnd natura compañía siempre nueva,
e cuanto más el omne que a toda cosa se mueva°.

e... y mucho más el hombre que otro ser que se mueva

Digo muy más del omne que de toda creatura;
todos a tiempo cierto se juntan con natura°,
el omne de mal seso° todo tiempo sin mesura,
cada que puede e quiere fazer° esta locura.

todos... toda otra criatura se junta con la hembra sólo en una época, por su naturaleza / **de**... por su mala inclinación
cada... cada vez que puede, quiere hacer

El fuego siempre quiere estar en la ceniza,
como quier que más arde cuanto más se atiza°;
el omne cuando peca, bien ve que desliza,
mas non se parte ende°, ca natura lo entiza°.

como... antes se consume cuanto más se le atiza
non... no se separa del mal / **ca**... porque su naturaleza lo incita

E yo como soy omne como otro pecador,
ove° de las mujeres a las veces grand amor;
probar omne las cosas non es por ende peor°,
e saber bien e mal, e usar lo mejor°.

tuve
probar... no es necesariamente malo que el hombre pruebe las cosas
e... y conozca el bien y el mal, para mejor escoger entre ellos

AQUÍ FABLA DE LA PELEA QUE OVO° EL ARCIPRESTE CON DON AMOR.

tuvo

Con acidia traes estos males atantos°,
muchos otros pecados, antojos e espantos;
non te pagas de° omes castos nin dignos santos,
a los tuyos das obras de males e quebrantos.

Con... Con incuria traes tantos pesares
pagas... importan los

El que tu obra trae es mintroso° e perjuro.
por conplir tus deseos fázeslo° hereje duro,
más cree tus lisonjas, el necio fadeduro,
que non la fe de Dios°. Vete, yo te conjuro.

embustero
por... para satisfacer tus deseos conviertes (a tu seguidor) en
más... el pobre necio cree más en tus lisonjas que en la fe de Dios

Non te quiero, Amor, nin cobdicio tu fijo°,
fázesme andar de balde, dícesme: «digo, digo»;
tanto más me aquexas° cuanto yo más aguijo°;
non me val tu vanagloria un vil grano de mijo°.

nin... ni envidio a tu hijo (Cupido)
tanto... tanto más me acosas / **cuanto**... cuanto más corro
non... toda tu vanagloria no vale nada

Non as° miedo nin vergüenza de rey nin reína,
múdaste dó te pagas cada día aína°,
huésped eres de muchos, non duras so cortina°;
como el fuego andas de vecina en vecina°.

tienes
múdaste... vas donde te place en cualquier momento
non... no permaneces escondido
de... de uno en otro

Con tus muchas promesas a muchos envelíñas°,
en cabo son muy pocos a quien bien adelíñas°,
non te menguan° lisonjas más que hojas en viñas°,
más traes° necios locos que hay piñones en piñas.

envenenas
bien... dejas bien, pones en el buen camino
faltan / hojas en las viñas
más... por tu causa hay más

Fazes como folguín° en tu mesma manera,
atalayas de lexos° e cazas la primera,
al que quieres matar sácaslo de carrera,
de logar encobierto sacas celada fiera°.

bellaco
atalayas... miras de lejos
de... conviertes todo lugar escondido en una trampa

Tiene omne su fija de corazón amada,
lozana e fermosa, de muchos deseada,
encerrada e guardada e con vicios° criada;
do coida algo, en ella tiene nada°.

lujo, comodidades
do... donde cree (el padre) tener algo, no tiene nada

Coídanse la casar° como las otras gentes,
porque se honren de ella° su padre e sus parientes;
como mula camursia° aguza rostros° e dientes,
remece° la cabeza, a mal seso tien mientes°.

Coídanse... Creen casarla bien
porque... para honrarse con ella
mohína / hocico
se mece / **a**... tiene malas ideas en la mente

Tú le ruyes a la oreja° e dasle mal consejo,
que faga tu mandado e siga tu trebejo°;
los cabellos en rueda°, el peine e el espejo,
que aquel Mingo Oveja non es de ella parejo°.

ruyes... soplas al oído
juego
moño
La idea es: La niña gasta peines y espejos y entonces le parece que no hay nadie digno de ella, ni de ella parejo.

El corazón le tornas de mil guisas° a la hora°;
si hoy casarla quieren, cras° de otro se enamora;
a las veces° en saya, a las veces en alcandora°,
remírase° la loca a do tu locura mora.

modos / **a**... a la vez
mañana
a... unas veces / camisa
se mira siempre

El que más a ti cree anda más por mal cabo°,
a ellos e a ellas, a todos das mal ramo
de pecado dañoso, de ál° non te alabo,
tristeza e flaqueza ál de ti non recabdo°.

anda... va a terminar mal
de... de otra cosa
ál... son los premios de los que no desconfían de ti

Das muerte perdurable a las almas que fieres,
das muchos enemigos al cuerpo que requieres,
fazes perder la fama al que más amor dieres,
a Dios pierde e al mundo, Amor, el que más quieres°.

el... aquél a quien tú quieres

Destruyes las personas, los averes° estragas,
almas, cuerpos e algos° como huerco° las tragas,
de todos tus vasallos fazes necios fadragas°;
prometes grandes cosas, poco e tarde pagas.

las haciendas
bienes / infierno, cavidad subterránea
frívolos

Eres muy grand gigante al tiempo del mandar,
eres enano chico cuando lo has de dar,
luego de grado mandas°, bien te sabes mudar,
tarde das e amidos° bien quieres demandar°.

prometes
de mala gana / **bien**... aunque sabes reclamar

De la lozana fazes muy loca e muy boba,
fazes con tu grand fuego como faze la loba,
el más astroso lobo al enodio ajoba°,
aquél da de la mano e de aquél se encoba°.

el... se junta con el lobo más feo y ruín
aquél... por aquél rechaza a otros y los desprecia

Ansí muchas fermosas contigo se enartan°,
con quien se les antoja, con aquél se apartan;
quier feo, quier natío°, aguisado non catan°,
cuanto más a ti creen, tanto peor baratan°.

engañan
quier... sea feo, sea ruín / **aguisado**... no reparan en lo justo
tanto... peor negocio hacen

Fazes por mujer fea perder omne apuesto°,
piérdese por omne torpe° dueña° de grand respuesto°,
plácete con cualquier do el ojo has puesto,
bien te pueden decir antojo por denuesto°.

Fazes... Haces que el hombre apuesto se pierda por una mujer fea
vil / dama / riqueza
te... la gente tiene el derecho de insultarte dándote el sobrenombre de Antojo

Natura as° de diablo; a doquier que tu mores
fazes temblar los omnes, e mudar sus colores,
perder seso e fabla, sentir muchos dolores,
traes los omnes ciegos que creen en tus loores.

tienes

A bretador° semejas cuando tañe su brete°,
que canta dulce, con engaño, al ave pone abeite°,
fasta que le echa el lazo cuando el pie dentro mete;
asegurando matas; ¡quítate de mí, vete!

cazador / **tañe**... prepara su trampa
engaño

El Arcipreste y el Amor sostienen un largo debate sobre el amor. Valiéndose de varias fábulas y ejemplos, el Arcipreste alega que el amor es la causa de los pecados capitales. En el siguiente pasaje, el Amor contesta al Arcipreste.

AQUÍ FABLA DE LA RESPUESTA QUE DON AMOR DIO AL ARCIPRESTE.

El Amor con mesura° diome respuesta luego;
diz: «Arcipreste, sañudo non seas°, yo te ruego,
non digas mal de Amor en verdat nin en juego°,
que a las veces poca agua faze abajar grand fuego.

con... razonablemente
sañudo... no te enojes
en... ni en serio ni por juego

Por poco mal decir se pierde grand amor,
de pequeña pelea nace muy grand rencor,
por mala dicha pierde vasallo su señor,
la buena fabla siempre faz de bueno mejor.

Escucha la mesura, pues dixiste baldón°;
non debe amenazar el que atiende° perdón,
do bien eres oído° escucha mi razón°,
si mis dichos fazes non te dirá mujer non°.

injusticias
espera
do... puesto que yo te escuché a ti / razonamientos
si... si escuchas mis consejos, ninguna mujer te rechazará

Si tú fasta agora cosa non recabdaste°,
de dueñas e de otras que dices que ameste°,
tórnate a tu culpa° pues por ti lo erreste°,
porque a mí non veniste nin viste nin proveste°.

cosa... no conseguiste nada
otras... otras mujeres (no necesariamente «damas» o «dueñas») que amaste / **tórnate**... échate la culpa a ti mismo / erraste
porque... ya que no viniste a mí, ni me viste ni me pediste consejos

Quisiste ser maestro ante que discípulo ser°,
e non sabes la manera cómo es de° aprender,
oye e lee mis castigos° e sábelos bien fazer,
recabdarás° la dueña e sabrás otras traer.

ante... antes de ser discípulo
la... el arte que tienes que
enseñanzas
conseguirás

Para todas mujeres tu amor non conviene,
non quieras amar dueñas que a ti non aviene°;
es un amor baldío°, de grand locura viene,
siempre será mezquino quien amor vano tiene.

que... que no te darán buenos resultados
vano, estéril

Si leyeres Ovidio, el que fue mi criado°,
en él fallarás fablas° que le ove° yo mostrado;
muchas buenas maneras para enamorado,
Pánfilo e Nasón yo los ove castigado°.

discípulo
frases instructivas / hube
ove... hube adoctrinado, enseñado

Si quisieres amar dueñas o otra cualquier mujer,
muchas cosas avrás primero de aprender;
para que ella te quiera en su amor querer°,
sabe primeramente la mujer escoger.

acoger

Cata° mujer fermosa, donosa° e lozana,
que non sea mucho luenga° otrosí nin enana°;
si podieres non quieras amar mujer villana,
que de amor non sabe, es como bausana°.

Busca / graciosa
mucho... muy alta / **otrosí**... ni tampoco muy baja
espantapájaros

Busca mujer de talla°, de cabeza pequeña,
cabellos amarillos°, non sean de alheña°,
las cejas apartadas, luengas°, altas en peña°,
ancheta de caderas, esta es talla de dueña.

de... esbelta
rubios / **non**... que no sean teñidos de alheña
largas / arqueadas

Ojos grandes, fermosos, pintados°, relucientes,
e de luengas pestañas, bien claras e reyentes°,
las orejas pequeñas, delgadas; páral mientes°
si ha° el cuello alto, a tal quieren las gentes°.

de un color vivo
rientes
páral... fíjate
tiene / **a**... esto le gusta a la gente

La nariz afilada, los dientes menudiellos°,
eguales° e bien blancos, un poco apartadillos,
las encías bermejas°, los dientes agudillos,
los labros° de la boca bermejos, angostillos.

pequeños
iguales, parejos
rojas, rosadas
labios

La su boca pequeña, así de buena guisa,
la su faz sea blanca, sin pelos, clara e lisa;
puña de aver° mujer que la veas sin camisa,
que la talla del cuerpo te dirá esto a guisa°.

puña... procura conseguir
a... de esta manera

A la mujer que enviares° de ti sea parienta,
que bien leal te sea, non sea su servienta;
non lo sepa la dueña porque° la otra non mienta.
Non puede ser quien mal casa que non se
arrepienta.

se refiere a la mensajera que le llevará recados a la dama.
para que

Puña, en cuanto puedas, que la tu mensajera
sea bien razonada, sotil e costumera°,
sepa mentir fermoso e siga la carrera,
ca más fierve la olla con la su cobertera°.

lisonjera, diestra
con... bajo la tapadera

Si parienta non tienes atal°, toma viejas,
que andan las iglesias e saben las callejas,
grandes cuentas al cuello, saben muchas consejas,
con lágrimas de Moisén escantan° las orejas.

Si... si tal pariente no tienes
encantan

Son grandes maestras aquestas paviotas°,
andan por todo el mundo, por plazas e cotas°,
a Dios alzan las cuentas, querellando sus coitas°,
¡ay! ¡cuánto mal saben estas viejas arlotas!

pavas viejas
cotarros
querellando... quejándose de sus penas

Toma de unas viejas que se fazen erveras°,
andan de casa en casa e llámanse parteras;
con polvos e afeites, e con alcoholeras°,
echan la moza en ojo e ciegan bien de veras°.

de... una de estas viejas que venden hierbas
vasijas llenas de *kohl*, un tipo de cosmético que se usaba para embellecer los ojos
e... y la dejará bien ciega (en el sentido moral)

E busca mensajera de unas negras pecazas°,
que usan mucho fraires°, monjas e beatas;
son mucho andariegas e merecen las zapatas°,
estas trotaconventos fazen muchas baratas°.

de... que son como esas negras urracas (tipo de pájaro) (se usa la palabra para referirse a la alcahueta)
que... que tratan mucho a frailes
merecen... es decir, las ganan, andando mucho
intrigas

Do estas mujeres usan° mucho se alegrar°,
pocas mujeres pueden de ellas se despagar°,
porque° a ti non mientan sábelas falagar,
ca tal escanto° usan que saben bien cegar.

se usan, se acostumbran estar / **mucho**... hay mucha alegría
de... escaparse de su influencia
para que
encanto

De aquestas viejas todas ésta es la mejor;
ruégal que te non mienta°, muéstral buen amor,
que mucha mala bestia vende buen corredor°,
e mucha mala ropa cubre buen cobertor°.

ruégal... ruégale que no te mienta
que... un buen corredor (vendedor, negociante) puede vender cualquier bestia, aun si es mala / término que a menudo se usa para referirse a la alcahueta, porque «encubre» los secretos

Si dexiere que la dueña non tiene miembros muy grandes,
nin los brazos delgados, tú luego le demandes
si ha los pechos chicos; si dice «Sí,» demandes
contra° la fegura° toda, porque° más cierto° andes.

sobre / figura / para que / seguro

Si diz que los sobacos tiene un poco mojados°,
e que ha chicas piernas e luengos° los costados,
ancheta de caderas, pies chicos, socavados°,
tal mujer non la fallan en todos los mercados.

indicio de sensualidad en la mujer
largos
arqueados

En la cama muy loca, en casa muy cuerda,
non olvides tal dueña mas de ella te acuerda
esto que te castigo° con Ovidio concuerda,
e para aquésta cata la fina avancuerda°.

enseño, aconsejo
cata... busca la mensajera más lista

Tres cosas non te oso agora descobrir;
son tachas° encobiertas° de mucho mal decir°;
pocas son las mujeres que de ellas pueden salir;
si las yo dexiese comenzaríen a reír.

faltas / secretas / **de**... sería una indiscreción decirlo

Guarte° que non sea vellosa nin barbuda;
¡atal media pecada el huerco la saguda!
Si ha la mano chica, delgada, voz aguda,
atal mujer si puedes de buen seso la muda°.

guárdate
atal... que se lleve el diablo la pecosa velluda
atal... tal mujer, sería inteligente cambiarla por otra

En fin de las razones° fazle una pregunta;
si es mujer alegre, de amor se repunta°,
si a sueras frías°, si demanda cuanto barrunta°,
al omne si dice «Sí,» a tal mujer te ayunta.

En... Al final de tu conversación con ella
de... reputada de ser mujer amorosa
si... si parece ser fría / El sentido es, si pide cuanto huele (si intuye la presencia del hombre y pide lo que él ofrece entonces no es realmente una mujer fría y merece el amor del arcipreste.)

Atal° es de servir e atal es de amar,
es muy más placentera que otras en doñear°;
si tal saber podieres e la quisieres cobrar°,
faz mucho por servirla en decir e en obrar.

Esta mujer, tal mujer
cortejar
si... si sabes de tal mujer y quieres conquistarla

De tus joyas fermosas cada que dar podieres°;
cuando dar non quisieres o cuando non tovieres°,
promete e manda° mucho maguer non gelo dieres°,
luego estará afuziada°, fará lo que quisieres.

cada... dale cada vez que pudieras
tuvieres
ofrece / **maguer**... aun si no se lo dieres
luego... cuando hayas ganado su confianza

Sírvela, non te enojes, sirviendo el amor crece,
el servicio en el bueno nunca muere nin perece;
si se tarda, non se pierde, el amor nunca fallece,
que el grand trabajo todas las cosas vence.

Gradéscegelo° mucho lo que por ti feziere,
póngelo en mayor° de cuanto ello valiere,
non le seas refertero° en lo que te pediere,
nin le seas porfioso contra° lo que te dixiere.

Agradécele
póngelo... ensálzalo en mayor precio
non... no busques peleas, no disputes
sobre

Requiere° a menudo a la que bien quisieres,
non hayas miedo de ella cuanto tiempo tovieres°,
vergüenza° non te embargue cuando con ella estodieres°,
perezoso non seas a do buena azina° vieres.

Busca
non... no tengas miedo de acercarte a ella durante todo el tiempo que tienes disponible
timidez / estuvieres
ocasión

Cuando la mujer ve al perezoso covardo°
dice luego entre sus dientes: «¡Oíste, tomaré mi dardo°!»
Con mujer non empereces, nin te envuelvas en tabardo°,
del vestido más chico sea tu ardit alardo°.

cobarde
expresión irónica que indica que la mujer tendrá que defenderse a sí misma ya que el hombre es cobarde
nin... no te escondas bajo tu manto
Es decir, muestra tu valentía al ponerte poco abrigo cuando hace frío, así haciendo alarde de no darle importancia al tiempo

Son en la grand pereza miedo e cobardía,
torpedat e vileza, suciedat e astrosía°;
por la pereza pierden muchos la mi compañía,
por pereza se pierde mujer de grand valía.

descuido

El Amor sigue dando consejos. Explica las condiciones que el galán ha de tener para cortejar a las mujeres: no debe ser perezoso; ha de ser asiduo en su trato de la mujer que desea enamorar; y sobre todo tiene que ser cortés y generoso porque no hay mujer a quien no le gusten los regalos y el lujo. En el siguiente pasaje enumera las propiedades que tiene el dinero.

Enxiemplo de la propiedat qu' el dinero ha°

tiene

Mucho faz° el dinero, mucho es de amar:
al torpe faze bueno e omne de prestar°,
faze correr al coxo e al mudo fablar,
el que non tiene manos dineros quier° tomar.

hace
e... y hombre de respetar
quiere

Sea un omne necio e rudo labrador,
los dineros le fazen fidalgo e sabidor°,
cuanto más algo tien tanto es más de valor°:
el que non ha° dineros non es de sí señor.

los... el dinero lo convierte en hidalgo y sabio
cuanto... cuanto más rico es uno, más vale para la gente
tiene

Si tovieres dineros habrás° consolación,
placer e alegría e del Papa ración;
comprarás paraíso, ganarás salvación:
do son muchos dineros es mucha bendición.

tendrías

Yo vi en corte de Roma, do es la santidat°,
que todos al dinero faziénle omildat°,
grand onra° le fazién°, con grand solenidat:
todos se l'encrinaban° como a la majestat.

do... donde está el Papa (la santidad)
faziénle... le hacían reverencias
honra / hacían
humillaban

Fazié° muchos priores, obispos e abades,
arzobispos, dotores, patriarcas, potestades;
muchos clérigos necios dábales denidades°;
fazié verdat mentiras, e mentiras, verdades.

Hacía, Creaba
dábales... les daba dignidades

Fazía muchos clérigos e muchos ordenados;
muchos monjes e monjas, religiosos sagrados,
el dinero les daba por bien examinados;
a los pobres dezién° que non eran letrados.

decían

Daba° muchos juicios, mucha mala sentencia:
con muchos abogados era su mantenencia,
en tener malos pleitos e fer° mala avenencia.
En cabo, por dineros había penitencia.

Ganaba
hacer

El dinero quebranta las cadenas dañosas,
tira cepos e grillos, presiones° peligrosas;
el que non tien dineros échanle las esposas°.
Por todo el mundo faze cosas maravillosas;

prisiones
el... al que no tiene dinero, le echan las esposas (lo encarcelan)

yo vi fer maravillas do él mucho usaba:
muchos merecién muerte que la vida les daba,
otros eran sin culpa e luego los mataba;
muchas almas perdía e muchas las salvaba.

Fazié perder al pobre su casa e su viña,
sus muebles e raíces: todo lo desaliña.
Por todo el mundo cunde° su sarna e su tiña;
do el dinero juga°, allí el ojo guiña.

anda
juega

Él faze caballeros de necios aldeanos;
condes e ricosomnes°, de algunos villanos.
Con el dinero andan todos omnes lozanos°:
cuantos son en el mundo le besan en las manos;

ricos hombres
todos... todos los hombres muy cómodos

vi tener al° dinero las mijores moradas°:
altas e muy costosas, fermosas e pintadas;
castillos, heredades, villas entorreadas°,
al dinero servién, suyas eran compradas°;

el / **las**... las mayores casas
con torres
al... al dinero servían, por él eran compradas

comié° muchos manjares de deviersas naturas°;
vistié los nobles paños°, doradas vestiduras;
trayé° joyas preciosas; en vicios e en fulguras°
guarnimientos° extraños, nobles cabalgaduras.

come / **de**... de diversos tipos
vistié... viste ropa cara
trae / holguras
ornamentos

Yo vi a muchos monjes en sus pedricaciones°
denostar al dinero e a las sus tentaciones;
en cabo°, por dineros otorgan los perdones,
asuelven° el ayuno e fazen oraciones°;

predicaciones
en... pero al final
asuelven... absuelven / **fazen**... ofrecen oraciones

pero que° lo denuestan los monjes por las plazas,
guárdanlo, en convento, en vasos° e en tazas:
con el dinero cumplen sus menguas e sus razas°;
más condesijos° tienen que tordos nin picazas°;

pero... aunque
vasijas
cumplen... encubren sus faltas y sus actos pecaminosos
escondrijos, lugares para esconder algo / urracas

comoquier que los fraires non toman los dineros,
bien les dan de la ceja° a los sus parcioneros°:
luego los toman, prestos, do son, sus despenseros°;
pues que se dizen pobres, ¿qué° quieren tesoreros?

dan... guiñan el ojo
lo mismo que despenseros, los mayordomos de convento, que compartían los beneficios de los frailes / para qué

Monjes, clérigos e fraires, que aman a Dios servir,
si barruntan que el rico está ya para morir,
cuando oyen sus dineros que comienzan reteñir°,
cuál de ellos los levará comienzan luego a reñir°:

cuando... empiezan inmediatamente a reñir sobre cuál de ellos se llevará su dinero

allí están esperando cuál avrá más rico tuero°;
non es muerto e ya dizen *pater noster*°—¡mal agüero!—
como los cuervos al asno cuando le tiran el cuero°:
cras°, *cras* nos lo levaremos, ca nuestro es ya por fuero.

cuál... cuál recibirá más
non... todavía no se ha muerto, y ya están diciendo el *pater noster* (oración dominical)—es decir, ya le están diciendo la misa
le... le quitan el pellejo
Cras significa "mañana" y es también el sonido de las aves; Ruiz compara los frailes de hábito oscuro con cuervos que devoran un cadáver.

Toda mujer del mundo e dueña de alteza°
págase del dinero e de mucha riqueza:
yo nunca vi fermosa que quisiese pobreza;
do son° muchos dineros, ý° es mucha nobleza.

e... aunque dama de calidad
do... donde hay / allí

El Arcipreste, quien desea cortejar a una dama, acude a doña Venus, quien le aconseja que consiga una medianera. Este pasaje describe el primer encuentro de don Melón y doña Endrina.

AQUÍ DICE DE CÓMO FUE FABLAR CON DOÑA ENDRINA EL ARCIPRESTE.

¡Ay Dios e cuán fermosa viene doña Endrina por la plaza!
¡qué talle, qué donaire, qué alto cuello de garza!
¡qué cabellos, qué boquilla, qué color, qué buen andanza!
Con saetas de amor fiere cuando los sus ojos alza.

Pero tal lugar non era para fablar en° amores;
a mí luego me vinieron muchos miedos e temblores;
los mis pies e las mis manos non eran de sí señores,
perdí seso, perdí fuerza, mudáronse mis colores.

Unas palabras tenía pensadas por le decir,
el miedo de las compañas° me facían ál departir°,
apenas me conocía nin sabía por do ir,
con mi voluntat mis dichos non se podían seguir.

Fablar con mujer en plaza es cosa muy descobierta;
a veces mal perro atado tras° mala puerta abierta,
bueno es jugar fermoso°, echar alguna cobierta,
ado° es lugar seguro es bien fablar cosa cierta.

«Señora, la mi sobrina, que en Toledo seía°,
se vos° encomienda mucho, mil saludes° vos envía;
si oviés° lugar e tiempo por cuanto de vos oía,
deséavos mucho ver e conocervos querría.

Querían allá mis parientes casarme en esta sazón,
con una doncella muy rica fija de don Pepión;
a todos di por respuesta que la non quería non,
de aquella sería mi cuerpo que tiene mi corazón.

Abajé más la palabra°, díxel que en juego fablava°,
porque toda aquella gente de la plaza nos miraba.
Desque° vi que eran idos, que omne aí non fincaba°,
comencél decir mi quexura del amor que me afincaba°.

. . .

otro non sepa la fabla°, de esto jura fagamos°;
do se celan los amigos son más fieles entramos°.

En el mundo non es cosa que yo ame a par de vos°;
tiempo es ya pasado de los años más de dos
que por vuestro amor me pena; ámovos más que a Dios.
Non oso poner persona que lo fable entre nos°.

Con la grant pena que paso vengo a vos decir mi quexa,
vuestro amor he deseo que me afinca° e me aquexa,
no s' me tira, no s' me parte°, non me suelta, non me dexa,
tanto más me da la muerte quanto más se me abaxa.

de

otra gente / **ál**... hablar de otra cosa

está detrás de

jugar... disimular

donde (Es decir, sólo en un lugar seguro . . .)

está

se... a vos se / saludos

hubiese

Abajé... Hablé más bajo / **dixel**... le dije que disimulaba

Cuando / **que**... que no quedaba nadie

comencél... comencé a decirle la queja de amor que me lastimaba

Faltan dos versos.

otro... que nadie más sepa de qué hemos hablado / **de**... hagamos juramento de esto

do... si dos amigos se celan, se serán más fieles

En... No hay nada que yo ame tanto como a vos

que... que medie entre nosotros

lastima

no... no se me quita, no se me va

Recelo he que non oídes esto que vos he fablado;
fablar mucho con el sordo es mal seso° e mal
  recabdo°;
creet que vos amo tanto que non he mayor cuidado°;
esto sobre todas cosas me trae más afincado.

mal... una locura, una tontería / error
mi mayor cuidado

Señora, yo non me atrevo de decirvos más razones,
fasta que me respondades a estos pocos sermones°;
decitme vuestro talante° veremos los corazones.»
Ella dixo: «Vuestros dichos non los precio dos
  piñones°.

razonamientos
pensamiento
non... no me importan nada

Bien así engañan muchos a otras muchas Endrinas;
el omne tan engañoso así engaña a sus vecinas°.
Non cuidedes° que só° loca por oír vuestras parlinas°;
buscat a quién engañedes con vuestras falsas°
  espinas.»

prójimas
penséis / soy / tonterías
engañadoras

Yo le dixe: «Ya, sañuda°, anden fermosos trebejos°;
son los dedos en las manos pero° non son todos
  parejos,
todos los omnes non somos de unos fechos nin
  consejos°,
la peña° tiene blanco e prieto° pero todos son
  conejos.°

mujer colérica / **anden**... vayan unas palabras juguetonas
sin embargo
de... todos iguales
piel / negro / La idea es, hay hombres blancos y negros, lo mismo que hay conejos blancos y negros, pero todos son hombres. (Es decir, hay muchas diferencias entre individuos que son de una sola especie.) / **A**... a veces / castigan a los

A las vegadas° lastan° justos por pecadores,
a muchos empeecen° los ajenos errores,
faz mal culpa de malo° a buenos e a mejores;
deben tener la pena a° los sus fazedores;

perjudican
faz... la culpa del malo daña
tener... reservar la pena para

El yerro que otro fizo a mí non faga° mal,
avet por bien° que vos fable allí so° aquel portal;
non vos vean aquí todos los que andan por la cal°;
aquí vos fablé uno allí vos fablaré ál°.»

a... no sea para mí
avet... aceptad / bajo
calle
allí... te diré todo

Paso a paso doña Endrina so el portal es entrada,
bien lozana e orgullosa, bien mansa e sosegada,
los ojos baxó por tierra, en el poyo° asentada°;
yo torné° en la mi fabla que tenía comenzada:

banco de piedra / sentada
volví a

«Escúcheme, señora, la vuestra cortesía,
un poquillo que vos diga la muerte mía;
cuidades° que vos fablo en engaño e en folía°,
e non sé qué me faga° contra vuestra porfía.

pensáis / **vos**... os cuento engaños y locuras
qué... qué hacer

A Dios juro, señora, para aquesta tierra,
que cuanto vos he dicho de la verdat non yerra;
estades enfriada más que la nief° de la sierra,
e sodes atán moza° que esto me atierra°.

nieve
sodes... sois tan joven / aterra

Fablo en aventura con la vuestra mocedat°,
cuidades que vos fablo lisonja e vanidat,
non me puedo entender en vuestra chica° edat;
querríedes jugar con la pella° más que estar en
  poridat°.

Fablo... Me atrevo a hablar con una mujer tan joven como vos
breve, joven
pelota / **estar**... entrar en tratos confidenciales o amorosos

Pero° sea más noble° para placentería°,
e para estos juegos edat de mancebía,
la vegedat° en seso° lieva° la mejoría°,
a entender las cosas el grand tiempo la guía°.

Aunque / **más**... mejor / diversiones
vejez / sabiduría / lleva / ventaja
a... para entender las cosas, el tiempo es la guía

A todas las cosas faze el grand uso entender,
el arte e el uso° muestra todo el saber°,
sin el uso e arte ya se va perecer,
do se usan° los omnes puédense conocer.

Id e venit a la fabla° otro día, por mesura°,
pues° que hoy non me creedes o non es mi ventura;
it e venid a la fabla, esa creencia atán dura°
usando oír° mi pena entenderedes mi quexura°.

Otorgatme ya, señora, aquesto de buena miente°,
que vengades otro día a la fabla solamiente;
yo pensaré en la fabla° e sabré vuestro talente°;
ál non oso demandar, vos venid seguramiente°.

Por la fabla se conocen los más de los corazones,
yo entenderé de vos algo e oiredes las mis razones;
it e venit a la fabla, que mujeres e varones
por las palabras se conocen, e son amigos e
compañones°.

Pero° que omne non coma nin comienza la manzana,
es la color e la vista alegría palanciana°;
es la fabla e la vista de la dueña tan lozana
al omne conorte° grande e placentería° bien sana.»

Esto dixo doña Endrina, esta dueña de prestar°:
«Honra es e non deshonra en cuerdamiente fablar,
las dueñas e mujeres deben su repuesta dar
a cualquier que las fablare o con ellas razonar°.

Cuanto esto vos otorgo a vos° o a otro cualquier,
fablat vos, salva mi honra, cuanto fablarvos quigere°;
de palabras en juego° dirélas si las oyere,
non vos consintré° engaño cada° que lo entendiere.

Estar sola con vos solo, esto yo non lo faría;
non debe la mujer estar sola en tal compañía;
nace dende° mala fama, mi deshonra sería.
Ante testigos que nos vean fablarvos he° algún día.»

«Señora, por la mesura° que agora prometedes,
non sé gracias que lo valan cuantas vos merecedes°;
a la merced que agora de palabra° me fazedes,
egualar non se podrían ningunas otras mercedes°.

Pero° fío de Dios que a un tiempo verná°
que cuál es el buen amigo por las obras parecerá°;
querría fablar, non oso, tengo que° vos pesará.»
Ella dixo: «Pues dezildo° e veré que tal será.»

ENTREVISTA DE DON MELÓN CON TROTACONVENTOS.
HABLA LA MEDIANERA:

Esta dueña que decides, mucho es en mi poder°;
si non por mí, non la puede omne del mundo aver°;
yo sé toda su fazienda° e cuanto ha de fazer,
por mi consejo lo faze más que non por su querer.°

Non vos diré más razones° que asaz° vos he fablado;
de aqueste oficio vivo non he de otro coidado°,

---

la costumbre / **muestra**... enseñan a saber
do.. por el trato
a... a hablarme / favor
puesto / **esa**... oh mujer de creencia tan dura, mujer tan difícil de convencer
usando... oyendo / queja
de... benévolamente
lo conversado / voluntad
ál.. no me atrevo a pedir más; venid sosegadamente
compañeros
Aunque
es... goza de su color y aspecto elegantes
consuelo / placer
dueña... dama distinguida
con... quisiera conversar con ellas
Cuanto... En cuanto a esto, os lo
yo quisiere
palabras... las bromas y burlas
consentiré (lo rechazaré) / cada vez
de eso
os hablaré
concesión, favor
non... no sé daros gracias tanto como merecéis
de... con vuestra palabra
egualar... ningún otro favor lo podría igualar
Aunque / **que**... que un tiempo vendrá
que... en que el buen amigo por sus obras se reconocerá
tengo... tengo miedo
decidlo
mucho... tengo mucha influencia en ella
si... sin mi ayuda, ningún hombre del mundo puede tenerla
sé... conozco sus costumbres
por... se guía más por mis consejos que por su propia voluntad
palabras / bastante
non... no me ocupo de otra cosa

muchas vezes he tristeza° del lazerio° ya pasado,
porque me non es agradecido nin me es
gualardonado°.

he... me entristezco / trabajo, pena
premiado, bien pagado

Si me diéredes ayuda de que pase algún poquillo°,
a esta dueña e a otras mocetas de cuello albillo°,
yo faré con mi escanto que se vengan paso a pasillo°,
en aqueste mi farnero° las traeré al sarcillo°.»

Si... si me dieses alguna «ayuda» (dinero) con el cual pudiera vivir un tiempo / blanco (indicio de juventud)
yo... yo usaré mis encantos para hacer que acudan a vos una tras otra / cesto, harnero, en que lleva las cosas que vende / **al**... continuamente, constantemente

Yo le dixe: «Madre señora, yo vos quiero bien pagar,
el mi algo° e mi casa a todo vuestro mandar;
de mano tomad pellote° e id, non le dedes vagar°,
pero ante que vayades quiero vos yo castigar°.

bienes, riqueza
de... por ahora tomad este mantón / **non**... no descuidéis el asunto
instruir

Todo el vuestro cuidado sea° en aqueste fecho,
trabajat en tal manera porque ayades° provecho,
de todo vuestro trabajo avredes ayuda e pecho°,
pensat bien lo que fablardes con seso e con derecho.

se ponga
tengáis
avredes... recibiréis socorro y paga

Del comienzo fasta el cabo pensat bien lo que
digades,
fablar tanto° e tal cosa que non vos arrepintades;
en la fin está la honra e la deshonra bien creades°;
do bien acaba la cosa allí son todas bondades°.

sólo aquello
en... en el resultado va la honra o la deshonra
do... cuando acaban bien las cosas se pueden alabar

Mejor cosa es al omne, el cuerdo e al entendido,
callar do non le empece° e tiénenle por sesudo,
que fablar lo que non le cumple° porque sea
arrepentido°;
o piensa bien lo que fablas o calla, fazte° mudo.»

perjudica
conviene / **porque**... para no quedar arrepentido
fíngete

La buhona con farnero va tañendo cascabeles,
meneando de sus joyas, sortijas e alfileres;
decía por fazalejas°: «¡Comprad aquestos manteles!»
Vídola doña Endrina, dixo: «Entrad, non receledes.»

toallas

Entró la vieja en casa, díxole: «Señora fija,
para esa mano bendicha° quered esta sortija;
si vos non me descobrierdes decirvos he una pastija°
que pensé aquesta noche»; poco a poco la aguija°.

bendita
decirvos... os contaré un relato, os daré un consejo
la... la lleva al asunto

Fija, siempre estades en casa encerrada,
sola envejecedes, quered alguna vegada°
salir, andar en la plaza con vuestra beldat loada;
entre aquestas paredes non vos prestará nada°.

vez
non... (vuestra belleza) no os aprovechará nada

En aquesta villa mora muy fermosa mancebía°,
mancebillos apostados e de mucha lozanía,
en todas buenas costumbres crecen de cada día°,
nunca puede ome° a tan buena compañía.

mora... viven hermosos jóvenes
de... de día en día
nunca... nunca se ha visto

Muy bien me reciben todos con aquesta pobredat°,
el mejor e el más noble de linaje e de beldat
es don Melón de la Huerta, mancebillo de verdat,
a todos los otros sobra en fermosura e bondat.

con... a pesar de mi pobreza

Todos cuantos en su tiempo en esta tierra nacieron,
en riquezas e en costunbres tanto como él non
crecieron;
con los locos° fázese loco, los cuerdos de él bien
dixieron;
manso más que un cordero, nunca pelear le vieron.

gente liviana, alegre

El sabio vencer al loco con consejo° non es tan poco,
con los cuerdos estar cuerdo, con los locos fazerse loco.
El cuerdo non enloquece por fablar al rozapoco°;
yo lo pienso en mi pandero° muchas veces que lo toco°.

con... razonando
hombre de pocas aspiraciones
se refiere a la cabeza / **muchas**... es decir, cada vez que cavilo

Mancebillo en la villa atal non se fallará°,
non estraga° lo que gana, antes lo guardará;
creo bien que tal fijo al padre semejará,
en el becerrillo verá omne el buey que fará.

Mancebillo... No se encontrará otro mancebo como éste en toda la villa / derrocha

El fijo muchas veces como el padre prueba°,
en semejar fijo al padre non es cosa tan nueva;
el corazón del ome por el corazón se prueba,
grand amor e grand saña non puede ser que non se mueva.

resulta ser

Ome es de buena vida e es bien acostumbrado,
creo que casaría él convusco° de buen grado;
si vos lo bien sopiésedes cuál es e cuán preciado
vos queríades aquesto que yo vos he fablado.

con vos

A veces luenga° fabla° tiene chico provecho,
quien mucho fabla yerra, dícelo el derecho°;
e de comienzo chico viene° granado fecho,
a veces cosa chica face muy grand despecho°.

largo / discurso
refrán
se funda
destrozo

E a veces pequeña fabla bien dicha e chico ruego
obra mucho en los fechos, a veces recabda° luego°,
e de chica centella nace grand llama de fuego,
e vienen grandes peleas a veces de chico juego.

triunfo / inmediato

Siempre fue mi costumbre e los mis pensamientos
levantar yo de mío° e mover° casamientos,
fablar como en juego tales somovimientos°,
fasta que yo entienda e vea los talentos°.

yo... por mi propia iniciativa / sugerir
acontecimientos
inclinaciones

Agora señora fija decirme vuestro corazón,
esto que vos he fablado si vos place o si non,
guardarvos he poridat°, celaré vuestra razón
sin miedo fablad conmigo cuantas cosas son.»

guardarvos... os guardaré el secreto

Respondióle la dueña con mesura e bien:
«Buena mujer, decidme cuál es ese o quién,
que vos tanto loades e cuántos bienes tien;
yo pensaré en ello, si para mí convién.»

Dixo Trotaconventos: ¿Quién, fija, es? fija señora,
es aparado° bueno que Dios vos traxo agora,
mancebillo guisado°, en vuestro barrio mora;
don Melón de la Huerta ¡queredlo en buen° hora!

partido
razonable
buena

Creedme, fija señora, que cuantos vos demandaron,
a par de este macebillo ningunos non llegaron;
el día que vos nacistes fadas albas vos fadaron°,
que para ese buen donaire° atal cosa vos guardaron.»

fadas... un destino favorable se os prometió
ese... una persona de vuestro donaire

Dixo doña Endrina: «Callad ese predicar,
que ya ese parlero me coidó° engañar,
muchas otras vegadas° me vino a retentar°,
mas de mí él nin vos non vos podredes alabar.

me... estuvo a punto de
veces / tratar de conmover

La mujer que vos cree° las mentiras parlando°,
e cree a los omnes con amores jurando,
sus manos se contuerce°, del corazón trabando°,
que mal se lava la cara con lágrimas llorando.

escucha / hablando
retuerce / asiendo

Déxame de tus roídos°, que yo tengo otros coidados,
de muchos que me tienen los mis algos forzados°;
non se viene en miente de esos malos recabdos°,
nin te cumple° agora dezirme esos mandados.»

enredos
de... que tienen que ver con mi hacienda, de mis bienes mermados
malos... asuntos sospechosos
te... está bien en ti

«A la fe°,» dixo la vieja, «desque vos ven viuda°,
sola, sin compañero, non sodes° tan temida.
Es la viuda sola más que vaca corrida°;
por ende aquel buen omne vos ternía defendida°.

A... Por mi fe / **desque**... todos saben que eres
sois
más... como la vaca corrida
por... por lo tanto (os conviene) aquel buen hombre que os defenderá

Este vos tiraría de todos esos pelmazos,°
de pleitos e de afruentas°, de vergüenzas e de plazos°;
muchos dicen que coidan para vos tales lazos°,
fasta que non vos dexen en las puertas llumazos°.

vos... os quitará de encima todos esos pesares
afrentas / emplazamientos
coidan... tratan de tenderle los lazos
ni cojines

Guardatvos mucho de esto, señora doña Endrina,
si non contecervos puede a vos mucho aína°
como la avutarda, cuando la golondrina
le daba buen consejo, como buena madrina.

si... si no, esto le puede pasar muy fácilmente

ENXIENPLO DE LA AVUTARDA E DE LA GOLONDRINA.

Érase un cazador muy sotil paxarero°,
fue sembrar cañamones° en un vicioso° ero°,
para fazer sus cuerdas e sus lazos el redero;
andaba el avutarda cerca en el sendero.

pajarero
semillas de cáñamo / fértil / campo

Dixo la golondrina a tórtolas e a pardales°
e más al avutarda estas palabras tales:
«Comed aquesta semiente de aquestos eriales,
que es aquí sembrada por nuestros males grandes.»

gorriones

Fezieron grande escarnio de lo que les fablaba,
dixieron que se fuese, que locura chirlaba°.
La semiente nacida, vieron cómo regaba
el cazador el cáñamo e non las espantaba.

chillaba

Tornó la golondrina e dixo al avutarda
que arrancase la hierba que era ya pujada°;
que quien tanto la riega e tanto la escarda,
por su mal lo fazía, maguera° que se tarda.

alta
aunque

Dixo el avutarda: «Loca, sandía°, vana,
siempre estás chirlando locura de mañana;
non quiero tu consejo, vete para villana°,
déxame esta vegada° tan fermosa e tan llana.»

necia
vete... vete, pues eres una villana
vega

Fuese la golondrina a casa del cazador,
fizo allí su nido cuanto pudo mejor;
como era gritadera e mucho gorjeador,
plogó° al paxarero que era madrugador.

le gustó

Cogido ya el cáñamo e fecha la paranza°,
fuese el paxarero, como solía, a caza;
prendió al avutarda, levóla a la plaza.
Dixo la golondrina: «Ya sodes en pelaza°.»

e... y las trampas hechas
sodes... estás en grave peligro

Luego los ballesteros peláronle las alas°,
non le dexaron de ellas sinon chicas e ralas°;
non quiso buen consejo, cayó en fuertes palas°.
Guardatvos, doña Endrina, de estas paranzas malas.

Las alas de la avutarda servían como flechas
esparsas
cayó... se encontró en una situación desesperada

Que muchos se ayuntan e son de un consejo°
por astragar° lo vuestro e fazervos mal trebejo°;
juran que cada día vos levarán a° concejo,
como al avutarda vos pelarán el pellejo.

muchos... muchos están de acuerdo en
arruinar / pasada
llevarán al

Mas éste° vos defenderá de toda esta contienda,
sabe de muchos pleitos e sabe de leyenda°,
ayuda e defiende a quien se le encomienda;
si él non vos defiende non sé quién vos defienda.»

el pretendiente, don Melón
leyes

Comenzó su escanto la vieja coitral°;
«cuando el que buen siglo haya° seía° en este portal,
daba sombra° a las casas e reluzíe la cal°;
mas do non mora omne la casa poco val°.

decrépita
el... el que en paz descanse (es decir, el difunto marido de doña Endrina) / estaba / **daba**... protegía / **e**... y hacía relucir la calle
mas... pero si un hombre no vive en la casa, ésta vale poco

Así estades, fija, viuda e mancebilla,
sola e sin compañero como la tortolilla;
de eso creo que estades amariella e magrilla°,
que do son todas mujeres° nunca mengua rencilla°.

amarilla y flaca
do... donde sólo hay mujeres / **nunca**... nunca faltan rencores y disputas

Dios bendijo la casa do el buen omne cría;
siempre an gasajado° placer e alegría;
por ende tal mancebillo para vos lo querría;
ante de muchos días veriedes° la mejoría.»

gozado de
vierais

Renpondióle° la dueña, diz: «Non me estaría bien
casar ante del año, que a viuda non convien°,
fasta que pase el año de los lutos que tien°,
casarse; ca el luto con esta carga vien°.

Le respondió
conviene
tiene
viene

Si yo ante casase sería enfamada°,
perdería la manda° que a mí es mandada°;
del segundo marido non sería tan honrada,
terníe que non podría sofrir grand temporada°.»

ante... me casase antes, sería difamada
herencia / ofrecida
terníe... pensaría que yo no podía aguantarme sin un hombre por mucho tiempo

«Fija,» dixo la vieja, «el año ya es pasado,
tomad aqueste marido por omne e por velado°;
andémoslo, fablémoslo, tengámoslo celado°;
hado bueno que vos tiene vuestras fadas fadado°.

esposo legítimo
tengámoslo... mantengámoslo secreto
hado... vuestro destino se ve favorable

¿Qué provecho vos tien vestir ese negro paño,
andar envergonzada e con mucho sosaño°?
Señora, dexar duelo e fazet el cabo de año°;
nunca la golondrina mejor consejó hogaño°.

deterioro
dexar... poned fin al año de duelo
en nuestra época

Xergas° por mal señor, burel por mal marido
a caballeros e a dueñas es provecho vestido°,
mas débenlo traer poco e fazer chico roído°:
grand placer e chico duelo es de todo omne querido.»

La jerga y el burel eran telas que llevaban los que guardaban luto
a... caballeros y damas llevan por vestido
fazer... hacer poco alarde

Respondió doña Endrina: "Dexat, non osaría
fazer lo que me decides nin lo que él querría;
non me digas agora más de esa ledanía°,
non me afinques° tanto luego el primero día°.

letanía
porfíes, insistas / **luego**... en este primer día

Yo non quise fasta agora mucho buen casamiento,
de cuantos me rogaron sabes tú más de ciento;
si agora tú me sacas de buen entendemiento,

. . . — Falta un verso.

DOÑA ENDRINA CUENTA UNA FÁBULA.

«Asentóse el lobo, estudo atendiendo°,
los carneros valientes vinieron bien corriendo,
cogiéronle al lobo en medio en él feriendo°;
él cayó quebrantado, ellos fueron fuyendo.

A cabo de grand pieza levantóse estordido°,
dixo: «Diome el diablo el ageno roído°,
yo ove° buen agüero, Dios habíamelo complido,
non quise comer tocino agora soy escarnido°."

Salió de aquel plano, corrió lo más que pudo,
vio en unos fornachos retozar a menudo
cabritos con las cabras, mucho cabrón cornudo.
«A la fe,» diz «agora se cumple el estornudo°.»

Cuando vieron al lobo fueron mal espantados,
salieron a rescebirle los más adelantados°.
«¡Ay, señor guardiano!» dixieron los barbados,
«bienvenido seades a los° vuestros criados.

Cuatro de nos queríamos irvos a convidar,
que nuestra santa fiesta veniésedes a honrar,
decirnos buena misa e tomar buena yantar°;
pues que Dios vos aduxo°, queredla hoy cantar.

Fiesta de seis capas° e de grandes clamores°
fazemos bien grande, sin perros e sin pastores;
vos cantad en voz alta, responderán los cantores,
ofreceremos cabritos, los más e los mejores.»

Creóselos el necio, comenzó de aullar,
los cabrones e las cabras en alta voz balar;
oyéronlo los pastores aquel grand apellidar°,
con palos e con mastines viniéronlos a buscar.

Salió más que de paso°, fizo ende retorno°,
pastores e mastines troxiéronlo en torno°,
de palos e de pedradas ovo un mal sojorno°,
dixo: «Diome el diabro° cantar misa en forno.»

Fuese más adelante, cerca de un molino
falló una puerca con mucho buen cochino°:
«Ea,» diz, «ya de ésta° tan buen día me vino,
que agora se comple el mi buen adevino°.»

Dixo luego el lobo a la puerca bien ansí:
«Dios vos dé paz, comadre, que por vos vine yo aquí;
vos e vuestros fijuelos ¿qué fazedes por ahí?
Mandad vos e faré yo, después governad° a mí.»

La puerca, que se estava so° los sauces lozanos,
fabló contra° el lobo, dixo dichos non vanos.
Diz: «Señor abad compadre, con esas santas manos
bautizat a mis fijuelos, porque mueran cristianos.

Asentóse... Se sentó el lobo y se quedó esperando
hiriendo
A... Después de un tiempo, se levantó aturdido
Diome... El diablo hizo ese gran ruido, lío
tuve
escarnecido, burlado
El estornudo se consideraba un agüero o presagio, usualmente de buena suerte. Al ver los cabríos, el lobo cree tener la cena asegurada.
cercanos
junto a
cena
trajo
Fiesta... misa de gran solemnidad / toque de campana
pedir socorro
más... corriendo rápido / **fizo**... pronto estuvo en retorno
troxiéronlo... lo rodearon, lo persiguieron al retortero
trastorno
Diome... fue cosa del diablo
lechón
ya... esta vez sí
presagio
alimentad
bajo
a

Después que vos hayas fecho este sacrificio°,
ofrecérvoslos he yo en gracias e en servicio,
e vos faredes por ellos un salto sin bollicio°,
conbredes° e folgaredes a la sombra, al vicio°.»

sacramento
vos... vos les saltaréis encima
comeréis / a gusto, cómodamente

Abaxóse el lobo allí so aquel sabze°
por tomar el cochino que so la puerca yaze;
diole la puerca del rostro°, echóle en el cabce°
en la canal del molino entró°, que mal le place°.

sauce
diole... la puerca le golpeó el hocico / cauce
cayó / **que**... mal que le place

Tróxolo enderredor a mal andar el rodezno°,
salió mal quebrantado, parecía pecadezno°;
bueno le fuera al lobo pagarse° con torrezno°,
non oviera° tantos males nin perdiera su prezno°.

Tróxolo... lo llevó alrededor (lo hizo dar vueltas) la rueda del molino
pequeño diablo (por lo feo que estaba)
contentarse / tocino frito
habría sufrido / fama de ser animal hábil y listo

Omne cuerdo non quiera el oficio° dañoso;
non deseche la cosa de que está deseoso;
de lo quel° pertenece non sea desdeñoso;
con lo quel Dios diere páselo bien fermoso°.

favor, beneficio
que le
Doña Endrina está diciendo que no debe arriesgar la herencia que le dejó su marido por tratar de conseguir la riqueza que don Melón le promete.

Algunos en sus casas pasan con dos sardinas,
en ajenas posadas° demandan gollerías°,
desechan el carnero, piden las adefinas°,
decían que non conbrían° tocino sin gallinas.»

casas / manjares
guisado muy rico
comerían

. . .

HABLA TROTACONVENTOS CON DON MELÓN:

«Fijo el mejor cobro° de cuantos vos avedes°,
es olvidar la cosa que aver non podedes°;
lo que non puede ser nunca lo porfiedes°,
lo que fazer se puede por ello trabajedes.»

recurso / **de**... que vos tenéis
haber... no podéis tener
lo... no porfiéis en conseguir lo imposible

«¡Ay de mí! ¡con qué cobro tan malo me venistes!
¡Qué nuevas atan° malas, tan tristes me troxistes!
¡Ay vieja mata amigos, para qué me lo dixistes!
Tanto bien non me faredes cuanto mal me fezistes.

nuevas... noticias tan

¡Ay, viejas pitofleras°, mal apresas° seades!
el mundo revolviendo a todos engañades,
mintiendo, aponiendo°, deziendo vanidades,
a los necios fazedes las mentiras verdades.

entrometidas / desdichadas
calumniando

¡Ay! que todos mis miembros comienzan a tremer°,
mi fuerza e mi seso e todo mi saber,
mi salud e mi vida e todo mi entender,
por esperanza vana todo se va a perder.

temblar

¡Ay! corazón quexoso°, cosa desaguisada°,
¿por qué matas el cuerpo do tienes tu morada?
¿Por qué amas la dueña que non te precia nada?
Corazón, por tu culpa, vivirás vida penada.

apasionado / irracional, insensata

Corazón que quisiste ser preso e tomado
de dueña que te tiene por demás olvidado,
posístete en presión° e sospiros e cuidado,
penarás ¡ay! corazón tan olvidado, penado.

posístete... te encerraste en una prisión

¡Ay, ojos, los mis ojos! ¿por qué vos fustes poner°
en dueña que non vos quiere nin catar°, nin ver?

vos... os fuisteis a poner
miraros

Ojos, por vuestra vista vos quesistes perder,
penaredes, mis ojos, penar e amortecer.

¡Ay, lengua sin ventura! ¿por qué queredes decir?
¿por qué quieres fablar? ¡por qué quieres departir
con dueña que te non quiere nin escuchar nin oír?
¡Ay, cuerpo tan penado, cómo te vas a morir!

Mujeres alevosas, de corazón traidor,
que non avedes miedo, mesura° nin pavor,
de mudar do queredes el vuestro falso amor,
¡ay! muertas vos veades de tal rabia e dolor.

consideración

Pues que la mi señora con otro fuer casada,
la vida de este mundo yo non la precio nada,
mi vida e mi muerte, ésta es señalada;
pues que aver non la puedo°, mi muerte es llegada.»

que... que no la puedo tener

Diz: «Loco, ¿qué avedes que tanto vos quexades?
Por ese quexo vano non ganades,
temprad° con el buen seso° el pesar que ayades,
alinpiat° vuestras lágrimas, pensad qué fagades.

templad / **buen**... cordura
limpiad

Grandes artes demuestra el mucho menester°,
pensando los peligros podedes estorcer°,
quizá el grand trabajo° puede vos acorrer°,
Dios y el uso grande° fazen los fados volver°.»

Grandes... La gran necesidad crea las artes necesarias para remediarla / salvaros
esfuerzo / socorrer
uso... trato frecuente / **fazen**... pueden hacer volver vuestro destino favorable

Yo le dixe: «¿Cuál arte, cuál trabajo, cuál sentido
sanará golpe tan grand, de tal dolor venido?
Pues a la mi señora cras° le dan marido,
toda la mi esperanza perece e yo so° perdido.

mañana (Trotaconventos le ha dicho a don Melón que doña Endrina va a casarse con otro.) / estoy

Fasta que su marido pueble el cementerio,
non casaría° conmigo, ca sería adulterio;
en nada es tornado todo el mi lacerio,
veo el daño grande e demás el hacerio°.»

se unirá
sufrimiento, vergüenza

Dixo la buena vieja: «En hora muy chiquilla°
sana dolor muy grand e sale grand postilla°,
después de las muchas luvias° viene buen orilla°,
en pos de los grandes nublos grand sol e sombrilla.

En... En muy poco tiempo
pústula
lluvias / tiempo

Viene salud e vida después de grand dolencia,
vienen muchos placeres después de la tristencia°,
conortadvos°, amigo, e tened buena creencia°,
cerca son vuestros gozos de la vuestra querencia.

tristeza
animaos / fe

Doña Endrina es vuestra e fará mi mandado,
non quiere ella casarse con otro ome nado°,
todo el su deseo en vos está firmado,
si mucho la amades más vos tiene amado.»

nacido (es decir, con ningún otro hombre)

«Señora madre vieja, ¿qué me decides agora?
Fazedes como madre cuando el mozuelo llora,
que le dice falagos° porque calle esa ora°,
por eso me decides que es mía mi señora.

mimos / pronto

Ansí fazedes, madre, vos a mí por ventura,
porque pierda tristeza, dolor e amargura,
porque tome conorte° e porque aya folgura°;
¿decídesme joguetes o fabládesme en cordura°?»

consuelo / alegría
decídesme... ¿me estáis contando historias o me decís la verdad?

«Contece» dixo la vieja: «Ansí al amador
como al ave que sale de manos del astor°:
en todo logar tien que está° el cazador
que la quiere levar°; siempre tiene temor.

sale... escapa de las garras del azor
tien... cree que está
llevar

Creed que verdat digo, e ansí lo fallaredes;
si verdat le dixistes e amor le avedes,
ella verdat me dixo, quiere lo que vos queredes;
perdet esa tristeza, que vos lo probaredes°.

comprobaréis

La fin muchas de veces non puede recudir°
con el comienzo suyo nin se puede seguir.
El curso de los fados non puede omne decir,
sólo Dios e non otro sabe que es por venir.

La... El final muchas veces puede no corresponder

Estorba grandes fechos pequeña ocasión,
desperar° el omne es perder corazón,
el grand trabajo cumple° cuantos deseos son,
muchas veces allega° riquezas a montón.

desesperar
consigue
se juntan

Todo nuestro trabajo e nuestra esperanza
está en aventura, está en la balanza°,
por buen comienzo espera omne la buena andanza°;
a veces viene la cosa pero faga tardanza.»

en... a punto de perderse
buena... felicidad

«Madre, ¿vos non podedes conocer o asmar°
si me ama la dueña o si me querrá amar?
Que quien amores tiene non los puede celar°,
en gestos o en sospiros o en color o en fablar.»

adivinar
ocultar

«Amigo,» diz la vieja, «en la dueña lo veo
que vos quiere e vos ama e tiene de vos deseo;
cuando de vos le fablo e a ella oteo°,
todo se le demuda° el color e el aseo°.

le examino la cara
muda / compostura, aire

Yo a las de vegadas° mucho° cansada callo,
ella me diz que fable e non quiera dexallo°,
fago que me non acuerdo°, ella va comenzallo°,
óyeme dulcemente, muchas señales fallo.

a... a veces / ya
dejarlo, abandonar el tema
fago... hago como si hubiera perdido el hilo / **ella**... ella me recuerda mis palabras

En el mi cuello echa los sus brazos entrambos°,
ansí una grand pieza en uno nos estamos,
siempre de vos decimos°, en ál° nunca fablamos,
cuando alguno viene otra razón mudamos°.

ambos
hablamos / otra cosa
otra... pasamos a otro tema

Los labrios° de la boca tiénbranle° un poquillo,
el color se le muda bermejo e amarillo°,
el corazón le salta ansí a menudillo,
apriétame mis dedos en sus manos, quedillo.

labios / le tiemblan
pálido

Cada° que vuestro nombre yo le estó° deciendo
otéame° e sospira e está comediendo°,
aviva más el ojo e está toda bulliendo°;
parece que convusco non se estaría dormiendo°.

cada vez / estoy
me examina con la vista / cavilando
moviéndose nerviosamente
indiferente

En otras cosas muchas entiendo esta trama,
ella non me lo niega, ante diz que vos ama;
si por vos non menguare° abaxarse a la rama°,
e verná° doña Endrina si la vieja la llama.»

faltare / Se refiere a la rama donde brota la endrina.
vendrá

«Señora madre vieja, la mi placentería°,
por vos mi esperanza siente ya mejoría,
por la vuestra ayuda crece mi alegría,
non cansades° vos madre, seguilda cada día°.

placer, dulzura
os canséis / **seguilda**... seguidla constantemente

Tira muchos provechos° a veces la pereza,
a muchos aprovecha un ardit sotileza;
complid vuestro trabajo e acabad la nobleza°,
perderla por tardanza sería grand avoleza°.»

Tira... Impide el triunfo
gran labor
vileza

«Amigo, segund creo, por mí avredes conorte°,
por mí verná° la dueña andar al estricote°,
mas yo de vos non tengo sinon este pellote°;
si buen manjar queredes pagad bien el escote°.

avredes...tendréis consuelo
vendrá / **al**... como un objeto que no tiene control de sí mismo
non... no tengo más pago que este mantón
pagad... de acuerdo con el valor de mis servicios

A veces non facemos todo lo que decimos,
e cuanto prometemos, quizá, non lo complimos,
al mandar somos largos e al dar escasos primos°;
por vanas promisiones° trabajamos e servimos.»

al... ofrecemos mucho y a veces damos poco
promesas

«Madre, vos non temades que en mentira vos ande°,
ca engañar al poble es pecado muy grande,
yo non vos engañaría, nin Dios nunca lo mande;
si vos yo engañare, él a mí lo demande.

vos... no temáis que yo os mienta

En lo que nos fablamos fiusa dever avemos°,
en la firme palabra es la fe que tenemos°;
si en algo menguamos de lo que prometemos,
es vergüenza a mengua, si complir lo podemos°.»

fiusa... debemos tener confianza uno en la otra
en... la confianza que la gente tiene en nosotros se basa en el hecho de tener palabra firme
es... será una vergüenza no cumplir si está en nuestro poder hacerlo

«Eso,» dixo la vieja, «bien se dize fermoso°;
mas el poble° coitado siempre está temeroso
que será soberviado° del rico poderoso;
por chica razón pierde el poble e el coitoso.

bien... decirlo es fácil
poble... pueblo, gente común
desamparado

El derecho del pobre piérdese muy aína°;
al poble e al menguado e a la poble mezquina
el rico los quebranta, su soberbia los enclina°,
non son más preciados° que la seca sardina.

fácilmente
domina
apreciados

En toda parte anda poca fe e grand fallía°
encúbrese en cabo con mucha artería°,
non ha el aventura contra el fado valía°,
a las veces° espanta la mar e faze buen orilla°.

falta de firmeza
astucia
non... la suerte no puede nada contra el hado
a... a veces / **faze**... hace buen tiempo

Lo que me prometistes póngolo en aventura,
lo que yo vos prometí, tomad e aved folgura°.
Quiérome ir a la dueña, rogarle he por mesura°
que venga a mi posada a vos fablar segura.

aved... gozad de ello
por... de una manera razonable

Si por aventura yo solos vos podiés° juntar
ruégovos que seades omne do fuer lugar°;
el su corazón de ella non sabe ál° amar
darvos ha en chica ora lo que queredes far°.»

pudiese
que... que mostréis que sois un hombre cuando tengáis la oportunida
a otro (Es decir, os querrá completamente)
darvos... os dará en poco tiempo lo que queráis tomar

Fuese a casa de la dueña, dixo: «¿Quién mora
aquí?»
Respondióle la madre: «¿Quién es que llama ý°?»
«Señora doña Rama, yo que por mi mal vos vi,
que las mis fadas negras non se parten de mí°.»

allí
que... que la mala suerte se me pega (Trotaconventos está descontenta de encontrar a la madre de doña Endrina en casa.)

Díxole doña Rama: «¿Cómo° venides, amiga?»
«¿Cómo vengo, señora? Non sé cómo me lo diga,
corrida e amarga, que me diz toda enemiga°
uno non sé quién es°, mayor que aquella viga.

Por qué
diz... trata de enemiga, dice cosas feas
uno... un hombre desconocido

Andame todo el día como a cierva corriendo,
como el diablo al rico omne ansí me anda
seguiendo°,
quel lleve la sortija que traía vendiendo°.
Está lleno de doblas°, fascas° que non lo entiendo.»

como... me persigue como el diablo al hombre rico
quel... quiere que compre una sortija que estaba vendiendo
moneda antigua / casi

Desque° oyó esto la riñosa vieja
dexóla con la fija e fuese a la calleja.
Comenzó la buhona dezir otra conseja,
a la razón primera tornóle la pelleja°.

Cuando
a... volvió a hablar del tema de antes

Diz: «Ya levase el uerco° a la vieja riñosa°,
que por ella convusco fablar omne non osa;
pues ¿qué?, fija señora, ¿cómo está nuestra cosa?
Véovos bien lozana, bien gordilla e fermosa.»

levase... que se lleve el diablo (Se refiere a la madre de doña Endrina.)

Preguntól la dueña: «Pues ¿qué nuevas de aquél?»
Diz la vieja: «Qué nuevas? ¿qué sé yo qué es de él?
Mezquino e magrillo°, non hay más carne en él
que en pollo envernizo° después de Sant Miguel°.

delgaducho
invernizo / El día de San Miguel es la fecha después de la cual empieza el invierno.

El grand fuego non puede cobrir° la su llama,
nin el grande amor non puede encobrir lo que ama.
Ya la vuestra manera entiéndela ya mi alma,
mi corazón con dolor sus lágrimas derrama.

encubrir

Porque veo e conozco en vos cada vegada°
que sodes de aquel omne lozanamente amada.
Su color amarillo°, la su faz mudada,
en todos los sus fechos vos trae entojada°.

vez
pálido
ante los ojos

E vos de él non avedes nin coita° nin enbargo°,
decídesme non, maguer, que siempre vos encargo°
con tantas demesuras de aquel omne tan largo°;
que lo traedes muerto, perdido e amargo.

pena / cuidado
decídesme... siempre me decís que no, por mucho que insista
con... con tanta discreción (por mi parte) cuando os hablo
de aquel hombre tan noble

Si anda o si queda° en vos está pensando;
los ojos facia tierra°, non queda sospirando°,
apretando sus manos, en su cabo° fablando,
¡rabiosa vos veades! ¿Doledvos fasta cuándo°?

si... que camine o esté quieto
abajo / **non**... no deja de suspirar
en... para sí, a solas
Doledvos... ¡Por piedad! ¿Hasta cuándo?

El mezquino siempre anda con aquesta tristeza,
¡par Dios! ¡mal día él vido° la vuestra grand dureza!
De noche e de día trabaja sin pereza,
mas non le aprovecha arte nin sotileza.

vio

De tierra mucho dura fruta non sale buena,
¿quién sinon el mezquino, siembra en el arena?
saca gualardón poco° grand trabajo e grand pena,
anda devaneando el pez con la ballena°.

gualardón... poco provecho
anda... Es decir, pierde su tiempo

Primero por la talla él fue de vos pagado°,
después con vuestra fabla fue mucho enamorado,
por aquestas dos cosas fue mucho engañado,
de lo que le prometistes non es cosa guardado°.

por... le gustó vuestra figura
non... nada ha sido pagado

Desque con él fablastes, más muerto lo traedes,
pero que aun vos callades, tan bien como él ardedes;
descobrid vuestra llaga, sinon ansí morredes°;
el fuego encobierto vos mata e penaredes°.

morriréis
sufriréis

Decidme de todo en todo° bien vuestra voluntad,
¿cuál es vuestro talante°? dezidme la verdat;
o bien lo fagamos o bien lo dexat,
que venir acá cada día non sería poridat°.»

Decidme... Os ruego afectuosamente que me digáis
voluntad
non... ya no hay intimidad, amistad

«El grand amor me mata, el su fuego parejo°,
pero cuanto me fuerza aprémiame sobejo°;
el miedo e la vergüenza defiéndenme el trebejo°;
a la mi quexa grande non le fallo consejo°.»

constante
pero... aunque no logra torcerme la voluntad, me apremia mucho
defiéndenme... me impiden el coqueteo
a... no encuentro remedio a mi apuro

"Fija, perdet el miedo que se toma sin razón;
en casarvos en uno aquí non hay traición;
éste es su deseo, tal es su corazón,
de casarse convusco a ley e a bendición.

Entiendo su grand coita° en más de mil maneras,
dice a mí llorando palabras muy manzelleras°:
«Doña Endrina me mata e non sus compañeras,
ella sanarme puede e non las cantaderas°.»

pena
que dan compasión
las otras que me cantan

Desque° veo sus lágrimas e cuán bien lo departe°,
con piedat e coita° yo lloro porque l'farte°,
pero en mi talante° alégrome en parte,
porque veo que vos ama e vos quiere sin arte°.

Cuando / razona
pena / **porque**... hasta hartarme
corazón
sin... sinceramente

En todo paro mientes° más de cuanto coidades°,
e veo que entre amos por egual vos amades°,
con el encendimiento morides e penades°;
pues el amor lo quiere ¿por qué non vos juntades?»

En... Me fijo en todo /**más**... más de lo que pensáis
por... os amáis
con... con pasión estáis muriendo y penando

«Lo que tú me demandas yo eso cobdicio°,
si mi madre quisiese otorgar el oficio°;
más que nos ál queramos por vos fazer servicio°,
tal lugar non avremos para placer e vicio°.

deseo
permiso
más... por más que yo quiera hacer lo que pedís
non... no tendremos para vernos a nuestro gusto

Que yo mucho faría por mi amor de Fita°,
mas guárdame mi madre, de mí nunca se quita.»
Dixo Trotaconventos: «¡A la vieja pepita°;
ya la cruz la levase con el agua bendita°!

Hita (el arcipreste, que se confunde con don Melón)
tumor que sale a las gallinas en la lengua (Trotaconventos considera a doña Rama como una enfermedad.) / **ya**... que la lleven ya a enterrar

El amor cobdicioso quiebra caustras° e puertas,
vence a todas guardas a tiénelas por muertas,
dexa el miedo vano° e sospechas non ciertas,
las fuertes cerraduras le parecen abiertas.»

claustros
dexa... vence el miedo

Dixo doña Endrina a la mi vieja; paga
«mi corazón te he dicho, mi deseo e mi llaga,
pues mi voluntad ves conséjame qué faga;
por me dar tu consejo vergüenza en ti non aya°.»

por... no tengáis vergüenza de darme vuestro consejo

«Es maldat e falsía ° las mujeres engañar,
grand pecado e deshonra en las ansí dañar,
vergüenza que fagades yo he de celar°,
mis fechos e la fama esto me faz dubdar.

flaqueza
encubrir, callar

Mas el que contra mí por acusarme venga,
tómeme por palabla, a la peor se tenga,
faga cuanto podiere, en ello se atenga;
o callará vencido o váyase por menga°. — el diablo

Venga cualsequier comigo a departir°, — disputar
todo lo peor diga que podiere decir,
que aquel buen mancebo, dulce amor e sin fallir,
él será en nuestra ayuda que lo fará desdecir.

La fama nos sonará que yo las guardaré bien,
el mormullo e el roído° que lo digan non hay quién°, — murmullos / **que**... no hay quién los diga
sin vergüenza es el fecho pues tantas carreras tién°, — **tantas**... tantas excusas o salidas tiene
maravíllome, señora, esto por qué se detién°.» — **esto**... que esto se difiere

«¡Ay Dios!», dixo la dueña, «el corazón del amador
¡en cuántas guisas° se vuelve° con miedo e con temor! — maneras / **se**... cambia
Acá e allá lo trexna° el su quexoso amor, — arrastra
e de los muchos peligros non sabe cuál es el peor.

Dos penas desacoradas° cánsanme noche e día, — contradictorias
lo que el amor desea, mi corazón lo querría;
grand temor gelo defiende° que mesturada° sería. — **gelo**... se lo impide / difamada
¡Cuál corazón tan seguido de tanto non cansaría°! — se cansaría

Non sabe qué se faga, siempre anda descaminado.
Ruega e rogando crece la llaga del enamorado;
con el mi amor quexoso fasta aquí he porfiado;
mi porfía él la vence, es más fuerte apoderado.

Con aquestos pesares tráeme muy quebrantada,
su porfía e su grand quexa ya me trae cansada,
alégrome con mi tristeza, lasa°, mas enamorada; — rendida
más quiero morir su muerte que vevir° penada.» — vivir

Cuanto más malas palabras omne° dice e las entiende, — uno
tanto más en la pelea se aviva e se enciende;
cuantas más dulces palablas° la dueña de amor atiende, — razones
a tanto más doña Venus la enflama e la enciende.

«E pues que vos non podedes amatar° la vuestra llama, — apagar
fazed bien° su mandado del amor° que vos ama; — **fazed**... obedeced / enamorado
fija, la vuestra porfía a vos mata e derrama°, — echa a perder vuestra vida
los placeres de la vida perdedes si non se atama°. — acaba

Vos de noche e de día lo vedes°, bien vos digo, — contempláis
en el vuestro corazón al omne vuestro amigo.
El a vos ansí vos trae en su corazón consigo,
acabad° vuestros deseos, matadvos° como enemigo. — satisfaced / que os matan

Tan bien a vos como a él este coidado° vos atierra°, — preocupación / aterra
vuestras faces° e vuestros ojos andan en° color de tierra, — caras / **andan en**... tienen el
darvos ha muerte a entranbos la tardanza e la desierra°, — **darvos**... la espera y los deseos os matarán
quien no cree los mis dichos más lo falle° e más lo yerra. — **lo**... se equivoca

Mas cierto°, fija señora, yo creo que vos cuidades°,
olvidar o escusar aquello que más amades;
estos vos non lo pensedes nin coidedes nin creades
que sinon la muerte sola non parte las voluntades°.

Mas... En verdad / pensáis
que... que sólo la muerte separará vuestras voluntades

Verdat es que los placeres conortan° a las de veces°,
por ende, fija señora, id a mi casa a veces,
jugaremos a la pella° e a otros juegos raezes°,
jugaredes e folgaredes° e darvos he aý° ¡qué nueces!

confortan / **a**... a veces
pelota / ligeros, fáciles
os divertiréis / allí

Nunca está mi tienda sin fruta a las lozanas,
muchas peras e duraznos, ¡qué cidras e qué
manzanas!
¡qué castañas, qué piñones e qué muchas avellanas!
Las que vos queredes mucho éstas vos serán más
sanas.

Desque° aquí a la mi tienda non hay sinon una
pasada°,
en pellote° vos iredes como por vuestra morada,
todo es aquí un barrio° e vecindat poblada,
poco a poco nos iremos jugando sin reguarda°.

Desde / **non**... hay sólo un paso largo
prenda de vestir que se usaba en casa
un... un mismo barrio
recelo

Idvos tan seguramente conmigo a la mi tienda,
como a vuestra casa, a tomar buena merienda;
nunca Dios lo quiera fija que de allí nasca
contienda°,
iremos calla callando° que otro non nos lo
entienda°.»

daño, crítica
calla... calladitas / **otro**... nadie nos notará

Los omnes° muchas vegadas°, con el grand
afincamiento°,
otorgan lo que non deben, mudan su entendimiento,
cuando es fecho el daño viene el arrepentimiento;
ciega es la mujer seguida°, non tiene seso nin tiento.

Los... La gente / veces / apasionamiento
requerida

Mujer, liebre seguida, mucho corrida° conquista,
pierde el entendimiento, ciega e pierde la vista;
non ve redes nin lazos, en los ojos tiene arista°;
andan por escarnecerla, coida que es amada e
quista°.

acosada
brizna de paja
andan... cree que la aman y quieren, pero sólo quieren burlarla

Otorgóle doña Endrina de ir con ella fablar,
a tomar de la su fruta e a la pella jugar.
«Señora,» dixo la vieja, «cras habremos buen vagar°,
yo me verné para° vos cuando viere que hay logar.»

cras... mañana tendremos tiempo
a

Vínome Trotaconventos, alegre con el mandado°.
«Amigo,» diz «¿cómo estades? Id perdiendo coidado;
el encantador malo saca la culebra del forado°,
cras verná fablar convusco, yo lo dexo recabdado°.

recado
el... el encantador listo sabe sacar la culebra aun de su agujero (proverbio que significa que una persona astuta puede conseguir lo que quiere) / **cras**... mañana vendrá a hablar con vos, ya está todo arreglado

Bien sé que diz verdat vuestro proverbio chico,
que el romero° fito° que siempre saca zatico°;
sed cras omne°, non vos tengan por tenico°;
fablad, mas recabdat° cuando ý yo no finco°.

peregrino / porfiado / mendruguico (un pedazo de pan)
todo un hombre / poca cosa
aprovechaos / **ý**... yo me aleje de allí

Catad non enperezedes°, acordadvos de la fablilla°:
cuando te dan la cablilla° acorre con la soguilla°.

Catad... Cuidado con no volverte perezoso / dicho
cabrilla / Es decir, aprovecha la ocasión

Recabdat° lo que queredes, non vos tenga por cestilla,
que más val vergüenza en faz que en corazón manzilla.»

conseguid, despachad

más... más vale pasar una vergüenza que quedar arrepentido por no haber intentado

De cómo doña Endrina fue a casa de la vieja e el Arcipreste acabó lo que quiso.

Después fue de Santiago otro día seguiente,
a hora de medio día, cuando yanta° la gente,
vino doña Endrina con la mi vieja sabiente°,
entró con ella en su tienda bien sosegadamente.

come
astuta

Como la mi vejezuela me había apercebido°,
non me detove° mucho, para allá fui luego ido,
fallé la puerta cerrada, mas la vieja bien me vido°:
«¡Yuy!», dix, «¿qué es aquello que faz aquel roído°?

puesto sobreaviso
detuve
vio
ruido

¿Es omne o es viento? Creo que es omne, non miento;
¡vedes, vedes como otea° el pecado carboniento!
¿Es aquél? ¿Non es aquél? él me semeja, yo lo siento.
¡A la fe!, aquel es don Melón, yo lo conozco, yo lo viento°.

mira
olfateo, huelo

Aquella es la su cara e su ojo de bezerro°;
¡catat°, catat cómo acecha! ¡Barrúntanos° como perro!
Allí rabiaría agora que non puede tirar el fierro°.
Mas quebrantaría las puertas, menéalas como cencerro.

es decir, grande y abierto
mirad / Sigue la pista
tirar... correr el cerrojo

Cierto aquí quiere entrar; mas ¿por qué yo non le fablo?
Don Melón ¡tiradvos dende°! ¿tróxovos ý el diablo°?
¡non queblantedes mis puertas, que del abad de Sant Paulo°
las ove ganado°! ¿non posistes ahí un clavo?

tiradvos... idos de aquí / **tróxovos**... os trajo el diablo
Nótese la insinuación que el abad es un cliente de Trotaconventos
ove... he conseguido

¡Yo vos abriré la puerta! ¡esperat, non la quebredes,
e con bien e con sosiego decid si algo queredes!
¡luego vos id de mi puerta, non nos alhaonedes°!
Entrad mucho en buena hora, yo veré lo que faredes.»

alborotéis

«¡Señora doña Endrina! ¡vos, la mi enamorada!
Vieja, ¿por esto teníades a mí la puerta cerrada?
¡tan buen día es hoy éste que fallé a tal cellada°!
Dios e mi buena ventura me la tovieron guardada.»

tapada

. . .

Faltan aquí treinta y dos cuartetos.

Trotaconventos responde a las quejas de doña Endrina, que ha sido deshonrada.

«Cuando yo salí de casa, pues que veíades las redes,
¿por qué fincábades° con él sola entre estas paredes?
A mí non rebtedes°, fija, que vos lo merecedes;
el mejor cobro que tenedes, vuestro mal que lo calledes°.

quedasteis
regañéis
el... lo mejor que podéis hacer es callar vuestro mal

Menos de mal° será que esto poco celedes°,
que non que vos descobrades e ansí vos pregonedes°;
casamiento que vos venga, por esto non lo
perderedes°;
mejor me parece esto que non que vos enfamedes°.

Menos... Menos mal / **esto**... el asunto ocultéis
ansí... así el caso pregonéis
casamiento... si hay la posibilidad de un casamiento, no la perdáis así
difaméis

E pues que vos decides que es el daño fecho,
defiéndavos a ayúdevos a tuerto e a derecho°;
fija, a daño fecho aved ruego e pecho°,
¡callad! ¡guardat la fama non salga de sotecho°!

a... a tuerto o a derecho (por las buenas o las malas)
aved... tened paciencia y fortaleza
de... de bajo el techo

Si non parlase la picaza más que la codorniz,
non la colgarían en la plaza, nin reirían de lo que
diz;
castigadvos°, amiga, de otra tal contraíz°,
que todos los omnes fazen como don Melón Ortiz.»

daos cuenta / contrariedad

Doña Endrina le dixo: «¡Ay, viejas tan perdidas!
a las mujeres traedes engañadas, vendidas.
Ayer mil cobros° me dabas, mil artes, mil salidas;
hoy que só escarnida°, todas me son fallidas.

excusas, explicaciones
só... estoy burlada

Si las aves lo podiesen bien saber e entender
cuantos lazos les paran, non las podrían prender;
cuando el lazo ven ya las llevan a vender,
mueren por el poco cebo, non se pueden defender.

Si los peces de las aguas, cuando ven al anzuelo,
ya el pescador los tiene e los trae por el suelo;
la mujer ve su daño cuando ya finca con duelo°,
non la quieren los parientes, padre, madre nin
abuelo.

ya... ya está con el duelo, ya es demasiado tarde

El que la ha deshonrada° déxala, non la mantiene,
vase perder por el mundo, pues otro cobro° non
tiene.
Pierde el cuerpo e el alma, a muchos esto aviene°;
pues otro cobro yo non he, así fazer me conviene.»

ha... deshonró
recurso
sobreviene, acontece

Está en los antiguos seso e sabiencia°,
es en el mucho tiempo el saber e la ciencia,
la mi vieja maestra ovo ya conciencia°
e dio en este pleito una buena sentencia:

sabiduría
ovo... tuvo clara conciencia

El cuerdo gravemente° non se debe quexar,
cuando el quexamiento non le puede pro tornar°;
lo que nunca se puede reparar nin emendar,
débelo cuerdamente sofrir e endurar.

amargamente
non... no le puede hacer ningún bien, no puede arreglar la situación

A las grandes dolencias, a las desaventuras,
a los acaecimientos, a los yerros de locuras,
debe buscar consejo, melezinas° e curas;
el sabidor se prueba en coitas e en presuras°.

medicinas, remedios
el... el hombre cuerdo se prueba en las situaciones penosas y difíciles

La ira, la discordia a los amigos mal faz,
pone sospechas malas en cuerpo do yaz;
aved entre vos ambos concordia e paz,
el pesar e la saña tornadlo en buen solaz.

Pues que por mí decides que el daño es venido,
por mí quiero que sea el vuestro bien avido:

vos sed mujer suya e él vuestro marido;
todo vuestro deseo es bien por mí complido.»

Doña Endrina e don Melón en uno casados son,
alégranse las compañas° en las bodas con razón.
Si villanía he dicho aya de vos perdón,
que lo feo de estoria° diz Pánfilo e Nasón°.

los invitados

esta historia / Pamphilus y Ovidio, las fuentes clásicas del episodio de don Melón y doña Endrina

DE LAS PROPIEDADES QUE LAS DUEÑAS CHICAS HAN.°

tienen

Quiero vos abreviar la predicación,
que siempre me pagué de pequeño sermón
e de dueña pequeña e de breve razón,
ca poco e bien dicho afíncase el corazón°.

afíncase... se queda en el corazón

Del que mucho fabla ríen; quien mucho ríe es loco;
es de la dueña chica amor e non poco.
Dueñas hay muy grandes que por chicas non troco,
mas las chicas e las grandes non se arrepienten del troco°.

mas... quien da una mujer chica por una grande después se arrepiente del trueque

De las chicas que bien diga° el amor° me fizo ruego,
que diga de sus noblezas, yo quiérolas dezir luego,
decirvos he de dueñas chicas que lo avredes por juego°,
son frías como la nieve e arden como el fuego.

bien... alabe / Don Amor

lo... lo tendréis por broma, no lo tomaréis en serio

Son frías de fuera, con el amor ardientes,
en la cama solaz, trebejo°, plazenteras, rientes,
en casa cuerdas, donosas, sosegadas, bien fazientes,
mucho ál ý fallaredes ado bien pararedes mientes°.

empeñadas

mucho... encontraréis muchas otras buenas cualidades si pensáis en ello

En pequeña girgonza° yace grand resplandor,
en azúcar muy poco yace mucho dulzor°,
en la dueña pequeña yace muy grand amor;
pocas palabras cumplen° al buen entendedor.

jacinto

dulzura

bastan

Es pequeño el grano de la buena pemienta°,
pero más que la nuez conorta° e calienta,
así dueña pequeña, si todo amor consienta,
non ha° placer del mundo que en ella non sienta.

pimienta (Nótese que el arcipreste compara a la mujer con comidas ricas, condimentos picantes y objetos valiosos.) / reconforta

hay

Como en chica rosa está mucha color,
en oro muy poco grand precio e grand valor,
como en poco blasmo° yace grand buen olor,
ansí en dueña chica yace muy grand sabor.

perfume, árbol cuya madera es muy fragante

Como robí° pequeño tiene mucha bondat,
color, virtud e precio e noble claridad,
ansí dueña pequeña tiene mucha beldat,
fermosura, donaire, amor e lealtad.

rubí

Chica es la calandria e chico el ruiseñor,
pero más dulce canta que otra ave mayor;
la mujer que es chica por eso es mejor,
con doñeo° es más dulce que azúcar nin flor.

afecto

Son aves pequeñas papagayo e orior°,
pero cualquier de ellas es dulce gritador,
adonada, fermosa, preciada cantador;
bien atal° es la dueña pequeña con amor.

oriol

bien... así

De la mujer pequeña non hay comparación,
terrenal paraíso es e grand consolación
solaz e alegría, placer e bendición,
mejor es en la prueba que en la salutación.

Siempre quís' mujer chica más que grande nin
mayor,
non es desaguisado del grand mal ser foidor°,
del mal tomar lo menos, dícelo el sabidor,
por ende° de las mujeres la mejor es la menor.

non... es cuerdo y razonable huir de un mal grande

por lo tanto

EL ROMANCE

A fines del siglo XIV los romances—poemas narrativos en que se repite una asonancia al fin de todos los versos pares—empezaban a ocupar un lugar importante en el repertorio de los juglares. Esta poesía narrativa llegó a incorporarse a la literatura popular mediante la transmisión oral.

Los romances castellanos habrían derivado su sistema métrico, su lenguaje formulario y, en muchos casos, su contenido, de las epopeyas. Sin embargo, aunque la mayoría de las epopeyas medievales engendraron un ciclo correspondiente de romances, también abundaban romances que trataban otros asuntos. Hay que señalar igualmente la influencia de la poesía lírica, la cual se nota en el tono emotivo de muchos romances.

Las redacciones más tempranas de esta poesía no aparecieron hasta fines del siglo XV, cuando los poetas de la corte comenzaron a interesarse por el género. Los romances que se incorporaron a la literatura popular constituyen el *Romancero viejo*, mientras que las composiciones cultas del Renacimiento forman el *Romancero nuevo*.

Los historiadores de la literatura española suelen dividir las canciones del *Romancero viejo* en categorías según su contenido narrativo. Entre los romances históricos, por ejemplo, se incluyen las obras que se inspiran de algún acontecimiento del pasado o de un episodio de las epopeyas nacionales. La lucha fratricida entre el Rey Pedro I y Enrique de Trastamara hizo brotar un gran número de romances noticieros que sirvieron de propaganda. De este grupo sobreviven los poemas que hacían circular los secuaces de Enrique de Trastamara, mientras los romances favorables al Rey Pedro se han perdido, debido, probablemente, a la censura del partido triunfante. Otros romances fueron inspirados por acontecimientos menos inmediatos. El folklore en torno a Rodrigo, el último rey godo, dio origen a un ciclo de romances basado en las leyendas que atribuían la pérdida de España a la lujuria del monarca. Los romances de la categoría histórica que se derivan de los cantares de gesta son, en algunos casos, trozos desgarrados de los textos épicos y reelaborados como canciones independientes.

Las épicas francesas que versaban sobre las hazañas de Carlomagno proveían otras fuentes para la composición de los romances. Estas canciones caballerescas provienen no sólo de la *Chanson de Roland*, sino también de los cantares posteriores del ciclo carolingio. Por lo general, los romances de este grupo suelen utilizar más recursos decorativos y elementos de fantasía que las composiciones de temas españoles. No obstante, la materia prima que proporcionaban los cantares franceses era transformada y retocada de una manera imaginativa en las canciones castellanas. En uno de estos romances, por ejemplo, se convierte la espada de Roland en un personaje.

Los romances fronterizos giran alrededor de las relaciones entre los cristianos y los moros en la frontera durante la Reconquista. Describen vívidamente el respeto mutuo que existía entre estos dos pueblos adversarios. Los poemas fronterizos fueron compuestos en un período en que la derrota final de los árabes ya parecía inminente. En contraste con los romances históricos que subrayan el aspecto bélico del conflicto con los infieles, estas canciones expresan una simpatía hacia los moros. En vez de glorificar la victoria de los cristianos, los romances fronterizos revelan un sentimiento de comunidad con el enemigo y una nostalgia por la grandeza de una civilización perdida.

Dentro de la categoría de los romances novelescos caben las canciones que no se derivan ni de los acontecimientos históricos ni de los poemas épicos. Estas composiciones tratan los temas universales del folklore internacional: el amor, la lujuria, la venganza, la aventura, el misterio y la muerte. Estos romances se apoyan más en los elementos líricos que en los recursos narrativos, dando mayor énfasis a la intensidad emotiva que a la acción.

Pese a la diversidad temática de este género, las diferentes clases de romances tienen ciertos rasgos estilísticos en común. Como hemos señalado, el lenguaje de estos poemas es, en su mayor parte, formulario, dotado de un gran número de expresiones arcaicas que se derivan de las epopeyas. La versificación de los romances se habría basado igualmente en los modelos de la épica; la mayoría de los romances constan de versos de dieciséis sílabas con rima asonante (o, según algunos críticos, versos de ocho sílabas con asonancia en los versos pares), una forma métrica que se manifiesta frecuentemente en los cantares de gesta. También se utiliza extensivamente en los romances el recurso de la repetición, un rasgo típico de la poesía lírica. Llama la atención en la mayoría de estas canciones la economía de expresión, que se evidencia en la escasez de adjetivos y de detalles descriptivos, así como el empleo del discurso directo. Quizás la característica más distintiva de este género es la tendencia de comenzar *ex-abrupto* sin ninguna alusión al contexto de la narración. De la misma manera, muchos romances terminan repentinamente antes de que se concluya la acción, una técnica que Menéndez Pidal ha llamado un «saber callar a tiempo». En las mejores composiciones del *Romancero viejo*, la representación esquemática de la acción es un procedimiento que sirve para crear una impresión de misterio y enigma.

Para mayor claridad en la lectura de los romances, ha de advertirse una peculiaridad gramatical: los tiempos verbales al final de cada verso asonantado sacrifican su corrección gramatical para que puedan rimar. Así, si la rima es en *í a*, el romance pondrá «quería» en vez de «quiso» o «quiero».

Para el estudio del romance, el estudiante podrá consultar las siguientes ediciones: Ramón Menéndez Pidal, *Flor nueva de romances viejos* (Madrid: Espasa Calpe, 1968) o Roger Wright, *Spanish Ballads* (Warminster: Aris & Phillips, 1987).

LOS ROMANCES DEL CID

Los romances que narran las hazañas de Rodrigo Díaz son muchos. En su mayor parte, los que tratan de la juventud del Cid derivan del *Cantar de las mocedades del Cid*, mientras que los episodios de su madurez provienen del *Cantar de Mio Cid*. La primera selección que se incluye aquí es un romance derivado de los antiguos cantares de gesta. Menéndez Pidal señaló que todavía existe en Andalucía y entre los judíos de Marruecos y de Argelia. Cuenta cómo Jimena pide al rey que castigue a Rodrigo Díaz, quien ha matado a su padre. La segunda selección, también tradicional y muy antigua, subraya el orgullo del héroe y su menosprecio al rey.

El tercer romance

EN QUE JIMENA PIDE DE NUEVO JUSTICIA AL REY.

En Burgos está el buen rey
asentado a su yantar,[1]
cuando la Jimena Gómez
se le vino a querellar[2];
cubierta paños de luto,
tocas de negro cendal;
las rodillas por el suelo,
comenzara de fablar:
—Con mancilla[3] vivo, rey;
con ella vive mi madre;
cada día que amanece
veo quien mató mi padre
caballero en un caballo
y en su mano un gavilán;
por hacerme más enojo
cébalo[4] en mi palomar;
con sangre de mis palomas
ensangrentó mi brial.
¡Hacedme, buen rey, justicia,
no me la queráis negar!
Rey que non face[5] justicia
non debía de reinar,
ni comer pan a manteles,
ni con la reina folgar.
El rey cuando aquesto oyera
comenzara de pensar:
«Si yo prendo o mato al Cid,
mis cortes revolverse han[6];
pues, si lo dejo de hacer,
Dios me lo demandará.»
Allí habló doña Jimena
palabras bien de notar:
—Yo te lo diría, rey,
cómo lo has de remediar.
Mantén tú bien las tus cortes,
no te las revuelva nadie,
y al que mi padre mató
dámelo para casar,
que quien tanto mal me hizo
sé que algún bien me fará.
—Siempre lo he oído decir,
y ahora veo que es verdad,
que el seso de las mujeres
no era cosa natural:
hasta aquí pidió justicia,
ya quiere con él casar.
Mandaré una carta al Cid,
mandarle quiero llamar
Las palabras no son dichas,
la carta camino va;
mensajero que la lleva
dado la había a su padre.

Cuarto romance

DE CÓMO EL CID FUE AL PALACIO DEL REY LA PRIMERA VEZ.

Cabalga Diego Laínez
al buen rey besar la mano,

[1] **asentado**... sentado a comer.
[2] quejar.

[3] mancha (en la reputación).
[4] lo alimenta.
[5] **non**... no hace.
[6] **revolerse**... se revolverán.

consigo se los llevaba
los trescientos hijosdalgo;
entre ellos iba Rodrigo,
el soberbio castellano.
Todos cabalgan a mula,
sólo Rodrigo a caballo;
todos visten oro y seda,
Rodrigo va bien armado;
todos guantes olorosos,
Rodrigo guante mallado[7];
todos con sendas[8] varicas,
Rodrigo estoque dorado;
todos sombreros muy ricos,
Rodrigo casco afinado,
y encima del casco lleva
un bonete colorado.
Andando por su camino
unos con otros hablando
allegados son[9] a Burgos,
con el rey han encontrado.
Los que vienen con el rey
entre sí van razonando;
unos lo dicen de quedo,[10]
otros lo van publicando:
—Aquí viene entre esta gente
quien mató al conde Lozano.
Como lo oyera Rodrigo
en hito[11] los ha mirado:
—Si hay alguno entre vosotros,
su pariente o adeudado,
que le pese de su muerte
salga luego a demandallo[12];
yo se lo defenderé,
quiera a pie, quiera a caballo.
Todos dicen para sí:
«Que te lo demande el diablo.»
Se apean los de Vivar
para al rey besar la mano;
Rodrigo se quedó solo
encima de su caballo.
Entonces habló su padre,
bien oiréis lo que le ha hablado:
—Apeaos vos, mi hijo,
besaréis al rey la mano,
porque él es vuestro señor,
vos, hijo, sois su vasallo.
—Si otro me dijera eso
ya me lo hubiera pagado,
mas por mandarlo vos, padre,
lo haré, aunque no de buen grado.
Ya se apeaba Rodrigo
para al rey besar la mano;
al hincar de la rodilla
el estoque se ha arrancado.
Espantóse de esto el rey
y dijo como turbado:
—¡Quítate, Rodrigo, allá,
quita, quítate allá, diablo,
que el gesto tienes de hombre,
los hechos de león bravo!
Como Rodrigo esto oyó
apriesa[13] pide el caballo;
con una voz alterada
contra el rey así ha hablado:
—Por besar mano de rey
no me tengo por honrado;
porque la besó mi padre
me tengo por afrentado.
En diciendo estas palabras
salido se ha del palacio;
consigo se los tornaba
los trescientos hijosdalgo.
Si bien vinieron vestidos,
volvieron mejor armados,
y si vinieron en mulas,
todos vuelven en caballos.

[7] enmallado (tejido de anillos de hierro o acero con que se hacían las armaduras).
[8] una para cada cual.
[9] **allegados**... están cerca.
[10] **de**... en voz baja.
[11] **en**... fijamente.
[12] demandarlo.
[13] de prisa.

ROMANCE DE BLANCANIÑA

El conflicto que se narra en este romance surge del amor ilícito que una mujer casada, la «blanca niña», comparte con un soldado durante la ausencia de su marido. En la primera parte del poema se contrasta la blancura de la dama, una imagen de la belleza y la inocencia, con la piel bronceada del soldado, quemado por el sol y la pasión. El poeta de este romance no carecía de simpatía a la mujer adúltera; abandonada por un marido desamoroso, la blanca niña es vulnerable a las atenciones del soldado. La amargura que siente ante su situación surge en la violencia de su alusión al conde. En la segunda parte del poema, la tensión aumenta con la llegada imprevista del conde y su interrogatorio. Después de negar las acusaciones de su marido, la blanca niña admite por fin su infidelidad, una confesión motivada por su desesperación y por un deseo de acabar con su vida. Aunque se representa al conde de una manera poco favorable en el romance, la moralidad de la Edad Media le otorgaba, no obstante, el derecho de ejecutar a su esposa deshonesta. La lanza es un símbolo obvio de la frustración sexual de la blanca niña.

—Blanca sois, señora mía,
más que el rayo del sol;
¿si la dormiré esta noche
desarmada y sin pavor?
que siete años había, siete[1];
que no me desarmo, no:
más negras tengo mis carnes
que un tiznado[2] carbón.
—Dormilda,[3] señor, dormilda
desarmado sin temor,
que el conde es ido a la caza
a los montes de León:
rabia le mate los perros
y águilas el su halcón
y del monte hasta casa
a él arrastre el morón.[4]
Ellos en aquesto estando,[5]
su marido que llegó.
—¿Qué hacéis, la blanca niña,
hija de padre traidor?
—Señor, peino mis cabellos,
péinolos con gran dolor
que me dexéis a mí sola
y a los montes os vais[6] vos.
—Esa palabra, la niña,
no era sino traición.[7]
¿Cúyo es aquel caballo
que allá baxo relinchó?
—Señor, era de mi padre
y envióslo[8] para vos.
—¿Cúyas son aquellas armas
que están en el corredor?
—Señor, eran de mi hermano
y hoy os las envió.
—¿Cúya es aquella lanza?,
desde aquí la veo yo.
—Tomalda, conde, tomalda,
matadme con ella vos,
que aquesta[9] muerte, buen conde,
bien os la merezco yo.[10]

ROMANCE DEL REY DON PEDRO Y LA REINA DOÑA BLANCA

Los poemas anti-petristas promulgados por los enriqueños se basaban, en su mayor parte, en la imagen de Pedro como monarca depravado que derramaba la sangre de sus vasallos. Una de las atrocidades más terribles atribuidas a Pedro era el asesinato de su esposa francesa, doña Blanca de Borbón. El rey fue casado con la princesa, una doncella bella y virtuosa, por motivos políticos. Poco después de su llegada a España, Pedro la repudió, insistiendo en que su verdadera esposa era su amante, doña María de Padilla. Abandonada por su marido, Blanca de Borbón murió de una manera misteriosa. Se destaca en este romance el comportamiento inhumano de Pedro hacia su inocente esposa y la resignación cristiana de ésta ante la muerte. El poeta representa la crueldad demoniaca del rey, subrayando el placer que siente al ordenar la ejecución de doña Blanca. La condena moral de este acto es patente en la reacción del noble Iñigo Ortiz, quien se niega a participar en el crimen, y en la piedad que el verdugo siente ante su víctima. Insistiendo en la juventud y la religiosidad de doña Blanca, el romance presenta su muerte como un martirio para despertar la indignación del público.

Por los campos de Xerez
a caza va el rey don Pedro.
Al pasar de una laguna
quiso ver volar un vuelo;
vido[1] volar una garza,
desparóle un sacre[2] nuevo,
remontárale[3] un neblí
que a sus pies cayera muerto.
A sus pies cayó el neblí,
túvolo por mal agüero.
Tanto volaba la garza
parece subir al cielo;
por donde la garza sube
vio baxar un bulto negro.
Mientra más se acerca el bulto
más temor le va poniendo.
Tanto se abajaba el bulto,
parece llegar al suelo.
Delante de su caballo,
a cinco pasos de trecho,
dél saliera un pastorcico:
sale llorando y gimiendo,
la cabeza sin caperuza,
revuelto trae el cabello
y los pies llenos de abrojos,
el cuerpo lleno de vello
y en su mano una culebra,
en la otra un puñal sangriento,
en su hombro una mortaja
y una calavera al cuello;
a su lado de traílla[4]

---

[1] **que**... que hace siete años.
[2] manchado (negro).
[3] Dormid.
[4] **a**... que sea arrastrado por un derrumbe.
[5] **en**... mientras hacían esto.
[6] vayáis.
[7] mentira.
[8] se lo envió.
[9] esta.
[10] **bien**... Bien merezco que me matéis.

[1] vio.
[2] ave de caza semejante al gerifalte.
[3] voló alto.
[4] **de**... de la cadena.

traía un perro negro:
los aullidos que daba
a todos ponen gran miedo.
A grandes voces decía:
—Morirás, el rey don Pedro,
que mataste sin justicia
los mejores de tu reino;
desterraste a la tu madre,
a Dios darás cuenta dello;
tienes presa a doña Blanca,
enojaste a Dios por ello,
y si tornares con ella
darte ha Dios un heredero,
y si no, sepas por cierto
te verná desman[5] por ello:
serán malas las tus hijas
por tu culpa y mal gobierno
y tu hermano don Henrique
te habrá de heredar el reino;
morirás a puñaladas,
tu casa será el infierno.

—Doña María de Padilla
n'os mostráis triste vos,[6]
que si me casé dos veces
hícelo por vuestra pro[7]
y por hacer menosprecio[8]
a doña Blanca de Borbón.
A Medina Sidoña envío
a que me labre un pendón:
será el color de su sangre,
de lágrimas la labor.[9]
Tal pendón, doña María,
le haré hacer por vos.
Y llamara[10] a Iñigo Ortiz,
un excelente varón;
díxole fuese a Medina
a dar fin a tal labor.
Respondiera Iñigo Ortiz:
—Aqueso[11] no faré yo,
que quien mata a su señora
hace aleve[12] a su señor.
El rey, de aquesto[13] enojado,
a su cámara se entró
y a un ballestero de maza[14]
el rey entregar mandó.[15]

[5] **te**... te vendrá desgracia.
[6] **n'os**... no te pongas triste.
[7] beneficio.
[8] insultar.
[9] el bordado.
[10] llamó.
[11] Eso.
[12] traición.
[13] esto.
[14] un arma antigua.
[15] (a la reina).

Aqueste[16] vino a la reina
y hallóla en oración.
Cuando vido al ballestero
la su triste muerte vio.
Aquél le dijo:—Señora,
el rey acá me envió
a que ordenáis vuestra alma
con Aquél que la crió,
que vuestra hora es llegada,
no puedo alargalla[17] yo.
—Amigo—dixo la reina—,
mi muerte os perdono yo.
Si el rey, mi señor, lo manda,
hágase lo que ordenó.
Confesión no se me niegue,
si no pido a Dios perdón.
Sus lágrimas y gemidos
al macero[18] enterneció.
Con la voz flaca, temblando,
esto a decir comenzó:
—Oh Francia, mi noble tierra,
oh mi sangre de Borbón,
hoy cumplo decisiete años
en los deciocho voy:
el rey no me ha conocido,
con las vírgenes me voy.
Castilla, di ¿qué te hice?
No te hice traición;
las coronas que me diste
de sangre y sospiros son.
Mas otra terné[19] en el cielo,
será de más valor.
Y dichas estas palabras,
el macero la hirió;
los sesos de su cabeza
por la sala les sembró.

ROMANCE DE DURANDARTE

En este romance de inspiración carolingia, Durendal, la espada del héroe en la *Chanson de Roland*, se halla convertida en un caballero llamado Durandarte, un cambio que demuestra el grado de transformación que solía sufrir la épica francesa al adaptarse al romance castellano. El aspecto más notable de este poema es su representación original del tema del amor frustrado. Se trata aquí de un diálogo de estructura paralela entre Durandarte y una dama que fue, en otro tiempo, su amante. La dama le recuerda la devoción que él le tenía y le pregunta sarcásticamente si ha olvidado este amor. El caballero le contesta, justificando la «mudanza» de sus sentimientos para negar las acusaciones hipócritas de la mujer. En vez

[16] Este.
[17] alargarla.
[18] hombre que lleva una maza.
[19] tendré.

de humillarse por una pasión que no ha sido correspondida, Durandarte la rechaza, reprochando su inconstancia. Gaiferos, el rival de Durandarte, es un personaje de otros romances carolingios.

—Durandarte, Durandarte,
buen caballero probado,[1]
yo te ruego que hablemos
en[2] aquel tiempo pasado
y dime si se te acuerda
cuando fuste[3] enamorado,
cuando en galas y envinciones[4]
publicabas tu cuidado,[5]
cuando venciste a los moros
en campo por mí aplazado.[6]
Agora, desconocido,[7]
di ¿por qué me has olvidado?
—Palabras son lisonjeras,
señora, de vuestro grado,[8]
que si yo mudanza hice[9]
vos lo avés[10] todo causado
pues amastes[11] a Galferos
cuando yo fui desterrado;
que si amor querés[12] comigo
tenéslo[13] muy mal pensado,
que por no sufrir ultraje
moriré desesperado.

ROMANCE DEL PRISIONERO

Se trata en este romance de una evocación aparentemente sencilla de la desesperación de un hombre apartado del mundo exterior. El «yo» empírico y la repetición son elementos líricos que contribuyen a la fuerza emotiva de la composición. Mediante el paralelismo sintáctico de las frases, el narrador enumera los deleites de la primavera de una manera que comunica angustiosamente su aislamiento ante la belleza y el amor que existen fuera de la prisión. El ave, un símbolo de la ternura y de la melancolía, es su único consuelo, mientras el cazador que la mata es una personificación de la injusticia cruel que le mantiene encarcelado. El tono del poema se altera bruscamente en el último verso con la maldición del prisionero, una expresión violenta que aumenta el patetismo de la situación.

[1] comprobado.
[2] de
[3] fuiste.
[4] insignias heráldicas.
[5] **publicabas**... revelabas tu intención.
[6] convocado.
[7] olvidadizo.
[8] deseo.
[9] **mudanza**... he cambiado.
[10] habéis.
[11] amasteis.
[12] queréis.
[13] lo tenéis.

Que por mayo era, por mayo,
cuando hace la calor,
cuando los trigos encañan
y están los campos en flor,
cuando canta la calandria[1]
y responde el ruiseñor,
cuando los enamorados
van a servir al amor;
sino yo, triste, cuitado,[2]
que vivo en esta prisión;
que ni sé cuándo es de día
ni cuándo las noches son,
sino por una avecilla
que me cantaba al albor.[3]
Matómela un ballestero;
déle Dios mal galardón.[4]

[1] alondra.
[2] miserable.
[3] **al**... a la luz del alba.
[4] **déle**... que Dios le castigue.

ROMANCE DEL INFANTE ARNALDOS

Se halla en este romance uno de los mejores ejemplos del recurso de «saber callar a tiempo». El misterio y la fantasía que se evocan en esta escena crean un sentimiento de admiración que se percibe mediante las impresiones del infante. El interés del lector se despierta en el primer verso con la declaración enigmática del narrador, quien nos invita implícitamente a participar en la aventura maravillosa del infante. La naturaleza ordinaria de la caza, la actividad que practica Arnaldos en este momento, se contrasta con la aparición mágica de la galera y su marinero. El deseo del noble de aprender la canción del marinero podría aludir a la atracción que tiene por lo sobrenatural. Otras interpretaciones sostienen que la galera es un símbolo de la Iglesia dirigida por Cristo, el «marinero», cuya invitación al final del poema es la promesa de salvación. El día de esta visión es un detalle significativo puesto que la fiesta de San Juan se asociaba antiguamente con los sucesos maravillosos. Hay que señalar también que las supersticiones de la Edad Media atribuían propiedades misteriosas y terroríficas al mar.

¡Quién hubiera[1] tal ventura
sobre las aguas del mar
como hubo[2] el infante Arnaldos
la mañana de San Juan!
Andando a buscar la caza
para su falcón cebar,

[1] tuviera.
[2] tuvo.

vio venir una galera
que a tierra quiere llegar;
las velas trae de sedas[3],
la ejarcia[4] de oro torzal,
áncoras tiene de plata,
tablas de fino coral.
Marinero que la guía,
diciendo viene un cantar,
que la mar ponía en calma,
los vientos hace amainar[5];
los peces que andan al hondo,
arriba los hace andar;
las aves que van volando,
al mástil vienen posar.
Allí habló el infante Arnaldos,
bien oiréis lo que dirá:
—Por tu vida, el marinero,
dígasme ora[6] ese cantar.
Respondióle el marinero,
tal respuesta le fue a dar:
—Yo no digo mi canción
sino a quien conmigo va.

ROMANCE DE ABENÁMAR

Se trata aquí de uno de los romances más famosos del *Romancero viejo* en el cual se evoca un intercambio entre dos adversarios, un árabe y un cristiano. El refinamiento de la civilización mora, encarnado en el personaje ficticio Abenámar, se contrapone a la fuerza militar de los cristianos, representada por el rey Juan II de Castilla. Se narra en este romance un encuentro entre el árabe y el rey cristiano en un lugar cerca de la ciudad de Granada. Para asegurar al rey en cuanto a su honradez, Abenámar le jura que sus palabras son de fiar por que es hijo de una madre cristiana. Al ver el esplendor de Granada, el rey don Juan expresa su admiración, un sentimiento que el moro aumenta, enumerando las maravillas de la ciudad. Al final, don Juan se dirige directamente a la ciudad, personificada como una mujer deseable. Esta antropomorfización de un lugar es un recurso típico de la poesía árabe del período; en algunas obras, por ejemplo, se llamaba «esposo» de una tierra al dueño de ella. La respuesta de Granada es un repudio de la codicia que revela el rey y de la cultura inferior de los cristianos. La popularidad de este romance correspondía a la etapa final de la Reconquista, cuando los cristianos se esforzaban en tomar Granada, el último reino de los árabes. El anhelo que expresa don Juan en el romance por poseer la ciudad habría sido una actitud propia de este tiempo.

[3] **las**... tiene las velas de seda.
[4] jarcia.
[5] aflojar.
[6] **dígasme**... dime ahora.

—Abenámar, Abenámar,
moro de la morería,[1]
el día que tú naciste
grandes señales había:
estaba la mar en calma,
la luna estaba crecida.
Moro que en tal signo nace,
no debe decir mentira.
Allí respondiera el moro,
bien oiréis lo que decía:
—Yo te la diré, señor,
aunque me cueste la vida,
porque soy hijo de un moro
y una cristiana cautiva;
siendo yo niño y muchacho,
mi madre me lo decía
que mentira no dijese,
que era grande villanía.
Por tanto pregunta, rey,
que la verdad te diría.
—Yo te agradezco, Abenámar,
aquesa[2] tu cortesía.
¿Qué castillos son aquéllos?
Altos son y relucían.

—El Alhambra era, señor,
y la otra la mezquita;
los otros los Alixares,
labrados a maravilla:
el moro que los labraba
cien doblas[3] ganaba al día
y el día que no los labra
otras tantas se perdía.
El otro es Generalife,
huerta que par no tenía;
el otro Torres Bermejas,
castillo de gran valía.
Allí habló el rey don Juan,
bien oiréis lo que decía:
—Si tú quisieses, Granada,
contigo me casaría;
daréte en arras[4] y dote
a Córdoba y a Sevilla.
—Casada soy, rey don Juan,
casada soy que no viuda;
el moro que a mí me tiene
muy grande bien me quería.

PLÁTICA DE DON RODRIGO Y LA CAVA

Los romances basados en las leyendas acerca del último rey godo presentan la pérdida de España como una

[1] tierras moras.
[2] esa.
[3] una moneda.
[4] monedas que el desposado entrega a la desposada durante una boda.

retribución mandada por Dios para castigar las transgresiones del monarca. Enamorado de la Cava, la hija de su general don Julián, Rodrigo se empeña en obtener los favores de la dama, quien, a su vez, le rechaza. En este poema se establece una tensión entre el rey, dominado por su lujuria, y la dama, cuyas palabras revelan cierta coquetería. En vista de la mundanidad de la Cava, se percibe a Rodrigo como una víctima de la pasión. El diálogo entre los dos personajes y el final inconcluso del romance son características de este género. En otros poemas de este ciclo se narra la deshonra de la Cava al ser violada por el rey, y la venganza de don Julián, quien decide colaborar con el enemigo para vengar el ultraje a su hija.

Amores trata[1] Rodrigo,
descubierto ha su cuidado[2];
a la Cava se lo dice,
de quien anda enamorado.
Miraba su lindo cuerpo,
mira su rostro alindado,[3]
sus lindas y blancas manos
él se las está loando.

[1] **Amores**... Habla de amor.
[2] **descubierto**... Ha revelado su intención.
[3] adornado.

—Sepas, mi querida Cava,
de ti estoy apasionado;
pido que me des remedio[4]
yo estaría a tu mandado;
mira que lo que el rey pide
ha de ser por fuerza o grado.[5]
La Cava, como discreta,
en risa lo había echado:[6]
—Pienso que burla tu alteza
o quiere probar el vado,[7]
no me lo mandéis, señor,
que perderé gran ditado.[8]
El rey le hace juramento
que de veras[9] se lo ha hablado;
ella aún lo disimula
y burlando se ha excusado.
Fuese[10] el rey dormir la siesta;
por la Cava ha enviado,
la Cava muy descuidada
fuese do[11] el rey la ha llamado.

[4] un eufemismo por la satisfacción sexual.
[5] voluntariamente.
[6] contestado.
[7] la corriente.
[8] mucho.
[9] de verdad.
[10] Se fue.
[11] **fuese**... se fue donde.

LIRICA CORTESANA

ALFONSO EL SABIO (1221–1284)

Alfonso X el Sabio, rey de Castilla, de Toledo, de León, de Galicia, de Sevilla, de Córdoba, de Murcia, de Jaén y del Algarve (región del sur de Portugal) ha pasado a la historia como uno de los eruditos y compiladores más significantes de la Edad Media. Nació en Toledo, centro importante del humanismo temprano. Su padre, Fernando III el Santo, estuvo ocupado en sus guerras incesantes contra los moros, a quienes venció en Córdoba, en Sevilla, en Murcia y en Jaén, y no logró conocer bien al joven Alfonso hasta que éste había cumplido los dieciséis años. Su madre, Beatriz de Suabia, fue una princesa alemana que murió cuando su hijo tenía quince años. El príncipe fue criado y educado casi exclusivamente por extraños. Se ha conjeturado que la soledad de sus primeros años y la falta de contacto con sus padres contribuyeron al carácter inseguro e indeciso que le atribuyen muchos historiadores. En efecto, el rey se queja en algunas de sus cantigas de sentirse incapaz de hacer respetar sus deseos y, ocasionalmente, de no poder gobernar con eficacia. Le pide a la Virgen su milagrosa intervención, ya que sólo Ella podrá eliminar los obstáculos.

El reinado de Alfonso X fue turbulento. Después de lograr varias victorias sobre los moros, fue seleccionado por algunos estados italianos para la dignidad imperial. En 1257, el arzobispo de Tréveris lo proclamó «rey de los romanos.» Sin embargo, no fue Alfonso sino Rodolfo de Habsburgo el que fue coronado, hecho que importunó durante años al monarca español, quien siguió empleando el título «rey de los romanos» hasta que el Papa lo convenció de que lo abandonara. Habiendo muerto su hijo mayor, el infante Fernando de la Cerda, que gobernaba en su ausencia mientras Alfonso viajaba por Francia, las cortes de Segovia proclamaron heredero a Sancho, su segundo hijo. Doña Violante, esposa de Alfonso, descontenta porque se pasaron por alto los derechos de los hijos de don Fernando, abandonó a Alfonso y se refugió en Cataluña, donde le pidió ayuda a su hermano, Pedro III de Aragón. Alfonso intentó templar los ánimos, ofreciéndole a su nieto el reino de Jaén. Don Sancho se sublevó y estalló una guerra civil. Al mismo tiempo, los moros incendiaron en Tarifa la flota española y los franceses se apoderaron de Pamplona. Poco después murió Alfonso, según los cronistas, de «dolor de ánimo».

Cualesquiera que sean las fallas de Alfonso X en el campo político, sus contribuciones al desarrollo de la cultura española son indiscutibles. La corte de Alfonso era un centro de erudición y de literatura que atraía a estudiosos de diversos ambientes: judíos, italianos, españoles, especializados en historia, leyes, ciencias naturales, astronomía, astrología o magia, así como trovadores provenzales. El papel de Alfonso era el de mecenas. Fue un patrono del arte y de la cultura que ordenó compilaciones y traducciones al romance de obras extranjeras. De su obra en prosa se hablará más adelante. (Véase pág. 151-152, 154-158.) Por ahora lo que nos interesa son las cantigas, muchas de ellas escritas por el rey mismo.

Alfonso X escribió o encargó cantigas de diversos tipos. Entre las profanas se incluyen poemas ligeros, aun escandalosos. En los *Cancioneros de la Vaticana* y el *Colocci-Brancuti* se encuentran cantigas de escarnio y de amor. Algunos críticos han utilizado la existencia de estas cantigas para crear una imagen negativa de un Alfonso entregado a la lascivia. Subrayan que el rey tuvo varias amantes y numerosos hijos naturales. Sin embargo, tal perspectiva revela un solo aspecto de un hombre sumamente complejo. Si Alfonso tuvo momentos de debilidad, también tuvo períodos de introspección y de devoción.

En las Cantigas de Santa María, Alfonso parte de la tradición cortesana y trovadoresca, declarándose trovador no de una dama mortal sino de la Virgen: «quero seer oy mais seu trovador, | e rógo-lle que me queira por seu | trovador, e que queira meu trovar | reçeber.» En su conjunto, la colección consiste en himnos a la Virgen. En algunos, ensalza su virtud y excelencia. En otros, le pide misericordia o amparo. En muchos, la imagen de la Virgen es, como en la poesía de Berceo, muy tangible y concreta. La Virgen interviene en los asuntos humanos de una manera directa. Su poder se ilustra de una manera gráfica, por ejemplo, en la Cantiga CXLIV, en la cual un caballero rico que está celebrando sus bodas manda correr un toro bravo en una plaza. Allí vive un hombre muy piadoso, devoto de la Virgen. Al salir éste de su casa, el toro lo ataca. Un clérigo amigo suyo pide que lo proteja la Virgen, quien hace que el toro se arrodille y siga mansamente al hombre piadoso hasta su casa. El toro nunca más vuelve a hacerle daño a nadie. Algunas de las cantigas son un poco escandalosas, como por ejemplo la historia de la abadesa encinta, narrada también por Berceo. Como los *Milagros de Nuestra Señora* de Berceo, las cantigas de Alfonso el Sabio reflejan bien la mentalidad de la época—la tendencia de concretizar las ideas abstractas por medio de imágenes gráficas (que vemos claramente en los bajorrelieves de las catedrales medievales), la naturalidad ante temas que hoy en día se consideran escabrosos, la inclinación a mezclar lo divino y sobrenatural con lo profano y la propensión a calificar cualquier cosa que saliera de lo común como un milagro de la Virgen. Ante todo, la Virgen es intercesora. Es la protectora fiel y constante del devoto.

Uno de los aspectos más problemáticos de las cantigas es el lingüístico. Todas las cantigas de Alfonso el Sabio están escritas en idioma galaico-portugués. Se ha sugerido como explicación la posibilidad de que el rey hubiera sido criado en Galicia. Otro factor importante es el hecho de que la lengua galaico-portuguesa era el idioma literario de la época. La tradición poética gallego-portuguesa estaba bien establecida durante la época de Alfonso X. También conviene recordar que las cantigas se cantaban en las iglesias para edificación moral del pueblo. Aunque parece sorprendente que los fieles castellanos hayan escuchado canciones galaico-portuguesas en sus iglesias, la contradicción se aclara al tener en cuenta que los juglares y trovadores que formaban parte del séquito de los caballeros franceses que llegan a Castilla bajaban por el camino de Santiago de Compostela y llevaban con ellos el estilo, los usos y el idioma de la tradición poética gallego-portuguesa.

Músicos, ilustración de las *Cantigas de Alfonso X.*

Existen cuatro manuscritos de las Cantigas. Se conserva no sólo el texto, sino también las melodías con las cuales se cantaban, así como las miniaturas que las ilustran. Son un riquísimo compendio de milagros de la Virgen y de temas marianos, además de una muestra de la variedad de formas métricas que se empleaban. Se integra el arte trovadoresco y cortesano con la lírica tradicional y se incorporan formas de origen árabe tales como el zéjel (véase pág. 3). Las 430 composiciones que comprenden la colección representan la suma de sensibilidades poéticas de la época.

Recomendamos la edición de las *Cantigas* de Walter Mettmann, 2 vol. (Madrid: Castalia, Vol. I, 1986, Vol. II, 1988)

Cantigas

ESTE É PRÓLOGO DAS CANTIGAS DE SANTA MARÍA, EMENTANDO AS COUSAS QUE A MESTER EN O TROVAR

Porque trovar é cousa en que iaz
entendimento, por en quen o faz
á o d'aver, et de razón asaz,
perque entenda et sabia dizer
o que entend' e de dizer lle praz;
ca ben trovar así s'á de fazer.

E macar eu estas duas non ey
com' eu querría, pero provarei
a mostrar ende un pouco que sei
confiand' en Deus, ond'o saber ven,
ca per ele tenno que poderei
mostrar do que quero algûa ren.

ESTE ES PRÓLOGO DE LAS CANTIGAS DE SANTA MARÍA, MENTANDO LAS COSAS QUE HA MENESTER EN EL TROVAR

Porque trovar es cosa en que se halla
entendimiento, por eso quien lo hace
tiene que tenerlo, y de razón bastante,
para que entienda y sepa decir
lo que entiende y decir le place;
porque bien trovar así se ha de hacer.

Y aunque yo estas dos cosas no tengo
como yo querría, pero trataré
de mostrar de eso un poco que sé
confiando en Dios, de donde el saber viene,
porque por El tengo que podré
mostrar de lo que quiero alguna parte.

E o que quero é dizer loor
da Virgen, Madre de nostro Sennor,
Santa María, que est' a mellor
cousa que él fez; e por aquest'eu
quero seer oy mais seu trovador,
e rógo-lle que me queira por seu

trovador, e que queira meu trovar
reçeber; ca per él quer eu mostrar
dos miragres que ela fez, e ar
querrei-me leixar de trovar des í
por outra dona; e cuid' a cobrar
per esta quant'en as outras perdí.

Ca o amor d'esta Sennor é tal,
que quen o á sempre per i mais val;
e poil-o gaannad' a, non lle fal,
senon se é per sa grand'ocaion,
querendo leixar ben et fazer mal;
ca per esto o perde e per ál non.

Por en d'ela non me quer eu partir;
ca sei de pran que se a ben servir',
que non poderei en seu ben falir
de o aver; ca nunca y faliú
quen ll'o soube con merçée pedir;
ca tal rogo sempr' ela ben oiú.

Onde lle rogo, se ela quiser,
que lle praza do que d' ela diser
en meus cantares, e se ll'aprouguer,
que me dé gualardon com' ela da
aos que ama; e quen o souber,
por ela mais de grado trovará.

Y lo que quiero es decir alabanzas
de la Virgen, madre de nuestro Señor,
Santa María, que es la mejor
cosa que El hizo; y por esto yo
quiero ser desde hoy más su trovador,
y le ruego que me quiera por su

trovador, y que quiera mi trovar
recibir; porque por él quiero yo mostrar
de los milagros que ella hizo, y también
querré dejar de trovar desde entonces
por otra mujer; y pienso recibir
por ésta cuanto en las otras perdí.

Porque el amor de esta Señora es tal,
que quien lo tiene siempre por ello vale más;
y después de haberlo ganado, no le falta,
a menos que sea por un grave daño,
queriendo dejar el bien y hacer el mal;
porque por esto lo pierde y por otra cosa, no.

Por eso de ella no me quiero yo apartar;
porque sé con seguridad que si la sirvo bien,
que no podré por su bien dejar
de tenerlo; porque nunca le faltó
a quien le supo con piedad pedir;
porque ella siempre oyó bien tal ruego.

Por lo tanto le ruego, si ella quisiere,
que le plazca lo que de ella dijere
en mis cantares, y si le agradare,
que me dé premio como ella da
a los que ama; y quien lo supiere,
por ella con más gusto trovará.

Cantiga LX

ESTA É DE LOOR DE SANTA MARÍA, DO DEPARTIMENTO QUE A ENTRE AVE EVA

Entre Ave Eva
gran departiment'á.

Ca Eva nos tolleu
o Parays', e Deus
Ave nos y meteu;
porend', amigos meus,
Entre Ave Eva
gran departiment'á.

Eva nos foi deitar
do dem' en sa prijon,
et Ave én sacar;
et por esta razón,

entre Ave Eva
gran departiment'á.

Eva nos fez perder
amor de Deus e ben,
e pois Ave aver

ESTA ES EN ALABANZA DE SANTA MARÍA Y CANTA LAS DIFERENCIAS QUE HAY ENTRE AVE Y EVA

Entre Ave (Santa María) y Eva
hay gran diferencia.

Porque Eva nos quitó
el paraíso, y Dios
Ave allí nos metió;
por lo tanto, amigos míos,
entre Ave y Eva
gran diferencia hay.

Eva nos fue a echar
del demonio en su prisión,
y Ave de allí nos sacó;
y por esta razón,

entre Ave y Eva
gran diferencia hay.

Eva nos hizo perder
amor de Dios y bien,
y luego Ave nos hizo

nol-o fez; e porén,
entre Ave Eva
gran departiment'á.

Eva nos enserrou
os çëos sen chave,
e María britou
as portas per Ave.
Entre Ave Eva
gran departiment'á.

tenerlo; y por lo tanto,
entre Ave y Eva
gran diferencia hay.

Eva nos cerró
los cielos sin llave,
y María rompió
las puertas por Ave.
Entre Ave y Eva
gran diferencia hay.

Cantiga XCIV

ESTA É COMO SANTA MARÍA SERVIÚ EN LOGAR DE LA MONIA QUE SE FOI DO MOESTERIO

De vergonna nos guardar
punna todavía,
et de falir et d'errar
a Virgen María.

E guárda-nos de falir
et ar quer-nos encobrir
quando en erro caemos;
des i faz-nos repentir
et a emenda vîjr
dos pecados que fazemos.
D'est un miragre mostrar
en un abadía
quis a Rëynna sen par
santa que nos guía.
De vergonna nos guardar
punna todavía...

Hûa dona ovu' alí
que, per quant' eu aprendí
era menynna fremosa;
demais sabia así
têer sa orden, que ni-
hûa atan aguçosa
era d' i aproveytar
quanto máis podía;
et porén lle foran dar
a tesourería.
De vergonna nos guardar
punna todavia...

Mail-o demo, que prazer
non ouv' én, fez-lle querer
tal ben a un cavaleiro
que lle non dava lezer,
tra en que a foi fazer
que sayú' do mõesteiro;
mais ant' ela foi leixar
chaves que tragía
na cinta, ant' o altar
da en que criía.
De vergonna nos guardar
punna todavía...

ESTA ES CÓMO SANTA MARÍA SIRVIÓ EN LUGAR DE LA MONJA QUE SE FUE DEL MONASTERIO.

De vergüenza procura
guardarnos siempre,
y de faltar y de errar
la Virgen María.

Y nos guarda de faltar
y también nos quiere encubrir
cuando en yerro caemos;
de allí nos hace arrepentir
y a enmendar venir
de los pecados que hacemos.
De esto un milagro mostrar
en una abadía
quiso la Reina sin par
santa que nos guía.
De vergüenza procura
guardarnos siempre...

Una mujer había allí
que, según yo me enteré
era una muchacha hermosa;
además, sabía así
mantener las reglas, que nin-
guna tan diligente
había allí de hacer bien
cuanto más podía;
y por lo tanto le habían dado
la tesorería.
De vergüenza procura
guardarnos siempre...

Mas el demonio, que placer
no tenía en esto, le hizo querer
tan bien a un caballero
que no la dejaba en paz,
hasta que fue a hacer
que saliera del monasterio;
mas antes ella fue a dejar
llaves que traía
en la cintura, ante el altar
de ella en quien creía.
De vergüenza procura
guardarnos siempre...

—¡Ay Madre de Deus! (enton
dis' ela en sa razón)
leixo-vos est' en comenda,
et a vos de coraçon
m'acomend'—. E foi-s' e non
por ben fazer sa fazenda,
con aquel que muit' amar
máis ca si sabía,
et foi gran tenpo durar
con él en folía.
De vergonna nos guardar
punna todavia...

E o cavaleyro fez,
poil-a levou d' esa vez,
en ela fillos et fillas;
mais la Virgen de bon prez
que nunca amou sandez,
emostrou y maravillas;
que a vida estrannar
lle fez que fazía,
por en sa claustra tornar
u ante vivía.
De vergonna nos guardar
punna todavía...

Mais enquant' ela andou
con mal sen, quanto leixou
aa Virgen comendado
ela mui ben o guardou;
ca en seu logar entrou
et deu a todo recado
de quant' ouv' a recadar,
que ren non falía
segundo no semellar
de quen a viía.
De vergonna nos guardar
punna todavía...

Mais pois que s'arrepentiú
a monia et se partiú
do cavaleiro mui cedo,
nunca comeu nen dormyú
tro o mõesteyro uiú.
Et entrou en él a medo,
et fillou-s' a preguntar
os que connocía
do estado do logar
que saber quería.
De vergonna nos guardar
punna todavia...

Diseron-ll' enton sen ál:
Abades' aevmos tal
et priol' e tesoureira
cada hûa d' elas val
muito, et de ben sen mal
nos fazen de gran maneira—.

—Ay Madre de Dios! (entonces
dice ella en su razonamiento)
os dejo esto (las llaves) en encomienda,
y a vos de corazón
me encomiendo— Y se fue y no
por bien hacer su hacienda,
con aquél que mucho había amado
más porque así sabía,
y fue mucho tiempo el que estuvo
con él en locuras.
De vergüenza procura
guardarnos siempre...

Y el caballero hizo,
después de llevársela esa vez,
en ella hijos e hijas:
mas la Virgen de gran valor
que nunca amó sandez,
mostró allí maravillas:
que le hizo extrañar
la vida que hacía,
por eso a su claustro tornar
donde antes vivía.
De vergüenza procura
guardarnos siempre...

Mas durante el tiempo en que ella anduvo
con mal juicio, todo lo que dejó
a la Virgen encomendado
ella muy bien lo guardó;
porque en su lugar entró
y se ocupó de todo
de lo cual había de ocuparse
que nada faltaba
según la impresión
de quien la veía.
De vergüenza procura
guardarnos siempre...

Mas después de que se arrepintió
la monja y dejó
al caballero muy pronto,
nunca comió ni durmió
hasta que el monasterio vio.
Y entró en él con miedo
y comenzó a preguntar
a los que conocía
del estado del lugar
que saber quería.
De vergüenza procura
guardarnos siempre...

Le dijeron entonces sin más:
Tenemos tal abadesa
y priora y tesorera
cada una de ellas vale
mucho, y con gran provecho y sin ningún
daño hacen todo—.

Quand' est' oyú, a sinar
logo se prendía
porque s' así nomear
con elas oía.
De vergonna nos guardar
punna todavía...

E ela con gran pavor
tremendo et sen coor,
foi-se pera a egreia;
mais la Madre do Sennor
lle mostrou tan grand'amor
(et porén bêeita seia),
que as chaves foi achar
u postas avía,
et seus panos foi fillar
que ante vestía.
De vergonna nos guardar
punna todavía...

E tan toste, sen desdén
et sen vergonna de ren
aver, iuntou o convento,
et contou-lles o gran ben
que lle fezo a que ten
o mund'en seu mandamento;
et por lles todo probar
quanto lles dizía,
fez seu amigo chamar
que ll'-o contar ía.
De vergonna nos guardar
punna todavía...

O convento por mui gran
maravilla ten' a pran,
pois que a cousa provada
viron, dizendo que tan
fremosa, par San Johan,
nunca lles fora contada.
Et fillaron-s' a cantar
con grand' alegría:
«Salve-te, strela do mar.
Deus, lume do día.»
De vergonna nos guardar
punna todavía
et de falir et d' errar
a Virgen María.

Cuando esto oyó, comenzó
luego a persignarse
porque oía que ellas
la nombraban.
De vergüenza procura
guardarnos siempre...

Y ella con gran pavor
temblando y sin color,
se fue para la iglesia;
mas la Madre del Señor
le mostró tan gran amor
(y por eso bendita sea)
que las llaves fue a encontrar
donde las había puesto,
y su hábito fue a tomar
que antes vestía.
De vergüenza procura
guardarnos siempre...

Y tan pronto, sin desdén
y sin tener nada de vergüenza,
juntó al convento,
y les contó el gran bien
que le hizo la que tiene
el mundo en su mando;
y para probarles todo
cuanto les decía,
hizo llamar a su amigo
que se lo contaría.
De vergüenza procura
guardarnos siempre...

El convento por muy gran
maravilla lo tiene seguramente,
pues que la cosa probada
vieron, diciendo que tan
hermosa, por San Juan,
nunca les había sido contada.
Y se pusieron a cantar
con gran alegría:
«Salve, estrella del mar.
Dios, luz del día.»
De vergüenza procura
guardarnos siempre,
y de faltar y de errar
la Virgen María.

Cantiga CXLIV

COMO SANTA MARÍA GUARDOU DE MORTE UN OME BÕO EN PRAZENÇA D' UN TOURO QUE VÊERA POLO MATAR

Con razón é d'averen gran pavor
as bestias da Madre d'aquel Sennor,
que sobre todas cousas á poder.

CÓMO SANTA MARÍA GUARDÓ DE LA MUERTE A UN HOMBRE BUENO EN PLASENCIA DE UN TORO QUE HABÍA VENIDO A MATARLO

Con razón es que tienen gran pavor
las bestias de la Madre de aquel Señor
que sobre todas las cosas tiene poder.

E d'est' un gran miragre foi mostrar
Santa María, a Virgen sen par,
en Prazença, per com' oí contar
o omees bõos et de creer.
Con razón é d'averen gran pavor...

E reträen este miragr' así:
que un ome bõo morava y
que esta Sennor, com' eu aprendí,
sabía mui mais d'al ren ben querer.
Con razón é d'averen gran pavor...

E quen quer que lle vêese pedir
algo por ela, logo sen falir
ll'o dava sen delongar nen mentir;
ca non querría per ren falecer.
Con razón é d'averen gran pavor...

E iaiûava sas vigías ben
et de sas oras non leixava ren
que non oise; ca todo seu sen
era como lle fezese prazer.
Con razón é d'averen gran pavor...

Ond' un cavaleiro ben d'i casou
da vila, et touros trager mandou
pera sas vodas, et un' apartou
d'eles chus bravo que mandou correr
Con razón é d'averen gran pavor...

En hûa praza grande que y a
ant' a casa do que vos dixe iá
ome bõo; mas ele d' ir alá
non se pagava nen de o veer.
Con razón é d'averen gran pavor...

Mas aquest' ome un conpadre seu
créig' avía, per nome Matheu,
que enviou por él, com' aprix' eu,
por cousas que lle quería dizer.
Con razón é d'averen gran pavor...

E él sayú por yr alá' enton,
et o touro leixou-s' yr de randon
a ele polo ferir mui felon,
por ll' os cornos pelas costas meter.
Con razón é d'averen gran pavor...

E o crérigo, quand' aquesto viú
d' ûa fêestra, mercée pediú
a Santa María, et non falyú
por él; ca logo lle vêo valer.
Con razón é d'averen gran pavor...

E en atal guisa o acorreu,
que o touro log' en terra caeu,
et todolos quatro pées tendeu
así como se quisese morrer.
Con razón é d'averen gran pavor...

Y de esto, un gran milagro fue a mostrar
Santa María, la Virgen sin par,
en Plasencia, según oí contar
a hombres buenos y piadosos.
Con razón es que tienen gran pavor...

Y relatan este milagro así:
que un hombre bueno vivía allí
que esta Señora, como yo aprendí,
sabía querer muchísimo.
Con razón es que tienen gran pavor...

Y quienquiera que fuera a pedirle
algo por ella, luego sin faltar
se lo daba sin demorar ni mentir;
porque no querría por nada no cumplir.
Con razón es que tienen gran pavor...

Y ayunaba los días de vigilia
y de sus horas no dejaba afuera nada
que se oyese; porque toda su voluntad
era cómo hacerle placer.
Con razón es que tienen gran pavor...

Un gran caballero de la ciudad
se casó, y mandó traer toros
para sus bodas, y apartó
uno de ellos, más bravo, que mandó correr.
Con razón es que tienen gran pavor...

En una plaza grande que hay allí
delante de la casa del que ya os dije
(que era) un hombre bueno; mas él de ir allá
ni de verlo gustaba.
Con razón es que tienen gran pavor...

Mas este hombre tenía un compadre suyo
que era clérigo, por nombre Mateo,
que envió por él, según yo supe,
por cosas que le quería decir.
Con razón es que tienen gran pavor...

Y él salió para ir allá entonces,
y el toro se dejó ir arrebatadamente
a él para herirlo muy pérfidamente,
metiéndole los cuernos por los costados.
Con razón es que tienen gran pavor...

Y el clérigo, cuando vio esto
desde una ventana, merced pidió
a Santa María, y no le faltó;
porque luego vino a socorrerle.
Con razón es que tienen gran pavor...

Y de tal manera le ayudó,
que el toro luego cayó en la tierra,
y tendió todos los cuatro pies
así como si quisiese morir.
Con razón es que tienen gran pavor...

E iouv' así d' aquesta guisa tal
ata que o home foi no portal
de cas seu compadr', a que non foi mal
con él et foy-o na casa coller.
Con razón é d'averen gran pavor...

E o touro s'ergeu, et d'esa vez
nunca depóis a null' ome mal fez
pola vertude da Sennor de prez
que aos seus no leixa mal prender.
Con razón é d'averen gran pavor
as bestias da Madre d'aquel Sennor
que sobre todas cousas á poder.

Y estuvo así de esta manera
hasta que el hombre fue al portal
de la casa de su compadre, y no fue mal
con él y (el amigo) lo dejó entrar en la casa.
Con razón es que tienen gran pavor...

Y el toro se irguió y de allí en adelante
nunca más le hizo mal a ningún hombre
por la virtud de la Señora de gran valor,
que a los suyos no los deja mal coger.
Con razón es que tienen gran pavor
las bestias de la Madre de aquel Señor
que sobre todas las cosas tiene poder.

Traducción de Bárbara Mujica

Cantiga de amor[1]

Señora, por amor de Dios,
habed[2] algún duelo de mí,
que los mis ojos como ríos
corren del[3] día que vos vi;
hermanos e primos e tíos
todolos yo por vos perdí[4];
se[5] vos non pensades de mí,
fi[6].

[1] la única en castellano de Alfonso X.
[2] tened.
[3] desde el.
[4] **todolos**... yo los perdí todos por vos.
[5] si.
[6] muero.

Un caballero rescata a una doncella. Palacio de la Alhambra, Granada, Siglo XIX.

Los cancioneros

Convergen en la poesía culta de los siglos XIV y XV diversas influencias. Las más importantes son la peninsular, la provenzal y la italiana, aunque no es siempre fácil separar estas tres corrientes, ya que a menudo se influyen y se entrelazan. En la tradición peninsular se incluyen 1) la poesía gallego-portuguesa, con su rico caudal de cantigas; 2) la castellana y aragonesa; 3) la catalana, cuyos representantes más destacados, Jordi de San Jordi y Ausias March, demuestran profundas raíces en la lírica provenzal, así como una significante influencia petrarquista. De la tradición provenzal provienen las modalidades del amor cortés, propagadas por los trovadores, con el enaltecimiento de la dama y la insistencia en la sumisión y el servicio del amante-poeta. La tradición italiana aporta un refinado sistema alegórico desarrollado por Dante, además de una nueva sensibilidad poética, aunque el petrarquismo no llegará a su auge en España hasta más tarde, cuando influirá profundamente en la producción literaria de Boscán y Garcilaso—y en toda la poesía de amor que se escribirá hasta fines del siglo XVII.

Durante la primera parte del siglo XV la corte de Juan II de Castilla (1397–1479) se convirtió en un brillante centro literario. La poesía cortesana floreció. Muchos caballeros y el mismo rey participaban en demostraciones poéticas, creando un ambiente cultural que duró hasta el reinado de los Reyes Católicos. En esta época de intensa actividad poética aparecen los primeros *cancioneros.* Estos son compilaciones de poesías de autores conocidos o anónimos que son ricas fuentes de información no sólo acerca del desarrollo poético durante el pre-renacimiento sino también sobre las fluctuaciones lingüísticas y ortográficas.

El *Cancionero de Baena* es la primera y más conocida de estas colecciones. Poeta y recopilador, Juan Alfonso de Baena, de origen judío, desempeñaba un cargo administrativo en la burocracia de la corte de Juan II, padre de Fernando el Católico. Se jacta de su título de «escribano del rey» y aunque varios investigadores han afirmado que no era secretario privado del monarca, sí es posible que su cancionero se compilara por encargo de éste. Las fechas exactas de Juan Alfonso de Baena no se han podido averiguar, pero se ha deducido que nació a fines del siglo XIV y que murió durante la segunda mitad del siglo XV.

Tampoco es posible afirmar con seguridad la fecha de composición del *Cancionero de Baena.* Lo más probable es que fuera compilado entre 1425 y 1445. Contiene 35 poemas anónimos y 576 de 54 autores conocidos. Aunque algunos de los poetas que se representan son de fines del siglo XIV, la mayoría son de la época de Juan II. El cancionero es especialmente interesante porque documenta la transición del gallego al castellano como vehículo de la lírica. Están representados algunos de los poetas más importantes de la época, entre ellos, Alfonso Alvarez de Villasandino (cuyos poemas ocupan casi la mitad del cancionero), Garci Fernández de Jerena, Diego de Valencia, Ferrant Manuel de Lando y el mismo Baena. Los poemas varían en cuanto a la temática. El amor cortés, la doctrina, la astrología, la mitología, acontecimientos históricos o políticos, la muerte y el destino son asuntos que recurren. Las alegorías, las peticiones en las cuales se solicitan ayudas económicas y los elogios a personajes importantes de la corte también abundan. Se entremezclan lo profano y lo religioso, lo idealista y lo cínico, lo elevado y lo grosero.

Emerge del cancionero un retrato interesante de Baena mismo, que a través de su poesía (que aparece casi en su totalidad en la colección), muestra ser un hombre muy involucrado en las polémicas del día. Mantiene debates poéticos con Villasandino, Ferrant Manuel de Lando, Juan García de Vinuesa y muchos otros, en los cuales se discute acerca de una variedad de temas: las cualidades del caballero, la primacía de la razón sobre la voluntad, detalles relativos a la conducta del amante ante su dama. A veces la hermosura de su verso encubre pensamientos escabrosos o burlones. A menudo su tono es humilde o servil, pero otras veces es irrespetuoso e insolente. Debió de sufrir escaseces económicas, ya que escribió muchos poemas que son demandas de ayuda.

Hacia fines del siglo XV el castellano se establece como lengua de la corte y de la aristocracia. Los poetas y músicos cultos lo utilizan para sus composiciones y aun cuando utilizan temas y formas heredadas, empiezan a crear una nueva poesía pulida y refinada que responde a las sensibilidades de una aristocracia abierta a las corrientes humanísticas que están desarrollándose en Francia y en Italia. La unidad lograda por los Reyes Católicos tanto como la creciente influencia humanística, con su énfasis en lo autóctono y lo lingüístico, contribuyen al afán de conservar y publicar la poesía nacional. Después del de Baena, aparecen muchos otros cancioneros y siguen apareciendo hasta mediados del XVI. Los más conocidos son el *Cancionero de Stúñiga* (1458), de poetas aragoneses de la corte de Alfonso V y el *Cancionero general* (1511), de Hernando del Castillo. Otros cancioneros castellanos importantes incluyen el de Palacio, el de Upsala, el de Herveray, el de Barbieri, el de García de Resende (que incluye poemas en portugués y en español) y el del Duque de Híjar. Los cancioneros gallego-portugueses más célebres son el de Ajuda, el de la Vaticana, el Colocci-Brancuti y el de Arias de Santiago. Ultimamente ha aparecido en una edición moderna el cancionero del toledano Sebastián de Horozco, el cual se compiló a mediados del siglo XVI.

Los cancioneros proveen abundantes ejemplos de los tipos de versificación que se empleaban en el siglo XV. Durante las primeras décadas del siglo, sigue aplicándose el nombre de *cantiga* a cualquier poema compuesto para ser cantado. Hacia mediados del siglo, empieza a distinguirse la *canción*, término que se usa principalmente para poemas líricos de tema amoroso. Hacia fines del siglo el *villancico* empieza a aparecer con frecuencia. La forma del *villancico* variaba durante el siglo XV. En términos generales, era una breve composición de índole popular con estribillo. Los versos contenían ocho o seis sílabas. A menudo el tema era amoroso o religioso. En *El cancionero de Baena*, muchos de los poemas de este tipo todavía llevan el título de cantiga. El *decir*, a diferencia de la cantiga o la canción, era de carácter didáctico. Normalmente consistía en una serie extensa de coplas octosílabas, aunque también se usaba el metro hexasílabo. A menudo termina con un breve apéndice unido por la rima a la última copla. Típicamente este apéndice equivale a la mitad del tipo de estrofa usada en el resto del poema. En los primeros cancioneros, se designa con el nombre gallego-portugués de *finida*. Más tarde, se sustituye el de *fin* o *cabo*.

Hasta hace relativamente poco, la actitud crítica para con los cancioneros ha sido bastante condenatoria. La repetición de temas—en particular, el del amor cortés—ha contribuido a la impresión de que la poesía del siglo XV contiene poco de original. Las modalidades trovadorescas se convertían en fórmula: el amante elogia la hermosura de una dama inalcanzable o llora sus desdenes; se entrega al sufrimiento o se despide del amor. Las imágenes se repiten: el amante es un esclavo; la dama es «pura virtut, la graciosidat» es «divina, e humana»; el amor es una cárcel, lleva inexorablemente a la muerte. «Los poemas cancioneriles *parecen* monótonos (o, si se prefiere, 'manidos')» escribe J. M. Aguirre en su introducción a una edición moderna del *Cancionero General* «porque la base sobre la que se han construido es *una*; sin embargo, las *variaciones* sobre la metafísica amorosa que sirven es casi inconcebible. El corpus de los cancioneros de la poesía de amor del siglo XV resulta ser un extensísimo *poema único* cuyos versos están constituidos por *poemas-variaciones* que presentan, desarrollan, varían y afinan los diversos temas que forman el código del amor cortés. La poesía cortesana es obra de muchos poetas, conocidos o anónimos, es un vastísimo poema cuya base emocional pertenece al pueblo.» La poesía cancioneril es el fundamento de la poesía amorosa de los próximos siglos, la que se transforma por medio del vocabulario poético y de las formas y metros introducidos por los italianos; enriquecida también por la nueva sensibilidad petrarquista y, más tarde, por la filosofía neoplatónica y, finalmente, por las técnicas y el pesimismo de los escritores barrocos.

Existe una edición facsímile del *Cancionero de Baena* hecha por Henry R. Lang (New York: Hispanic Society, 1926, 1971). Para el estudio del *Cancionero de Stúñiga*, el estudiante podrá consultar la edición de Nicasio Salvador Miguel (Madrid: Alhambra, 1987). Otra fuente útil es *Poesía y cancioneros* (Siglo XVI), eds. Antonio Rodríguez-Moñino y Camilo José Cela (Madrid, 1968).

CANCIONERO DE BAENA

ESTA CANTIGA FIZO ALFONSO ALVAREZ DE VILLASANDINO POR RUEGO DEL CONDE DON PEDRO NIÑO, POR AMOR E LOORES DE DOÑA BEATRIZ SU MUJER.

La que siempre obedecí
e obedezco todavía,
¡mal pecado! sólo un día
non se le membra de mí°
Perdí
meu tempo° en servir
a la que me faz vevir°
cuidoso desque° la vi.
Eu la vi por meu mal,
pois me traje conquistado
e de mí non ha cuidado
ningunt tiempo, nin me val.°
Leal
le fui siempre, e non sé
cal he a razón° porque
me da morte° desigual.

E pois que non ha mansela°
de miña cuitada morte,°
si osase, en toda corte
diría miña querela°:
mais dela°
he pavor, que ha poder
tal, que non oso disir
si es doña nin donsella°.

ESTA CANTIGA FIZO EL DICHO ALFONSO ALVAREZ DE VILLASANDINO POR AMOR E LOORES DE UNA SU SEÑORA QUE DECÍAN...°

Desque de vos me partí,
lume de estos ollos meus°,
por la fe que debo a Deus°
jamás plaser nunca vi;
tan graves cuitas sofri°,
sufro, atendo° sufrer,
que pois non vos poso ver°
non sé qué seia° de mí.

sólo... no se acuerda de mí ni siquiera un día

meu... mi tiempo

faz... hace vivir

desde que (La idea es: Si la mujer a quien sirvo desde que la vi no se acuerda de mí un solo día, entonces se pierde todo el servicio que hice por ella.)

e... y nunca me presta atención, ni tampoco me favorece

cal... cuál es la razón

muerte

E... Y puesto que no tiene compasión

miña... mi lastimosa muerte

miña... mi queja

pero de ella

La idea es: tengo tanto pavor que no oso decir nada acerca de ella (ni siquiera si estoy enamorado de una mujer casada o de una doncella).

El nombre no aparece en el manuscrito.

lume... luz de estos mis ojos

Dios (La frase significa «juro que...»)

cuitas... cuidados sufrí

espero

pois... pues no os puedo ver

sea

Choram con grant soedade°
estos meus ollos cativos°,
mortos son pero andan vivos
mantenendo lealtade°:
señora, grant crueldade
faredes en olvidar
a que non le plas mirar
sinon vossa grant beldat.°

Meus ollos andan mirando
noite° e día a todas partes,
buscando por muitas° artes
como non moira° penando;
mais meu corazón pensando
non les quere dar placer°
por vos sempre obedecer
elo non cesan chorando.°

Choram... Lloran con gran pena
estos... Estos ojos cautivos míos
mantenendo... manteniendo lealtad
grant... gran crueldad haréis al que tiene placer sólo en mirar vuestra gran belleza
noche
muchas
muera
mais... pero mi corazón pensando no les quiere dar placer (a mis ojos)
por... por siempre obedeceros ellos no cesan de llorar

ESTE DECIR FIZO EL MICER° FRANCISCO IMPERIAL POR AMOR E LOORES DE ISABEL GONZÁLEZ, MANCEBA DEL CONDE DON JUAN ALFONSO°, POR CUANTO ELLA LE HABÍA ENVIADO A ROGAR QUE LA FUESE A VER AL MONESTERIO DE SAN CLEMEINT; ÉL NON OSAVA IR POR RAZON QUE ERA MUY ARREADA E GRACIOSA MUJER.

señor (título antiguo honorífico aragonés)
tercer Conde de Niebla y duque de Medinasidonia

Enviastes mandar que vos ver quisiese,
dueña lozana, honesta e garrida°;
por mi fe vos juro que lo yo fisiese
tan de talante° como amo la vida;
mas temo, señora, que la mi ida
seríe° grant cadena para me ligar
e desque vos viese e oyese fablar,
después non sería en mí la partida.

Pero bien me place, si me enviades
firmado e sellado el vuestro seguro,
que en cárcel de amor non me pongades,
nin me aprisionedes en su alto muro,
e que en él se contenta prometo e juro
a dios de Amor de vos non ferir,
e si vos firiere, de vos bien guarir°
con obras de amor e corazón puro.

E con vos me dedes a Venus deesa°
por aseguradora, e ambas juredes
que vuestro seguro e jura e promesa
bien e lealmente que lo compliredes.
Si estos, señora, facer non podedes,
la ida sería a mí peligrosa,
e non se pensar en el mundo cosa°
que me asegure ir ver qué queredes.

E fago razón° pedir seguranza
del vuestro amoroso decir e semblante,°
por el semblante me dicen que es lanza,
e el vuestro decir polido° diamante;
por eso, señora, si vos pido ante
antanto° seguro para vos ir ver,
devedeslo dar, e si non puede ser,
en señal de él me dat vuestro guante.

elegante
tan... con tanto gusto
sería
sanar
diosa
e... y no puedo pensar en nada
tengo razón al
decir... habla y cara
pulido
un pequeño

Cantiga de Pero Ferrus para los rabíes°

rabinos

Con tristeza e con enojos
que tengo de mi fortuna
non pueden dormir mis ojos
de veinte noches la una;
mas desque a Alcalá llegué
luego dormí e folgué
como los niños en cuna.
Entre las signogas amas°
estó° bien aposentado,
do me dan muy buenas camas
e plaser e gasajado;
mas cuando viene el alba
un rabí de una grant barba
óigolo al mi diestro lado.
Mucho enantes° que todos
viene un grant judío tuerto,
que en medio de aquesos lodos
el diablo lo obiese° muerto,
que con sus grandes bramidos
ya querrían mis oídos
estar allende del puerto.
Rabí Yehuda el tercero
do posa Tello mi fijo°
los puntos de su garguero°
mas menudos son que mijo,°
e tengo que los baladros°
de todos tres ayuntados
derribarien un cortijo.

las... ambas sinagogas
estoy
antes
hubiese
do... donde se aloja Tello mi hijo
caña del pulmón
planta que tiene el tallo muy delgado
gritos

Respuesta de los rabíes a Pero Ferrus

Los rabiés nos juntamos
don Pero Ferrus a responder,
e la respuesta que damos,
queredlo bien entender,
e decimos que es probado
que non dura en un estado
la riqueza nin menester.
Pues alegrad vuestra cara
e partid de vos tristeza,
a vuestra lengua juglara°
non de dedes tal proveza°;
e aun creed en Adonay°
que el vos sanará de ay°
e vos dará grant riqueza.
El pueblo e los hasanes°
que nos aquí ayuntamos,
con todos nuestros afanes
en el Dio siempre esperamos
con muy buena devoción,
que nos lleve a remisión
porque seguros vivamos.
Venimos de madrugada
ayuntados en grant tropel
a faser la matinada°

que canta
provecho
el Señor (hebreo)
allí
título hebreo
oración de la mañana

al Dios santo de Israel,
en tal son como vos vedes,
que jamás non oiredes
ruiseñores en vergel.

DECIR DE RUY PÁEZ DE RIBERA PARA EL REY NUESTRO SEÑOR

Todo rey debe a guisado°
ser temido e temeroso
del muy alto poderoso
fuerte Dios engrandado;
e temiéndolo, esforzado,
en justicia ser cumplido,
por lo cual será temido
del pueblo común juntado.

Todo... A todo rey le conviene

Debe el rey ser mesurado
todavía en su comer,
e otrosí° en el beber
conviénele ser templado;
debe ser muy acabado
todo tiempo en cortesía,
que ninguna villanía
nunca sea en él fallado.

también

Debe ser bien proveído
todo su pueblo en justicia,
e guardarlos de malicia
e será de ellos temido;
así será mantenido
todo grande en su grandeza,
e el pobre en su probeza°
que sea bien defendido.

pobreza

Non debe ser lujurioso,
que le es mortal pecado;
pues lo Dios puso° en estado
nunca sea soberbioso;
non debe ser cobdicioso°,
otrosí nin° avariento,
que el avaro pierde el tiento
e vive muy invidioso.

lo... Dios lo puso

codicioso

otrosí... ni tampoco

Non debe ser cobdicioso
nin topar en glotonía°,
que la gula todavía
acarrea el mal dañoso;
nunca sea ocioso,
mas antes bien faser
todo bien que puede ser,
que non sea vergoñoso°.

nin... ni entregarse a la glotonería

vergonzoso

Siendo él assí regido
Dios habrá con él placer,
e forzado le es de ser
temeroso e temido;
e de sí será mantenido
todo el pueblo querelloso,
comoquier que es piadoso
oye Dios el su gemido.

E si él de tal manera
es regido e gobernado,
su pueblo común juntado
seguirán la su carrera,
e vivrán por tal manera
que el muy fuerte poderoso
será manso, e non sañoso
alzará de ellos su guerra.
Yo estando así muy quedo
ante este resplandor,
díjome con grant dulzor
e santiguóme con el dedo:
A Deus sys quia reçedo
ad magnam çely milyciam
e et ejus amiçiçiam,
fili my, tibi conçedo.°

La forma correcta en latín sería:
A Deo sis quia recedo
ad magnam caeli militiam
et eius amicitiam,
fili mi, tibi concedo.
A Dios seas, porque te entrego al gran servicio del cielo y su amor (el de Dios), mi hijo, te concedo.*

ESTA CANTIGA FIZO GARCI FERRANDES ESTANDO EN SU HERMITA CERCA DE JERENA CON SU MUJER, CONTEMPLANDO EN DIOS E EN SUS GRANDES PODERÍOS, PERO SOSPECHA DE ESTO OTRA MALDAD TENÍA EN SU CORAZÓN

O valiente, abastado,
noble Rey glorificado
tú serás mi amparanza°,
Eres mi defendedor
en mi perdurable vida,
mi corazón non te olvida
llamando: Señor, Señor;
pues eres el acabado
sea de ti perdonado
ca° en ti tengo fianza.
Tú eres el piadoso
sin medida es el tu nombre;
por salvar a todo hombre,
alto Señor poderoso,
eres del mundo loado,
ca sin fin es tu reinado
e la tu dulce esperanza.
Tus mercedes cien millas
faces, de que prendo espanto;
¿quién podría decir tanto
de tus grandes maravillas?
Tú eres, Señor, llamado
el pudiente e alabado,
visión de toda folganza°.
Non puede mi pensamiento,
Señor, pensar tu alteza,
atán° grande es tu grandeza,
firme Rey sin mudamiento,
pues eres el ensalzado,
¡o santo Rey coronado,
hay° de ti perdonanza°!

amparo

ya que

holgura

tan

haya / perdón

* Quisiera agradecer al doctor Thomas Walsh por haber traducido este pasaje.

ESTA PREGUNTA FIZO E ORDENÓ FERRANT MANUEL DE LANDO GENERALMENTE CONTRA TODOS LOS TRAVADORES° DEL REINO QUE LE QUISIESEN RESPONDER

generalmente... para todos los trovadores en general

A todos los sabios poetas seglares
e los religiosos de grant descrición°,
presento requesta e fago cuistión
por quitar de mí algunos pesares;
estrellas, planetas, con los luminares
e los doce signos° en circulación
en qué guisa° mueven su costelación
por números ciertos de cuentos millares.

descripción, producción literaria

del zodíaco

en... de qué manera

En cuáles son estos tan firmes pilares
que tienen en peso la sustentación
de los elementos por su infusión,
en todos los cursos, años lunares,
e donde pronuncian los sanctos juglares
loores divinos de consolación,
al muy alto Rey sin comparación
a quien establece tan dulces cantares.

Pregunto otrosí en cuáles lugares
está la fortuna e face mansión°,
e qué cualidat ha la su complisión,°
e si sus mundanzas son nones o pares,
o si se gobiernan de algunos manjares,
o qué forma tiene su simple visión,
ca por esta cuenta o por su fación°
se lance diversos encuentros e azares.

face... se detiene, queda

qué... de qué manera se lleva a efecto

manera de actuar

Decid eso mesmo los particulares
que considerades aquesta opinión,
en qué tiempo facen su inflamación
las duras planetas, Soturno e Mares°,
e por conclusión de aquestos notares
en qué cosas debe facer conjunción,
segunt la dotrina de los escolares°.

Soturno... Saturno y Marte

nigromantes

FINIDA

E póngovos plazo de días solares
para responder aquesta lición,
demientra° que reina el sol en León°
e van decayendo los caniculares°.

mientras / signo astrológico (23 julio a 22 agosto)

el período del año en que hace más calor (El poeta les da a los trovadores hasta fines del verano para responder.)

ESTE DECIR FIZO E ORDENÓ FERRANT SÁNCHEZ SOBRE EL MUNDO E SUS VANAS MANERAS

Non puedo fallar carrera nin vado,
puerto seguro, escala nin rama
por donde alcance la gracia que llama
del alto maestro del mar airado;
de aqueste mundo do tantos perecen
non puedo foir° maguer° me recrecen°
los vientos en pompa del tiempo pasado.

huir / aunque / aumentan

En algunt estado non fallo° reposo,
los más están lueñe° de vida segura
si alguno se esfuerza su bien poco dura;
lo alto e lo bajo está peligroso;
por ende° en probar levar° aquel peso

algunt... ningún estado hallo

lejanos, apartados

por... por tanto / **probar**... tratar de llevar

que otros cansados dejaron, mi seso
esto° muy cobarde, turbado, medroso. — estoy

De la otra parte los grandes errores
yo veo crecer e non las vertudes,
e vase el tiempo con las juventudes,
quedan pecados e viejos dolores;
la muerte se acerca, non sé cuál nin cuándo,
mis obras e abtos° bien considerando, — autos (conjunto de actuaciones)
mi corazón siente esquivos temblores.

Mirando aquel día en que yo veré
todas mis culpas delante el Señor,
e dará sentencia el que es sabidor
en todas las cosas e nunca habré
aquesto que digo vos dis° el Salmista°: — dice / David
Timor e tremor obtimeron me°. — El verso pertenece al Salmo 54, 6. La forma correcta es: *Timor et tremor venerunt super me* (Temor y tremor vinieron sobre mí).

ESTA CANTIGA FIZO E ORDENÓ DON PERO VÉLEZ DE GUEVARA EN LOORES DE SANTA MARÍA, LA CUAL ES BIEN ORDENADA

Madre de Dios verdadero,
Virgen santa sin error,
oyas° a mí, pecador, — oigas
que la tu merced espero.

Cuando al ángel dejiste,
sancta fue aquella hora,
ecce ancilla°, señora, — **ecce**... He aquí la esclava del Señor
Dios e ome° concebiste; — hombre
pues a mí que vivo triste
fazme ser merecedor
del tu bien por el amor
de este santo mandadero°. — embajador

Estrella de alegría,
corona de paraíso,
vuelve tu fermoso viso° — cara
contra mí, señora mía,
ca sobeio° cada día — de sobra, excesivamente
sufro cuitas° e pavor — cuidados
con espanto e grant temor
de este mundo refertero°. — lleno de contiendas y conflictos

Señora so° cuyo manto — bajo
cupieron cielos e tierra,
en la trinidat se encierra
Padre, Fijo, Spíritu Santo;
esto creo más de tanto
e soy cierto e sabidor
que estos tres en un tenor
en un Dios solo señero°. — único

Santa Virgen coronada
por la tu grant humildat,
que toda la Trenidat
en ti fizo su morada;
o tú, bien aventurada,
ruega por tu servidor°, — es decir, por mí
pues ante nuestro Señor
non siento tal medianero°. — intercesor, intermediario

Creo en el tu Fijo bueno,
señora, más de mil veces,
que trojiste° nueve meses — trajiste
en el tu muy santo seno°; — vientre
e después al mes noveno
parístelo sin dolor
Jesucristo Salvador,
tú, Virgen, como primero.

ESTA CANTIGA FIZO JUAN RODRÍGUEZ DE PADRÓN CUANDO SE FUE METER FRAYRE° A JERUSALÉN EN DESPIDIMIENTO DE SU SEÑORA — fraile

Vive leda° si podrás — alegre, contenta
non esperes atendiendo,
que segunt peno sufriendo
non entiendo
que jamás
te veré nin me verás.
¡O dolorosa partida
de triste amador, que pido
licencia, que me despido
de tu vista e de mi vida!
El trabajo perderás
en haber de mí más cura,° — **en**... de tener que ocuparte de mí
que segunt mi grant tristura° — tristeza
non entiendo
que jamás
te veré nin me verás.
Pues que fustes° la primera — fuiste
de quien yo me cativé,
desde aquí vos do° mi fe — doy
vos seres° la postrimera. — serás

ESTA CANTIGA FIZO MACÍAS CONTRA EL AMOR; EMPERO ALGUNOS TROVADORES DICEN QUE LA FIZO CONTRA EL REY DON PEDRO

Amor cruel e brioso,
mal haya° la tu alteza — exclamación imprecatoria
pues non faces igualeza
seyendo° tal poderoso. — siendo
Abajóme mi ventura
non por mi merecimiento
e por ende° la ventura — eso
púsome en grant tormento.
Amor, por tu fallimiento
e por la tu grant crueza,° — crueldad
mi corazón con tristeza
es puesto en pensamiento.
Rey eres sobre los reyes
coronado emperador,
do te place van tus leyes,
todos han de ti pavor;
e pues eres tal señor
non faces comunaleza°, — medianía y regularidad entre los extremos de lo mucho y lo poco
si entiendes que es proeza
non soy ende° judgador° — de esto / juez

So° la tu cruel espada — bajo
todo ome es en omildanza°, — **todo**... todo hombre está en un estado de humildad
toda dueña mesurada° — cuerda
en ti debe haber fianza°; — confianza
con la tu briosa lanza
ensalzas toda vileza,
e abajas la nobleza
de quien en ti obo° fianza. — hubo (tuvo)
Ves, Amor por qué lo digo,
sé que eres cruel e forte°, — fuerte
adversario o nemigo°, — enemigo
desamador de tu corte;
al vil echas en tal sorte° — suerte
que por pres° le das alteza; — pago (que se le da a un soldado)
quien te sirve en gentileza
por galardón le das morte.° — muerte

ESTA CANTIGA FIZO E ORDENÓ EL MAESTRO FRAY DIEGO (DE VALENCIA) CONTRA UNA MUJER DE LEÓN QUE ERA MALA E PUTA

Teresa pues tienes fama
de grant puta natural,
Dios le dé cuitas e mal
a cualquier que te más ama.
Segunt la vida que faces
non menguas° nada de puta; — faltas
escuderos e rapaces
te fallan muy disoluta,
ca non han por nueva fruta
de te probar a las veces;
más rahez que las raheces°, — **más**... más barata que la basura
mentidera° e desleal. — mentirosa
Por uso que mantienes
te pueden mundaria°, — **te**... te pueden llamar ramera
ca con ellos bien convienes
en la tu vida ordinaria;
esta tal llaman focaria° — prostituta
o grant puta por latín,
mucho dina° del botín, — moneda árabe de oro
andariega, mentiral°. — mentirosa
El tu cuerpo non se niega
a cualquier que te lo pide,
a todos eres muy mega° — apacible, tratable
tan sólo que te convide;
de tu casa non se espide° — despide
fasta levar° la respuesta, — **fasta**... hasta llevar
que le tú das mucho presta° — **que**... que tú le das muy pronto
sin tomar muy grant cabdal°. — **muy**... mucho dinero (Teresa es barata.)
Cuatro blancas° es tu caxa° — moneda de plata / caja, precio
por el cuerpo que man lievas°; — **que**... que a mano llevas, que recibes
la moneda anda baxa° — baja (Es decir, el precio es bajo.)
e por ende más non lievas;
e lo demás sobre llevas° — **sobre**... dispensas
para pagar otro día;
en razón de cortesía
mucho eres comunal°. — moderada, regular

CANTICAS E DECIRES E PREGUNTAS E REQUESTAS° QUE FIZO E ORDENÓ EN SU TIEMPO JOHAN° ALFONSO DE BAENA, ESCRIBANO DEL REY, ACTOR° E COMPONEDOR E COPILADOR DE ESTE PRESENTE LIBRO; LOS CUALES DECIRES E REQUESTAS E OTRAS COSAS AQUÍ PUESTAS, QUE POR EL DICHO JOHAN ALFONSO FUERON FECHAS E BIEN ORDENADAS, NON ES RAZONABLE NIN CONVENIENTE COSA DE LAS ÉL ALABAR NIN LOAR SI SON BIEN FECHAS E ORDENADAS E SOTILMENTE LIMADAS E ESCANDIDAS°, PERO REMÍTELO A LA NOBLEZA E DISCRECIÓN E MESURA DE LOS LEEDORES

solicitud
Juan
autor
medidas (se refiere al metro poético del verso)

PETICIÓN QUE FIZO E ORDENÓ EL DICHO JUAN° ALFONSO DE BAENA PARA EL REY NUESTRO SEÑOR

Nótese que Johan, Iohan y Juan son intercambiables.

Señor, alto rey de España,
por vos dar placer e vicio°
e facervos gran servicio
yo tomé carga tamaña
de entrar en tal montaña°
contra dos tan sabidores°
e muy lindos travadores,
de Castilla los mejores;
líbreme Santa Susana
de estos dos e su compaña°.
Señor, alto rey de España
pues Illescas, viejo cano,
e Manuel el sevillano
amos° tienen de mí saña,
con mi lengua de guadaña°,
maguer tengo fea vista°
e non so° grant coronista°,
juro a Dios que yo los vista
del paño de tiritaña°,
e veamos quien regaña°.
Señor, alto rey de España,
pues tenemos tales jueces,
que miren nuestros jaeces°
si venimos de Alimaña°
o de Chipre° o de Cucaña°;
mande vuestra grant señoría
que pierdan malenconía°
e tomen placentería
sin enojo e sin sisaña°,
ca la burla non rascaña°.

gusto especial
trabajo tan grande
Se refiere a los poetas Alfonso Alvarez de Villasandino o de Illescas y a Ferrán Manuel de Lando.
familia
ambos
instrumento para segar: **lengua**... lengua aguda
maguer... aunque soy feo
soy / cronista
paño... cosa de poca substancia
se queje, aulle
calidades
Alemania
isla del Mediterráneo / lugar ficticio donde todo es prosperidad y abundancia
melancolía
rabia
hiere

FINIDA

Señor, alto rey de España,
yo les mando mal otoño,
ca les meteré el demoño;
démelo por testimonio
Ferrando López de Saldaña
que de risa bien se apaña.

REPLICACIÓN DE JUAN ALFONSO (DE BAENA) CONTRA FERRÁN MANUEL (DE LANDO)°

En el poema al cual Baena alude, Lando lo acusa de ser un cristiano nuevo.

Lindo fidalgo en la luna menguante°,
leíste poetas segunt que sofismo°;
por ende, avisatvos por el inforismo°
del alto poeta, rectórico Dante,
e luego veredes que andades errante,
así como anda estrella cometa,
cuando recursa al sol que someta
sus rayos distintos por ser igualante.

símbolo del Islam
doctrina mística de los mahometanos
exposición

FINIDA

E así concluyendo, gentil cabalgante,
sostengo contrario de aquesta batalla,
que nunca se vence por mucho otealla°
ninguna fermosa sin ser demandante°.

mirarla desde lejos
sin... sin pedir nada a cambio (Baena se burla de la poesía amorosa.)

ESTE DECIR FIZO E ORDENÓ EL DICHO JUAN ALFONSO DE BAENA COMO EN MANERA DE REQUESTA E PREGUNTA GENERAL CONTRA TODOS LOS TROVADORES QUE LE QUISIESEN RESPONDER

PREGUNTA DE JUAN ALFONSO DE BAENA

A todos aquellos que son muy agudos
en la poetría, que saben trovar,
a todos los otros que saben trovar
los dichos sotiles de los muy sesudos;
a todos los hombres envisos° e rudos
que son derramados por todas las partes,
a todos los sabios que saben las artes
les fago pregunta, también a los mudos.
Decidme, señores, por vuestra mesura
el arte de trovas si es por ciencia
o es por engenio o es por femencia°,
o es por abdacia° o es por cordura;
o el arte gayosa° si toca en locura,
o aquel que la sigue si sube en el peso
de ser estuido° su cuerpo con seso,
si non lo mampara° quien fizo natura°.

sagaces, advertidos
eficacia, práctica, actividad
audacia
alegre
destruido
protege / **quien**... Dios

FINIDA

Quien bien respondiere quizá por ventura
será muy loado por más que poeta;
por ende veamos quien pone carreta°
e juega de mate° por arte madura.

pone... se da demasiada prisa
lance que pone término al juego de ajedrez (La idea es que algunos poetas ponen fin a sus poemas demasiado pronto, sin tomarse el tiempo de trabajarlos y pulirlos.)

Cancionero de Stúñiga

LOPE DE STÚÑIGA

Llorad, mis llantos, llorad,
llorad la pasión de mí,
llorad la mi libertad
que por amores perdí;

llorad el tiempo pasado
pasado sin galardón,
llorad la triste pasión
de mí, muerto et non finado.
  Llorad mi dolor tan fuerte,
llorad mi mal tan estraño,
llorad por tal que mi muerte
non puede matar mi daño;
llorad et gemid llorando,
llorando tanto pensar,
llorad porque bien amando
siempre me vi desamar°. — aborrecer
  Llorad, los mis gemidos
vayan gemiendo mis males,
gemid los mis despendidos° — gastados en exceso
servicios tan desiguales°; — inmensos
gemid, gemido presente,
presente a mi mal profundo,
gemid infinitamente
mi nacimiento en el mundo.
  Gemid, gemiendo, gemir
gemid mis esquivos llantos,
gemid, et quizá morir
podréis facer mis quebrantos°; — aflicciones
gemid la triste cadena,
cadena que me prendió
gemid la terrible pena
que de placer me quitó.
  Gemid e sospirar,
sospire mi grand tormento,
sospire tanto pesar
cuando me dio pensamiento;
sospiro lo que padezco,
padezco con mis amores,
sospire que non perezco
sin dolores de dolores.
  Sospiro lo sospirado,
que sospiré muchos días,
sospiro desimulado
las llagas antiguas mías,
sospiro cuanta verdat,
verdat se me quebrantó,
sospiro poque piedat
murió primero que yo.
  Sospiren más mis cuidados,
piensen en mis pensamientos,
piensen los tristes estados
de todos mis perdimientos;
piensen y piensen en quién,
en quién me fizo ser tal.
piensen en cómo mi bien
se fizo todo mi mal.
  Piensen mi grand descendida,
piensen mi poco sobir,
piensen tamaña caída
cual de mí pueden oír;

piensen la huida llorosa,
llorosa que despendí,
piensen la rabia rabiosa
con que rabiando morí.

FIN

Piensen la causa forzada,
forzada con que partí,
piensen al fin la tornada
cuant desastrado nací.

JUAN DE ANDÚJAR

A LA CONDESA DE ADERNO°

villa de Sicilia

Deesas preciosas Calíope° et Palas°,
mostrando vuestra inmensa potencia,
faced al ingenio mío las alas
algund tanto agudas de vuestra influencia;
así que yo pueda con gran reverencia
de aquesta segunda Diana escribir
las claras virtudes e limpio vivir,
la gran fermosura, la bella presencia.

madre de Orfeo, musa de la poesía épica y de la elocuencia / diosa griega de las artes y de las ciencias

La cual de la casa de sancto sobrino
es el principio de sus propios genos°,
su noble marido a ella condino°
de los Moncadas° notables, serenos:
non Penélope°, nin Ysifle menos,
non la prudente castísima Argía°
tuvieron guardados con tanta porfía
sus inmaculados limpísimos senos.

linaje

fundador

importante familia española; Hugo de Moncada (¿1466?–1528) fue un capitán español que se distinguió en Italia; fue virrey de Sicilia en 1509 y en 1527 / mujer de Ulises, conocida por su fidelidad durante la larga ausencia de su marido / Ysifle y Argía son otras mujeres de la antigüedad ejemplares por su virtud.

Puede fortuna sus bienes mundanos
dar et quitar segund su placer,
pero las virtudes non son en sus manos
nin de ellas vos pudo desnuda facer;
nunca dirán en vos conocer
modos nin actos que fueren blasmados°,
si bien morales, los cuales formados
suelen las dueñas° prudentes haber.

imputados, reprobados

mujeres casadas

Tenés sin un sí° muy grande fermosura,
con abtitud de clara bondat,
gesto, donaire, gracia et mesura,
con perfectión de vera° honestad;
modestia, temperanza° sin reguridad°,
cual se requiere a vuestra nobleza,
por uso común con grand gentileza
regís vuestras fablas con moralidat.

sin... callando, sin necesidad de hablar

verdadera

moderación, templanza / rigor excesivo

Señora Condesa, en vuestras faciones
en el gestro° pulcro con grande armonía
muestra haber fecho por sus proporciones
el última fuerza sotil iumetría°;
las estrellas potentes, la grand jerarquía
con los elementos mostraron la prueba
del su grand poder, faciéndonos nueva
sobre las otras que el mundo nos cría°.

aspecto

geometría, proporciones (Es decir, las facciones de la condesa son perfectamente proporcionadas.)

Es decir, la condesa es una estrella más hermosa que las demás.

Así, pues, que tanto vos fizo compuesta
por gracia celeste el vuestro planeta,

e sobre las damas modestas, modesta°,
en grand perfectión, prudente, discreta;
no bastaría Homero° poeta,
sin ser ayudado de gracia divina,
a vuestros loores que humana doctrina
non es en tal casa del todo perfecta.
El Iove° potente que el mundo gobierna
et há con gran cura los cielos regido°,
e fizo la clara lumbrosa lucerna°
que ha de la noche el día partido,
vos guarde et conserve con vuestro marido,
en gracia de la alta real majestad,
porque, luengos° tiempos en felicidat,
loés el su santo nombre temido.

Es decir, de las damas modestas, tú eres la más modesta.

autor de la *Ilíada* y de la *Odisea*

Júpiter, en latín. Aquí se refiere al Dios judeo-cristiano.

et... y gobierna los cielos con mucho cuidado

candela, luz (se refiere al sol)

largos

FIN

El niño Feronte°, sin seso regido,
tomó grande empresa con simplicidat,
así yo, ilustra señora, vos pido
que me perdonéis con humanidat.

Faetón, hijo de Apolo (el Sol) quien le dio permiso para manejar su carro. Por su inexperiencia, Faetón se destruyó y casi abrasó el universo. Es símbolo de la falta de prudencia.

CARVAJALES

¡O qué poca cortesía
para ser tan linda dama,
desamar a quien vos ama!
Doledvos de mí, que peno,
la vida triste que vivo,
non fagáis de mí ageno
que nací vuestro cativo;
renegad mala porfía,
¿non sentís que vos disfama
desamar a quien vos ama?

IOHAN DE DUEÑAS

La franqueza° muy estraña
que buscáis por empresa,
un muy noble rey de España
dice que la tiene presa.
Dicen que la quiere tanto,
que por facerle placer,
este es un mortal espanto
lo que da y echa a perder;
et la virtud do se baña
franqueza de amor encesa°,
un muy noble Rey de España
dicen que la tiene presa.
Dicen que tiene también
gozos, placeres et guerra,
et victoria contra quien
tomar quiere de su tierra;
e la valiente compaña,
que así la tiene defesa°,
un muy noble rey de España
dicen que la tiene presa.

libertad (del amor)

encendida

prohibida, vedada

FIN

De vuestra pena tamaña,
si Dios me ayude, me pesa,
mas amigos a muchos daña
por arrear sobre mesa°.

arrear... tratar de hacer algo que no conviene o no dará resultados

JOHAN DE TAPIA

CONTRA UN SU AMIGO ITALIANO

Mal haya quien su secreto
dice a persona nacida°
para siempre ser subiecto°,
cativo toda su vida.
Yo erré en confesar
lo que vos fui a decir,
fuistesme a disfamar
e del todo a discobrir°;
todo hombre mire el efecto,
su lengua tenga escondida,
non descobra su secreto
a persona de esta vida.
Oír et ver et callar
yo siempre lo loaré,
hame pesado fablar,
de esto me arrepentiré;
pues que yo non fui discreto
en patria desconocida,
non descubras tu secreto
a persona de esta vida.

a... a cualquier persona
sujeto
descubrir, revelar

Cancionero General

GÓMEZ MANRIQUE

EN NOMBRE DE LAS VIRTUDES QUE IBAN MOMOS[1] AL NACIENTO DE UN SOBRINO SUYO

Justicia
Yo te fago justiciero,
mas que castigues sin saña,
porque vivas en España
muy nombrado caballero,
e parescas
aquellos de donde vienes,
e por tu virtud merescas
alcanzar muy grandes bienes.

Prudencia
Yo te otorgo que seas
sabio, discreto, sentido,
e mas, que siempre te veas
de todo el mundo querido
en tal grado,
que toda España se rija
por tu consejo e mandado,
e nadie non te corrija.

Tempranza
Yo te fago muy temprado
e bueno de comportar
e que no temes pesar
nin plazer demasiado;
que gran tiento
es del que sabe encobrir
todo pesar e tormento
que le convenga sofrir.

Fortaleza
Yo te do[2] que seas fuerte,
esforzado sin medida,
e que non temas la vida
por haber honrada muerte.
Otrosí
que seas tan venturoso,
que quien fuere contra ti
siempre viva temeroso.

---

[1] figuras alegóricas cómicas que aparecían en juegos, mojigangas y danzas.

[2] doy.

Fe
Fágote, mientra vivieres,
que seas siempre costante,
e tu fe non se quebrante
doquiera que la pusieres.
E serás
amador de gentileza,
e siempre te pagarás
de verdad e de firmeza.

Esperanza
Yo la virtud de esperanza
seguiré tu compañía,
porque tengas toda vía
de bien haber confianza;
pues aquel que te permitió nacer,
confiando tú en él,
no te puede fallecer.

Caridad
Fágote caritativo,
a los buenos amigable,
e no persona te fable
que te falle ser esquivo;
que es virtud
a quien todo el mundo ama,
e acrecienta salud,
e todos vicios derrama.

GARCI SÁNCHEZ DE BADAJOZ

VILLANCICO

Lo que queda es lo seguro,
que lo que comigo va
deseándoos morirá.
Mi ánima queda aquí,
señora, en vuestra prisión,
partida del corazón
del dolor con que partí;
mas los ojos con que os vi
y el cuerpo que no os verá
deseándoos morirá.

SORIA

ESPARZA[3]

A contemplar vuestro gesto
todos venimos forzados,
y luego, junto con esto,
el engaño manifiesto
se halla a pasos contados;
que de la contemplación
ha de nacer la pasión,
y vos sois de tal manera,
que quien más merced espera
halla menos compasión.
El no sabio y el que sabe
todos saben este aviso,
mas la gracia que en vos cabe
danos muerte tan süave,
que lo pasamos en riso.[4]
Mas tal disimulación
presto será ejecución
de la más cruel sentencia,
porque tan grave dolencia
no tiene consolación.

PEDRO TORRELLAS

COPLAS DE MALDECIR DE MUJERES (*FRAGMENTOS*)

Quien bien amando persigue
dueñas, a sí mesmo destruye,
que siguen a quien las huye,
y huyen a quien las sigue;
no quieren por ser queridas
ni galardonan servicios,
mas todas desconocidas[5],
por sola tema regidas
reparten sus beneficios.
Donde aposentan los ojos
sin otro conocimiento,
allí va el consentimiento
acompañado de antojos,
y no es más su bondad
que vana parencería,[6]
a quien no han voluntad
muestran que por honestad
contrastan a su porfía.

. . .

Son todas naturalmente
malignas y sospechosas,
mal secretas, mentirosas,
y movibles ciertamente;
vuelven como hoja al viento,
ponen lo ausente en olvido,
quieren comportar[7] a ciento,
y es el que es más contento
más cerca de aborrecido.
Sintiendo que son sujetas
y sin ningún poderío,
a fin de haber señorío
tienen engañosas setas;
entienden en afeitar[8]

[3] Composición de una sola estrofa en que se encierra una idea; es precursora del madrigal y del epigrama.

[4] risa.
[5] olvidadizas.
[6] apariencia.
[7] contentar.
[8] maquillarse.

y en gestos para traer[9]
saben mentir sin pensar,
reír sin causa, y llorar,
y embaidoras[10] ser.

. . .

Comete cualquier maldad
mujer encendida en ira,
así afirma la mentira
como si fuese verdad;
no conservan cosa en peso,
al estremo han de correr,
han así el juicio leso,
que siempre tienen buen seso
sino cuando es menester.

Mujer es un animal
que se dice imperfecto,
procreado en el defecto
de buen calor natural;
aquí se encluyen[11] sus males
y la falta del bien suyo,
y pues les son naturales,
cuando se muestran atales[12]
que son sin culpa concluyo.

Aquesta es la condición
de las mujeres comuna,
pero virtud las repugna
que les consiente razón;
y si la parte mejor
muchas disponen seguir
olvidando lo peor,
tanto a mayor loor
ellas merecen venir.

ACABA ALABANDO SU AMIGA

Entre las otras sois vos,
dama de aquesta mi vida,
del traste común salida,
una en el mundo de dos;
vos sois la que deshacéis
lo que contienen mis versos,
vos sois la que merecéis
renombre y loor cobréis
entre las otras diversos.

FLORENCIA PINAR

CANCIÓN

Es la voz de mi canción
de un dolor que al alma toca,
que el tenor lleva la boca,
las contras, el corazón.

Las palabras son dolores
que andan en el pensamiento,
penadas del sufrimiento
que las hace ser mayores.
Van notadas del tal son,
que su voz al alma toca,
y el tenor lleva la boca,
las contras, el corazón.

QUIRÓS

ESPARZA A UNA PARTIDA[13]

Cuando de reposo posa
el dolor en cualquier parte,
luego la vida se parte,
porque de muy peligrosa
se reparte.
Yo parto por apartar
mal que no puedo sofrir,
y no me pessa partir,
pues partir es el buscar
maneras para morir.

GUEVARA

ESPARZA

Las aves andan volando,
cantando canciones ledas,
las verdes hojas temblando,
las aguas dulces sonando,
los pavos facen las ruedas.[14]
Yo, sin ventura amador,
contemplando mi tristura,
desfago por mi dolor
la gentil rueda de amor
que fice por mi ventura.

JUAN ALVAREZ GATO

PORQUE LE DIJO UNA SEÑORA QUE SERVÍE, QUE SE CASASE CON ELLA[15]

Decís: «Casemos los dos,
porque de este mal no muera.»
Señora, no plega[16] a Dios,
siendo mi señora vos,
que os haga mi compañera.[17]

Que, pues amor verdadero
no quiere premio ni fuerza,
aunque me veré que muero,

[9] atraer (al hombre).
[10] engañadoras.
[11] incluyen.
[12] así.

[13] Esta partida es para librarse de la angustia que le causa el amor.
[14] despliegue en abanico que hace el pavo con las plumas de la cola.
[15] El matrimonio era contrario a los códigos del amor cortés.
[16] place, gusta.
[17] Es decir, la «dama» del amante no puede ser su esposa.

nunca lo querré, ni quiero
que por mi parte se tuerza.
Amarnos amos a dos
con una fe muy entera,
queramos esto los dos;
mas no que le plega a Dios,
siendo mi señora vos,
que os faga mi compañera.

DIEGO DE SAN PEDRO

A UNA SEÑORA, EN EL DÍA DE RAMOS[18]

Cuando, señora, entre nos
hoy la Pasión se decía,
bien podés creerme vos
que, sembrando la de Dios,
nació el dolor de la mía.[19]
Huir de dolencias tales
no sé quién me lo escusó,
porque bien sabía yo
que se apegaban los males.

ÍÑIGO LÓPEZ DE MENDOZA, MARQUÉS DE SANTILLANA (1398–1458)

Iñigo López de Mendoza, el primer poeta español en escribir sonetos, era miembro de una familia distinguida por sus contribuciones literarias. Su padre, Diego Hurtado de Mendoza, fue un poeta conocido y sus tíos, Pérez de Guzmán y López de Ayala, también fueron escritores. Al morir su padre en 1404, Iñigo López de Mendoza fue a vivir con su abuela, doña Mencía de Cisneros, cuyo interés en las letras se atesta por el hecho de que patronizara a varios poetas. En su casa el joven Iñigo recibió una excelente educación clásica. A la edad de catorce años entró a la corte de Aragón, donde sirvió hasta 1418. En 1416 se casó con Catalina de Figueroa y se hizo amigo del poeta Enrique de Villena.

Si el temprano contacto con el arte literario contribuyó al desarrollo artístico de Iñigo López de Mendoza, también fue un estímulo el ambiente de la corte. Como ya se ha visto, Juan II (1406–1454) apoyó las artes con entusiasmo. Durante su reinado aumentó los contactos culturales entre Castilla y sus vecinos Francia e Italia. Muchos intelectuales españoles fueron a ciudades italianas a estudiar, lo cual tuvo como resultado un influjo de ideas y de formas artísticas. En la corte se cultivaba la poesía. Fue durante el reinado de Juan II cuando se compiló el *Cancionero de Baena* (pág. 103, 104–114), al cual Iñigo de Mendoza contribuyó con varios poemas. En la Corte de Juan II Mendoza forjó amistades con muchos de los escritores más respetados de su época, entre ellos, Alfonso de Baena, Juan de Mena y los catalanes Ausias March y Jordi de Sant Jordi.

La ocupación principal de un caballero del siglo XV era la guerra. Como otros caballeros de su época, Iñigo de Mendoza cultivaba las armas tanto como las letras. Durante su vida entera participó en campañas militares. Combatió en varias batallas importantes contra los moros y contra otros adversarios del rey de Castilla. En 1445 se distinguió en la Batalla de Olmedo y fue premiado con el título de Marqués de Santillana y Conde del Real de Manzanares. A pesar de su gran producción artística, Mendoza veía la poesía como una actividad secundaria, accesoria a su posición de caballero.

Si Juan II brillaba por la actividad literaria de su corte, el rey ha pasado a la ignominia por la ineficacia de su gobierno. Caracteriza la primera parte del siglo XV la lucha social y política. Juan II, que tomó las riendas del estado cuando tenía sólo catorce años, carecía de experiencia y voluntad. Durante gran parte de su reinado dejó el gobierno en manos de su favorito, don Alvaro de Luna, condestable de Castilla. Hombre tiránico e intrigante, Luna sembró discordia en la corte hasta perder el favor del rey y ser sentenciado a muerte. En este ambiente de embrollos y luchas el Marqués de Santillana escribió su poesía sobre la fortuna, la inconstancia de las circunstancias y la naturaleza humana.

La crítica ha dividido su obra en dos categorías temáticas: la cortés y la filosófica y moral. La primera se basa en las tradiciones gallego-portuguesas y combina la ligereza y sencillez de la cantiga popular con una técnica culta y refinada. La poesía de tema filosófico o moral revela la influencia de los escritores italianos tales como Dante, Petrarca y Boccaccio. La influencia de Dante se nota especialmente en *Comedieta de Ponça* y *El infierno de los enamorados*, dos visiones alegóricas. Entre los poemas más celebrados del Marqués de Santillana hay que contar los *Sonetos fechos al itálico modo*, cuarenta y dos sonetos que son los primeros que se escribieron en español. Estos sonetos parecen no haber tenido ninguna influencia en el desarrollo formal de la poesía española, ya que el soneto no volvió a escribirse en España hasta que Boscán lo introdujo a principios del siglo XVI. Sin embargo los sonetos representan un temprano esfuerzo por incorporar a la poesía castellana *il dolce stil nuovo* (el dulce estilo nuevo) cultivado por varios poetas italianos, que tendrán un efecto profundo en los cancioneros del siglo XV. Temáticamente, los sonetos son un puente entre los poemas de amor y los de tema moral y filosófico. Veintidós de estas poesías tratan del amor. Los otros son de asunto histórico-político o religioso; tratan de la muerte, la guerra, la poesía, la patria, la moral, la Virgen María y los santos.

El Marqués de Santillana también escribió prosa. Su ensayo *Proemio y carta al Condestable de Portugal* es un tratado sobre la poesía. A pedido del rey, también com-

[18] **el**... el útimo domingo de la cuaresma, que da principio a la Semana Santa.
[19] Idea muy sacrílega; pensando en la Pasión de Cristo, el amante recuerda su pasión por la dama.

piló una colección de proverbios—una de las más antiguas de Europa—que Juan II quería para la educación e iluminación de su hijo.

Su afición a las nuevas formas poéticas, su interés en la teoría poética y su apreciación de la sabiduría del hombre común contenida en los proverbios definen al Marqués de Santillana como un precursor de los poetas renacentistas.

Las ediciones más recientes de las obras del Marqués de Santillana son la de Miguel Angel Priego (Madrid: Alhambra, 1983); la de Manuel Durán, 2 vol. (Madrid: Castalia, 1975–1980), la colección de sonetos editada por M. Kerkhof (Madison: Hispanic Seminary of Medieval Studies, 1985) y *Obras completas del Marqués de Santillana*, eds. Angel Gómez Moreno y Maximilian P. A. M. Kerkhof (Barcelona: Planeta, 1988).

Querella° de amor

queja

Ya la gran noche pasaba
e la luna se escondía:
la clara lumbre del día
radiante se mostraba;
al tiempo que reposaba
de mis trabajos e pena,
oí triste cantilena°,
que tal canción pronunciaba:

melodía sentimental

Amor cruel e brioso,
mal haya la tu alteza,
pues non faces igualeza,
seyendo tan poderoso.

Desperté como espantado
e miré donde sonaba
el que de amor se quejaba
bien como damnificado;
vi un hombre ser llagado
de gran golpe de una flecha,
e cantaba tal endecha°
con semblante atribulado:

canción triste

De ledo° que era, triste,
¡ay, Amor! tú me tornaste,
la hora que me tiraste°
la señora que me diste.

alegre, feliz
quitaste

Pregunté: «¿Por qué facedes,
señor, tan esquivo duelo,
o si puede haber consuelo
la cuita° que padecedes?»
Respondióme: «Non curedes°,
señor, de me consolar,
ca mi vida es querellar,
cantando así como vedes:

el cuidado, la preocupación
no tengáis cuidado, no os preocupéis

Pues me falleció° ventura
en el tiempo del placer,
non espero haber folgura,
mas por siempre entristecer.

faltó

Díjele: «Según parece,
la° dolor que vos aqueja
es alguna que vos deja
e de vos non se adolece.»
Respondióme: «Quien padece
cruel plaga por amar,
tal canción debe cantar
jamás°, pues le pertenece:

el

siempre

Cautivo de miña tristura°,
ya todos prenden espanto,

de... de mi tristeza

e preguntan qué ventura
es, que me atormenta tanto.»
Díjele: «Non vos quejedes,
ca° non sois vos el primero
nin seréis el postrimero
que sabe del mal que habedes°.»
Respondióme: «Fallaredes
que mi cuita es tan esquiva,
que jamás en cuanto viva,
cantaré, según veredes:
Pero te sirvo sin arte:
¡ay amor, amor, amor!
grande cuita...
de mí nunca non se parte.
«¿Non puede ser al sabido
(repliqué) de vuestro mal,
nin de la causa especial
porque así fuisteis herido?»
Respondió: «Troque e olvido
me fueron así ferir,
por do me convien' decir
este cantar dolorido:
Crueldad e trocamento
con tristeza me conquiso°;
pues me dexa quien me priso,°
ya non hay amparamento.°
Su cantar ya non sonaba
según antes, nin se oía;
mas manifiesto se vía°
que la muerte lo aquejaba.
Pero jamás non cesaba
nin cesó con gran quebranto
este dolorido canto,
a la sazón que expiraba:
«Pois plazer non posso aver
a meu querer, de grado
seray morir, mays non ver
meu ben perder, cuytado°.»

porque
tenéis
conquistó
prendió, tomó
amparo, remedio
veía

Pois... Pues placer no puedo tener / como quisiera, gustoso / será el morir, mas no el ver / perder a mi bien, desdichado

FIN

Por ende quien me creyere,
castigue en cabeza ajena;
e non entre en tal cadena
do non salga, si quisiere°.

Por... Por lo tanto, quien me creyera / que aprenda de los errores hechos por otros / y no entre en tal prisión (la del amor) / de donde no podrá salir, aun si quisiera

Sonetos fechos al itálico modo

EN ESTE OCTAVO SONETO MUESTRA EL AUTOR EN CÓMO NON EMBARGANTE SU SEÑORA O AMIGA LO HUBIESE FERIDO E CAUTIVADO, QUE A ÉL NON PESABA DE LA TAL PRISIÓN°.

non... a pesar de que su señora o amiga lo hubiese herido y cautivado, que a él no le desagrada esta prisión (de amor)

¡Oh dulce esguarde°, vida e honor mía,
segunda Elena°, templo de beldad,
so° cuya mano, mando e señoría
es el arbitrio mío e voluntad!

mirada
princesa griega célebre por su belleza, que provocó la guerra de Troya / bajo

Yo soy tu prisionero, e sin porfía
fuiste señora de mi libertad,
e non te pienses fuya tu valía°
nin me desplega° tal cautividad.
Verdad sea que Amor gasta e destruye
las mis entrañas con fuego amoroso,
e jamás la mi pena disminuye.
Nin punto fuelga°, nin soy en reposo,
mas vivo alegre con quien me refuye°;
siento que muero, e non soy quejoso.

fuya... que huya de tu prisión
desagrada

Nin... no cesa ni por un momento
rehuye, rechaza

EN ESTE CATORCÉSIMO SONETO EL AUTOR MUESTRA QUE ÉL, CUANDO ES DELANTE AQUELLA SU SEÑORA, LE PARECE QUE ES EN EL MONTE TABOR, EN EL CUAL NUESTRO SEÑOR APARECIÓ A LOS TRES DISCÍPULOS SUYOS°; E POR CUANTO LA HISTORIA ES MUY VULGAR°, NON CURA DE° LA ESCRIBIR°.

Se trata de la Transfiguración de Cristo, quien apareció bañado en luz ante Pedro, Santiago y Juan. / conocida
non... no se molesta en / escribirla

Cuando yo soy delante aquella dona°,
a cuyo mando me sojuzgó° Amor,
cuido ser uno de los que en Tabor
vieron la gran claror° que se razona°,
o que ella sea fija de Latona°,
según su aspecto e grande resplandor:
así que punto yo non he vigor°
de mirar fijo su deal° persona.
El su grato fablar dulce°, amoroso,
es una maravilla ciertamente,
e modo nuevo en humanidad:
el andar suyo es con tal reposo,
honesto e manso, e su continente,
que, libre, vivo en cautividad°.

mujer
sujetó
luz / dice
En la mitología, la hija de Latona es Diana, que se asocia con la luna
non... no tengo fuerza
divina
El... Su agradable y dulce hablar

que... que aun siendo libre (literalmente), soy cautivo (figurativamente)

JUAN DE MENA (1411–1456)

Juan de Mena fue tal vez el primer hombre de letras—es decir, intelectual que dedicó su vida enteramente al estudio y al cultivo de la literatura—de la historia de España. Nació en Córdoba, hecho que sabemos porque en varias partes de su obra menciona elogiosamente su ciudad natal, patria también de los filósofos romanos Séneca y Lucano. Algunos eruditos—entre ellos, María Rosa Lida de Malkiel—creen que era converso, de ascendencia judía por parte de su madre. Quedó huérfano muy joven. Parece que inició sus estudios en Córdoba, entrando después a la Universidad de Salamanca a los veintitrés años. Más tarde, se trasladó a Florencia, donde residía la corte pontificia, y vivió allí en el séquito del cardenal Juan de Torquemada hasta 1443. Al volver a España, desempeñó el cargo de Veinticuatro (regidor) de Córdoba y secretario de cartas latinas de Juan II. Por el año 1444 se le concedió también el cargo de cronista oficial, como recompensa por el *Laberinto de Fortuna*, que dedicó al rey. Juan de Mena mantuvo amistad con varios hombres importantes de la corte y recibía una renta anual del rey. Así que, a pesar de ser puramente un hombre de letras, parece que tuvo una vida bastante acomodada. Posiblemente se casó dos veces, la segunda en Córdoba con Marina de Sotomayor, una mujer mucho más joven que él. No tuvo descendencia.

Entre las personas con quienes estaba relacionado en la Corte, hay que contar a don Alvaro de Luna, condestable de Castilla y favorito de Juan II. Alvaro de Luna fue uno de los hombres más ricos y poderosos de su época, aunque hacia el final de su vida se enemistó con el rey y murió ajusticiado. Sobre la actitud de Mena para con Luna hay diversas opiniones. Algunos creen que el condestable era un ideal político para el poeta. Es cierto que en su *Libro de las virtuosas y claras mujeres* le incluye un prólogo muy halagador. En 1448 le dedica sus *Memorias de algunos linages* y en 1452 le dirige un poema. Sin embargo, Marie G. Turek ha visto en el círculo de Saturno del *Laberinto* una sátira velada que revela una actitud de desaprobación hacia Luna.

A pesar de la distancia social que los separaba, Mena también mantuvo relaciones y hasta cruzó poemas con el Marqués de Santillana, el otro gran poeta de la época. En

1438 compuso en honor al marqués un poema alegórico en quintillas, la *Coronación*, con un comentario en prosa. Sin embargo, en cuanto a su actitud hacia la poesía había un mundo de diferencia entre los dos. El Marqués de Santillana era el gran señor que cultivaba las letras en sus tiempos de ocio. Como otros aristócratas de su época, veía el cultivo de la poesía como una actividad conveniente para el desarrollo intelectual y estético del caballero, pero no como su preocupación principal. Juan de Mena, en cambio, era un hombre de letras profesional—un *scholar* en el sentido anglosajón. Era un intelectual con una orientación humanística que lo define como un precursor del humanismo renacentista. La obra de Juan de Mena revela amplios conocimientos de las literaturas italiana y clásica. Es Juan de Mena, más que el Marqués de Santillana, el que da dirección a la poesía de la primera parte del siglo XV. Si el uso de la alegoría liga su obra a tradiciones literarias medievales, la abundancia y originalidad de imágenes y el uso de modelos italianos y clásicos apunta hacia el Renacimiento.

El *Laberinto de Fortuna* es la obra poética más importante de Juan de Mena y tal vez la más conocida de su época. Consta de 297 coplas de arte mayor—versos de más de ocho sílabas, divididos rítmicamente en dos hemistiquios (mitades o partes). El tema del *Laberinto* son las ruedas y círculos del Palacio de la Providencia. Como en la *Divina Comedia* de Dante, el autor visita diversos compartimentos de su universo poético, describiendo a los grandes personajes históricos y contemporáneos que se encuentran allí. A través de sus comentarios, expone sus ideas morales y hace una crítica de su tiempo.

El *Laberinto* empieza con una dedicatoria a Juan II. El autor declara su objetivo: el de exponer las discordias de la Fortuna, dando ejemplos tomados de la antigüedad y de la vida contemporánea. De repente se siente llevado en el aire por la diosa Belona, que lo deposita a la vista de la casa de la Fortuna. Pronto aparece la Providencia en forma de una hermosa doncella y el autor se da cuenta de que en realidad es ella y no la Fortuna la que dispone de la vida de cada individuo. Le pide a la Providencia que le sirva de guía. Ella acepta y lo lleva a lo alto de la casa de la Fortuna. Desde allí el poeta observa todo el universo. La Providencia le señala tres ruedas. La del pasado y la del futuro son estacionarias; la del presente se mueve constantemente. En cada rueda hay personajes que sirven de ejemplos, aunque los del futuro tienen la cara tapada. Los virtuosos se encuentran en lo alto, los condenados en lo bajo. También se distinguen los siete círculos de los planetas. Cada uno representa el valor que, según la astrología, se asocia con el planeta: Luna, castidad y templaza; Mercurio, codicia y avaricia; Venus, amor virtuoso; Sol, prudencia; Marte, fortaleza; Júpiter, justicia; Saturno, buenos gobernantes. Cada círculo contiene ejemplos de buena y mala conducta tomados del pasado y del presente.

Al final del poema, el poeta le pide a Providencia que describa el futuro del rey. Ella enumera las proezas de todos los reyes pasados y pronostica un porvenir glorioso para Juan II. Termina el poema con una súplica para que el monarca realice estas profecías.

La obra es significativa tanto por el lenguaje como por el contenido, ya que el autor, por medio de la latinización del léxico y de la sintaxis, intenta elevar el castellano al rango de las lenguas clásicas. Aunque predomina el estilo épico-narrativo, hay digresiones didácticas y varios pasajes puramente ornamentales.

Los estudiosos han señalado que no sólo Dante, sino Boecio fue una influencia principal en la creación del *Laberinto*, ya que de él deriva la concepción de la Fortuna de Juan de Mena. También se ha notado la importancia de Petrarca, que utilizó la imagen de la rueda de la fortuna. Su concepto del mundo tiene orígenes en *De imagine mundi*, obra anónima medieval. Entre los antiguos, los que más influencia ejercieron sobre el poeta son Virgilio, Lucano y Ovidio.

Aunque el *Laberinto de Fortuna* es la obra más conocida de Mena, también escribió otras composiciones poéticas, además de varias obras en prosa. Aparte del *Laberinto* su obra más conocida es la *Coronación*, escrita en honor al Marqués de Santillana con ocasión de la toma de Huelva. Este poema también lleva el nombre *Calamicleos* que significa, según la explicación del mismo autor en sus comentarios, «miseria» y «gloria»; el título encierra por lo tanto el tema central: «la miseria de los malos y... la gloria de los buenos.» La obra tiene la forma de una doble visión. La primera parte describe los horrores del infierno para hacer que el lector aprecie más las glorias del paraíso, las cuales el poeta contempla después. El Marqués de Santillana sirve de ejemplo del hombre virtuoso.

Los poemas menos conocidos de Juan de Mena son de tema amoroso, político o moral y son bastante representativos de los de su época. Su poesía de amor muestra un interés por el proceso psicológico del amor. La política incluye sátiras y elogios al rey o a don Alvaro de Luna. Sus poemas morales son de tono más bien pesimista y tratan de la muerte y de la vanidad del mundo.

Hasta hace relativamente poco, se conocían sólo dos obras en prosa de Juan de Mena: el *Comentario*, una glosa a su poema alegórico, la *Coronación*, y la *Iliada*, una traducción en forma condensada de la *Ilias latina*, que es una traducción a su vez de la epopeya de Homero. El *Tratado de amor*, una obra menor atribuida a Juan de Mena, es de interés no por su valor literario sino por su relación con ciertos episodios del *Laberinto*. Se ha conjeturado que el *Tratado* puede haber sido un boceto para la obra más conocida. Otra obra atribuida a Mena, las *Memorias genealógicas*, está escrita en un estilo más sencillo que el *Tratado*, aunque sí hay puntos de contacto temáticos entre los dos.

El estudiante podrá consultar la edición del *Laberinto* de John G. Cummins (Madrid: Cátedra, 1979).

Laberinto de Fortuna

ARGUMENTA CONTRA LA FORTUNA

Tus casos falaces, Fortuna, cantamos,
estados de gentes que giras e trocas°;
tus grandes discordias, tus firmezas pocas,
y los qu'en tu rueda quejosos fallamos.
Fasta que al tempo de agora vengamos
de fechos pasados codicia mi pluma
y de los presentes fazer breve suma°.
y dé fin Apolo°, pues nos comenzamos.

truecas, cambias

de... mi pluma desea (codicia) enumerar brevemente hechos pasados y presentes / dios de la poesía

INVOCACIÓN

Tú, Calïope°, me sey° favorable,
dándome alas de don virtuoso,
y por que° discurra por donde non oso;
convida mi lengua con algo que fable,
levante la Fama su voz inefable°,
por que los fechos que son al presente
vayan de gente sabidos en gente,
olvido non prive lo que es memorable°.

musa de la poesía épica / seas

para que

inexplicable

digno de recordar

ENNARA°

narra

Como non creo que fuesen menores
que los d'Africanos° los fechos del Cid,
nin que feroces menos en la lid
entrasen los nuestros que los Agenores°,
las grandes fazañas de nuestros señores,
la mucha constancia de quien los más ama,
yace en teniebras°, dormida su fama,
dañada° d'olvido por falta de auctores.

Se refiere a los Escipión, una ilustre familia de la antigua Roma, en la que se distinguió Escipión el Africano (235–183 antes de Cristo), que combatió en España durante la segunda guerra púnica.

ajenos, según El Broncese; Agenórides (hijos de Agenor, padre de Cadmo, fundador de Tebas, según Juan del Encina)

tinieblas

condenada

PONE UN EXEMPLO

La gran Babilonia que hubo cercado
la madre de Nino de tierra cocida°,
si ya por el suelo nos es destruida,
¡cuánto más presto lo mal fabricado!
E si los muros que Febo° ha trabado
argólica° fuerza pudo subverter°,
¿qué fábrica° pueden mis manos fazer
que non faga curso segund lo pasado?

Semíramis, madre de Nino, cercó la ciudad de Babilonia de muros de ladrillo, que es tierra cocida

Los muros de Troya fueron construidos por el dios Febo.

referente a la Grecia antigua / destruir

creación

OTRA VEZ INVOCA°

Se trata de una doble invocación a Apolo y a las Musas.

E ya pues derrama de tus nuevas fuentes
pierio° subsidio°, inmortal Apolo,
aspira° en mi boca por que pueda sólo
virtudes e vicios narrar de potentes°.
A estos mis dichos mostradvos presentes,
o fijas de Tespis°, con vuestro tesoro;
y con armonía de aquel dulce coro
suplid cobijando mis inconvenientes°.

de las Musas, que nacieron en Pieria / regalo

sopla, inspira (Nótese el doble sentido.)

grandes

de la ciudad de Tespis, en Beocia, región de la antigua Grecia

deficiencias

DISPUTA CON LA FORTUNA

Pues dame licencia, mudable Fortuna,
por que blasme° de ti como debo.

maldiga

Lo que a los sabios non debe ser nuevo
inoto° a persona podrá ser alguna;
e pues que tu fecho así contrapuna°,
faz a tus casos como° se concorden°
ca° todas las cosas regidas por orden
son amigables° de forma más una°.

no conocido
es contradictoria
de tal modo que / concuerden
porque
conformes / única

EXEMPLIFICA

La orden del cielo exemplo te sea:
guarda° la mucha costancia° del Norte°;
mira el Trión°, que ha por deporte°
ser inconstante, que siempre rodea;
e las siete Pleyas° que Atlas° otea°,
que juntas parecen en muy chica suma,
siempre s'asconden° venida la bruma°,
cada cual guarda cualquier ley que sea.

mira / constancia / Según las creencias de la época, había dos estrellas en el cielo que nunca se movían. Estas estrellas se llamaban Nortes.
los Septentrionales, que hoy en día se llaman el Carro / entretenimiento
las pléyades (Las siete hijas de Atlas y de Pleyone, que se mataron de desesperación y fueron metamorfoseadas en estrellas) / divinidad griega que sostiene el mundo sobre los hombros / mira
se esconden / el invierno

CONCLUYE CONTRA LA FORTUNA

¿Pues cómo, Fortuna, regir todas cosas
con ley absoluta, sin orden te place?
¿Tú non farías lo qu'el cielo faze,
e fazen los tempos°, las plantas e rosas?
O muestra tus obras ser siempre dañosas,
o prósperas, buenas, durables, eternas;
non nos fatigues° con veces alternas°,
alegres agora e agora enojosas.

tiempos
atormentes / alternativas

PROPIEDADES DE LA FORTUNA

Mas bien acatando° tu varia mudanza,
por ley te gobiernas, maguer° discrepante,
ca tu firmeza es non ser constante,
tu temperamento° es distemperanza°,
tu más cierta orden es desordenanza,
es la tu regla ser muy enorme°,
tu conformidad es non ser conforme,
tú desesperas a toda esperanza.

mirando
aunque
consistencia / falta de moderación
fuera de lo normal, extremo

COMPARACIÓN

Como las nautas° que van en poniente
fallan en Calis° la mar sin repunta°,
do quasi Europa con Libia° se junta
cuando Boreas° se muestra valiente°;
pero sí el Austro° conmueve al tridente°,
corren en contra de como vinieron
las aguas, que nunca ternán° nin tuvieron
allí donde digo reposo paciente

marineros
Cádiz / **sin**... tranquila
Africa (donde Europa casi se junta con Africa es el estrecho de Gibraltar) / el viento del Norte / fuerte
el viento del Sur / mar
tendrán

APLICACIÓN

así flutuosos, fortuna aborrida°,
tus casos inciertos semejan atales°
que corren por ondas de bienes e males,
faziendo non cierta ninguna corrida.
Pues ya por que vea la tu sinmedida,
la casa me muestra do anda° tu rueda,
por que de vista decir cierto° puedas
el modo en que tratas allí nuestra vida.

aborrecida (La idea es: así como los marineros que van hacia el oeste ven el mar tranquilo en el estrecho de Gibraltar cuando sopla el viento del norte, pero cuando sopla el viento del sur lo ven agitado, de esta misma manera cambia y fluctúa la Fortuna aborrecida.) / a tales
circula
de una manera irrevocable

FICCIÓN

Non bien formadas mis voces serían,
cuando robada sentí mi persona,
e llena de furia la madre Belona°
me tomó en su carro que dragos° traían°,
e cuando las alas non bien remecían°
feríalos° ésta con duro flagello,
tanto que fizo fazerles tal vuelo
que presto me dejan adonde querían.

la diosa de la guerra
dragones / arrastraban
movían
los hería o golpeaba

COMPARACIÓN

Así me soltaron en medio d'un plano°
desque ovieron° dado comigo una vuelta,
como a las veces el águila suelta
la presa que° bien no l'finche° la mano:
yo de tal caso mirable°, inhumano°,
falléme espantado en un grand desierto,
do vi multitud, non número cierto,
en son religioso e modo profano°.

una llanura
desque... desde que hubieron
para que / clave
maravilloso / sobrehumano, divino
multitud... una multitud de gente tan grande que no se podía contar, unos vestidos de religiosos, otros con hábitos seglares

ENNARRA EL NÚMERO DE LA CASA DE LA FORTUNA

E toda la otra vecina° planura°
estaba cercada de nítido° muro,
así transparente, clarífico°, puro,
que mármol de Paro° parece en albura°;
tanto que el viso° de la criatura,
por la diáfana claror° de los cantos,
pudiera traer objetos atantos°
cuantos celaba° so sí la clausura.

cercana / llanura
resplandeciente
claro
Paros, una de las islas Cícladas, célebre por su mármol / blancura
vista
claridad
en tal número
ocultaba

PROSIGUE COMO LE APARECIÓ LA PROVIDENCIA

Luego resurgen tamaños clarores°
que fieren la nube, dejándola enjuta,
en partes pequeñas así resoluta°
que toda la fazen volar en vapores,
e resta° en el medio cubierta de flores
una doncella tan mucho fermosa
que ante su gesto es loco quien osa
otras beldades loar de mayores°.

tamaños... tan grandes luces
descompuesta
queda
una... una doncella (La Providencia) tan bella que sería una locura pretender que otras mujeres podrían ser más hermosas que ella

DEL REMEDIO QUE LE TRAE

Luego del todo ya restituida
ovieron mis ojos su virtud primera°,
ca por la venida de tal mensajera
se cobró la parte que estaba perdida°;
e puesto que fuese así descogida,
más provocaba a bueno e honesto
la gravedad de su claro° gesto
que non por amores a ser requerida°.

Luego... Después de recobrar la vista
ca... porque a causa de la aparición de tan bella mensajera recobró la vista
esclarecido / **e**... y a pesar de que usaba un hábito muy suelto la gravedad de su gesto inspiraba un comportamiento bueno y honesto y no pensamientos amorosos

PROPOSICION DEL ACTOR°, E CÓMO PREGUNTA A LA PROVIDENCIA DE DIOS QUE LE APARECE

autor

Desque sentida la su proporción
de humana forma non ser discrepante,
el miedo pospuesto, prosigo adelante

Desque... Al darme cuenta que era de proporciones humanas, pierdo mi miedo y prosigo

en humil stilo tal breve oración°:
«O más que seráfica° clara visión,
suplico me digas de cómo° veniste
e cuál es el arte que tú más seguiste,
e cómo se llama la tu discrición°.»

espléndido, angélico
dónde
cómo... cuál es tu voluntad, qué quieres

RESPUESTA

Respuso°: «Non vengo a la tu presencia
de nuevo, mas antes soy en todas partes°.
Segundo, te digo que sigo tres artes
de donde depende mi grand excelencia:
las cosas presentes ordeno en esencia,
e las por venir dispongo a mi guisa°,
las fechas revelo; si esto te avisa°,
Divina me puedes llamar Providencia°.»

Respondió
Non... No acabo de llegar, sino que siempre he estado aquí (y en todas partes).
a... según mi voluntad
instruye
Divina... me puedes llamar Divina Providencia

ADMIRACIÓN° DEL AUCTOR

Sorpresa

«O principesa° e disponedora
de jerarquías e todos estados,
de paces e guerras, e suertes e fados°,
sobre señores muy grande señora,
así que tú eres la gobernadora
e la medianera de aqueste grand mundo,
¿y cómo bastó mi seso infacundo
fruir de coloquio tan alto a desora°?

princesa
hados, destinos
¿y... ¿y cómo es que yo, que hablo con tanta dificultad, tan inesperadamente me encontré gozando de una conversación con un ser sobrenatural?

SUPLÍCALE EL ACTOR QUE LO GUÍE

Ya que tamaño° placer se le ofrece
a esta mi vida no merecedora,
suplico tú seas la mi guiadora
en esta grand casa que aquí nos parece,
la cual toda creo que más obedece
a ti, cuyo santo nombre convoco°,
que non a Fortuna, que tiene allí poco,
usando de nombre que no le pertenece.»

tan gran
invoco

RESPUESTA

Respuso: «Mancebo, por trámite° recto
sigue mi vía, tú, ven e sucede°;
mostrarte he° yo algo de aquello que puede
ser apalpado° de humano intelecto.
Sabrás a lo menos cuál es el defecto,
vicio y estado de cualquier persona,
e con lo que vieres contento perdona,
e más non demandes al más que perfecto°.»

senda
entra
te mostraré
conocido
al... a Dios

DE LAS TRES RUEDAS QUE VIDO° EN LA CASA DE LA FORTUNA

vio

Volviendo los ojos a do me mandaba,
vi más adentro muy grandes tres ruedas:
las dos eran firmes, inmotas° e quedas
mas la de en medio voltar° non cesaba;
e vi que debajo de todas estaba
caída por tierra gente infinita
que había en la fruente° cada cual escrita
el nombre e la suerte por donde pasaba;

inmóviles
dar vueltas
frente

PREGUNTA EL AUCTOR A LA PROVIDENCIA

aunque la una que no se movía,
la gente que en ella había de ser
e la que debajo esperaba caer
con túrbido° velo su mote cubría.
Yo que de aquesto muy poco sentía
fiz de mi duda complida palabra,
a mi guiadora rogando que abra°
esta figura que non entendía.

oscuro

explique

RESPUESTA

La cual° me respuso: «Saber te conviene
que de tres edades que quiero decir:
pasadas, presentes e de por venir;
ocupa su rueda cada cual e tiene°:
las dos que son quedas, la una contiene
la gente pasada e la otra futura;
la que° se vuelve en el medio procura
la que° en el siglo presente detiene.

La Providencia

ocupa... cada uno ocupa y tiene su rueda

Se refiere a la rueda.

Se refiere a la gente.

PROSIGUE LA PROVIDENCIA

Así que conoce tú que la tercera
contiene las formas e las simulacras
de muchas personas profanas e sacras,
de gente que al mundo será venidera°
e por ende° cubierta de tal velo era
su faz, aunque formas tú vieses de hombres,
por que sus vidas aun nin sus nombres
saberse por seso° mortal non podiera.»

vendrá

por lo tanto

sentido, razón

FASTA AQUÍ DIXO LOS VIRTUOSOS, E AGORA LOS VICIOSOS

Debajo de aquéstos yo vi derribados
los que las paces firmadas ya rompen,
e los que por precio virtudes corrompen,
metiendo alimentos a los renegados.
Allí vi gran clero° de falsos prelados
que fazen las cosas sagradas venales.
¡O religión religada° de males,
que das tal doctrina a los mal doctrinados!

conjunto de sacerdotes

sujetada

Pues vimos a Pándaro°, el dardo sangriento,
hermano de aquel buen Ericeón° de Roma,
que por Menesteo la libre paloma
ferió donde iba volando en el viento,
el cual° a los nervios así del amiento°
contra las dóricas gentes ensaña,
que toda la tregua firmada les daña,
dándoles campo de paces esento°.

Jefe de los troyanos en la guerra contra los griegos. Violó las treguas, hiriendo a Menelao con una flecha.

Eurición, el que mató en el aire una paloma cuando su rival, Menesteo, dio con su flecha en un cordel

Pándaro / correa con que se ataba el dardo para tirarlo

de... retirada la paz

FABLA DE LOS QUE POR CODICIA SUCORIERON EN VICIOS

Allí te fallamos, o Polinestor°,
como trucidas° al buen Polidoro
con fambre° maldita de su grand tesoro
non te membrando de fe nin d'amor;

Rey de Tracia, que mató a Polidoro, hijo menor del rey Príamo de Troya para obtener el tesoro que su padre había enviado con el niño / matas / codicia

ya se t'acerca aquel vil Anthenor°,
triste comienzo de los paduanos;
allí tú le dabas, Eneas, las manos,
aunque Virgilio te dé más honor°.

Príncipe troyano, considerado traidor, que aconseja a sus compatriotas que devuelvan Helena a los griegos; fundó la ciudad de Padua

Virgilio alteró la historia de Eneas y Antenor, que pactaron a traición con los griegos

Estabas, Erífile°, allí vergoñosa°,
vendiendo la vida de tu buen marido,
de ricos collares tu seso vencido;
quisistes ser viuda, mas non deseosa.
¡O siglo nuestro! ¡Edad trabajosa!
¿si fallarían los que te buscasen
otras Erífiles que deseasen
dar sus maridos por tan poca cosa?

El marido de Erífile se ocultó para no ir a la guerra contra Tebas porque su oráculo presagiaba su muerte. Erífile denunció a su marido por su cobardía. / vergonzosa

Non buenamente te puedo callar,
Opas°, maldito, e a ti, Julián,
pues sois en el valle más fondo del afán
que non se redime jamás por llorar.
¿Cuál ya crueza° vos pudo indignar
a vender un día° las tierras e leyes
d'España, las cuales pujanza de reyes
en años atantos non pudo cobrar°?

arzobispo de Sevilla, que conspiró contra el rey Rodrigo, último rey visigodo de España, derrotado por los musulmanes en la batalla de Guadalete (711). El Conde don Julián, gobernador de Andalucía, entregó Ceuta a los moros para vengarse del rey, que había violado a la Cava, su hija. / crueldad

un... en un día

las... las cuales toda la fuerza de los reyes de España no pudo reconquistar durante tantos años

A la moderna volviéndome rueda°,
fondón° del cilénico° cerco segundo,
de vicios semblantes° estaba el profundo°
tan lleno que non sé fablar quién lo pueda.
Ved si queredes la gente que queda
darme licencia que vos la señale°,
mas al presente fablar non me cale°:
verdat lo permite, temor lo devieda°.

A... Volviéndome a la rueda moderna

en lo más hondo / propio de Cileno, o Merdurio, que nació en Cilena

semejantes / el abismo

Ved... Ved, si queréis darme licencia que os señale la gente que queda

conviene

prohibe (El poeta tiene miedo de mencionar a los contemporáneos suyos que están en el círculo de los viciosos.)

MUESTRA EL AUTOR QUE POR MIEDO DE LOS PRESENTES DEJA DE DECIR SUS VICIOS

¡O miedo mundano, que tú nos conpeles
grandes placeres fengir por pesares,
que muchos Enteles° fagamos ya Dares,
e muchos de Dares fagamos Enteles!
Fazemos de pocos muy grandes tropeles.
Buenos nos fazes llamar los viciosos,
notar los crueles por muy piadosos
e los piadosos por mucho crueles°.

Cuando el pugilista Dares peleó con Entelo, todos creían que iba a perder éste por ser mucho más viejo. Sin embargo, ganó.

Buenos... Hoy en día los viciosos pasan por buenos, los crueles por piadosos y los piadosos por crueles.

COMPARACIÓN

Bien como siervo que por la fe nueva
del su patrono se muestra más vivo,
por que le pueda fuir de cativo°
dice por boca lo qu'él non aprueba,
semblantes temores la lengua nos lleva
a la mendacia° de la adulación,
así que cualquiera fará conclusión
que diga lo falso, mas non lo que deba.

cautivo

costumbre de mentir

DE LOS VICIOS DE LOS RELIGIOSOS

¿Quién así mesmo decir non podría
de cómo las cosas sagradas se venden,
e los viles usos en que se despienden°

gastan

los diesmos° ofertos a Santa María?
Con buenas colores° de la clerecía
disipan los malos los justos sudores
de simples, e pobres, e de labradores,
cegando° la Santa católica vía.

décima parte de sus ganancias que pagaban los fieles a la Iglesia
pretextos
ofuscando

PONE EN EXEMPLO

Cesárea° se lee que con terremoto
fuese su muro por tierra caído,
las gentes y pueblo todo destroído,
que non quedó lienzo° que non fuese roto;
mas sólo su templo fallamos inmoto°,
e la clerecía con el su prelado
salvo, seguro fue d'esto librado°
por su honesto vivir e devoto.

capital antigua de Capadocia, nación del Asia Menor, que fue destruida por un terremoto. Se salvó únicamente su iglesia.
paramento de una pared
inmóvil
salvo y seguro

APLICACIÓN

Si tal terremoto nos acaesciese,
lo que la divina clemencia non quiera,
por lo contrario presumo que fuera
de cualquiera villa donde se fiziese,
e antes presumo que hoy se fundiese
la clerecía con todo su templo,
e que la villa quedase en exemplo
libre, sin daño ninguno que fuese.

ENDEREZA° EL AUCTOR LA FABLA AL REY

Dirige

La vuestra sacra e real majestad
faga en los súbditos tal beneficio
que cada cual use así del oficio
que queden las leyes en integridad,
así que codicia nin rapacidad
non nos ofenda° lo bien ordenado,
por que departa de cualquier estado°
la vil avaricia su sagacidad.

lastime
cualquier... todos los estados

DIFINICIÓN D'AVARICIA

Es avaricia, doquiera que mora°,
vicio que todos los bienes confonde,
de la ganancia, doquier que se asconde°
una solícita inquisidora°;
sirve metales°, metales adora,
de robos notorios golosa garganta,
que de lo ganado sufre mengua tanta
como d'aquello que espera aun agora.

está
esconde
investigadora
es decir, el oro y la plata

COMIENZA LA TERCERA ORDEN, DE VENUS, DO SE FABLA DEL AMOR BUENO Y MALO E DE LAS ESPECIES D'ÉL

Venidos a Venus, vi en grado espicial
los que en el fuego de su juventud
fazen el vicio ser tanta virtud
por el sacramento matrimonial°.
Fondón de estos cercos vi grand general°
de muchos linajes caídos en mengua,
que non sabe cómo se diga mi lengua
tantas especies e formas de mal.

Es decir, el amor conyugal es sano y lícito.
En lo más hondo de estos círculos vi una gran cantidad

Argumento d'esta orden

Eran adúlteros e fornicarios,
e otros notados de incestuosos,
e muchos que juntan tales criminosos°
e llevan por ello los viles salarios°,
e los que en efectos así voluntarios
su vida deleitan en vano pecando,
e los maculados° de crimen nefando°,
de justa razón e de toda contrarios.

criminales

Se refiere a los alcahuetes.

viciados, corrompidos / demasiado feo para hablar de ello (Se refiere a la homosexualidad.)

Allega° antigos dados a mal amor

Junta

Vimos en uno vilmente abrazados
la compañera° de aquel gran Atrides°,
duque° de todas las grecianas° lides,
tomar con Egisto solaces furtados;
e vimos a Mirra° con los derribados,
hermana ya fecha de quien era madre,
e madre del fijo de su mismo padre
en contra de leyes humanas e grados.

Se refiere a Clitemnestra, mujer de Agamemnón, jefe de los griegos que atacaron a Troya. Agamemnón había sacrificado a su hija Ifigenia para calmar los vientos que detenían su nave. Para vengarse, Clitemnestra lo mató con la ayuda de Egisto, su amante. / Agamemnón, hijo de Atreo / jefe / griegas

Mirra se enamoró de su propio padre, Ciniras, con quien tuvo un hijo, Adonis.

Allí era aquél que la casta cuñada
fizo por fuerza non ser más doncella,
comiendo su fijo en pago de aquélla
que por dos maneras d'él fue desflorada°;
e vimos en forma muy mal abiltada°
ser con Macareo la triste Canasce°,
de los cuales amos° un fijo tal nasce
que la humana vida dejó injuriada°.

Tereo, rey de Tracia, esposo de Procne, violó a su cuñada Filomela y le cortó la lengua para que no hablara del crimen. Procne se vengó matando a su propio hijo y dándoselo a comer a su esposo.

despreciable

Macareo y Canasce eran hermanos incestuosos. / ambos

La idea es: El crimen de Macareo y Canasce es peor que el de Tereo, porque violar a la cuñada es menos pecaminoso que tener un hijo con el propio hermano. El hijo de Macareo y Canasce es una injuria a la humanidad por ser el fruto de una relación prohibida.

De los Centauros el padre gigante
allí lo fallamos con muy poca gracia,
al que fizo Juno con la su falacia
en forma monstruoso cumplir su talante°;
e vimos, movidos un poco adelante,
plañir a Phasife° sus actos indignos,
la cual antepuso el toro a ti, Minos;
non fizo Sila° troque semejante.

Se refiere al mito de Ixión, que, enamorado de Juno, se juntó con una nube que tenía la forma de su amada. De esta unión salieron los Centauros, gigantes que son mitad hombres, mitad caballos.

Mujer de Minos, rey de Creta, que se enamoró de un toro y tuvo con él el Minotauro, mitad hombre, mitad toro.

Scila, hija del rey Niso de Megara, se enamoró del rey Minos y engañó a su proprio padre, causando la derrota de Megara por los cretenses.

Fenesce la sexta orden, de Júpiter. Comienza la última, de Saturno

E vimos, al último cerco venidos,
las grandes personas en sus monarquías,
e los que rigen las sus señorías
con moderada justicia temidos;
e vimos debajo los que non punidos
sufren que pasen males e vicios°,
y los que pigros° en los sus oficios
dejan los crímenes mal corregidos.

los... los que sufren que pasen males y vicios no castigados

perezosos

Pregunta del condestable°

Don Alvaro de Luna. En esta sección sobre los buenos gobernantes Mena lo compara con los grandes líderes de la historia.

«O tú, Providencia, declara de nuevo
quien es aquel caballero que veo,
que mucho en el cuerpo paresce a Tideo°
e en el consejo Nestor el longevo°;
por que yo fable de aquel lo que debo,
si libre pudiera salir d'este valle,

guerrero que combatió contra Tebas; conocido por su estatura pequeña y su gran fuerza física

Rey de Pilos, célebre por su gran sabiduría, Néstor era conocido como longevo porque fue el más viejo de los que asistieron al sitio de Troya.

no sufras tal ignorancia que calle
lo que notorio por ojos apruebo°.» — veo

COMPARACIÓN

Así como fazen los enamorados
cuando les fablan de lo que bien quieren,
alegran los ojos, doquier que estovieren,
e cobran semblantes muy más alterados,° — **e**... y se les altera la cara
non fizo menos alegres estados° — posturas
la Providencia a lo quel° preguntara — que le
e luego respuso con alegre cara,
pospuestos los otros divinos cuidados:

«Este cabalga sobre la Fortuna
y doma su cuello con ásperas riendas;
aunque d'él tenga tan muchas de prendas,
ella non le osa tocar a ninguna;
míralo, míralo en plática° alguna, — práctica, trato
con ojos humildes, non tanto feroces;
¿cómo, indiscreto, y tú no conosces
al condestable Alvaro de Luna?»

«Agora», respuse, «conosco mejor
aquel cuyo ánimo, virtud e nombre° — renombre
tantas de partes le fazen de hombre
cuantas estado le da de señor,
las cuales le fazen ser merecedor
e fruto de mano de nuestro grand rey,
e clara experiencia de su firme ley,
e de la Fortuna jamás° vencedor.» — siempre

Aunque la contra° creo que sentían — Se refiere al hecho de que algunos creían que don Alvaro no sería «vencedor de la fortuna». / tener
los que quisieron haber° confianza
más en el tiempo que en buena esperanza,
cuando los mundos se nos revolvían;
digo de algunos que así lo fazían
en el comienzo de aquellas quistiones,
que so color° de ciertas razones — pretexto
al condestable se le despedían°. — **le**... lo abandonaron

Fueron movidos a esto fazer,
segund argumento de lo que presumo,
los que cegaron° del túrbido° fumo — no vieron / oscuro
e fama que estonces° se pudo tener, — entonces
de algunos que mucho quisieron saber,
por unas palabras de fembra° mostrada — La «hembra» es una maga que pronosticó que el Condestable sería hecho pedazos, lo cual sucedió cuando el rey Juan II le hizo decapitar.
en cercos e suertes de arte vedada,
la parte que había de prevalecer.

COMPARACIÓN

Como los niños o los ignorantes,
veyendo los átomos ir por la lumbre°, — luz, cuerpo que despide luz
tienden sus manos por su muchedumbre°, — es decir, la gran cantidad de átomos
mas fúyenles ellos, su tacto negantes°, — rehusando
por modos atales o por semejantes
la mi guiadora fuyó de mis manos,
fuyeron las ruedas e cuerpos humanos,
e fueron las causas a mí latitantes°. — ocultas

Pues si los dichos de grandes profetas
e lo que demuestran las veras señales
e las entrañas de los animales,
e todo misterio sotil° de planetas, — escondido
e vaticinio de artes secretas
nos profetizan triunfos de vos,
fazed verdaderas, señor rey, por Dios,
las profecías que non son perfetas°. — completas, finalizadas, cumplidas

Fazed verdadera° la grand Providencia, — veraz
mi guiadora en aqueste camino,
la cual vos ministra por mando divino
fuerza, coraje, valor e prudencia,
por que la vuestra real excelencia
aya° de moros pujante victoria — tenga
he de los vuestros ansí dulce gloria,
que todos vos fagan, señor, reverencia.

LA POESIA SATIRICA Y RELIGIOSA

En el ocaso de la Edad Media, se observan en la poesía castellana la desaparición del mester de clerecía y el desarrollo de una lírica cortesana. Mientras se evidencian en la obra de los poetas palaciegos un mayor refinamiento y la influencia de la erudición humanística, no escasean composiciones de índole moral que reflejan la inquietud espiritual y el desequilibrio de una sociedad atormentada por la guerra, la pestilencia y la miseria. Uno de los trastornos más graves de este tiempo fue el Gran Cisma que dividió el catolicismo entre la Santa Sede de Roma y la iglesia del Antipapa en Aviñón. Esta disensión dentro de la cristiandad y las denuncias de corrupción clerical habían de acentuar la actitud de crítica social que ya es patente en el siglo XIII en obras como *Elena y María*. El ambiente político de Castilla en los primeros tres cuartos del siglo XV ofreció un espectáculo igualmente calamitoso. La relativa calma que había predominado en Castilla desde la ascensión al trono de los Trastamara no fue definitiva. A lo largo de los reinados de Juan II (1406–1454) y de Enrique IV (1454–1474), imperó la anarquía de los nobles, culminando en el desprestigio total del poder real. El menoscabo que sufrieron la Iglesia y la monarquía, los dos fundamentos de la civilización medieval, dio paso a un sentimiento de irreverencia hacia la sociedad y a una sensibilidad religiosa influida por las corrientes de reforma eclesiástica.

Se manifiesta en la *Danza de la Muerte*, un poema escrito a finales del siglo XIV o al comienzo del siglo XV, un pesimismo propio de este período. La inspiración de esta composición en coplas de arte mayor es un tema frecuente en la literatura y el arte de la época: la Muerte, personificada por un cadáver corrupto o por un esqueleto, obliga a los seres humanos a bailar con ella, mientras les recuerda sus pecados y el trágico fin que les espera. En esta insistencia en los aspectos terroríficos de la caducidad humana y la putrefacción carnal se halla una reacción completamente opuesta a la resignación espiritual patente en las *Coplas por la muerte de su padre* de Jorge Manrique, que se compondrán en la segunda mitad del siglo. Se refleja en la *Danza* la histeria colectiva que surgió en Europa en el siglo XIV, incitada probablemente por los horrores de la peste negra, y por la desesperación de los que sostenían que las epidemias eran un castigo mandado por Dios. La manía de la danza macabra llegó a ser una verdadera obsesión a fines de la Edad Media, y es probable que la representación de bailes alegóricos para simbolizar la inminencia de la muerte fuera promocionada por los clérigos con el fin de urgir el arrepentimiento y proclamar la supremacía de la vida venidera por encima de la mortal.

Aparte de este mensaje ascético-didáctico, el poeta anónimo de la *Danza de la Muerte* se empeñó en comunicar una visión satírica de la sociedad. La danza macabra era un concepto asociado con la anulación de las jerarquías sociales tan enraizadas en la conciencia medieval. En el poema castellano, como en otras obras que tratan este tema, los individuos llamados por la Muerte son arquetipos que representan diversas ocupaciones clericales y seglares, de la más prestigiosa a la más humilde. Al describir las transgresiones de estos personajes y la imposibilidad de cada uno de rehusar la invitación a la «danza», el autor subraya agriamente la fuerza igualadora de la Muerte y la fugacidad de los valores mundanos. Se destaca en la *Danza de la Muerte* una notable coherencia a lo largo de la composición en cuanto a las imágenes del baile y la alternancia entre los estados de clérigo y lego en la presentación de las víctimas.

La poesía eclesiástica del siglo XV señaló un importante viraje en la espiritualidad de Castilla. Las narraciones de los milagros y de las vidas de los santos, que habían sido los temas predilectos de la literatura piadosa durante los siglos XIII y XIV, fueron reemplazadas a fines de la Edad Media por meditaciones sobre la vida de Cristo y la Virgen, y por representaciones de la Pasión y la Crucifixión. Este nuevo énfasis tenía su origen en las vidas de Cristo en prosa y verso escritas en otros países durante el siglo XIV.

La primera obra de esta índole que surgió en España fue las *Coplas de Vita Christi*, una colección de poemas compuesta por el predicador franciscano Fray Iñigo de Mendoza. Pariente de los Cartagena, la famosa familia de judíos conversos, Mendoza intervino como reformador en la política interior de Castilla. Algunos críticos le atribuyen la paternidad literaria de las *Coplas de Mingo Revulgo*, una composición satírico-moral en que se representa al pueblo de Castilla como un rebaño de ovejas devorado por los lobos (la aristocracia). Con la ascensión al trono de Isabel y Fernando, Mendoza se convirtió en un ardiente defensor de la nueva monarquía, y dedicó muchas obras a los Reyes Católicos. Ocupando el puesto oficial de Predicador de la Reina, compuso numerosos sermones en verso sobre la vida de Cristo, la Virgen, y los Apóstoles. En las *Coplas de Vita Christi*, la técnica predicatoria del poeta es evidente en su uso de *exempla*, diálogo dramático y comparaciones para ilustrar los Evangelios. Llama la atención en el estilo de la obra la fusión de elementos populares y cultos. El léxico vulgar, la formas métricas de ocho sílabas y la utilización de estribillos son características de la lírica tradicional, mientras que las imágenes y las metáforas librescas, y los vocablos de origen eclesiástico señalan la influencia de la literatura culta y doctrinal. Basada, en su mayor parte, en la Biblia y en las escrituras patrísticas, la *Vita Christi* es una representación de la vida de Cristo desde la Encarnación hasta la matanza de los Inocentes por Herodes.

Otro célebre predicador y poeta franciscano de este período fue Fray Ambrosio Montesino, uno de los escritores preferidos de la Reina Isabel. Las coplas y villancicos de Montesino revelan un marcado sentimiento popular, caracterizado por la musicalidad espontánea evidente en sus *Coplas sobre diversas devociones y misterios*. Gracias a su traducción al castellano de la *Vita Christi* de Landulfo de Sajonia, Montesino influyó en la literatura religiosa del siglo XVI. A través de esta obra, se difundió en España la *Devotio Moderna* que había surgido en los Países Bajos a fines del siglo XIV, un movimiento espiritual que daba más importancia a la meditación y al misticismo que a las obras y observaciones rituales.

Para el estudio de la *Danza de la Muerte* recomendamos la edición de Margherita Morreale (Bari: Cressati, 1963).

La danza de la muerte

Las primeras víctimas llamadas por la Muerte son dos doncellas que simbolizan la vanidad y la belleza superficial de la vida terrenal. El encanto y la elegancia de estas damas son meras ilusiones que se han de desvanecer con la corrupción carnal. A cambio de de una existencia frívola, la Muerte les promete la realidad espantosa de la tumba. En vez de la admiración y el coqueteo, esperan a estas dos «esposas» de la Muerte el olvido y la repugnancia de los vivos. La insistencia en la descomposición física era una manera de ilustrar gráficamente la temporalidad de la gloria humana. La imagen de la comida es particularmente horrífica: las damas, que antes gozaban de delicias, han de convertirse en alimento para los gusanos.

PRIMERAMENTE LLAMA A SU DANZA A DOS DONCELLAS:

Esta mi danza traxe de presente
Estas dos doncellas que vedes[1] fermosas;
Ellas vinieron de muy mala mente[2]
Oír mis canciones, que son dolorosas.
Mas non les valdrán flores e rosas
Nin las composturas[3] que poner solían,
De mí si pudiesen partirse querrían,
Mas non puede ser, que son mis esposas.

A éstas e a todos por las aposturas[4]
Daré fealdad la vida partida,[5]
E desnudedad[6] por las vestiduras,
Por siempre jamás muy triste aborrida[7];
E por los palacios daré por medida
Sepulcros escuros[8] de dentro fedientes,[9]
E por los manjares gusanos royentes
Que coman de dentro su carne podrida. (...)

Más adelante en el poema, la Muerte convoca al deán, un oficial eclesiástico que servía de cabeza del cabildo en las catedrales. Como otros clérigos que surgen en la obra, el deán es increpado por su orgullo y su avaricia. Despojado por la Muerte, ve que sus riquezas y sus ambiciones son vanas. La pobreza que le ofrece la tumba es una penitencia por su explotación de los pobres. Es significativa la mención de la panera llena de trigo; en este tiempo sólo los ricos podían comer pan de trigo. La clase humilde, por otro lado, tenía que sustentarse con el más barato pan de centeno, y muchos morían a causa de plagas en las cosechas de este cereal. En este contexto social, el almacén de trigo mantenido por el deán es evidencia de su cualidad de parásito.

DICE EL DEAN:

¿Qués aquesto[10] que yo de mi seso salgo?
Pensé de fuir e non fallo carrera;
Grand renta tenía e buen deanazgo
E mucho trigo en la mi panera.
Allende de aquesto[11] estaba en espera
De ser proveído de algún obispado;
Agora la muerte envió me mandado[12]:
Mala señal veo, pues fasen[13] la cera.

---

[1] veis.
[2] gana.
[3] adornos, cosméticos.
[4] gracia, elegancia.
[5] **la**... al terminar su vida.
[6] desnudez (símbolo de la anulación de la identidad).
[7] abandonada, aborrecida.
[8] oscuros.
[9] hediondos.
[10] **Qués**... qué es esto.
[11] **Allende**... además de esto.
[12] **envió**... me envió un mandado.
[13] hacen (Se prepara la cera para hacer las velas funerarias.)

DICE LA MUERTE:

Don rico avariento, deán muy ufano,
Que vuestros dineros trocastes[14] en oro,
A pobres e a viudas cerrastes[15] la mano,
E mal despendistes[16] el vuestro thesoro[17].
Non quero[18] que estedes[19] ya más en el coro,
Salid luego fuera sin otra pereza[20]:
Yo vos mostraré venir a pobreza. (...)

FRAY ÍÑIGO DE MENDOZA Y FRAY AMBROSIO MONTESINO

Las siguientes selecciones de la poesía de Mendoza y de Montesino manifiestan la acentuada sensibilidad típica de la piedad del ocaso de la Edad Media. La religiosidad de este período, como observó el medievalista Johan Huizinga, era una preocupación que impregnaba todos los aspectos de la existencia cotidiana. En una cultura tan saturada de imágenes piadosas, el pueblo sentía una actitud de familiaridad hacia lo sagrado que puede chocar al lector moderno. Como otros escritores religiosos de su tiempo, Mendoza y Montesino se valieron de símbolos y comparaciones que hoy parecen casi impíos. Es importante tener en cuenta que este sentimiento no refleja una visión trivial de la Fe, sino la poca distancia que separaba lo espiritual de lo profano en la mentalidad medieval.

FRAY ÍÑIGO DE MENDOZA (¿1425?–¿1507?)

(Los ángeles cantan para anunciar el nacimiento de Cristo.)

Romance que cantó la novena orden que son los seraphines

Gozo muestren en la tierra
y en el limbo alegría,
fiestas hagan en el cielo
por el parto de María;
no halle lugar tristeza
en tan placentero día,
pues que hoy de una doncella
el hijo de Dios nascía[1]
humillado en carne humana,
para que por esta vía
se repare en nuestras sillas
lo que en ellas fallescía[2]
¡O alta fuerza de amor!
Pues por tu dulce porfía
no sólo le hizo hombre,
mas a la muerte le envía,
digamos al sacro niño
con suave melodía.

DESHECHA DEL ROMANCE

Eres niño y has[3] amor:
¿qué farás cuando mayor?

Pues que en tu natividad
te quema la caridad,
en tu varonil edad[4]
¿quién sufrirá su calor?
Eres niño y has amor:
¿qué farás cuando mayor?

Será tan vivo su fuego,
que con importuno ruego,
por salvar el mundo ciego,
te dará mortal dolor.
Eres niño y has amor:
¿qué farás cuando mayor?

Arderá tanto tu gana,
que por la natura[5] humana
querrás pagar su manzana[6]
con muerte de malhechor.[7]
Eres niño y has amor:
¿qué farás cuando mayor? (...)

FRAY AMBROSIO MONTESINO (¿1448?–¿1512?)

(La Sagrada Familia debe huir a Egipto para escaparse de Herodes. Mientras van por el camino, la Virgen canta a su Hijo:)

Coplas al destierro de Nuestro Señor para Egipto

Desterrado parte el niño,
y llora;
díjole su madre así,
y llora:
—«Callad, mi Señor, agora.»

[14] trocasteis.
[15] cerrasteis.
[16] gastasteis.
[17] tesoro.
[18] quiero.
[19] estéis.
[20] demora.
[1] nació.

[2] fallecía.
[3] tienes.
[4] **en**... de edad adulta.
[5] naturaleza.
[6] Se refiere aquí a la manzana de Eva, el pecado.
[7] criminal.

Oíd llantos, amargura,
pobreza, temor, tristura,
agua, vientos, noche escura,[1]
con que va nuestra Señora.
Y llora.
—«Callad, mi Señor, agora.»

El destierro que sofrís[2]
es la llave con que abrís
al mundo que remidís[3]
la ciudad en que Dios mora.
Y llora.
—«Callad, mi Señor, agora.»

¡Oh gran rey de mis entrañas
cómo is[4] por las montañas
huyendo a tierras extrañas
de la mano matadora!
y llora.
—«Callad, mi Señor, agora.» (...)

(Después de visitar a Santa Isabel, la Virgen vuelve a su casa, apresurándose por el camino para que nadie la vea.)

DEL SUDOR DE LA SEÑORA

Su rostro deificado
Alteraciones comienza,
Del andar apresurado.
Y de haber en él obrado
Mil colores la vergüenza.[5]

Y entre color y color,
como aljófar, parecía
Un rocío de sudor,
Que al sol lleva en el valor
Demasía.[6]

COMPARACIÓN

Como los azucarales[7]
De verdes valles viciosos[8]
Tienen sus cañaverales,
De los ardores solares,
Los nudos todos melosos[9];

Bien así la rama tierna
De Jesé, que es profecía,
Sudaba, hecha linterna
De la luz, que es vida eterna[10]
Por la vía.

¡Oh, si la vieras cuál[11] iba,
Tú, mi alma, esta princesa
Por aquel recuesto arriba,
en la cual la vida viva
Tenía hecha represa.[12]

Vieras en ella colores
Diversos en fermosura,
Y del mucho andar, sudores,
Más que bálsamo[13] ni flores
De frescura. (...)

[1] oscura.
[2] sufrís.
[3] redimís.
[4] vais.
[5] La Virgen se ruboriza, una prueba de su modestia y virtud.
[6] **Que**... que vale mucho más que el sol.
[7] plantío de la caña de azúcar.
[8] deleitosos.
[9] una imagen de la dulzura de la Virgen.

JORGE MANRIQUE (¿1440?–1479)

La voz poética más sobresaliente de fines del siglo XV es la de Jorge Manrique, autor de las *Coplas por la muerte de su padre*. Jorge Manrique era de una familia de la alta nobleza. Como era normal para un caballero de su rango, su primera ocupación era la guerra. Murió joven, combatiendo contra los partidarios de doña Juana, «la Beltraneja» hija de Juana de Portugal y de Enrique IV de Castilla (aunque la opinión pública la suponía hija del favorito Beltrán de la Cueva), cuyas reclamaciones al trono de Castilla provocaron una guerra civil.

Sobrino del poeta Gómez Manrique, Jorge escribió composiciones devotas, satíricas o amorosas—la mayoría de las cuales apenas se distinguen de las de sus contemporáneos. Sin embargo, sus *Coplas*, escritas cuando muere su padre, el Maestre don Rodrigo Manrique, son tal vez la expresión literaria más auténtica del concepto de la vida y de la muerte de la segunda mitad del siglo XV. En realidad, ni el metro ni el contenido son originales. Las coplas de pie quebrado son una de las formas más utilizadas durante el siglo XV; consisten en dos coplas de ocho sílabas seguidas de un verso de cuatro, según el siguiente sistema de rima: *abc abc*. Entre los temas de las *Coplas* se incluyen muchos lugares comunes de la poesía elegíaca medieval: la añoranza del tiempo pasado; lo efímero de los bienes materiales y del placer; la muerte como fuerza igualadora que derrota al rico y poderoso tanto como al pobre y humilde; esta vida como preparación para la eterna; el engaño de los bienes temporales; la preeminencia del alma sobre el cuerpo; la corrupción de la materia; la resignación ante la muerte. Estas ideas se enlazan en lo que el crítico español Pedro Salinas llama «un poético juego de trascendencias.» Para

[10] El rostro de la Virgen se ilumina con la Gracia Divina.
[11] cómo.
[12] Los términos amorosos que utiliza el poeta para expresar su devoción a la Virgen ya sugieren el lenguaje piadoso de los escritores místicos del Renacimiento.
[13] La resina de este árbol se utilizaba para curar las heridas.

Salinas, «las *Coplas* no son poesías de un solo tema» sino que forman «una constelación de temas» en que cada uno mantiene su independencia mientras que el conjunto deslumbra por la fuerza de su visión.

Las *Coplas* empiezan con un tono de exhortación que el poeta establece al emplear formas imperativas: recuerde, avive, despierte. Se trata de sacudir al alma y al seso, recordándoles que el tiempo pasa y los placeres pronto desaparecerán. Queda por delante el espectro de la muerte y es necesario que el hombre se prepare para su fin inevitable. El hombre, perdido en las ocupaciones de su vida y en la búsqueda de la gloria y del placer, descuida su alma, que está «dormida», olvidada, inconsciente de que pronto tendrá que someterse al juicio final.

El tiempo corre tan fugazmente que el futuro («lo no venido») ya será el pasado. Como los poetas barrocos que le seguirán, Manrique intenta desengañar al lector, recordándole que lo que parece ser real y duradero no es más que una ilusión, un sueño, que desaparecerá pronto. Aunque en Manrique falta el intenso pesimismo de un Quevedo, el mensaje es parecido:

No se engañe nadie, no,
Pensando que ha de durar
Lo que espera
Más que duró lo que vio,
Porque todo ha de pasar
Por tal manera.

El desengaño es un tema constante de las *Coplas*. Una y otra vez el poeta nos recuerda que los bienes del mundo son ilusorios y temporales:

Por eso no nos engañen,
Pues se va la vida apriesa
Como sueño;
Y los deleites de acá
Son (en que nos deleitamos)
Temporales...

Aunque los conceptos de Manrique son propios de la Edad Media, algunos son particularmente válidos para el hombre moderno. La imagen del hombre que corre «a rienda suelta / sin parar» y que olvida que lo que tanto busca no es más que un sueño pasajero, recuerda a los habitantes de nuestras ciudades grandes, siempre ocupados, siempre presionados, siempre corriendo, demasiado atareados para darse cuenta de lo que es realmente importante. En su afán de ganar dinero, de conseguir el ascenso, de comprar una casa y un auto grandes, se olvidan de la familia, de la belleza, del amor, del espíritu. Pero al tomar conciencia de su error, ya es demasiado tarde. Ya la muerte está encima: «Desque vemos el engaño / Y queremos dar la vuelta, / No hay lugar.»

Manrique recuerda al lector que la vida individual fluye inexorablemente—como un río que no puede cambiar de dirección—hacia su fin. El poeta emplea imágenes que perduran aún hoy en día en la poesía: «Nuestras vidas son los ríos / Que van a dar en la mar, / Que es el morir.»—líneas que inspiraron algunos de los bellos versos de Antonio Machado, el poeta más destacado de la generación del '98. La misma metáfora sirve para introducir el tema de la muerte como una fuerza igualadora. Cada río, por más grande o pequeño que sea, desemboca en el mar, así como cada vida, por más notable o insignificante que parezca, termina en la muerte: «Allí los ríos caudales, / Allí los otros medianos / Y más chicos, / Allegados, son iguales...»

Pero lo pasajero de la vida no es una causa de pesimismo o de desesperación, ya que esta vida sirve como preparación para la otra:

Este mundo bueno fue
Si bien usásemos de él
Como debemos,
Porque según nuestra fe,
Es para ganar aquél
Que atendemos.

Es por medio del ejercicio de la virtud durante su vida terrestre como el hombre gana la gloria. Por lo tanto, no hay que despreciar esta vida. Manrique nos recuerda que aun Jesús bajó a la tierra para vivir entre los hombres para ganarles la salvación: «Y aun el Hijo de Dios, / Para subirnos al cielo, / Descendió.» Exhorta al lector a purificar su alma en vez de cultivar su cuerpo, ya que lo corporal se desmorona y se esfuma con la muerte.

Manrique se sirve de una convención retórica muy corriente en la Edad Media para subrayar lo perecedero de las cosas materiales. La fórmula se llama el *ubi sunt*—lo cual significa «¿dónde están?». Se trata de una lista de preguntas sobre el paradero de los grandes hombres, imperios, ciudades o instituciones de la historia que el tiempo ha borrado. Cada verso empieza por las mismas palabras: *¿ubi sunt?* ¿Dónde están?. François Villon, contemporáneo francés de Manrique, utiliza la misma convención en su poema *Ballade des dames du temps jadis* en que cada estrofa pregunta por una de las damas hermosas de tiempos antiguos, todas las cuales se han muerto. En las *Coplas*, Manrique recuerda a los grandes hombres de una época poco remota: «Qué se fizo el rey Don Juan? / Los Infantes de Aragón / ¿Qué se fizieron?». Pedro Salinas explica que «el efecto máximo de este esquema se da cuando no se contesta a la pregunta del *adónde* de un modo explícito, y la respuesta queda sobrentendida en el silencio. Es dar la callada por respuesta. Ese silencio traduce simbólicamente el inmenso *no ser* de la muerte, en el *no ser* de ninguna voz respondiente. Todos han caído en el silencio.» Los lectores de Manrique se acordaban todavía del rey don Juan II, conocido por la suntuosidad de su corte. También se acordaban de «los Infantes de Aragón», de «las damas, / sus tocados, sus vestidos / sus olores» de «Don Enrique» y de «aquel gran condestable», don Alvaro de Luna. Al recordarles que todo aquel lujo, belleza, gloria y poder habían pasado a la *nada* el autor les hace tomar conciencia de la terrible fuerza destructora de la muerte.

El *exemplum* es una convención muy utilizada durante la época medieval. La lista de personajes que se mencionan en el *ubi sunt* constituye ejemplos de la grandeza venida a menos. Pero de allí se pasa a otro tipo de ejemplo—el caso concreto de un caballero que llevó una vida meritoria y que ahora se enfrenta a la muerte con sobriedad y resignación. La muerte del maestre don Rodrigo Manrique es, al fin y al cabo, el tema del poema. Porque el enfoque del poeta no es la mortalidad en general, sino la muerte del individuo. Por eso la larga serie de generalizaciones acerca de la fugacidad de la vida no es más que una introducción. La muerte es una realidad universal y sin embargo, es necesario que cada ser humano se enfrente con ella solo. Don Rodrigo provee al lector de un ejemplo de la manera correcta de vivir y de morir.

La preparación para una buena muerte es una buena vida. Jorge Manrique utiliza una enumeración panegírica que es común durante su época. Consiste en un inventario de los atributos del difunto—«¡Qué amigo fue para amigos! ¡Qué señor para criados / y parientes!»—seguido de comparaciones con los grandes hombres de la historia—Octavio, Julio César, Marco Tulio, Antonio Pío, Marco Aurelio. Destaca cada virtud, elevándola por medio de su tono exclamativo. A diferencia de los poemas elegíacos que las preceden, las *Coplas* no son un catálogo frío de los méritos del difunto, sino una expresión de amor y de admiración. El retrato que pinta Jorge Manrique de su padre es el de un hombre virtuoso, valiente, razonable y honesto. Es un ejemplo del *ars vivendi*; es un hombre que supo vivir.

Pero la vida no es más que una trayectoria hacia la muerte. La vida terrenal es preparación para la otra vida; es el medio por el cual se gana la salvación. El que vive virtuosamente, siempre consciente del aspecto engañador e ilusorio de la vida, no tiene remordimientos al tener que dejar el mundo. El soldado deja en la tierra sus proezas, pero al luchar por la fe gana no sólo la gloria mundana, sino también—y más importante—la eterna. Seguro de haber cumplido con las exigencias de la fe y de la sociedad, puede morir tranquilamente, sabiendo que la felicidad eterna lo espera. Cuando la Muerte llama alegóricamente al maestre, éste sabe aceptar serenamente:

No gastemos tiempo ya
En esta vida mezquina
Por tal modo,
Que mi voluntad está
Conforme con la divina
Para todo.

Termina el poema con una imagen de la «buena muerte»—el maestre expirando en su cama, rodeado de su esposa, hijos, hermanos y criados, los cuales rezan por su alma.

Manrique rechaza la tradición macabra y terrorífica de la muerte encerrada en obras medievales tales como *La danza de la muerte*. Vuelve a una tradición más antigua, más auténticamente cristiana, que ve la muerte y la salvación como premios de una vida llevada con dignidad y fe.

Coplas por la muerte de su padre

Recuerde° el alma dormida,
avive el seso y despierte
contemplando
cómo se pasa la vida,
cómo se viene la muerte
tan callando;
cuán presto se va el placer,
cómo, después de acordado°
da dolor,
cómo a nuestro parecer
cualquiera tiempo pasado
fue mejor.

Pues si vemos lo presente
cómo en un punto se es ido
y acabado,
si juzgamos sabiamente,
daremos lo non venido°
por pasado.

recobre el sentido

recordado

non... futuro

Non se engañe nadie, no,
pensando que ha de durar
lo que espera
más que duró lo que vio,
pues que todo ha de pasar
por tal manera.

Nuestras vidas son los ríos
que van a dar en la mar,
que es el morir;
allí van los señoríos
derechos a se acabar
y consumir;
allí los ríos caudales,
allí los otros, medianos
y más chicos;
allegados°, son iguales
los que viven por sus manos
y los ricos.

llegados (a la muerte)

INVOCACIÓN

Dejo las invocaciones
de los famosos poetas
y oradores°;
non curo° de sus ficciones,
que traen yerbas secretas
sus sabores°.
A aquél° sólo me encomiendo,
aquél sólo invoco yo
de verdad,
que en este mundo viviendo,
el mundo non conoció
su deidad.

Se refiere a los famosos poetas y oradores antiguos.

non... no les hago caso a

Manrique teme que las obras de los grandes literatos de la antigüedad puedan contaminar la pureza de sus creencias cristianas. Las ideas de aquellos escritores paganos son «hierbas secretas» y venenosas. / Dios

Este mundo es el camino
para el otro, que es morada
sin pesar;
mas cumple tener buen tino°
para andar esta jornada
sin errar.
Partimos cuando nacemos,
andamos mientras vivimos,
y llegamos
al tiempo que fenecemos;
así que cuando morimos
descansamos.

mas... pero es necesario tener buen juicio

Este mundo bueno fue
si bien usásemos dél
como debemos,
porque, según nuestra fe,
es para ganar aquel
que atendemos°.
Y aun aquel fijo de Dios,
para subirnos al cielo,
descendió

esperamos

a nacer acá entre nos°, — nosotros
y a vivir en este suelo
do murió.

Ved de cuán poco valor
son las cosas tras que andamos
y corremos;
que, en este mundo traidor,
aun primero que muramos
las perdemos:
de ellas° deshace la edad°, — algunas de ellas / el tiempo
de ellas casos desastrados
que acaecen,
de ellas, por su calidad,
en los más altos estados° — **en**... en el período de mayor éxito
desfallecen°. — mueren

Decidme: la fermosura,
la gentil frescura y tez
de la cara,
la color e la blancura,
cuando viene la vejez
¿cuál se para°? — se queda
Las mañas y ligereza
y la fuerza corporal
de juventud,
todo se torna graveza° — pesadez
cuando llega al arrabal
de senectud°. — la vejez

Pues la sangre de los godos°, — Los visigodos (godos del Oeste) invadieron el Imperio Romano en el año 410 y penetraron en España. Las familias españolas más nobles presumían de descender de los godos.
y el linaje, y la nobleza
tan crecida,
¡por cuántas vías y modos
se pierde su gran alteza
en esta vida!
Unos, por poco valer,
¡por cuán bajos y abatidos
que los tienen°! — consideran
Otros que, por no tener°, — es decir, por no tener riqueza
con oficios non debidos
se mantienen.

Los estados y riqueza
que nos dejan a deshora°, — inesperadamente
¿quién lo duda?
Non les pidamos firmeza,
pues que son de una señora
que se muda.
Que bienes son de Fortuna
que revuelve con su rueda° — En la mitología, la Fortuna es una diosa montada a una rueda que gira constantemente.
presurosa,
la cual non puede ser una°, — **ser**... estar sin cambiar
ni ser estable ni queda° — quieta
en una cosa.

Pero digo° que acompañen
y lleguen hasta la huesa
con su dueño;
por eso non nos engañen,
pues se va la vida apriesa°
como sueño;
y los deleites de acá
son, en que nos deleitamos,
temporales,
y los tormentos de allá
que por ellos esperamos,
eternales.

digo: aun suponiendo
apriesa: aprisa

Los placeres y dulzores
de esta vida trabajada
que tenemos,
¿qué son sino corredores°,
y la muerte la celada°
en que caemos?
Non mirando a nuestro daño,
corremos a rienda suelta
sin parar;
desque vemos el engaño
y queremos dar la vuelta,
no hay lugar°.

corredores: perros de caza
celada: trampa, emboscada
y... y cuando queremos cambiar de rumbo, ya es demasiado tarde

Si fuese en nuestro poder
tornar la cara fermosa°
corporal,
como podemos fazer
el ánima tan gloriosa
angelical,
¡qué diligencia tan viva
tuviéramos toda hora,
y tan presta,
en componer la cativa°,
dejándonos la señora°
descompuesta!

tornar... devolverle la hermosura a la cara
cativa: vil, mala (Se refiere a la cara, o sea, lo corporal.)
señora: el alma

Esos reyes poderosos
que vemos por escrituras
ya pasadas,
con casos tristes, llorosos,
fueron sus buenas venturas
trastornadas
así que no hay cosa fuerte;
que a papas y emperadores
y prelados
así los trata la Muerte
como a los pobres pastores
de ganados.

Dejemos a los troyanos,
que sus males non los vimos,
ni sus glorias;
dejemos a los romanos,
aunque oímos o leímos
sus historias;

non curemos° de saber — busquemos
lo de aquel siglo pasado
qué fue de ello;
vengamos a lo de ayer,
que también es olvidado
como aquello.

¿Qué se fizo el Rey don Juan°? — Juan II de Castilla
Los Infantes de Aragón° — primos de Juan II, que lucharon contra él
¿qué se ficieron?
¿Qué fue de tanto galán,
qué fue de tanta invención° — creación, invento
como trujeron°? — trajeron
Las justas e los torneos,
paramentos, bordaduras
y cimeras
¿fueron sino° devaneos? — otra cosa que
¿Qué fueron sino verduras
de las eras?

¿Qué se ficieron las damas,
sus tocados°, sus vestidos, — peinado o adorno de la cabeza
sus olores?
¿Qué se ficieron las llamas
de los fuegos encendidos
de amadores?
¿Qué se fizo aquel trovar,
las músicas acordadas° — armoniosas
que tañían?
¿Qué se fizo aquel danzar,
aquellas ropas chapadas° — bordadas con láminas de oro o de plata
que traían?

Pues el otro su heredero,
don Enrique ¡qué poderes
alcanzaba!
¡Cuán blando, cuán falaguero° — dulce
el mundo con sus placeres
se le daba!
Mas verás cuán enemigo,
cuán contrario, cuán cruel
se le mostró;
habiéndole sido amigo,
¡cuán poco duró con él
lo que le dio!

Las dádivas desmedidas,
los edificios reales
llenos de oro,
las vajillas tan febridas° — labradas
los enriques° e reales — monedas de oro
del tesoro;
los jaeces, los caballos
de su gente e atavíos
tan sobrados,
¿dónde iremos a buscallos°? — buscarlos
¿Qué fueron sino rocíos
de los prados?

Pues su hermano el inocente°
que en su vida sucesor
se llamó,
¡qué corte tan excelente
tuvo y cuánto gran señor
le siguió!
Mas como fuese mortal,
metióle la Muerte luego
en su fragua.
¡Oh juicio divinal!
Cuando más ardía el fuego
echaste agua.

Se refiere a Alfonso, que murió a los catorce años.

Pues aquel gran Condestable°
maestre que conocimos
tan privado,
non cumple que de él se hable,
sino sólo que lo vimos
degollado.
Sus infinitos tesoros,
sus villas y sus lugares,
su mandar,
¿qué le fueron sino lloros?
¿Qué fueron sino pesares
al dejar?

Alvaro de Luna.

Y los otros dos hermanos°,
maestres° tan prosperados
como reyes,
que a los grandes e medianos
trajeron tan sojuzgados°
a sus leyes;
aquella prosperidad
que tan alta fue subida
y ensalzada,
¿qué fue sino claridad
que cuando más encendida
fue amatada°?

Don Juan Pacheco, marqués de Villena, y don Beltrán de la Cueva, primer duque de Alburquerque, fueron favoritos del rey Enrique IV. / oficial superior de ciertas órdenes militares

sujetos

apagada

Tantos duques excelentes,
tantos marqueses e condes
y varones
como vimos tan potentes,
di, Muerte, ¿dó los escondes
y traspones?
Y las sus claras hazañas°
que hicieron en las guerras
y en las paces,
cuando tú, cruda, te ensañas,
con tu fuerza las atierras
y desfaces.

las... las grandes hazañas suyas

Las huestes° innumerables,
los pendones, estandartes
y banderas,
los castillos impugnables,
los muros y baluartes
y barreras,

tropas

la cava honda, chapada°,
o cualquier otro reparo°
¿qué aprovecha?
Cuando tú vienes airada,
todo lo pasas de claro°
con tu flecha.

cava... prisión subterránea fortificada
obstáculo, defensa contra la muerte
de un lado al otro

Aquél de buenos abrigo,
amado por virtuoso
de la gente,
el Maestre Don Rodrigo
Manrique, tanto famoso
y tan valiente;
sus grandes hechos y claros
non cumple que los alabe,
pues los vieron,
ni los quiero hacer caros°,
pues que el mundo todo sabe
cuáles fueron.

hacer... alabar

¡Qué amigo de sus amigos!
¡Qué señor para criados
y parientes!
¡Qué enemigo de enemigos!
¡Qué maestro de esforzados
y valientes!
¡Qué seso para discretos!
¡Qué gracia para donosos!
¡Qué razón!
¡Qué benigno a los sujetos!
¡A los bravos y dañosos
qué león!

En ventura Octaviano°;
Julio César en vencer
y batallar;
en la virtud, Africano;
Aníbal en el saber
y trabajar;
En la bondad un Trajano;
Tito en liberalidad
con alegría;
en su brazo, un Aureliano;
Marco Tulio en la verdad
que prometía.

Sigue una enumeración de grandes hombres, la mayoría de ellos romanos, con los cuales Manrique compara a su padre.

Antonio Pío en clemencia;
Marco Aurelio en igualdad
del semblante;
Adriano en la elocuencia;
Teodosio en humildad
y buen talante.
Aurelio Alexandre fue
en disciplina y rigor
de la guerra;
un Constantino en la fe;
Camilo en el gran amor
de su tierra.

Non dejó grandes tesoros,
ni alcanzó muchas riquezas
ni vajillas,
mas fizo guerra a los moros,
ganando sus fortalezas
y sus villas;
y en las lides que venció,
cuántos moros y caballos
se perdieron,
y en este oficio ganó
las rentas y los vasallos
que le dieron.

Pues por su honra y estado
en otros tiempos pasados
¿cómo se hubo°?
Quedando desamparado,
con hermanos y criados
se sostuvo.
Después que fechos famosos
fizo en esta dicha guerra
que facía,
fizo tratos tan honrosos,
que le dieron aun más tierra
que tenía.

¿cómo... ¿cómo se comportó?

Estas sus viejas historias
que con su brazo pintó
en juventud,
con otras nuevas victorias
agora las renovó
en senectud.
Por su gran habilidad,
por méritos y ancianía
bien gastada,
alcanzó la dignidad
de la gran caballería
del Espada°.

Rodrigo Manrique fue maestre de la Orden de caballería de Santiago de la Espada.

Y sus villas y sus tierras
ocupadas de tiranos
las falló,
mas por cercos y por guerras
y por fuerza de sus manos
las cobró.
Pues nuestro Rey natural,
si de las obras que obró
fue servido,
dígalo el de Portugal°,
y en Castilla quien siguió
su partido.

El rey de Portugal, Alfonso V, ocupó las tierras de don Rodrigo; éste defendió su propia causa y la del rey al obligar a las tropas de Alfonso a retroceder.

Después de puesta la vida
tantas veces por su ley°
al tablero°;
después de tan bien servida
la corona de su Rey
verdadero;

religión

poner la vida al tablero = jugarse la vida

después de tanta hazaña
a que non puede bastar
cuenta° cierta,
en la su villa de Ocaña°
vino la Muerte a llamar
a su puerta,

bastar... contar, mantener la cuenta
pueblo que está al sureste de Madrid

(Fabla la Muerte)

diciendo: «Buen caballero,
dejad el mundo engañoso
y su halago;
vuestro corazón de acero
muestre su esfuerzo famoso
en este trago°;
y pues de vida y salud
fecistes tan poca cuenta
por la fama°,
esfuércese la virtud°
para sufrir esta afrenta
que vos llama.

trance amargo (de la Muerte)

de... arriesgaste vida y salud por la fama
valor, coraje

«Non se os haga tan amarga
la batalla temerosa
que esperáis,
pues otra vida más larga
de fama tan gloriosa
acá dejáis;
aunque esta vida de honor
tampoco no es eternal
ni verdadera,
mas con todo es muy mejor
que la otra temporal
perecedera.

«El vivir que es perdurable
non se gana con estados
mundanales,
ni con vida deleitable
en que moran los pecados
infernales;
mas los buenos religiosos
gánanlo con oraciones
y con lloros;
los caballeros famosos
con trabajos y aflicciones
contra moros.

«Y pues vos, claro varón,
tanta sangre derramastes
de paganos,
esperad el galardón
que en este mundo ganastes
por las manos;
y con esta confianza
y con la fe tan entera
que tenéis,

partid con buena esperanza,
que esta otra vida tercera°
ganaréis.»

la que sigue a la muerte (la primera es la eternidad que precede al nacimiento, y la segunda, la vida en la tierra, que el Maestre acaba de dejar)

(Responde el Maestre)

«Non gastemos tiempo ya
en esta vida mezquina
por tal modo,
que mi voluntad está
conforme con la divina
para todo;
y consiento en mi morir
con voluntad placentera,
clara y pura,
que querer hombre vivir
cuando Dios quiere que muera
es locura.»

ORACIÓN

«Tú° que por nuestra maldad
tomaste forma servil°
y bajo nombre;
Tú que a tu divinidad
juntaste cosa tan vil
como el hombre;
Tú que tan grandes tormentos
sufriste sin resistencia
en tu persona,
non por mis merecimientos,
mas por tu sola clemencia
me perdona.»

Cristo

de hombre

FIN

Así con tal entender,
todos sentidos humanos
conservados,
cercado de su mujer,
y de sus fijos e hermanos
y criados,
dio el alma a quien se la dio,
(el cual la ponga en el cielo
en su gloria),
que aunque la vida perdió,
nos dejó harto consuelo
su memoria.

LA PROSA MEDIEVAL

La historiografía, la geografía, las ciencias y la biografía

En la España medieval, como en el resto de Europa, el latín era el idioma universal de la cultura eclesiástica. Uno de los factores más importantes en el desarrollo de la prosa en España fue la labor de traducción que se realizó en los monasterios a partir del siglo X. La superioridad cultural de la civilización árabe, que había adquirido un conocimiento de la filosofía y la ciencia griegas a través de su contacto con los bizantinos, hacía sentir a los cristianos la necesidad de verter esta sabiduría al latín para hacerla más accesible. Con la reconquista de Toledo en 1085, la actividad de traducción empezó a concentrarse en esta ciudad, donde se hallaban grandes colecciones de libros en árabe y una población judía que dominaba el árabe, el mozárabe y el hebreo. La escuela de traductores de Toledo, que nació de la colaboración entre los traductores judíos que transcribían los textos árabes al mozárabe y los cristianos que los vertían después al latín, llegó a ser un foco de erudición en la Edad Media.

Las primeras obras en la prosa vernácula aparecieron a finales del siglo XII o a principios del siglo XIII. En su mayor parte, los escritos en romance que se conservan de este período son crónicas en el dialecto navarro-aragonés del noreste de España. Uno de estos textos, la *Fazienda de Ultra Mar*, es un libro de guía para los peregrinos a la Tierra Santa en que se intercalan descripciones de los lugares con episodios del Antiguo Testamento. Se trata, en efecto, de una de las primeras traducciones de la Biblia al romance. Durante la Edad Media se prohibió la traducción de la Sagrada Escritura a las lenguas vernáculas; la Iglesia temía que la accesibilidad de la Biblia resultase en una disminución de su autoridad y que los errores de traducción pudiesen corromper la doctrina. En la España medieval, no obstante, estos mandatos fueron menos atendidos que en otros países. Se inicia en la *Fazienda de Ultra Mar* una corriente escriturística que continúa en el siglo XIV, como ya hemos visto en los *Proverbios de Salomón*, basados en el libro del *Eclesiastés*. Otras manifestaciones tempranas de la prosa en romance son el *Liberum regum*, una crónica en navarro-aragonés sobre la sucesión de los reyes desde la Antigüedad, y la *Semejança del mundo*, un compendio geográfico del mundo. La última obra es de un interés especial puesto que demuestra la visión idealizada que el hombre medieval tenía del mundo, un conjunto de teorías que provenían del folklore y de los escritores grecolatinos. Llaman la atención en la *Semejança del mundo* los detalles fantásticos que surgen en las descripciones de los pueblos y lugares lejanos, impresiones que se derivan, por lo general, de las *Etimologías* de San Isidoro.

La subida de Alfonso X al trono de Castilla en 1252 dio lugar a un despertar cultural en la península, como hemos visto en nuestro estudio de las *Cantigas de Santa María*. El orgullo nacional y la ambición se enlazaban en la determinación del Rey Sabio de elevar y enriquecer el castellano como lengua común a los cristianos, judíos y árabes de su reino. Reuniendo en su corte un importante grupo de hombres eruditos de todas procedencias y religiones, Alfonso X se empeñó en continuar la enorme labor de traducción y compilación que había empezado la escuela de traductores de Toledo un siglo antes. Aunque fracasó en el campo político, llegó a establecer el centro intelectual más importante de su tiempo. Bajo su dirección, se escribían obras en castellano sobre jurisprudencia, historia, astronomía, ciencias e, incluso, diversiones.

Una de las tareas más ambiciosas que emprendió Alfonso fue la redacción de una extensa compilación legislativa para reemplazar los «fueros» o leyes locales, que él consideraba injustos. Basándose en el derecho romano y en el *Forum Iudicum* o «Fuero Juzgo» visigodo, el Rey Sabio ordenó un código legal dividido en siete secciones para reglamentar los diversos aspectos de la sociedad medieval: la vida religiosa y los deberes de los eclesiásticos, el papel de los gobernantes, la administración de la justicia, el matrimonio, los contratos, los testamentos, y los delitos y sus penas. Aunque esta empresa fue dirigida por el rey, la composición misma de las *Partidas* habría sido encomendada a los doctos y juristas que se congregaban en su corte. Hay que subrayar que los escritos legales constituían una forma literaria para los hombres cultos de la Edad Media. Por eso, las *Siete Partidas* se estudian no sólo como la obra jurídica más completa de la Edad Media, sino también como una de las manifestaciones más notables de la prosa alfonsina.

Gracias a la *Estoria de España* y la *General Estoria*, dos obras históricas dirigidas por Alfonso X, se puede llegar a una apreciación del concepto que tenía el hombre medieval de su pasado. Sus conocimientos se basan en la Biblia, los historiadores clásicos y árabes, y las leyendas folklóricas. Se hallan en la *Estoria de España* dos importantes innovaciones en comparación con otras crónicas medievales: en vez de enfocar un solo reino o acontecimiento, los historiadores enfocaban España como una totalidad, aunque la unificación del país no llegaría a ser una realidad política hasta el reinado de los Reyes Católicos. Alfonso y sus colaboradores demostraron igualmente un notable interés en la facetas de la historia que habían sido ignoradas hasta entonces. Se narran en la *Estoria de España* no sólo las grandes hazañas de los reyes y los nobles, sino también los detalles de la vida cultural y las condiciones de las diferentes clases sociales. Como la mayoría de las crónicas de este período, se inicia la *Estoria de España* en el pasado remoto, en este caso en el tiempo de Moisés, para continuar con la época romana, las invasiones de los godos y los árabes, hasta la muerte de Fernando el Santo, el padre de Alfonso X. La *General estoria* fue concebida como una empresa de mayor magnitud: se trataba, en efecto, de una crónica del mundo desde la Creación hasta el reinado de Alfonso X. No obstante, pese a su enorme extensión, esta historia sólo llega al Nuevo Testamento. Aunque los temas bíblicos predominan en la *General estoria*, se incluyen igualmente narraciones profanas de la mitología clásica en la obra, un recurso que habría sido inspirado por la interpolación de episodios de índole secular en las historias eclesiásticas escritas por Eusebio de Cesarea y San Jerónimo en el siglo IV.

La curiosidad intelectual de Alfonso X se extendía también a las ciencias, sobre todo a la astronomía y la astrología. Por lo general, los tratados escritos sobre la astronomía bajo su dirección son traducciones de obras árabes basadas en el sistema ptolomaico, aunque los científicos también realizaban sus propias investigaciones en los observatorios astronómicos que el monarca mandó construir en varias ciudades de su reino. En el *Libro de la ochava esfera* se trata, por ejemplo, de un catálogo de las constelaciones. Pese a la naturaleza científica del libro, se incluyen frecuentes reflexiones morales y religiosas, de acuerdo con la actitud medieval que atribuía propiedades divinas a todas las cosas. En la descripción de la constelación Casiopea que aparece en la selección que damos del *Libro de la ochava esfera*, se ve claramente cómo la ciencia medieval derrocha fantasía y mitología. Vista por el hombre medieval sin telescopio, se aprecian sólo cinco o seis estrellas de la constelación. Si ya hace falta imaginación para ver con tan pocos elementos simplemente una figura sentada, para ver pies desnudos, «cadira alta», «otros fustes que salen sobre ella», etc., hay que contar con una prodigiosa compilación de documentos y leyendas. El *Lapidario* es otra obra en que se halla la mezcla de teorías científicas y supersticiones propia de la sabiduría medieval. Se estudian en este libro las supuestas cualidades de las diferentes piedras preciosas en relación con los signos del Zodíaco. Entre los restantes tratados escritos por los colaboradores de Alfonso, hay que señalar el *Libro de axedrez*, también traducido del árabe. Se describen en esta obra todas las variedades de ajedrez conocidas en el tiempo. El rey recomendó este juego especialmente para las mujeres porque «non cabalgan e están encerradas».

Gracias a la gran empresa cultural que inició Alfonso X durante su reinado, la prosa castellana creció en importancia como género literario. Mientras los eruditos de la Corte ponían más énfasis en la fidelidad de sus traducciones que en los efectos literarios, su cultivo de la prosa resultó en una mayor flexibilidad sintáctica y en un léxico aumentado por la adopción de neologismos para expresar los nuevos conceptos que se vertían de los textos árabes. Los colaboradores de Alfonso X eran igualmente conscientes de la estructuración del argumento; en las obras históricas, por ejemplo, las diferentes fuentes se enlazan en una narración coherente.

El siglo XIV dio lugar a una expansión en la producción de prosa debido a un incremento en la demanda del público. Durante este período, las reformas eclesiásticas que promovían la educación como un deber cristiano comenzaron a difundirse en España. Mientras la literatura había sido antes el dominio de un grupo reducido de eruditos, llegó a ser en este tiempo accesible a un número creciente de lectores. Hay que señalar igualmente la importancia de dos avances científicos. Los adelantos en la fabricación del papel hacían que este material fuera más abundante en el siglo XIV, lo que facilitaba la reproducción de manuscritos. La invención de lentes de cristal para mejorar la vista también posibilitó la lectura a un público más extenso.

La historiografía que Alfonso X había cultivado como una visión amplia del pasado tomó otra dirección en el siglo XIV. Durante este período se compusieron crónicas de reinados individuales, un enfoque más contenido que daba a los cronistas la oportunidad de analizar los motivos humanos. La más importante de estas historias es la *Crónica del rey don Pedro I* compuesta por el Canciller Pero López de Ayala, uno de los grandes hombres de estado de su tiempo y, como hemos visto, el autor del *Rimado de Palacio*. Para López de Ayala, el interés del pasado reside en lo que ofrece de ejemplo moral, una actitud que es particularmente relevante en la *Crónica de Pedro I*. La sangrienta guerra civil del reinado de Pedro el Cruel suponía para López de Ayala—y para muchos nobles de su tiempo—una crisis de conciencia. Después de servir dieciséis años bajo Pedro, el Canciller decidió abandonarle en 1366 para aliarse con los rebeldes, los partidarios de los infantes bastardos, los Trastamara. Unos treinta años después del triunfo de Enrique de Trastamara, López de Ayala describió las atrocidades cometidas por Pedro I en una reelaboración propagandística del pasado para disculpar su propia traición del rey legítimo y adhesión a la monarquía del usurpador. Narra dramáticamente los actos del rey Pedro que habían provocado la deserción de sus vasallos. Hay que subrayar la gran sutileza y talento del Canciller; en vez de recurrir a las acusaciones directas y a la exageración en su denuncia de Pedro I, presenta los hechos con una aparente objetividad, dejando que el rey sea condenado por sus propias acciones.

A pesar del caos político que predominaba a lo largo del reinado de Juan II (1419–1454), se produjo un gran fomento en las letras castellanas de este tiempo debido a la influencia del humanismo italiano y al interés que el propio monarca tenía en la literatura. Entre las obras en prosa de la primera mitad del siglo XV, hay que destacar la *Crónica de Juan II*, una obra que ha sido atribuida por algunos críticos a Alvar de Santa María, miembro de una ilustre familia de judíos conversos. Se estima hoy que la historia fue escrita probablemente por García de Santa María hasta el año 1435, y que las partes restantes fueron terminadas por otros historiadores. Como gran admirador del tío de Juan II, el Infante Fernando de Antequera, García de Santa María consagró la mayor parte de su historia a las acciones de este noble, olvidándose por completo de Juan II en algunas ocasiones. Esta crónica es igualmente notable por su documentación pormenorizada de las numerosas rencillas e intrigas de la Corte. Durante este período se escribió igualmente la relación de un acontecimiento particular titulada el *Libro del paso honroso*. Se narran en esta obra las hazañas de Suero de Quiñones, un joven caballero de la corte de Juan II que obtuvo la autorización del rey en 1434 para guardar un puente en León con el propósito de hacer pagar a todos los que llegaran al lugar un tributo a la dama que él amaba. Los detalles de este suceso singular fueron narrados por Pero Rodríguez de Lena, un notario que estuvo presente durante las ceremonias y combates del Paso.

La biografía de personas importantes es otro género que se cultivaba extensamente en la prosa del siglo XV. La *Crónica de don Alvaro de Luna*, quizás la historia más dramática de este período, está basada en la vida del famoso privado de Juan II, que ejerció un verdadero dominio sobre Castilla hasta que fue derrocado y ejecutado en 1453. El autor de esta obra, que fue probablemente un sirviente de Luna llamado Gonzalo de Chacón, escribió una defensa ferviente de su señor, insistiendo en sus perfecciones en una sociedad desprovista de grandes hombres y, al final, en su valentía ante la muerte. La vida de otro gran señor inspiró el *Victorial o Crónica de don Pero Niño*, escrito por Gutierre Díez de Gámez sobre las andanzas de su patrón Pero Niño, conde de Buelna. Representando a su protector como el dechado de la caballería, el autor ofrece interesantes observaciones en cuanto a las virtudes de este estado y la conducta de sus miembros. Puesto que se incluyen en el *Victorial* varias descripciones de las guerras navales de este período, la obra es de un interés especial para los estudiosos de la historia marítima. La biografía colectiva en forma de breves retratos o «semblanzas», llegó a ser una forma literaria de gran prestigio en esta época gracias a su realización en las *Generaciones y semblanzas* de Fernán Pérez de Guzmán, uno de los intelectuales más importantes de su tiempo. Empeñándose en representar a sus contemporáneos con pocos y exactos rasgos, Pérez de Guzmán logró captar las características físicas y morales de cada individuo con gran objetividad, reconociendo sus defectos tanto como sus virtudes.

Otro grupo de obras en prosa que se produjo durante el siglo XV fueron las narraciones en primera persona de los viajes y exploraciones al extranjero. Esta forma ya gozaba de mucha popularidad en el siglo XIV debido a la traducción al castellano de la famosa relación de Marco Polo sobre su viaje a la China. Las descripciones de las expediciones a otros países constituían un tema importante en numerosos libros; en el *Victorial*, por ejemplo, el autor presta mucha atención a los viajes de Pero Niño a Inglaterra y Francia. La manifestación más interesante de este género en el siglo XV es la *Embajada a Tamorlán* por Ruy González de Clavijo. En 1403, Clavijo fue miembro de una embajada mandada por el rey Enrique III al imperio mongol de Tamerlán el Grande. Esta misión, que tenía el propósito de establecer una alianza con Tamerlán contra la invasión turca, duró unos tres años. Al volver de su viaje, Clavijo compuso una crónica detallada de sus experiencias y de las culturas del Oriente. Hay que señalar en cada obra el estilo directo del autor y la vivacidad de sus descripciones.

Recomendamos las siguientes ediciones: *Liber regum*, ed. Louis Cooper (Zaragoza: Institución Fernando el Católico, 1960); *Semejança del mundo*, eds. William E. Bull y Harry F. Williams (Berkeley: University of California, 1959); *La general estoria*, ed. Antonio de Solalinde, et. al. (Madrid: Consejo de Investigaciones Científicas, 1957–) o ed. Benito Brancaforte (Madrid: Cátedra, 1984); *Las siete partidas*, ed. Gonzalo Martínez Díez (Valladolid: Lex Nova, 1988). De la *Crónica del rey don Pedro*, por Pero López de Ayala, recomendamos la edición de Constance Wilkens y Heanon M. Wilkens (Madison, Wisc.: Hispanic Seminary of Medieval Studies, 1985); de la *Crónica de don Alvaro de Luna*, por Gonzalo Chacón, la edición de Juan de Mata Carriazo (Madrid: Espasa-Calpe, 1940); de la *Crónica del sereníssimo rey don Iuan II*, la edición de Angus MacKay y Dorothy Sherman Severin (Exeter: University of Exeter, 1981); de *Generaciones y semblanzas*, por Pérez de Guzmán, la edición de Robert Brian Tate (London: Tamesis, 1965); del *Passo honroso*, la de Amancio Labandeira (Madrid: Fundación Universitaria Española, 1977). Existe una edición de la *Crónica de Pero Niño* hecha por Juan de Mata Carriazo.

LIBER REGUM

En esta selección del *Liber regum* se narra la conquista de la península por los invasores árabes, un tema que dio origen, como ya hemos visto, a un ciclo de romances. En 718, unos años después de la derrota de Rodrigo, el último rey godo, surgió un movimiento de resistencia en el norte contra la ocupación de los árabes. Pelayo, el caudillo de estas fuerzas, fue elegido por los nobles y obispos refugiados en las montañas de Asturias.

...A la sazón que regnaba el rei Rodrigo en España, vinieron d'Africa el rei Aboali & Aboçubra. Et° era rei en Marruecos el rei Amiramozlemin, & estonz° vino Tárik° en España & arribó a Gibaltaric°. Est° rei Abocubra & Aboali & Amiramozlemin, con otros reies muitos° e° con grandes poderes° de moros vinieron al rei Rodrigo a la batalla e lidioron° con él en el campo de Sagnera. En la primera fazienda° foron mal treitos° los moros, mas pues cobroron e foron rancados los christianos°. En aquella batalla fo° perdido el rei Rodrigo, e no lo troboron° ni muerto ni vivo; mas pues a luengos tiempos°, en Uiseu en Portogal, troboron un sepulcre° que dizían° las letras qui de suso° eran escritas que allí yacía el rei Rodrigo, el qui fo perdido en la batalla en el tiempo de los godos.

Cuando fo perdido el rei Rodrigo, conqueriron° moros toda la tierra tro a en Portogal & en Gallicia° fueras de las montañas d'Asturias. En aquellas montañas, s'acuellieron todas las hientes de la tierra los qui° escaporon° de la batalla, e fizieron rey por elección al rey don Pelayo, qui° estaba en una cueva en Aseva. Est rey don Pelaio fo muit° buen rey e leial°; e todos los cristianos qui eran° en las montañas acullieron se todos ad el°, e guerreioron a moros e fizieron muitas batallas e vencieron las.°

Murie° el rei don Pelaio, Deus aia so alma°, e regnó so fillo°, el rei Fafila, e fo avol omne, e mató lo un onso°. ...

y
entonces
el primero de los emires dependientes de los califas de Damasco en reinar en España / llegó a Gibraltar / Este / muchos otros reyes / y / fuerzas / lidiaron
confrontación / **foron**... fueron derrotados / **cobroron**... se
recuperaron y fueron arrancados los cristianos / fue / encontraron / **pues**... después de mucho tiempo / sepulcro / decían
arriba
conquistaron
tro... hasta en Portugal y Galicia
s'acuellieron... se congregó toda la gente que
escaparon
quien / muy
leal / cristianos que estaban
acullieron... reunieron con él
guerreioron... lucharon contra los moros e hicieron muchas batallas y las vencieron
Murió / **Deus**... Dios tenga su alma / su hijo
e... y fue un hombre malo y le mató un oso

SEMEJANZA DEL MUNDO

Se describen en esta parte de la *Semejanza del mundo* los pueblos que, según el folklore medieval, se hallan en la India.

...En esta tierra misma hay otrosí° otras gentes que dicen monocli por que estos non han° más de un ojo, e hay otras gentes que dicen armyaspidi, e otros a que dicen los cinopes, e estos son muy espantables e muy grandes de cuerpos, e comen los omes° vivos e los ganados do quier° que los pueden alcanzar; e hay otrosí otras gentes a que dicen cinopedes, e según que dice el sabio que conpuso° este libro, que non han más de un pie, e sólo con este pie corren más que el viento, e cuando les place folgar° pósanse en tierra e alzan el pie e están a su sombra de él.

E otrosí en esta tierra hay otras gentes que non han cabezas, y han los ojos en los honbros, e han las narices fazia° arriba, e han grandes dos forados° en la boca, e han en los pechos grandes sedas°, según que en las bestias, e son muy espantables.

también
tienen
hombres
do... dondequiera
compuso
holgar, descansar
hacia
agujeros / pelos gruesos

ALFONSO X

La General Estoria

Se halla en este texto de la *General Estoria* un ejemplo de las referencias a la cultura clásica que surgen en la historia mundial de Alfonso X. Se refleja igualmente aquí el gran interés que tenían los eruditos de este período en la sabiduría de los griegos. La alusión al «rey» Júpiter es un error típico de la tendencia medieval de confundir los nombres de los diferentes dioses, reyes y héroes de la Antigüedad.

DEL REY JÚPITER E DELOS DEPARTIMIENTOS° DELOS SABERES DEL TRIVIO E DEL QUADRUVIO°

En esta cibdad° de Athenas° nasció el rey Júpiter, como es ya dicho ante desto°, e allí estudió e aprendió y° tanto, que sopo muy bien todo el trivio e todel° quadruvio, que son las siete artes a que llaman liberales por las razones que vos° contaremos adelante, e van ordenadas entre sí por sus naturas° desta guisa°: la primera es la gramática, la segunda dialéctica, la tercera rectórica°, la cuarta arismética°, la quinta música, la sesena geometría, la setena astronomía.

En las tres primeras destas siete artes son el trivio, que quiere decir tanto como tres vías o carreras que muestran al omne° ir a una cosa, et ésta es saber se razonar cumplida mientre°. Et las otras cuatro postrimeras son el quadruvio, que quiere decir tanto como cuatro carreras que enseñan conoscer complida mientre, saber ir a una cosa cierta, e esta es la cuantía° de las cosas así como mostraremos adelante.

divisiones / El trivio consiste en las tres ciencias de la gramática, la dialéctica, y la retórica y el quadruvio en la aritmética, la música, la geometría y la astronomía. / ciudad / Atenas / anteriormente / allí / todo el / os

características / **desta**... de esta manera

retórica

aritmética

hombre

cumplida... completamente

una expresión escolástica que se refiere a la naturaleza de las cosas

Estoria de España

Se narran en la siguiente selección las atrocidades que sufrieron los cristianos tras la invasión de los árabes.

...¡España mezquina! Tanto fue la su muert coitada que solamientre non fincó y ninguno que la llante°; llaman la dolorida, ya más muerta que viva, et suena su voz así como del otro sieglo°, e sal° la su palabra así como de so° tierra, e diz° con la grand cueta°: «Vos, homnes°, que pasades° por la carrera, parad mientes° et veed° si ha° cueta nin dolor que se semeje con el mío». Doloroso es el llanto, llorosos los alaridos, ca° España llora los sus fijos et non se puede conortar°, porque ya non son. Las sus casas et las sus moradas todas fincaron yermas° et despobladas; la su honra et el su prez° tornado es° en confusión, ca los sus fijos et los sus criados todos moriron° a espada; los nobles et fijos dalgo° cayeron en cativo°; los príncipes et los altos homnes idos son en fonta et en denosto°, e los buenos combatientes perdieron se en estremo°.

Los que antes estaban libres, estonces° eran tornados° en siervos; los que se preciaban de caballería, corvos andaban a labrar con rejas et azadas; los viciosos del comer non se abondaban° de vil manjar°; los que fueran criados en paños de seda, non habíen° de qué se crobir° nin de tan vil vestidura° en que ante non porníen ellos sus pies°. Tan asohora fue la su cueta° et el su destroimiento°, que non ha° torbellino nin lluvia nin tempestad de mar a que lo homne pudiese asmar°.

¿Cuál mal o cuál tempestad non pasó España? Con los niños chicos de teta dieron° a las paredes, a los mozos mayores desficieron con feridas°, a los mancebos grandes metiéronlos a espada, los ancianos et viejos de días moriron en las batallas, et fueron todos acabados por guerra; los que eran ya pora honrar° et en cabo de sus días, echólos a mala fonta la crueleza° de los moros; a las mezquinas de las mugieres guardaban las pora° deshonrarlas, e la su formosura dellas era guardada pora su denosto°. El que fue fuert et corajoso° murió en batalla; el corredor et ligero de pies non guaresció a° las saetas; las espadas et las otras armas de los godos perdonaron° a los enemigos et tornaron se° en sus parientes et en sí mismos, ca non habíe° y° ninguno qui° los acorriese nin departiese unos dotros°.

Tanto... su muerte fue tan lamentada que no quedó en ella nadie que no la llorase

siglo / sale

debajo de / dice / **grand**... gran pena / **Vos**... vosotros, / hombres / pasáis / fijaos / ved / hay

porque

consolar

fincaron... quedaron vacías / gloria / se ha vuelto

murieron

fijos... hidalgos / cautividad

idos... se han ido en ultraje, insultados

perdieron... se perdieron en grandes números

entonces / **eran**... se convirtieron

alimentaban / **de**... ni siquiera de mala comida

non... no tenían / cubrirse, vestirse

nin... ni de ropa tan mala / **en**... en que antes ellos no la habrían usado (no habrían puesto los pies) / **Tan**... tan grande fue su sufrimiento / destrucción / no hay / imaginar (Ni los desastres de la naturaleza) pueden compararse con la destrucción de la invasión árabe / les golpearon / **desficieron**... destruyeron con heridas

pora... dignos de respeto / **echólos**... los insultaban cruelmente /

a... guardaban a las pobres mujeres

para / **dellas**... de ellas provocaba su deshonra / **fuert**... fuerte y valiente

non... no se salvó de

dejaron pasar, no resistieron

tornaron... se convirtieron / había / allí

que / **unos**... unos de otros

et??? non?

Las siete partidas

CÓMO PUEDEN HABER° LOS JUDÍOS SINAGOGA ENTRE LOS CRISTIANOS

Sinagoga es lugar do° los judíos facen oración; et tal casa como ésta non pueden facer nuevamente en ningunt° lugar de nuestro señorío, a menos de nuestro mandado. Pero las que habíen° antiguamente si acaesciese° que se derribasen, pueden las reparar et facer en aquel mismo suelo, así como enante° estaban, non las alargando° más, nin las alzando, nin las faciendo pintar; et la sinagoga que dotra guisa fuese fecha°, débenla perder los judíos et seer° de la eglesia mayor del lugar do la ficiesen. Et porque la sinagoga es casa do se loa el nombre de Dios, defendemos° que ningunt cristiano non sea osado de la quebrantar, nin de sacar nin de tomar ende° ninguna cosa por fuerza, fueras ende si algunt home malfechor° se acogiese a ella; ca a este atal° bien le pueden y° prender por fuerza para llevarle ante la justicia.

Otrosí° defendemos que los cristianos non metan y bestias, nin posen° en ellas, nin fagan embargo a los judíos mientra° que y estudieren faciendo° oración segunt° su ley.

tener
donde
ningún
tenían
sucede
antes / aumentando
que... que estuviera hecha de otra manera / ser
prohibimos
de allí
ende... excepto si algún criminal / **ca**... porque en este caso / allí
también
se queden / mientras
estudieren... estén haciendo / según

Se halla en la siguiente selección de la *Partida Séptima* un ejemplo de las leyes criminales ordenadas por el Rey Sabio. Los reglamentos que impone en cuanto a la tortura son, en realidad, bastante moderados en comparación con la severa legislación penal que estaba en vigor en esta época.

DE LOS TORMENTOS

Cometen los homes° a facer grandes yerros et malos fechos encubiertamente° de manera que non pueden seer° sabidos nin probados; et por ende tovieron° por bien los sabios antiguos que ficiesen tormentar a tales homes como éstos porque pudiesen saber la verdat dellos. Onde pues que en título ante déste fablamos° de cómo los presos deben seer recabdados°, queremos aquí decir cómo los deben tormentar; et mostraremos qué quiere decir tormento, et a qué tiene pro°, et cuántas maneras son dellos, et quién los puede facer, et en qué tiempo, et a cuáles, et en qué manera, et por cuáles sospechas o señales se deben dar, et ante quien, et qué preguntas les deben facer mientra° los tormentaren°, et otrosí° después que los hobieran tormentado, et cuáles conoscencias° deben valer de las que son fechas por razón de los tormentos, et cuáles non.

cometen... proponen los hombres
secretamente / ser
por... por eso tuvieron
ante... antes de éste hablamos
encarcelados
de bueno, ventajoso
mientras / atormentaran / además
conocimientos

QUÉ QUIERE DECIR TORMENTO, ET QUÉ TIENE PRO, ET CUÁNTAS MANERAS SON DÉL

Tormento es manera de pena que fallaron los que fueron amadores de la justicia para escodriñar° et saber la verdat por él de los malos fechos que se facen encubiertamente, que non pueden seer sabidos nin probados por otra manera; et tienen muy grant pro° para cumplirse la justicia; ca° por los tormentos saben los judgadores° muchas veces la verdat de los fechos encubiertos, que non se podríen° saber de otra guisa. Et como quier que las maneras de los tormentos son muchas, pero las principales son dos: la una se face con feridas de azotes; la otra es colgando al home que quieren tormentar de los brazos, et cargándol° las espaldas et las piernas de lorigas° o de otra cosa pesada.

inquirir
muy... una gran ventaja
porque / jueces
podrían
cargándole / una especie de armadura

Libro de la ochava esfera

La constelación que se describe en la siguiente selección del estudio sobre la astronomía ordenado por Alfonso X es la de la mujer sentada en una silla: Casiopea, la vanidosa madre de la desventurada Andrómeda. Era reina, y por eso está sentada en su trono.

...Et esta figura todo home° entendudo° que ahí parare mientes° entenderá, ca por gran demostranza la puso Dios en el cielo, et que non puede seer que gran vertud° non haya en ella. Primeramientre° que es figura según mugier, et que see sobre cadira alta°, et que ha logar en la siella° para arrimar las espaldas et otros fustes° que salen sobre ella, sobre que sufren° las manos, et demás esta figura ha° en sí cuatro maneras de cuemo° está. La primera que tiene la cabeza descubierta; la segunda que tiene los brazos descubiertos et las palmas tendudas°; la tercera que está vestida et cinta°; la cuarta que tiene los pies desnudos et non calzados. Onde qui° bien sopiere parar mientes a esto° puede entender en qué manera ha de facer sus fechos, porque se pueda ayudar de la vertud desta figura, et connoscerá° que Dios no fizo ninguna criatura ni ninguna cosa figurada en que non haya gran vertud, porque conviene que quien estas figuras viere° que parare bien mientes° en la faición dellas° et que las sepa imaginar en dos maneras: la una es la vista en ver et catar° bien cuemo son fechas et figuradas: la otra en imaginar en su corazón la manera porque son así figuradas, et la natura°, et la vertud que por razón de la figura deben facer sobre las otras creaturas, et desta guisa° imaginando llegará su imaginación a vista complida° et a obra acabada, et fará así cuemo dixieron los sabios: imagina et endereza° su obra et recabdarás°.

hombre / sabio / **que**... que la contemple
virtud, auxilio / primeramente
que es figura... que parece una mujer sentada en una silla alta / silla / varas, palos
sostienen / tiene
como
tendidas / ceñida
quien
sopiere... sepa pensar en esto
sabrá
vea
que... que piense bien / **faición**... disposición de ellas
mirar
naturaleza
de esta manera
cumplida, completa
compón
recibirás (una bendición)

Libro de axedrez

Por que toda manera de alegría quiso Dios que hobiesen° los homnes° en sí naturalmientre° por que pudiesen sofrir las cueitas° e los trabajos cuando les viniesen, por end° los homnes buscaron muchas maneras por que esta alegría pudiesen haber complidamientre°.

Onde° por esta razón fallaron e ficieron muchas maneras de juegos e de trebejos° con que se alegrasen. Los unos en cabalgando así como bofordar°, e alanzar, e tomar escud° e lanza, e tirar con la ballesta° o con arco, o otros juegos, de cual manera quiere que sean, que se pueden facer de caballo. E como quiere que esto se tome en usu e en pro° de fecho de armas por que non es eso mismo, llámanle juego. E los otros que se facen de pie son así como esgremir°, luchar, correr, saltar, echar piedra o dardo, ferir la pellota, e otros juegos, de muchas naturas°, en que usan los homnes los miembros porque sean por ello más recios e reciban alegría.

Los otros iuegos° que se facen seyendo°, son así como jogar acedrex°, e tablas, e dados, e otros trebejos de muchas maneras. E como quiere que todos estos juegos son muy buenos, cadaunos° en el tiempo e en el logar o° convienen, pero porque estos iuegos que se facen seyendo son cutianos° e se facen tan bien de noche como de día, e porque las mujeres que non cabalgan e están encerradas han a usar desto°, e otrosí los homnes° que son viejos e flacos, o los que han° sabor de haber° sus placeres apartadamientre° por que non reciban en ellos enojo nin pesar, o los que son° en poder ajeno así como en prisión o

tuviesen
hombres / naturalmente / penas
por eso
haber... tener completamente
De donde, así
juguetes
bohordar, un juego de la caballería que consistía en arrojar lanzas / escudo / arma antigua que lanzaba piedras y saetas gruesas
en usu... en lugar de
esgrimir
muchas... muchos tipos
juegos / sentado / **jogar**... jugar al ajedrez
cada uno
donde
cotidianos
han... han de practicar esto
otrosí... también los hombres / tienen
sabor... la inclinación de tener / solos, aparte de los demás / están

Moros jugando ajedrez, del *Tratado de ajedrez, dados y tablas.*

en cativerio°, o que van sobre mar e comunalmientre° todos aquellos que han fuerte tiempo°, porque non pueden cabalgar nin ir a caza ni a otra parte, e han por fuerza de fincar° en las casas e buscar algunas maneras de iuegos con que hayan° placer, e se concorten°, e no estén baldíos°...

cautiverio / por lo general
han... tienen mucho tiempo
han... tienen que quedarse forzosamente
tengan / consuelen
perezosos

PERO LÓPEZ DE AYALA (1332–1407)

Crónica del rey don Pedro I

Una de las atrocidades más grandes cometidas por el rey Pedro fue el asesinato de su hermano don Fadrique. Mientras los otros hermanos bastardos del monarca se habían refugiado en Aragón para escaparse de sus persecuciones, Fadrique se quedó en Castilla para servir como Maestre de Santiago. Con el tiempo, Pedro comenzó a recelar de la lealtad de don Fadrique, y decidió matarle. En su representación en la *Crónica del rey don Pedro I* de la trampa que el monarca pone para su hermano, López de Ayala subraya la naturaleza sangrienta y depravada del rey.

...E el Maestre° llegó en Sevilla el dicho día martes por la mañana a hora de tercia°: e luego como llegó el Maestre fue a facer reverencia al Rey, e fallóle° que jugaba a las tablas° en el su Alcázar. E luego que llegó besóle la mano él e muchos Caballeros que venían con él: e el Rey le rescibió con buena voluntad que le mostró, e preguntóle donde partiera aquel día, e si tenía buenas posadas. E el Maestre dixo, que

Se refiere a don Fadrique.
a... por la mañana
le halló / damas

partiera de Cantillana, que es a cinco leguas de Sevilla: e que de las posadas aún non sabía cuáles las tenía; pero que bien creía que serían buenas. E el Rey díxole que fuese a sosegar las posadas, e que después se viniese para él: e esto decía el Rey porque entraran con el Maestre muchas compañas° en el Alcázar. E el Maestre partió estonces del Rey, e fue ver a Doña María de Padilla, e a las fijas del Rey, que estaban en otro apartamiento del Alcázar, que dicen del caracol. E Doña María sabía todo lo que estaba acordado contra el Maestre, e cuando le vio fizo tan triste cara, que todos lo podrían entender, ca° ella era dueña muy buena, e de buen seso, e non se pagaba de las cosas que el Rey facía°, e pesábale mucho de la muerte que era ordenada de dar al Maestre.

E el Maestre desque° vio a Doña María, e a las fijas del Rey sus sobrinas, partió de allí e fuese al corral del Alcázar dó° tenía las mulas, para se ir a las posadas a asosegar° sus compañas: e cuando llegó al corral del Alcázar non falló las bestias, ca los Porteros del Rey habían mandado a todos desembargar el corral, e echaron todas las bestias fuera del corral e cerraron las puertas; que así les era mandado, porque non estoviesen muchas gentes° allí. E el Maestre, desque non falló las mulas, non sabía si se tornase al Rey, o qué faría° un Caballero suyo que decían Suer Gutiérrez de Navales, que era Asturiano, entendió que algund° mal era aquello, ca veía movimiento en el Alcázar, e dixo al Maestre: «Señor, el postigo del corral está abierto: salid de fuera, que non vos menguarán° mulas.» E díxolo muchas veces; ca tenía° si el Maestre saliera fuera del Alcázar, que por aventura pudiera escapar, o non le pudieran así tomar que non moriesen° muchos de los suyos delante dél. E estando en esto llegaron al Maestre dos Caballeros hermanos, que decían Ferrand Sánchez de Tovar, e Juan Ferrández de Tovar, que non sabían nada desto, e por mandado del Rey dixeron al Maestre: «Señor, el Rey vos llama.» E el Maestre tornóse para ir al Rey espantado, ca ya se rescelaba° del mal: e así como iba entrando por las puertas de los palacios e de las cámaras, iba más sin compaña, ca los que tenían las puertas en guarda lo tenían así mandado a los Porteros que los non acogiesen. E llegó el Maestre dó el Rey estaba, e non entraron en aquel logar sinon° el Maestre Don Fadrique, e el Maestre de Calatrava Don Diego García, (que ese día acompañaba al Maestre de Santiago Don Fadrique, e non sabía cosa deste fecho)° e otros dos Caballeros. E el Rey estaba en un palacio que dicen del fierro, la puerta cerrada: e llegaron los dos Maestres de Santiago e de Calatrava a la puerta del palacio dó el Rey estaba, e non les abrieron, e estovieron a la puerta. E Pero López de Padilla, que era Ballestero° mayor del Rey, estaba con los Maestres de partes de fuera: e en esto abrieron un postigo del palacio dó estaba el Rey, e dixo el Rey a Pero López de Padilla su Ballestero mayor: «Pero López, prended al Maestre.» E Pero López le dixo: «¿A cuál dellos prenderé?» E el Rey díxole: «Al Maestre de Santiago.» E luego Pero López de Padilla travó del Maestre° Don Fadrique, e díxole: «Sed preso.» E el Maestre estovo quedo° muy espantado: e luego dixo el Rey a unos Ballesteros de maza°, que ay° estaban: «Ballesteros, matad al Maestre de Santiago.» E aun los Ballesteros non lo osaban facer: e un ome° de la cámara del Rey, que decían Rui González de Atienza, que sabía el consejo, dixo a grandes voces a los Ballesteros: «Traydores°, ¿qué facedes°? ¿Non vedes° que vos manda el Rey que matedes° al Maestre?» E los Ballesteros estonce°, cuando vieron que el Rey lo mandaba, comenzaron a alzar las mazas para ferir al Maestre Don Fadrique...

muchos hombres

porque

non... No le gustaban las cosas que el rey hacía. (una denuncia indirecta del comportamiento del Rey Pedro)

después de que

donde

sosegar

estoviesen... estuviera mucha gente

si... si debía volver adonde estaba el Rey o qué haría

algún

non... no os faltarán

creía que

que... sin que murieran muchos de ellos

recelaba

sino

non... no sabía nada de este hecho

el que tira con ballesta, un arma para disparar flechas

travó... prendió al Maestre

estovo... estuvo quieto

una arma que sirve para golpear / allí

hombre

traidores

hacéis / veis / matéis

entonces

E cuando esto vio el Maestre de Santiago, desvolvióse luego de Pero López de Padilla, Ballestero mayor del Rey, que le tenía preso, e saltó en el corral, e puso mano a la espada e nunca la pudo sacar, ca tenía la espada al cuello deyuso del tabardo que traía°, e cuando la quería sacar, trabábase la cruz de la espada en la correa, en manera que non la pudo sacar. E los Ballesteros llegaron a él por le ferir con las mazas, e non se les guisaba°, ca el Maestre andaba muy recio de una parte a otra, e non le podían ferir. E Nuño Ferrández de Roa, que le seguía más que otro ninguno, llegó al Maestre e diole un golpe de la maza en la cabeza, en guisa que° cayó en tierra; e estonce llegaron los otros Ballesteros, e firiéronle todos°. E el Rey, desque vio que el Maestre yacía en tierra, salió por el Alcázar cuidando fallar° algunos de los del Maestre para los matar, e non los falló; ca dellos non eran entrados en el palacio cuando el Maestre tornó que le mandara llamar el Rey, porque las puertas estaban muy bien guardadas; e dellos eran fuidos° e escondidos. E entrara con el Maestre un Caballero de la su Orden que decían Don Pero Ruiz de Sandoval Rostros de Puerco, que era 204Comendador de Montiel, el que diximos que diera el castillo de Montiel al Rey por el omenage° que le hubiera fecho, e se viniera él para su Señor el Maestre, e era agora Comendador de Mérida: e el Rey quisiérale matar, e non le falló, e así escapó aquel día quel Rey le anduvo buscando para le matar, e non le pudo aver°. Empero falló el Rey un Escudero que decían Sancho Ruiz de Villegas, que le decían por sobrenombre Sancho Portín, e era Caballerizo mayor del Maestre, e fallóle en el palacio del caracol, dó estaba Doña María de Padilla, e sus fijas del Rey, donde el dicho Sancho Ruiz se acogiera° cuando oyó el ruido que mataban al Maestre: e entró en la cámara el Rey, e había tomado Sancho Ruiz a Doña Beatriz, fija del Rey en los brazos, cuidando escapar de la muerte por ella: e el Rey, así como le vio, fízole° tirar a Doña Beatriz su fija de los brazos, e el Rey le firió con una broncha que traía en la cinta, e ayudógele° a matar un Caballero que decían Juan Ferrández de Tovar, que era enemigo del dicho Sancho Ruiz. E desque fue muerto Sancho Ruiz de Villegas, tornóse el Rey dó yacía el Maestre, e fallóle que aún non era muerto; e sacó el Rey una broncha que tenía en la cinta, e diola a un mozo de su cámara, e fízole matar°. E desque esto fue fecho, asentóse el Rey a comer donde el Maestre yacía muerto en una cuadra que dicen de los Azulejos, que es en el Alcázar...

deyuso... debajo del abrigo que llevaba

non... no podían hacerlo

en... de modo que

firiéronle... todos le hirieron

cuidando... con la intención de hallar

eran... habían escapado

homenaje

coger

se refugió

le hizo

lo ayudó

Esta manera de matar a don Fadrique es particularmente degradante; es un privilegio que el Rey otorga a un criado suyo.

GONZALO CHACÓN (¿?–1507)

Crónica de don Alvaro de Luna

La caída de don Alvaro de Luna fue uno de los acontecimientos más notables del reinado de Juan II. Como consejero principal y amigo del rey, Alvaro de Luna ejerció un poder casi ilimitado durante varios años. Debido a los esfuerzos de este valido por restringir el poder de la nobleza, la opinión de esta clase fue generalmente hostil a Luna. En la *Crónica de don Alvaro de Luna*, su leal servidor Gonzalo Chacón escribió una defensa de este señor, subrayando su superioridad como caballero. Esta actitud apologética es evidente sobre todo al final en la relación de la muerte de Luna. Para Chacón, Luna fue un mártir que murió en santidad.

Escribe el apóstol e evangelista Sant Juan en su Evangelio, e dice «que como Jesu-Christo hobiese° amado a los suyos cuando andovo por el mundo, que los amó en la fin». Pudiese cierto bien con razón decir por semejante del nuestro bienaventurado Maestre, el cual como Dios lo hobiese prosperado, e le hobiese dado grandes bienes en este mundo, ge° los dio mucho mejores en fin de sus días, e por tanto lo

hubiese

se

llama la Historia bienaventurado en este postrimero capítulo de las cosas por él pasadas fasta en fin de sus días. Ca segúnd° lo pone el uno de aquellos siete famosos sabios de Atenas: «El postrimero día de la vida de cualquier persona que sea, es juez de su bienaventuranza»°. Cierta cosa es que ninguno en este presente suelo adonde vivimos puede vivir nin vive sin pecado, e non es de dubdar° que el bienaventurado Maestre hobiese en los días del vivir suyo seydo° pecador, como lo son e han seydo las otras criaturas humanas. E dice la sacra Escriptura°: «Que aquél es bienaventurado de aquella bienaventuranza que todos deseamos, al cual Dios en este mundo quiere penar e punir° por los pecados suyos, e lo él recibe° en paciencia, e que aquello es cierta señal de la salvación de la tal persona». Ca dice el Evangelio: «En la paciencia vuestra poseeréis vuestras ánimas». Estas cosas así aquí antepuestas, viene agora la Historia a contar de la muerte del bienaventurado Maestre. (...)

Ca... Porque según
buena ventura
dudar
sido
Escritura
castigar / **e**... y él lo recibe

(La ejecución del Maestre en una plaza pública.)

...E como la justicia sea una de las cuatro virtudes cardinales, las cuales todas son colegidas°, e casi encadenadas unas con otras, de guisa° que, segúnd° testimonio de los morales filósofos quien tiene e posee la una de aquéllas, las posee todas, cierta cosa es que la persona que padece° por la virtud padece por cualquiera dellas, e por todas ellas. E demás de aquesto°, pues que la virtud aconpañada° de fe es cierto que place a Dios, e él la acebta° e la recibe en servicio, cuanto más selendo° aquélla fundada en paciencia, ¿quién debe dubdar que la tal cual nunca fue visto en Castilla; todos a un son, así honbres°, como mujeres, los que allí en la plaza eran presentes, e los que estaban por las ventanas de las casas, que en la plaza eran° allí cercanas, fizieron e mostraron de primero, al tienpo° que ya el sayón° tenía el cuchillo en sus manos, un callado silencio, como si a sabiendas, e so° muy graves penas, les fuera mandado que todos callasen.

Luego encontinente después de aquello así fecho°, al tienpo que ya el sayón ponía el tajante cuchillo amolado en la garganta del bienaventurado Maestre, se levanta entre todos ellos tan doloroso, e tan triste, e tan sentible° llorar, e tan alta e lagrimosa grida°, e voces de tanto tristor° e dolor, como si cada uno dellos, así varones como mujeres, viera matar cruelmente al padre suyo, o a cosa que mucho amara. Muere pues el glorioso, el famoso, el virtuoso e bienaventurado Maestre e Condestable de Castilla en la manera que la Historia lo ha contado. Dios le aya° su ánima, segúnd que por cierto se debe piadosamente creer, que sea en conpañía de los sus escogidos; e así fue revelado dende non a muchos días° a un honbre de santa vida de cómo estaba en buen logar.

juntadas
manera / según
padece
esto / acompañada
acepta
siendo
hombres
estaban
tiempo / verdugo
bajo
Luego... Inmediatamente después de que fue hecho aquello
profundo / grito
tristeza
tenga
non... no hace muchos días

CRÓNICA DE JUAN II

Se narra en la siguiente selección de la *Crónica de Juan II* la caída en desgracia de doña Leonor López de Córdoba, una señora que había ejercido una gran influencia en la corte como amiga de la Reina Catalina de Lancaster, madre de Juan II. Exiliada de la corte por sus enemigos, Leonor López pidió al Infante Juan de Antequera (el cuñado de la Reina) que interviniera a su favor, acción que despertó los recelos de la Reina.

Estando así el Infante en Cuenca, viniéronle cartas de Doña Leonor López, que estaba en Córdoba, a la cual tenía seydo mandado° por todo el Consejo que se partiese de la Corte, porque de su estada se

tenía... había sido mandado

seguía poco servicio al Rey e a la Reina. E como quiera que siempre favorescía mucho e hacía merced a ella e a sus parientes aunque estaba absente°, todo lo tenía en poco, e trabajaba por todas las vías que podía a la tornar° a la Corte; e por eso embió° suplicar al Infante que por le hacer merced le pluguiese tener manera° como ella tornase al continuo servicio de la Reina; e al Infante pesaba desto, porque ella había muchas veces dado ocasión a las discordias que acaescieron° entre la Reina y el Infante; e acordó de escrebir a Doña Leonor López que se viniese para él allí a la cibdad° de Cuenca donde estaba. E la Reyna supo como Doña Leonor López partiera de Córdoba para ir a Cuenca, y escribió luego al Infante que si placer le había de hacer, que luego que Doña Leonor López ende° llegase, la mandase luego tornar para Córdoba, e que en esto le rogaba mucho que no hubiese otra cosa, certificándole que si Doña Leonor López a ella fuese, que la mandaría quemar.

ausente

volver / envió

que... que por favor le buscara una manera

surgieron

ciudad

allí

E como Doña Leonor López llegó a Cuenca e supo de las cartas que la Reyna había enviado al Infante, fue tan turbada que pensó morir; y el Infante la consoló cuanto pudo, e la rogó que luego se volviese a Córdoba, e no quisiese enojar a la Reina de quien muchas e grandes mercedes había rescebido. E luego que la Reina supo que Doña Leonor López era partida del Infante e ida a Córdoba, echó de su casa a su hermano, e tiró a ella y a él e a Don Juan su yerno los oficios que del Rey su hijo e della tenían, e echó asimesmo de su casa todos los oficiales que por su mano eran puestos en sus oficios°. Lo cual debe ser muy grande exemplo a todos los que tienen privanza de reyes o señores; e deben mucho mirar que siempre hagan lo que deben, e miren más al servicio de sus Señores que a sus proprios intereses, porque Nuestro Señor muchas veces da lugar cerca de los reyes e Grandes señores a los malos por mal dellos mismos, de que muchos exemplos se podrían mostrar. E la condición de los hombres es a tal, que lo que un tiempo amaron, en otro lo aborrescieron. E por eso tanto cuanto alguno en mayor lugar está, tanto más se debe conoscer, e dar gracias a Dios del bien que rescibe, e ser a todos humano e gracioso, pues muy poco cuesta el bien hablar, e mucho aprovecha.

Leonor López había utilizado su influencia en la Corte para colocar a sus parientes y amigos en altas posiciones.

FERNÁN PÉREZ DE GUZMÁN (¿1370?–¿1440?)

Generaciones y semblanzas

La primera selección de las *Generaciones y semblanzas* que se incluye aquí es el retrato de Pero López de Ayala, el tío de Fernán Pérez de Guzmán. Aunque insiste en la nobleza de este señor y en su gran erudición, el autor no deja de aludir a un defecto moral, su interés excesivo en las mujeres. La única mujer retratada por Pérez de Guzmán es la Reina Catalina de Lancaster. Se capta en esta semblanza la poca simpatía que inspiraba la reina en la corte.

De don Pero López de Ayala, notable caballero, canciller mayor de Castilla

Don Pero López de Ayala, canciller mayor de Castilla, fue un caballero de grant linaje, ca° de parte de su padre venía de los de Haro, de quien los de Ayala descienden. De parte de su madre viene de Caballos, que es un grant solar de caballeros. Algunos de linaje de Ayala dicen que vienen de un infante de Aragón a quien el rey de Castilla dio el señorío de Ayala. E yo ansí lo fallé escrito por don Ferrant Pérez de Ayala, padre deste don Pero López de Ayala, pero non lo leí en estorias° nin he dello otra certidunbre°.

puesto que

historias / certidumbre

Fue este don Pero López de Ayala alto de cuerpo e delgado e de buena presona°, onbre° de grant discrición° e abtoridad° e de grant consejo ansí de paz como de guerra. Hubo° grant lugar acerca de los reyes en cuyo tienpo° fue, ca seyendo mozo fue bien quisto° del rey don Pedro e después del rey don Enrique el segundo. Fue de su consejo e muy amado dél. El rey don Johan° e el rey don Enrrique su fijo fizieron dél grande mención e grande fianza°. Pasó por grandes fechos de guerra e de paz. Fue preso dos veces, una en la batalla de Nájara e otra en Aljubarrota.

persona (presencia) / hombre / discreción / autoridad / Tuvo
tiempo / querido, estimado
Juan
confianza

Fue de muy dulce condición e de buena conversación e de grant conciencia, e que temía mucho a Dios. Amó mucho la ciencia, diose mucho a los libros e estorias, tanto que como quier que él fuese asaz° caballero e de grant discrición en la plática del mundo, pero naturalmente fue muy inclinado a las ciencias, e con esto grant parte del tienpo ocupaba en el ler° e estudiar, non obras de derecho sinon° filosofía e estorias. Por causa dél son conocidos algunos libros en Castilla que antes non lo eran, ansí como el Titu Libio, que es la más notable estoria romana, los *Casos de los Príncipes*, los *Morales* de sant Grigorio°, Esidro° *de Sumo Bono*, el Boecio, la *Estoria de Troya*. El ordenó la estoria de Castilla desdel rey don Pedro fasta el rey don Enrrique el tercero. Fizo un buen libro de la caza, que él fue muy cazador, e otro libro, *Rimado del Palacio*.

bastante
leer / sino
Gregorio / Isidoro

Amó mucho mujeres, más que a tan sabio caballero como él se convenía. Murió en Calahorra en edad de setenta e cinco años, año de mill e quatrocientos e siete años.

De la reina doña Catalina, mujer del rey don Enrique, hija del duque de Alencastre° e madre del rey don Juan

Lancaster

La reina doña Catalina, mujer deste rey don Enrrique, fue fija de don Johan de Lencastre°, fijo ligítimo° del rey Aduarte de Inguelaterra°, el cual duque casó con doña Costanza, fija del rey don Pedro de Castilla° e de doña María de Padilla.

Juan de Lancaster / legítimo
Eduardo de Inglaterra
Pedro el Cruel

Fue esta reina alta de cuerpo e muy gruesa, blanca e colorada e rubia. En el talle e meneo del cuerpo tanto parecía onbre° como mujer. Fue muy honesta e guardada en su presona° e fama, liberal e manífica, pero muy sometida a privados e muy regida de ellos; el cual por la mayor parte es vicio común de los reyes. No era bien regida en su presona.

hombre
consciente de su persona (imagen)

Hobo una grande dolencia° de perlesía,° de la cual non quedó bien suelta de la lengua nin libre del cuerpo. Murió en Valladolid en edad de cinquenta años, año de mill e quatrocientos e diez e ocho años.

Hobo... Sufrió de la enfermedad / pleuresía

PEDRO RODRÍGUEZ DE LENA

Passo honroso

En la siguiente selección del *Passo honroso* Suero de Quiñones presenta su petición al Rey.

Deseo justo e razonable es, los que en prisiones, o fuera de su libre poder son°, desear libertad: e como yo vasallo e natural° vuestro sea° en prisión de una señora de gran tiempo acá en señal de la cual todos los jueves traigo a mi cuello este fierro segunt° notorio sea en vuestra magnífica Corte, e Reinos e fuera dellos por los farautes°, que la

están / súbdito / esté / Habla aquí figurativamente: es «prisionero» de su amor. El collar de hierro es símbolo de su devoción.
según
mensajeros

semejante prisión con mis armas han llevado. Agora pues, poderoso señor, en nombre del Apóstol Santiago yo he concertado° mi rescate, el cual es trescientas lanzas rompidas por el asta con fierros de Milán, de mí e destos Caballeros, que aquí son° en estos arneses, segund más complidamente° en estos capítulos se contienen, rompiendo con cada Caballero o Gentil-ome°, que allí verná°, tres, contando la que fisciere° sangre, por rompida en este año, del cual hoy es el primero día. Conviene saber, quince días antes del Apóstol Santiago abogado e guiador de vuestros súbditos, e quince días después, salvo si antes deste plazo mi rescate fuere complido°. Esto será en el derecho camino por donde las más gentes suelen passar para la cibdad° donde su santa sepultura está, certificando a todos los Caballeros e Gentiles-omes estrangeros°, que allí se falleren°, que allí fallarán arneses, e caballos, e armas e lanzas, tales, que cualquier Caballero ose dar con ellas sin temor de las quebrar con pequeño golpe. E notorio sea a todas las señoras de honor, que cualquiera que fuere° por aquel lugar do° yo seré°, que si non llevare Caballero o Gentil-ome, que faga armas por ella, que perderá el guante de la mano derecha. Mas lo dicho se entienda salvando dos cosas: que vuestra Majestad Real non ha de entrar en estas pruebas, ni el muy magnífico señor Condestable Don Alvaro de Luna...

determinado
están
completamente
gentilhombre / venga / haga
cumplido
ciudad
extranjeros / hallen
vaya
donde / estaré

GUTIERRE DÍEZ DE GÁMEZ

El Victorial o Crónica de Pero Niño

Para el autor del *Victorial*, la caballería era una misión sagrada para un grupo selecto de individuos.

CONDICIÓN Y VIDA DE LOS CABALLEROS

No son todos caballeros cuantos cabalgan caballos; ni cuantos arman caballeros los reyes, no son todos caballeros. Han el nombre; mas no hacen el ejercicio de la guerra. Porque la noble caballería es el más honrado oficio de todos, todos desean subir en aquella honra. Traen el hábito e el nombre; mas no guardan la regla. No son caballeros, mas son apantasmas e opóstatas. No face el hábito al monje, mas el monje el hábito. Muchos son llamados, e pocos los escogidos.

E no es, ni debe ser, en los oficios, oficio tan honrado como éste es: ca° los de los oficios comunes comen el pan folgado°, visten ropas delicadas, manjares bien adobados°, camas blandas safumadas, echándose seguros, levantándose sin miedo; fuelgan° en buenas posadas con sus mujeres y sus hijos, e, servidos a su voluntad, engordan grandes cervices, facen grandes barrigas, quiérense bien por facerse bien e tenerse viciosos. ¿Qué galardón o qué honra merecen? No ninguna.

porque / despreocupado
preparados
descansan

Los caballeros, en la guerra, comen el pan con dolor; los vicios de ella son dolores e sudores; un buen día entre muchos malos; pónense a todos los trabajos; tragan muchos miedos; pasan por muchos peligros; aventuran sus vidas a morir o vivir. Pan mohoso o bizcocho; viandas mal adobadas, a horas tienen, a horas nonada°; poco vino a ninguno; agua de charcos o de odres; malas posadas, la casa de trapos o de hojarascas; mala cama, mal sueño; las cotas vestidas, cargados de hierro. Los enemigos al ojo. «¡Guarda allá! ¿Quién anda ahí? ¡Armas,

a... a veces las tienen, otras veces no tienen nada

Santiago combate contra los moros. Oleo de Juan de Flandes, c. 1500.

armas!» Al primer sueño, rebatos; al alba, trompetas. «¡Cabalgar, cabalgar! ¡Vista, vista de gente de armas!» Esculcas°, escuchas, atalayas°, atajadores, algareros, guardas sobre guardas. «¡Helos, helos! ¡No son tantos! ¡Sí son tantos! ¡Vaya allá! ¡Torne acá! ¡Tornad vos acá! ¡Id vos allá! ¡Nuevas, nuevas! Con mal vienen éstos. No traen. Sí traen. ¡Vamos, vamos! ¡Estemos! ¡Vamos!»

Tal es su oficio, vida de gran trabajo, alongados° de todo vicio. Pues los de la mar, no hay igual de su mal. No acabaría en un día su laceria e gran trabajo. Que mucha es la honra que los caballeros merecen, e grandes mercedes de los reyes, por las cosas que dicho he.

espías

atalayadores, guardias que espían al enemigo e informan a sus jefes acerca de sus movimientos y actividades

separados

LA LITERATURA DIDACTICA

Durante la Edad Media dominaba el concepto de la función dualista de la literatura: una obra debía agradar y, a la vez, enseñar al público. Ya en el primer siglo antes de Cristo, el poeta latino Horacio había defendido en su *Ars poetica* la superioridad artística de las composiciones que combinaran la instrucción con el deleite. Según las teorías literarias de la Edad Media, los elementos formales de una narración eran, esencialmente, vehículos de comunicación al servicio de un mensaje didáctico. Una obra de literatura tenía el propósito de presentar las verdades de la Fe de una manera asequible y agradable. Como hemos señalado en nuestro estudio de la poesía de Berceo, los predicadores de este período solían recurrir en sus sermones a cuentos moralizantes o *exempla* para impartir la doctrina al vulgo. La estrategia de emplear fábulas ilustrativas con un fin docente había sido una tradición ya arraigada en la mitología clásica, la instrucción rabínica y las parábolas del Nuevo Testamento. La avidez con que el público escuchaba estas obras durante la Edad Media se comprueba en las numerosas colecciones de relatos que se transmitieron a lo largo de los siglos, narraciones que constituyen la forma seminal del cuento popular en España.

La cultura popular de la Edad Media se expresaba mediante un repertorio temático derivado no sólo de la Biblia y la hagiografía, sino también del folklore y las leyendas no cristianas. Las primeras manifestaciones de la prosa didáctico-novelesca en Castilla eran traducciones de fábulas orientales. La más importante de estas colecciones, el *Libro de Calila e Dimna*, es una adaptación de un libro antiguo de cuentos de origen sánscrito, el *Panchatantra*, que fue traducido de un texto árabe bajo la dirección de Alfonso el Sabio. Aunque se evidencia material en la obra española que no surge de la versión original, se conservan en el *Libro de Calila e Dimna* los rasgos típicos de la literatura didáctica del Oriente.

Se trata de una serie de fábulas narradas por animales. El chacal* Dimna, hermano de Calila, acusa falsamente al buey Senceba ante el león, el rey de los animales. Muere Senceba, pero más tarde, al descubrirse la mentira, Dimna es también condenado a muerte. A lo largo del debate, los personajes relatan cuentos de los cuales deducen moralejas para respaldar sus opiniones. En otras partes de la narración que sirve de marco, interviene un filósofo que va contestando las preguntas de un rey. La actitud moral que se destaca en el *Libro de Calila e Dimna* es igualmente característica de una mentalidad oriental: las virtudes ejemplificadas en estas narraciones atañen más a la astucia y la prudencia que a la doctrina cristiana.

Otra colección del siglo XIII de relatos de procedencia oriental es el *Libro de los engaños e los asayamientos de las mujeres*, una reelaboración de la leyenda de Sendebar. El cuadro narrativo de esta obra está compuesto de los cuentos narrados por unos sabios para defender a un príncipe contra las calumnias de la concubina de su padre, la cual se vindica, a su vez, relatando apólogos en su propia defensa. Las narraciones que abogan a favor del joven son ilustraciones de los vicios que se creían inherentes de la naturaleza femenina en este período. Mediante esta táctica, los sabios logran comprobar la deshonestidad de la madrastra, y el rey, convencido de la inocencia de su hijo, manda que aquélla sea ejecutada. El *Libro de los engaños* es de un interés especial por ser una de las primeras muestras de la literatura misógina de Castilla. Como veremos, el ataque a la mujer por su perversidad y falsedad era uno de los temas más cultivados en las narraciones didácticas de la Edad Media.

La narración de cuentos moralizantes figura igualmente en otra composición del siglo XIII, el *Libro de los buenos proverbios*, una colección de máximas gnómicas traducidas al castellano de las *Sentencias morales de los filósofos*. Se trata en este caso de un texto que había sido vertido del griego al árabe en el siglo IX por Honein ben Ishak, un médico de Mesopotamia que había estudiado las obras de Galeno, Platón, Aristóteles e Hipócrates. Se relatan en este libro una serie de anécdotas basadas en los consejos o «castigos» que los filósofos de la Antigüedad dan a sus discípulos, lecciones que se resumen con sentencias o pensamientos sucintos.

El afán didáctico de la ficción castellana se manifiesta a comienzos del siglo XIV en la primera narración his-

* Calila y Dimna son «lobos cervales», probablemente un tipo de chacal que no existía en España. Las ilustraciones de la época representan a Calila y Dimna como gatos o linces. Estamos agradecidos al profesor Samuel G. Armistead por haber aclarado el significado de este vocablo.

pánica de caballerías, el *Libro del cavallero Zifar*, una obra considerada por muchos críticos como la más antigua novela orginal de España. Se trata aquí de una mezcla curiosa de géneros literarios. Las desventuras que sufren el virtuoso caballero Cifar, su esposa y sus hijos—los viajes, las separaciones y pérdidas de niños—son peripecias típicas de las novelas bizantinas. Hay que señalar igualmente las coincidencias temáticas entre esta narración y la hagiografía en torno a San Eustacio, cuya leyenda estaba muy difundida en la Edad Media: en ambos relatos se hallan los motivos de la intriga de individuos envidiosos contra el héroe y el renunciamiento de los bienes terrenales. También guarda el *Cavallero Zifar* cierta similaridad con el cuento de las *Mil y una noches* sobre «El rey que perdió todo». El espíritu caballeresco se hace evidente en las escenas de combate y en las descripciones de las hazañas de Cifar. No obstante, predominan los elementos didácticos en la obra, sobre todo en la tercera parte en que se narran los consejos que Cifar, como rey de Mentón, da a sus hijos. Estos relatos proceden de las fábulas de Esopo, de cuentos orientales y de los ideales de la nobleza establecidos por Alfonso X en las *Siete partidas*. La sobriedad moral de esta larga composición indica que habría sido escrita por un eclesiástico, probablemente por un clérigo de Toledo llamado Ferrand Martínez.

La perpetuación de la tradición didáctica en la literatura castellana dio lugar a un acontecimiento significativo en la primera mitad del siglo XIV: el cultivo de la prosa doctrinal con propósito artístico. La figura más brillante en las letras de este período es, indudablemente, el infante don Juan Manuel (1282–¿1348?), el ilustre sobrino de Alfonso X y el primer prosista castellano consciente de los efectos estéticos de su obra. La originalidad del infante no descansa en la materia que narra, sino en la concisión y claridad de su estilo, evidente en su afán de seleccionar cada expresión con una reflexión atenta. El aspecto más sobresaliente de la personalidad de este autor es su ambición. Su actitud aristocrática se manifestó no sólo en su intervención en la política del Estado, sino también en su orgullo de escritor. En este período predominaba la idea de que la producción literaria era una colaboración entre el pueblo y un autor anónimo. Sin embargo, don Juan Manuel se empeñó en defender la integridad artística de su obra, insistiendo celosamente en su propia responsabilidad de escritor ante la posteridad. Reconociendo las erratas que pudieran resultar de la transmisión manuscrita, ruega a los lectores en el «Primer prólogo general» que no critiquen su obra hasta que lean las copias que él hizo personalmente.

El propósito de los libros de Juan Manuel era patentemente didáctico, el de adoctrinar a los hombres «porque pudiessen salvar las almas». En este aspecto, hay que señalar la influencia de los dominicos en la obra de Juan Manuel. En su estudio de la obra de este autor, la crítica María Rosa Lida de Malkiel ha subrayado la estrecha afiliación del infante con esta orden, cuyos predicadores sobresalían en el uso de *exempla*. Es de suponer que las colecciones de relatos docentes reunidas por los dominicos hubieran provisto alguna inspiración para la técnica narrativa y la selección de materia que utilizó don Juan Manuel.

Se han perdido seis obras de la producción de don Juan Manuel. De los primeros libros que redactó se conserva el *Libro de la caza*, un tratado sobre una de las aficiones del infante, en que se refleja la tendencia enciclopédica que había propagado su tío, el Rey Sabio. La mayor parte de las obras existentes de Juan Manuel, sin embargo, corresponden a su madurez, cuando dejó de seguir la tradición alfonsí. El *Libro del cavallero e del escudero*, derivado del *Lliber del orde de la cavaylería* del filósofo catalán Ramón Lulio, consiste en los consejos que un anciano caballero da a un joven escudero sobre la institución de la Caballería. El elemento narrativo es de mayor importancia en el *Libro de los estados*. Recurriendo a la táctica típica de las colecciones orientales de cuentos, Juan Manuel ordenó sus *exempla* dentro de un cuadro novelesco. El príncipe pagano Johás ve por primera vez el paso de un entierro. Al contemplar el cadáver, el joven sufre una crisis espiritual, y acude con sus preguntas a su ayo Turín. Incapaz de responder adecuadamente, el ayo consulta a Julio, un cristiano español, quien al final logra convertirlos. El marco narrativo de esta colección procede de la leyenda de Barlaam y Josafat, una versión cristiana de la historia de Buda.

La obra maestra de don Juan Manuel es el *Conde Lucanor* o *Libro de Patronio*. El pretexto narrativo de esta colección es sencillo: cada relato supone una ocasión en que el Conde Lucanor pide consejo a su servidor Patronio, quien contesta recurriendo a cuentos de diversa índole. La influencia oriental de libros como, por ejemplo, *Calila e Dimna*, es patente en algunas narraciones, mientras otras proceden de fuentes cristianas y árabes, tradiciones eclesiásticas, o fábulas de Esopo. Termina cada *exemplum* con la aparición curiosa del mismo autor como personaje para verificar lo antedicho—«Et entendiendo don Johán que este exiemplo era muy bueno, fízolo poner en este libro...»—y para resumir el contenido con versos pareados que expresan una moraleja generalizadora. Es importante señalar que las virtudes que se ilustran en los *exempla* del *Conde Luncanor* no son siempre espirituales; en numerosos cuentos, se tratan los temas mundanos de la cautela y la astucia, valores prácticos en el ambiente de turbulencia política que engendraron las luchas nobiliarias de este período. Esta actitud, tanto como el esmero estilístico que se destaca en la obra de Juan Manuel, evidencian un esfuerzo por secularizar la literatura didáctica, estableciendo un género narrativo destinado a los nobles iletrados.

Los libros de *exempla* que surgieron en el siglo XV estaban basados más en las fuentes clásicas y latinas que en las leyendas orientales. En este sentido, difieren de las obras más antiguas como *Calila e Dimna* y el *Libro de los engaños*; el recurso característico de las colecciones indo-orientales, el de utilizar un cuadro narrativo como pretexto para los relatos, fue abandonado más tarde. Uno de estos libros didácticos es el *Libro de los gatos*, una traducción al castellano de las *Fabulae* escritas en latín por el monje inglés Odo de Cheriton (muerto en 1247). Mientras los sesenta y nueve apólogos que constituyen esta colección provienen de esta obra latina, las moralejas que resumen cada relato fueron añadidas por el autor castellano. La colección consiste en fábulas de animales que presentan ataques satíricos contra los nobles, los eclesiásticos y otros oficiales. El título no se refiere literalmente a los gatos, sino a un término de origen árabe que quería decir mentiroso e impostor. Otra colección de la misma indole es el *Libro de los enxiemplos por A.B.C.*, una compilación de cuentos didácticos escrita por Clemente Sánchez de Vercial (¿1370–1434?), clérigo de León y autor de un manual litúrgico que fue muy difundido en el siglo XV. Los 467 apólogos que componen este libro, que habría provisto un repertorio de materia para el uso de predicadores, están ordenados alfabéticamente según las *sententiae* en latín que sirven de título a cada relato. Entre las fuentes de esta colección, se destacan Séneca, San Augustín y San Gregorio. El estilo narrativo del *Libro de los enxiemplos*, tanto como el del *Libro de los gatos*, es sencillo y directo.

El libro didáctico de más valor literario del siglo XV es el *Corbacho, o reprobación del amor mundano*, llamado igualmente el *Arçipreste de Talavera*. Esta colección de cuentos misóginos fue escrita por Alfonso Martínez de Toledo (1398–1470), arcipreste de Talavera y capellán real, que también compuso una crónica de los reyes hispanos y unas vidas de santos. El título del *Corbacho*, la obra maestra de Martínez de Toledo, proviene de la confusión del público que relacionaba este libro con el *Corbaccio* del escritor italiano Boccaccio. El libro castellano es un tratado moralizante escrito en la forma de una colección de sermones populares sobre la lujuria, que pertenece, como la obra de Boccaccio, a la tradición de la sátira antifeminista tan común en la Edad Media. El aspecto más destacado del libro es su estilo pintoresco que incorpora rasgos propios de la lengua vulgar como interrogaciones, refranes, reiteraciones, e interjecciones. El humor mordaz que resalta en los *exempla* narrados por Martínez de Toledo era un recurso dramático que el autor utilizó para entretener al público. Se divide el *Corbacho* en cuatro partes: la primera consiste en una exposición sobre los vicios que se derivan del «loco amor», la segunda es una descripción de la inmoralidad de las mujeres, la tercera alude a los efectos del amor en el temperamento de los hombres, y la cuarta es una defensa doctrinal del concepto del libre albedrío. La más significativa de estas secciones es la segunda, en la que el arcipreste evoca con ironía maliciosa escenas cotidianas que ilustran la naturaleza lasciva y la perversidad moral del sexo femenino. Es preciso tener en cuenta el contexto histórico del misoginismo que se revela en el *Corbacho*. El libro del arcipreste no era tanto una invectiva contra las mujeres como una denuncia del pecado de la lujuria. Los clérigos de este período consideraban la exaltación de la mujer propagada por el amor cortés como una fuerza que corrompía la verdadera doctrina cristiana. Al subrayar «los vicios, tachas, e malas condiciones de las malas e viciosas mujeres», Martínez de Toledo quiso desacreditar las pretensiones pecaminosas de la pasión idealizada en ambos sexos.

El siglo XV también señaló los primeros intentos humanísticos que ya anticipaban el Renacimiento. Debido a la valoración de la cultura greco-latina en este período, la prosa didáctica se hizo más culta, caracterizada por latinismos sintácticos y léxicos. Uno de los representantes más curiosos de esta corriente literaria es don Enrique de Villena, un miembro de las familias reales de Castilla y Aragón y un intelectual cuya fascinación por las ciencias ocultas hizo que fuera asociado en la tradición popular con la magia. Aunque fracasó en sus ambiciones políticas y tenía fama de ser un hombre de carácter débil, Villena era uno de los intelectuales más notables del reinado de Juan II. Se evidencian en su obra una cultura amplia y un conocimiento de varios idiomas. Fue autor de numerosos tratados en los que se emplean imágenes de la mitología clásica con fines alegórico-morales. Su *Tractado del Arte de Cortar de cuchillo* o el *Arte cisoria*, un manual sobre la etiqueta de los nobles y el primer libro de cocina escrito en español, es un documento valioso de las costumbres de la Castilla medieval.

El uso de la alegoría se destaca igualmente en la *Visión delectable de la filosofía y artes liberales, metafísica, y filosofía moral*, un libro escrito hacia 1440 por el bachiller Alfonso de la Torre. Basado en los escritos de los filósofos judíos y árabes, este libro es una enciclopedia de la ciencia del período que gozó de enorme popularidad, alcanzando varias ediciones en los siglos XV y XVI. Se divide la *Visión delectable* en dos partes; la primera trata de la metafísica, la naturaleza y las artes liberales, y la segunda, de la moralidad y del dominio de las pasiones por las virtudes. Se narra en este libro una visión en que las artes personificadas hablan al autor y le revelan sus misterios, un proceso que le lleva a la verdadera sabiduría que consiste en el conocimiento de Dios y de su propia alma.

La prosa didáctica no fue cultivada exclusivamente por los hombres. Entre las manifestaciones más interesantes de este género en Castilla hay que incluir las obras de dos escritoras, Leonor López de Córdoba y Teresa de Cartagena. En un período en que se desconocía el derecho de la mujer a una voz propia, el ideal de un propósito moralizante para justificar la creación de obras literarias era aún más vigente cuando se trataba de obras femeninas. No obstante, en el caso de estas dos autoras, la ejemplificación expuesta en sus escritos suponía igualmente un ademán defensivo.

Debido a su sencillez estilística y naturaleza fragmentaria, las *Memorias* de Leonor López de Córdoba se han omitido de la mayoría de los manuales de literatura. Merece nuestra atención, sin embargo, no sólo como atestación personal de la segunda mitad del siglo XIV, sino también como manifestación incipiente del género autobiográfico en España. Pese a su relativa oscuridad personal, Leonor López vivió los momentos más turbulentos de este período, primero como hija de uno de los oficiales más fieles de Pedro el Cruel, y luego como favorita de la Reina Catalina en los primeros años del reinado de Juan II. Cuarenta años después de la ejecución de su padre y su propio encarcelamiento por Enrique de Trastamara, Leonor López dictó sus *Memorias* a un escribano con el fin de ofrecer la historia de su vida como un ejemplo a otras «Criaturas» que sufren. No obstante, este intento edificante no supone el único objeto del discurso. Despojada de prestigio y riqueza, Leonor López también compuso su relato para defender su renombre personal y familiar, promulgando una especie de propaganda póstuma. La historia de su adversa fortuna es una visión egocéntrica de una sociedad en la cual las preocupaciones por el estado social, la búsqueda de privilegios y el mantenimiento de la honra eran predominantes.

El mismo afán de comunciación se manifiesta en los dos tratados religiosos escritos por la monja Teresa de Cartagena después del año 1450. Miembro de la familia hebrea de los Santa María, un linaje que había constituido desde su conversión una élite eclesiástica dedicada a la reforma espiritual de Castilla, Teresa de Cartagena era víctima de un desgarramiento con la sociedad debido no solamente a su posición de nueva conversa en un ambiente anti-semita, sino también a la aflicción física. Describe en la *Arboleda de los enfermos* la sordera que la atomentaba, obligándole a vivir en aislamiento. Pero al mismo tiempo, esta desgracia le ofrecía el consuelo de una vida interior más unida con Dios. El método sistemático que utiliza Teresa de Cartagena para examinar su progreso espiritual es un reflejo de las disciplina escolástica y el ascetismo promulgados en Castilla por los letrados, un movimiento encabezado por su tío Alfonso de Cartagena. En contraste con las *Memorias*, un relato desprovisto de artificios literarios, se destaca en la obra de Teresa de Cartagena una riqueza de imágenes y recursos, rasgos que evidencian un conocimiento de las obras cultas. En su segundo tratado, *Admiraçión Operum Dey*, la autora defiende su propia responsabilidad en la composición de la *Arboleda de los enfermos* ante los críticos que dudaban que tal obra pudiese ser escrita por una mujer, insistiendo que «aquel poderoso Señor soberano que dio preeminencias al varón...bien las puede dar a la hembra». Se revela en esta obra la indignación que habrían provocado los esfuerzos literarios de una mujer castellana en el ocaso de la Edad Media.

Recomendamos las siguientes ediciones: *Calila e Dimna*, ed. Juan Manuel Cacho Blecua y María Jesús Lacarra (Madrid: Castalia, 1985); *Libro de los engaños*, ed. Emilio Vuolo (Nápoles: Liguori, 1980) o ed. John Esten Keller (University, Miss.: Romance Monographs, 1983); *Libro del caballero Cifar*, ed. Marilyn A. Olsen (Madison, Wisc.: Hispanic Seminary of Medieval Studies, 1984) o la de Cristina González (Madrid: Cátedra, 1983); *Libro de los estados*, ed. Brian Tate y I. R. Macpherson (Oxford: Claendon, 1974); *Obras completas de don Juan Manuel*, ed. José Manuel Blecua (Madrid: Gredos, 1982–1983); *El Conde Lucanor*, ed. Reinaldo Ayerbe-Chaux (Madrid: J. Porrúa Turanzas, 1975); *Libro de los enxemplos*, ed. John Esten Keller (Madrid: Consejo Superior de Investigaciones Científicas, 1961); *Libro de los gatos*, ed. John Esten Keller (Consejo Superior de Investigaciones Científicas, 1958); *El Corbacho*, ed. E. Michael Gerli (Madrid: Cátedra, 1979).

LIBRO DE LOS ENGAÑOS

(Se narra aquí del último *exemplum* del *Libro de las engaños*. Al oírlo, el rey es, por fin, convencido de la inocencia de su hijo, y manda que su concubina sea ejecutada.)

Enxenplo de la mujer, e del clérigo, e del fraile

E dijo el rey:—¿Cómo fue eso?

E dijo el infante:—Oí decir de una mujer, e fue su marido fuera a librar su fazienda°; e ella envió al abad a decir quel marido non era° en la villa e que viniese para la noche a su posada°. El abad vino e entró en casa; e cuando vino faza° la medianoche, vino el marido e llamó a la puerta.

E dijo él:—¿Qué será?

E dijo ella:—Vete e escóndete en aquel palacio° fasta de día.

librar... hacer sus negocios / estaba

casa

cerca de

aquel... aquella sala

Entró el marido e echóse en su cama; e cuando vino el día, levantóse la mujer e fue a un fraile, su amigo, e díjole todo como le acaeciera e rogóle que levase° un hábito que sacase al abad questaba° en su casa.
E fue el fraile e dijo:—¿Qués de fulano°?
E dijo ella:—Non es levantado.
E entró e preguntóle por nuevas° onde° venía, e estovo° allí fasta que fue vestido.
E dijo el frayle:—Perdóname, que me quiero acoger°.
Dijo él°:—Vayades en hora buena°.
E en egualando con el palacio°, salió el abad vestido como frayle, e fuese con él° fasta su orden, e fuese.
—E señor, non te di este enxenplo sinon que non creas° a las mujeres que son malas; que dice el sabio que aunque se tornase la tierra papel°, e la mar° tinta, e los peces della péndolas°, que non podrían escrevir° las maldades de las mujeres.
E el rey mandóla° quemar en una caldera en seco.

llevase que / estaba
¿Qués... ¿Dónde está fulano? (Se refiere al marido.)
noticias / de donde / estuvo
retirar
el marido / **Vayades**... Idos en buena hora. (Podéis quedaros el tiempo que queráis)
en... arreglándose en la sala
fuese... se fue con él (el fraile)
non... te di éste exemplum sólo para que no creas
se... se convirtiera la tierra en papel / el mar / plumas / escribir
a su amante

LIBRO DE LOS BUENOS PROVERBIOS

Un su discípulo de Sócrates queríe° ir de una tierra a otra, e este discípulo dicen que fue Platón, pues rogó a Sócrates que le castigase°. Estos son los castigos° que le dio: que non fuese su sospecha muy segura en el que non conociese° nin se segurase mucho en él, e que se guardase de ir señero° por camino, e que siempre fuese con uno de sus compañeros, e que non fuese quejoso nin de malas maneras cuando posase° en alguna posdada, que nunca andidiese° descalzo de noche, e que non gostase yerba ninguna que non conociese, e que se guardase siempre de las carreras temerosas que non fuesen triadas, e que siempre fuese por las buenas e triadas magüer° fuesen más lejos.
E alabó un omne° torpe a Sócrates, y Sócrates lloró por aquello. Pues díjole un su discípulo que por qué lloraba, puesto que lo alababa. E díxole él: «Alguna de las mis maneras° semejaba a alguna de las suyas de aquél que me alabó, e por esto me alabó, e esto es lo que me fizo llorar».
Vio Sócrates una mujer que se afeytaba° mucho, e dijo: «Este es fuego que acresce° siempre en su leña mientra se encendra°, e fará grant llama, e averse a de mesurar la su lumbre°». E dixo Sócrates a un su discípulo: «Fijo, si de guisa fuere que non pudieres escusar las mujeres°, ávelas° de manera bien como quien come carne mortezina°, que la non come sinon con muy grant cuyta°, e come de ella poca, de manera que se te sostenga el alma, e non comas ende° más, e quien más tome desto de las mujeres fácenle° enfermar e morir...».

quería
diera consejos
consejos
supiera
solo
pasaba la noche / anduviera
aunque
hombre
mis ideas
se adornaba
crece / enciende
averse... Su lumbre será muy grande.
si... si resulta que no puedes prescindir de las mujeres / tenlas / carne de un animal muerto por causas naturales / **muy**... mucho cuidado
de eso
le hacen

CALILA E DIMNA

(El tema de la primera parte de este exemplum se elabora igualmente en el *Conde Lucanor.*)

Capítulo VIII

DEL RELIGIOSO E DEL CAN°

perro

La mujer de un religioso no tenía hijos, y cuando anuncia que va a tener uno, el religioso comienza a hacer proyectos, por lo que su mujer le relata el cuento de

El religioso que vertió la miel y la manteca sobre su cabeza. Dijo la mujer: «Dicen que un religioso había° cada día limosna de casa de un mercador rico, pan, e miel, e manteca, e otras cosas de comer. Et comía el pan e los otros comeres, e guardaba la miel e la manteca en una jarra, e colgóla a la cabecera de su cama, fasta que se finchó° la jarra. Et acaesció que encaresció° la miel e la manteca, et estando una vegada° asentado en su cama, comenzó a fablar entre sí et dijo así: «Venderé lo que está en esta jarra por tantos maravedís°, e compraré por ellos diez cabras, e empreñar se han°, e parirán a cabo de cinco meses». Et fizo cuenta desta guisa° e falló que fasta cinco años montaban° bien cuatro-cientas cabras. Desí° dijo: «Vender las he° e compraré por lo que valieren° cient vacas, por cada cuatro cabras una vaca, et habré simiente°, e sembraré con los bueyes, et aprovechar me he° de los becerros, e de las fembras, e de la leche, et antes de los cinco años pasados habré dellas, e de la leche, e de las mieses, algo grande, et labraré muy nobles casas, e compraré esclavos e esclavas; et esto fecho, casarme he° con una mujer muy fermosa, e de gran linaje, e noble, e empreñar se ha° de un fijo varón complido° de sus miembros, e poner lo he° muy buen nombre, e enseñar le he° buenas costumbres, e castigar lo he° de los castigos de los reyes e de los sabios, et si el castigo e el ensañamiento non rescibiere°, ferir lo he° con esta vara que tengo en la mano muy mal». Et alzó la mano e la vara en diciendo esto, e dio con ella en la jarra que tenía a la cabecera de la cama, e quebróse, e derramóse la miel e la manteca sobre su cabeza.

Et tú, homne bueno, non quieras fablar° nin asmar° lo que non sabes que será».

Desí° parió la mujer un fijo complido de sus miembros, e fueron muy gozosos° con él. Et acaesció un día que se fue la madre a recabdar° lo que había menester, e dijo al marido: «Guarda tu fijo fasta que yo torne°», e fuese ella. Et estovo él y un poco, e antojóse le de ir a alguna cosa que hubo menester°, que non podía escusar°, e fuese dende°, e non dejó quien guardase el niño, si non un can que había criado en su casa. Et el can guardó lo cuanto pudo, ca era bien nodrido°. Et había en la casa una cueva de un culebro muy grande, negro. Et salió e veno° para matar al niño. Et el can, cuando lo vido°, saltó en él e matólo, e ensangrentó se todo dél.

Et tornóse° el religioso de su mandado. Et en llegando a la puerta, salió lo a recibir el can con grant gozo, mostrando le lo que ficiera°. Et él, cuando vido el can todo ensangrentado, perdió el seso pensando que había muerto a su fijo, et non se sufrió fasta que lo viese, et dio tal golpe al can fasta que lo mató, e lo aquedó, e non lo debiera facer. Et después entró, e faló al niño vivo e sano, e al culebro muerto e despedazado, e entendió cómo acaeciera°, et comenzó a mesarse°, e a carpirse°, e a decir: ¡mandase Dios que este niño non fuese nacido, e yo non feciera este pecado e esta alevosía°! E entró su mujer en esto, e fallólo llorando, et díjole: ¿Por qué lloras? e ¿quién despedazó así este culebro? et ¿cómo está así este can muerto?

Et el religioso fízogelo° entender, et dijo la mujer: «Este es el fruto de la cosa fecha rabinosamente e con apresuramiento, e del que non comide° la cosa antes que la faga, et que sea bien cierto della, que arrepentirse ha° cuando ya non sea tiempo»°.

obtenía

fasta... hasta que se llenó

acaesció... sucedió que encareció

vez

monedas medievales

e... y se empreñarán

manera

fasta... a los cinco años llegaría a tener / Entonces / **Vender**... las venderé / valgan

habré... obtendré semillas

et... y me aprovecharé

casarme... me casaré

empreñar... se empreñará / perfecto

e... y le pondré / **e**... y le enseñaré

castigar... le aconsejaré

castigo... consejo y la corrección no acepta / **ferir**... lo heriré

non... no debes hablar / pensar

Entonces

contentos

conseguir

fasta... hasta que yo vuelva

que... que necesitaba / evitar

por eso

educado

vino / vio

volvió

había hecho

ocurrió / arrancarse el pelo

pasmarse

crimen

se lo hizo

contempla

se arrepentirá / **cuando**... cuando es demasiado tarde

EL LIBRO DE LOS GATOS

VII

ENXIENPLO° DEL BUFO° CON LA LIEBRE

exemplum / búho

Acaesció una vegada° que todas las animalias° fecieron cabildo° entre sí que enviasen una animalia de cada cosa°. El bufo envió a su fijo allá, e su fijo cuando se iba, olvidó los zapatos nuevos que tenía. El bufo pensó en su corazón que cuál animalia podría ser más lijera que gelos pudiese llevar° para aquel día del cabildo, por que su fijo pudiese andar apostado°. E paresciόle° que la liebre coría° más que las otras animalias; e llamóla e puso con ella que llevase los zapatos a su fijo e él que gelo° pagaría bien.

Acaesció... sucedió una vez / animales / **fecieron**... hicieron una reunión
clase
que... que el animal que fuera más rápido pudiera llevárselos
calzado / y le pareció / corría
se lo

E dijo ella:—Yo facerlo he de mui buena mente°. Amuéstrame° cómo lo pueda conoscer entre tantas animalias como allí se ayuntaran°.

facerlo... Lo haré con mucho gusto / Muéstrame / se juntaran

El bufo respondió:—Aquel que tú vieres más fermoso° entre todos los otros, aquel es el mi fijo.

que... que tú veas más hermoso

Estonce° le dixo la liebre:—Pues la paloma. ¿O es pavón?

Entonces

Respondió estonce el bufo e dijo:—¡Ay! que nin es el uno nin el otro, ca° la paloma ha° las carnes blandas e el pavón los pies feos°.

porque / tiene / La idea de que los pavones tienen los pies feos proviene de los bestiarios tradicionales.

Estonces dijo la liebre:—Pues muéstrame en qué manera conoceré al tu fijo.

—Aquel que ha° tal cabeza como yo, e tal vientre, e tales piernas, e tales pies, aquel es mi fijo fermoso e aquel da° tú los zapatos nuevos.

tiene
a ése da

La liebre fuese° luego para el cabildo con los zapatos e dijo al león e a las otras animalias de cómo el bufo mandara° saludar aquel° entre todas las otras animalias.

se fue
mandó / (a su hijo)

E dijo entonce el león:—Que sapo ama°, luna le paresce; e si alguno ama la rana, aquella le parece reina.

El sapo es hermoso para quien lo ama.

Ansí acaesce° a muchos ombres e de buenas personas e non se quieren allegar sinon a los beodos°, a los thaures°, e a los ladrones; e aquellos paresce a ellos que son buenos e los mejores porque han tales condiciones como ellos; e paresce a ellos que son aquellos los mejores, ansí como paresció al bufo que su fijo era el más fermoso de todas las animalias; ca dice Sant Agustín: «Non quieras ser loado de los malos nin de los buenos, ca si aquellos te loaren°, non puede ser que algunas de aquelas° conditiones non haya en ti.»

Ansí... Así pasa
allegar... asociarse sólo con los borrachos / tahúres
loan / aquellas

EL CABALLERO CIFAR

(El caballero Cifar, como rey de Mentón, se reúne con sus hijos, y les aconseja en cuanto a la conducta de un caballero.)

DE CÓMO EL REY DE MENTÓN DECÍA A SUS FIJOS QUE FUESEN SIENPRE° BIEN ACOSTUNBRADOS°

siempre
virtuosos

E vos, mios fijos, dixo el rey de Mentón, sienpre parat mientes° a los consejos que vos dieren los que vieredes° que son en razón° e pueden ser a vuestra pro° e a vuestra honra. Rescebitlos° de grado e usat dellos e non de los que fueren sin razón, e que entendades° que non pueden ser; ca° sabed que dos cosas son° por que los omes° pueden ser amados e honrados e preciados° de Dios e de los omes: la primera es aprender buenas costunbres°; la segunda es usar dellas°; onde° la una sin la otra poco valen al ome que a grant° estado e grant honra quieren llegar.

parat... prestad atención
veáis / **que**... que tengan razón
beneficio / Recibidlos
entendáis
porque / hay / hombres
estimados
costumbres / **usar**... practicarlas / puesto que
elevado

E mios fijos, avedes a° saber que en las buenas costunbres hay siete virtudes, e son estas: humildat, castidat, paciencia, abstinencia, franqueza, piedat, caridat, es decir amor verdadero. Dellos oyredes° decir adelante, e aprenderedes° sus propriedades de cada una en su logar. E creed que con las buenas costunbres en que yacen estas virtudes, puede ser dicho noble aquel que dellas fuere° señor; ca dice un sabio que sola nobleza es aquella° que guarnece e orna° el corazón de buenas costunbres. E dice otro sabio: «Nin por el padre nin por la madre non es dicho noble el ome°, mas° por buena vida e buenas costunbres que aya°.» E otro sabio dice a su fijo: «Non creas que puedes ser noble por la alta sangre del linaje nin por las buenas costunbres dellos, mas por las tus buenas costunbres propias, si en ti las oviere°.» E porende° dicen que la mujer apuesta° non es de lo ajeno° conpuesta; ca si de suyo non oviere la apostura°, poco mejorará por colores apostizos°.

debéis
Oiréis
Aprenderéis
sea
sola... la nobleza es sólo aquella / adorna
El hombre no es considerado noble. / sino
tenga
haya / por fin / hermosa
compuesta de lo postizo, falso / **si**... si la belleza no es natural
artificales

DON JUAN MANUEL (1282–¿1348?)

Libro de los estados

Libro I

Capítulo VII

El vii capítulo fabla de cómo el infante Joas° andando por la tierra así como el Rey su padre le mandara°, acaesçió° que en una calle por do° el pasaba tenían un cuerpo de un omne° muy onrado que finara°.

Et andando el infante Joas por la tierra así como el Rey su padre mandara, acaesçió que en una calle por do él pasaba tenían un cuerpo de un omne muy honrado que finara un día ante°, et sus parientes et sus amigos et muchas gentes que estaban y ayuntados fazían° muy grant duelo por él. Cuando Turín, el caballero que criaba al infante, oyó de lueñe° las voces et entendió que fazían duelo, acordóse delo que el Rey Morobán, su padre del infante, le mandara°; et por ende quisiera muy de grado desviar el infante por otra calle do° non oyese aquel llanto por que oviese a saber° que lo fazían por aquel omne que muriera°. Mas por que el lugar por do el infante querie° ir era más derecho el camino por aquella calle, non le quiso dexar et fue yendo fasta que llegó al lugar do fazían el duelo et vio el cuerpo del omne finado° que iba en la calle. Et cuando le vio así yacer et vio que avía faciones° et figura de omne et entendió que se non movía nin fazía ninguna cosa delo que fazen los omnes buenos, marabillóse ende° mucho, ca çierto es que por muy entendido que omne sea, que la cosa que nunca a° visto nin oido non puede saber tanto della como los otros que lo saben, aun que non ayan° tan grant entendimiento como él. Et por que el infante nunca viera° tal cosa nin la oyera°, quisiera° luego preguntar alos que y° estaban qué cosa era; mas el grant entendimiento que avía° le retouo° que lo non fiziese, ca entendió que era mejor delo preguntar más en poridat° a Turín, el caballero que lo criara°, ca en las preguntas que omne faze se muestra por de buen entendimiento o non tanto.

Et por ende cuando fue tornado asu posada°, llamó a Turín et preguntól° que qué maravilla fuera° aquella que viera° aquel día, ca viera aquel día un cuerpo que avía façiones et figura de omne et que

Johás
mandó / sucedió
por donde / hombre
había muerto
antes
y... allí reunidos hacían
lejos
Le había mandado evitar que el joven conociera la tristeza y la muerte. / donde
oviese... tenía que saber
murió / quería
muerto
avía... tenía las facciones
marabillóse... se quedó asombrado de eso
ha
tengan
había visto / había oído / quiso
allí
tenía / retuvo
discretamente
había criado (educado)
fue... había vuelto a su casa
le preguntó / fue / vio

era de carne et avía todas las cosas así como omne et que non fablaba nin se movía nin fazía ninguna cosa que omne pudiese fazer. Otrosí que viera que todos los que estaban en deredor dél° lloraban et fazían muy grandes señales que avían grant pesar. Otrosí que en veyendo lo hel°, que todo el talante° se le mudara et oviera ende como manera de espanto°.

A Turín pesó mucho de aquellas cosas que el infante viera et aún más delo que él le preguntara et fizo todo su poder por le meter en otras razones et le sacar de aquella entençión°. Pero al cabo, tanto le afincó° el infante, que non pudo escusar° del dezir alguna cosa ende°. Et por ende le dijo:

—Señor, aquel cuerpo que vos allí viestes°, era omne muerto; et aquellos que estaban en deredor dél que lloraban, eran gentes quel° amaban en cuanto era vivo et avían grant pesar por que era ya partido dellos et de allí adelante non se podrían aprovechar dél. Et la razón por que vos tomastes° enojo et como espanto ende, fue porque naturalmente toda cosa viva toma enojo et espanto dela muerte, por que es su contrario, et otrosí dela muerte por que es contrario dela vida.

en... alrededor de él
viéndolo él / ánimo, voluntad
se asustó
intención
pidió / evitar / sobre eso
viste
que le
tomaste

Libro del caballero y del escudero

Capítulo XIX

CÓMO EL CABALLERO ANCIANO RESPONDE AL ESCUDERO QUÉ COSA ES LA CABALLERÍA

—A lo que me preguntastes° qué cosa es caballería et cómo la puede omne° mejor conplir° [...], fijo, esta pregunta non es una [...] solamente, me semejan que son tres; ca° vos preguntastes qué cosa es caballería [...] avie mester° muchas palabras para lo mostrar todo conplidamente°, et sería muy grant departimiento°, non vos quiero decir en ella si non pocas palabras; pero si vos quisiéredes° saber todo esto qùe me preguntastes de·la caballería conplidamente, leed un libro que fizo un sabio que dicen Vejeçio, et y lo fallaredes° todo. Mas lo que yo entiendo de aquel poco entendimiento que yo he vos lo diré°.

A lo que me preguntastes qué cosa es caballería, vos respondo que la caballería es estado muy peligroso et muy honrado. Otrosí°, a lo que me preguntastes cómo se puede aver° et guardar, vos diré que la puede omne aver et guardar con la gracia de Dios et con buen seso et con vergüenza°. Et la gracia de Dios ha mester° el caballero como aquel que toma estado en que un día nunca puede seer° seguro; et la gracia de Dios le ha de mantener la honra que debe ganar por sus obras, et le ha de guardar et de defender el cuerpo et el alma de los periglos° en que anda cada día, más que ningún omne de mayor otro estado; et la gracia de Dios le ayudará et le fará aver seso para fazer sus fechos° como debe, et querrá que aya° vergüenza de fazer lo que non deba. Et todas estas cosas nin otro bien ninguno non puede aver° el caballero, que duradero le sea nin que aya buen acabamiento° si non lo que oviere° por la gracia de Dios. Otrosí, el buen seso le es muy mester, ca el seso le amostrará° quién es el que puede et lo debe fazer° caballero; et otrosí el que ha de reçebir° la caballería; et otrosí qué es lo que el caballero debe guardar a Dios et a su señor et a las gentes°, et qué honra de deben fazer a él, et otrosí la que él debe fazer a sí mismo. Otrosí le demostrará qué es lo que debe dar et que es lo que debe tener. Et fijo, vos debedes° saber que por el dar et por el tener

preguntaste
el hombre/ cumplir
porque
se necesita
completamente / discusión
quieres
y... hallarás todo allí
te lo diré
Además
tener
moralidad / requiere
ser
peligros
fará... hará para que tenga el seso para hacer sus hechos / tenga
tener
que termine bien
tuviera
mostrará / hacerse
recibir
las... la gente
debes

razonan° las gentes al omne por franco o por escaso°, et por que las más veces no catan° en esto las gentes lo que es razón, si non lo que es voluntad de cada uno, quiero vos yo mostrar qué cosa es franqueza et qué cosa es escaseza....

consideran / tacaño
non... no se fijan

El Conde Lucanor

ENXEMPLO VII

DE LO QUE CONTESCIÓ° A UNA MUJER QUEL' DIZÍAN DOÑA TRUHANA

aconteció

Otra vez fablaba el conde Lucanor con Patronio su consejero en esta guisa°:

—Patronio, un homne° me dixo una razón et amostróme° la manera como podría seer°. Et bien vos digo que tantas maneras de aprovechamiento ha en ella que, si Dios quiere que se faga assí como me lo dixo, que sería mucho mi pro°, ca° tantas cosas son° que nascen° las unas de las otras, que al cabo es muy grant fecho además°.

Et contó a Patronio la manera como podría seer. Et desque° Patronio entendió aquellas razones, respondió al conde en esta manera:

—Señor conde Lucanor, siempre oí decir que era buen seso° atenerse° homne° a las cosas ciertas et non a las vanas fiuzas°, ca muchas vezes, a los que se atienen a las fiuzas, contésceles lo que contesció° a doña Truhana.

Et el conde preguntó cómo fuera° aquello.

—Señor conde—dijo Patronio—, una mujer fue que había nombre° doña Truhana et era asaz° más pobre que rica; et un día iba al mercado et levaba° una olla de miel en la cabeza. Et yendo por el camino, comenzó a cuidar° que vendería aquella olla de miel et que compraría una partida de huevos, et de aquellos huevos nascirían° gallinas, et después, de aquellos dineros que valdrían compraría ovejas, et assí fue comprando de las ganancias que faría, que fallóse° por más rica que ninguna de sus vecinas.

Et con aquella riqueza que ella cuidaba que había, asmó° cómo casaría sus fijos et sus fijas, et como iría guardada° por la calle con yernos et con nueras et cómo dirían por ella° cómo fuera de buena ventura° en llegar a tan grant riqueza, seyendo° tan pobre como solía seer°.

Et pensando en esto comenzó a reír con grand placer que había° de la su buena andanza, et riendo dio con la mano en su frente, et entonce° cayól'° la olla de miel en tierra et quebróse. E cuando vio la olla quebrada, comenzó a fazer muy grant duelo, teniendo que había perdido todo lo que cuidaba que habría si la olla non la quebrara. Et porque puso todo su pensamiento por fiuza vana, non se fizo al cabo nada de lo que ella cuidaba.

Et vos, señor conde, si queredes° que lo que vos dijieren et lo que vos cuidardes sea todo cosa cierta, cred° et cuidat° siempre todas cosas tales que sean aguisadas° et non fiuzas dubdosas et vanas. Et si las quisierdes° probar, guardatvos° que non aventuredes° nin pongades° de lo vuestro cosa de que vos sintades° por fiuza de la pro de lo que non sodes° cierto.

E al conde plogó° de lo que Patronio le dixo, et fízolo assí et fallósse° ende° bien.

Et porque don Johán se pagó° deste exiemplo, fízolo poner en este libro et fizo estos viessos°.

en... de esta manera
hombre / me mostró
ser
provecho / porque / hay / nacen
al... al final es un hecho muy importante
cuando
buen... de sentido común
poner su confianza / hombre / **vanas**... cosas vanas
contésceles... puede acontecerles lo que pasó
fue
una... había una mujer que tenía el nombre
bastante
llevaba
pensar
nacerían
se halló
cuidaba... pensaba que obtendría, pensó
rodeada
dirían... la gente hablaría de ella
suerte / siendo
pobre... pobre como era
tenía
entonces / se le cayó
queréis
creed / pensad
razonables
quisierais / guardaos / **que**... de no aventurar / pongáis / sintáis
estáis
agradó / **fízolo**... lo hizo así y se halló
por eso
don... a don Juan le gustó
versos

A las cosas ciertas vos encomendat°
et de las fiuzas vanas vos dexat°.

ateneos
dejaos

Enxemplo X

de lo que contesció a un homne° que por pobreza et mengua° de otra vianda comía atramuces°

hombre / falta
altramuces

Otro día fablaba el conde Lucanor con Patronio, su consejero, en esta manera:

—Patronio, bien conosco° a Dios que me ha fecho muchas mercedes, más quel'° yo podría servir, et en todas las otras cosas entiendo que está la mi fazienda assaz° con bien et con honra; pero algunas vegadas° me contesce de estar tan afincado° de pobreza que me paresce que querría tanto la muerte como la vida. Et ruégovos que algún conorte° me dedes° para esto.

—Señor conde Lucanor—dixo Patronio—, para que vos conortedes°, cuando tal cosa vos acaesciere, sería muy bien que sopiéssedes° lo que acaesció a dos homnes que fueron° muy ricos.

Et el conde le rogó quel° dixiese cómo fuera aquello.

—Señor conde Lucanor—dixo Patronio—, de estos dos homnes el uno dellos llegó a tan grand pobreza quel' non fincó° en el mundo cosa que pudiese comer. Et desque° fizo mucho por buscar alguna cosa que comiesse°, non pudo haber cosa del mundo sinon una escudillera de atramices°. Et acordándose de cuán rico solía ser° e que agora con fambre era° et con mengua° había de comer los atramices que son tan amargos et de tan mal sabor, comenzó de comer de los atramices et en comiéndolos estaba llorando et echaba las cortezas de los atramices en pos° de sí. Et él estando en este pesar et en esta coita°, sintió que estaba otro homne en pos dél et volvió la cabeza et vio un homne cabo dél°, que estaba comiendo las cortezas de los atramices que él echaba en pos de sí°, et era aquel de que vos fablé de suso°.

Et cuando aquello vio el que comía los atramices, preguntó a aquel que comía las cortezas que por qué fazía° aquello. Et él dixo que sopiesse° que fuera muy más rico que él, et que agora había llegado a tan grand pobreza et en tan grand fambre quel' placía° mucho cuando fallaba aquellas cortezas que él dejaba. Et cuando esto vio el que comía los atramices, conortóse°, pues entendió que otro había más pobre que él, et que había menos razón por que lo debía seer°. Et con este conorte° esforzóse, et ayudól'° Dios, et cató° manera en cómo saliese de aquella pobreza, et salió de ella et fue muy bienandante°.

Et vos, señor conde Lucanor, debedes° saber que el mundo es tal; et aún que Nuestro Señor Dios lo tiene por bien, que ningún homne non haya° complidamente° todas las cosas. Mas, pues en todo lo al vos faze Dios merced° et estades con bien° et con honra, si alguna vez vos menguaren dineros o estudierdes en afincamiento°, non desmayedes° por ello et cred por cierto° que otros más honrados et más ricos que vos estarán afincados°, et que se ternían por pagados° si pudiessen dar a sus gentes et les diesen° aun muy menos de cuanto vos les dades° a las vuestras.

Et al conde plogó° mucho desto que Patronio le dixo, et conortóse et ayudóse él, et ayudól' Dios, et salió muy bien de aquella quexa en que estaba.

Et entendiendo don Johán que este exiemplo° era muy bueno, fízolo poner en este libro et fizo estos viesos° que dicen así:

Por pobreza nunca desmayedes°,
pues otros más pobres que vos veedes°.

conozco
de lo que
fazienda... hacienda bastante
veces / amenazado
consuelo / deis
consoléis
supieseis
habían sido
que le
le quedó
después de que
para comer
una... una escudilla de altramuces / **de**... de lo rico que había sido
con... tenía hambre / **con**... con falta
en... detrás
preocupación
cabo... detrás de él
que... que él tiraba
aquel... el otro de que hablé anteriormente
hacía
supiese
quel... que a él le gustaba
se sintió consolado
por... para quejarse
consuelo / le ayudó / buscó
fue... fue muy feliz en adelante
debéis
tenga / completamente
en todo... en todo lo demás os ayuda Dios / **estades**... vivís bien
vos... anduviereis mal de dinero o en aprietos / desmayéis / **cred**... estad seguro
urgidos / **se**... se tendrían por felices
pudiese dar
dais
agradó
ejemplo
versos
desmayéis
veréis

El libro de la caza

Ya desuso°, en el capítulo primero, es dicho que la caza es cosa noble et apuesta° et sabrosa. Et pues que tal es, toda la manera por que la caza se puede fazer que haya más destas tres cosas, cuanto más dellas oviere°, será más verdaderamente dicha manera de caza; et por que en la de los falcones se faze más conplidamente° que en la de los azores, et por ende la puso don Iohan° ante° en este libro. Ca° los falcones matan la garza después que los azores la dejan et por esto es más noble, et la manera como la matan la faz° ser muy sabrosa et muy apuesta. Otrosí° matan las ánades° aguándolas muchas vegadas°, et montando° et descendiendo et firendo muchos colpes° estraños et maravillosos en que los omnes toman muy grant placer°, lo que con los azores non se faze; ca non pueden tomar las ánades sinon de un vuelo et muy acerca°. Et por que en todas las cosas en que ha° placer cuanto más duran son de mayor placer, por ende es de mayor placer esta caza con los falcones que con los azores et por eso mismo es más apuesta.

desuso: arriba, antes
apuesta: apropiada
dellas... hubiera
conplidamente: perfectamente
Iohan / ante / Ca: Juan / antes / porque
faz: hace
Otrosí / ánades / vegadas / montando / **firiendo**...: Además / patos / veces / subiendo / hiriendo con muchos golpes
los... los hombres tienen mucho placer
acerca / ha: cerca / hay

LIBRO DE LOS ENXEMPLOS° POR A.B.C.

enxemplos: ejemplos

(La figura del criado travieso es un recurso humorístico que sirve para atraer la atención del público en esta adaptación folklórica de la historia de Job.)

CXXIV

Humanarum rerum Deus est rector
et arbitrator
De todas las cosas es Dios facedor,
El las gobierna e es guiador.

Dijo un árabe: «Acuérdaseme de la palabra° que oí de Mamundo negro que un viejo lo demandó° cuánto podríe° comer. El respondió que ¿de cuyo pan, de lo mío o de lo otro?». E dijo: «Non de lo tuyo». Respondió Mamundo: «Cuanto más pudiese». El viejo dijo al mancebo: «Tú acuérdate de las palabras de un goloso, perezoso, loco, parlero e enojoso, e mucho más ha° y en él de lo que se dice». Dijo el mancebo: «Mucho querría oir dél, ca° lo que dicen dél es escarnio, e si algunas cosas sabes dél, facerme-has gracia que me las digas°». E dijo el viejo: «Su señor mandó a este Mamundo, su siervo, una noche que cerrase la puerta. El de pereza non se pudo levantar, e dijo que estaba cerrada». De que° fue la mañana díjole el señor: «Mamundo, abre la puerta». E él respondió: «Señor, bien sabía yo que tú querías que estudiese° hoy abierta, e por eso non la cerré anoche.» El señor entendió que por pereza non la había cerrado, e díjole: «Levántate e faz lo que has de facer, que ya es el día, e el sol es alto». El dijo: «Pues dame de comer». Dijo el señor: «¡Oh malo! ¿De noche quieres comer?». El dijo: «Si de noche es, déjame dormir». E otra noche díjole el señor: «Mamundo, levántate e varás° si llueve, e él llamó al perro, que yacía fuera de la puerta, e católe° los pies, e fallólos° secos, e dijo: «Señor, non llueve». Otra noche díjole° si habría lumbre en casa. El llamó al gato e católo con la mano si estaba caliente, e fallólo que estaba frío, e dijo: «Señor, non ha y° lumbre».

El mancebo que oye estas cosas, dijo al viejo que gelas° decía: «Ya he oído de la pereza deste Mamundo; querría oir de las mentiras e de las parlas». Dijo el viejo: «Dicen que viniendo su señor del mercado alegre

palabra: el relato
demandó / podríe: le preguntó / podría
ha: hay
ca: porque
facerme... me harás un favor en decírmelas
De... Apenas
estudiese: estuviera
varás: verás
católe / fallólos: le examinó / los halló
díjole: le preguntó
y: allí
gelas: se las

porque había mucho ganado en su mercadería, este Mamundo salió a él al camino, e viéndolo su señor, hobo° temor que la daría algunas malas nuevas según que lo había de costumbre, e díjole: «Guarda non me digas malas nuevas». El siervo dijo: «Nuestra perrilla chequilla Pipela es muerta». Demandóle su amo: «¿Cómo murió?». El dijo: «Espantóse nuestro mulo, e quebrantó el cabestro, e fuyendo° pasó so° los piés, e matóla». E preguntóle: «¿Qué fue del mulo?». Dijo: «Cayó en el pozo, e afogóse°». Preguntóle el señor: «¿Cómo se espantó el mulo?». Dijo: «Vuestro fijo cayó del soleadero, e muerto es°, e de la caída se espantó el mulo». Preguntóle: «¿Qué face su madre?». Dijo: «Por el gran dolor que hobo del fijo murió». E preguntóle: «¿Quién guarda la casa?». Dijo: «Non ninguno°, ca toda es quemada». Preguntó: «¿E cómo se quemó?». E díjole: «La noche que murió la señora velaba la moza por ella, e olvidósele una candela en la cámara, e encendióse° el fuego en ella, e quemóse toda la casa». E dijo: «¿Qué fue de la moza?». Dijo: «Quiso matar el fuego, e cayó en ello e murió». «Pues tú ¿cómo estás presente, siendo tan perezoso?». Dijo: «De que vi la moza muerta, pensé de foir°». Estonces el señor muy triste vino a sus vecinos rogándoles que le quisiese alguno dellos rescebir en su casa. En tanto encontró con un su amigo, e comenzólo de consolar, e díjole: «Amigo, non quieras desesperar: ca muchas vegadas acaescen al homme° tan graves e grandes aversidades e pérdidas e pesares, que cobdicia° la muerte aunque sea deshonesta, e luego vienen tantos provechos e bienes, que ha° gran placer de acordarse de los males pasados; mas esta variación e mudanza de las cosas del mundo Dios las ordena por los merescimientos e por su ordenación e fírmanse por el enxemplo del profeta Job, el corazón del cual non pudo sojuzgar el perdimiento que hobo de todos sus bienes, e por aventura aún oíste lo que dice el filósofo: «¿Quién puede en este mundo, siendo tan mudable e tan variable, tener alguna cosa que se afirme e estable?».

tuvo

huyendo / bajo

se ahogó

está

Nadie

se incendió

huir

muchas... muchas veces sucede al hombre

desea

tiene

ALFONSO MARTÍNEZ DE TOLEDO (1398–1470)

Arcipreste de Talavera o Corbacho

Segunda parte

CAPÍTULO II

DE CÓMO LA MUJER ES MURMURANTE E DETRACTADORA.

La mujer ser murmurante e detractadora, regla general es dello; que si con mill fabla°, de mill fabla: cómo van, cómo están, qué es su estado, qué es su vida, cuál es su manera. El callar le es muerte: non podría una sola hora estar que non profacase° de buenos e malos.

Non le es ninguno bueno nin buena en plaza nin iglesia°, diciendo: «¡Yuy, y cómo iba Fulana el domingo de Pascua arreada! Buenos paños de escarlata con forraduras° de martas; saya° de florentín° con cortapisa de veros, trepada de un palmo; faldas de diez palmos rastrando, forradas de camocán°, un pordemás° forrado de martas cebellinas con el collar lanzado fasta medias espaldas; las mangas de brocado; los paternostres° de oro de doce en la onza; almanaca de aljófar°—¡de cuento eran los granos!—; arracadas de oro° que pueblan todo el cuello; crespina de filetes de flor de azucena con mucha argentería la vista me quitaban, un partidor° tan rico que es de flor de

si... si habla con mil (personas)

que... sin murmurar

Non... Para ella nadie es bueno ni en la calle ni en la iglesia

bordes / falda / seda

una tela bordada / una chaqueta

nudos (una especie de adorno)

almanaca... pulseras de perlas / **arracadas**... collares

adorno para la cabeza

canell°, de filo de oro fino con mucha perlería; los moños con temblantes de oro e de partido canbray, todo trepado de foja de figuera; argentería mucha colgada de lunetas e lenguas de e retronchetes, e con randas muy ricas. Demás un todoseda° con que cubría su cara, que parescía a la reyna Sabba°, por mostrarse más fermosa, axorcas° de alanbar° engastonadas en oro, sortijas diez o doce, donde hay dos diamantes, un zafir°, dos esmeraldas; lúas° forradas de martas para dar con el alyendo° luzor° en la su cara e revenir los afeites, relucía como un° espada con aquel agua destilada. Un textillo° de seda con tachones de oro, el cabo esmerado con la fevilla de luna° muy lindamente obrado; chapines de un xeme poco menos en alto°, pintados, de brocado; seis mujeres con ella; moza para la falda; moscadero de pavón todo algaliado, safumada, almiscada, las cejas algaliadas°, reluciendo como espada. Piénsase Marimenga° que ella se lo meresce. ¡Aquélla es, aquélla, amada e bien amada, que non yo, triste, cuytada°! Todo ge° lo dio Fulano; por cierto que es amada. ¡Ay, triste de mí, que amo e non so° amada! ¡O desaventurada! Non nascen todas con dicha. Yo mal vestida, peor calzada, sola, sin conpañía, que una moza nunca pude con este falso alcanzar°. En dos años anda que nunca fize alfoza° nueva: un año ha pasado que traygo° este pedazo°. ¿Por qué, mesquina, cuytada, o sobre qué lloraré mi ventura°, maldeciré mi fado° triste, desconsolada, de todas cosas menguada? E ¿cómo? ¿Non so yo tan fermosa como ella, y aun de cuerpo más bastada°? ¿Por qué non vo° como ella arreada°? Nin por eso pierdo yo mi fermosura, nin so de mirar menos en plaza que ella, allý do va°. Pues, con todo su perexil non se egualará comigo°. ¡Mucha nada! ¡Mal año para la vil, sucia, desdonada°, perezosa, enana, vientre de ytrópica°, fea, e mal tajada°. Pues, en buena fe, allí do va arreada, si sopiesen,° reventaría. ¡O qué dientes podridos tiene de poner alvayalde°, sucia como araña! ¡Por Dios, quitadme allá! ¡Como perro muerto le fiede° la boca! ¡Triste de mí; que yo linpia° soy como el agua, aliñada, ataviada°! Trabajar, velar, ganar, esto sý falarán en mí; la blanca en mi poder es florín°. Sy yo como otras toviese, florecerían e ganarían las cosas en mi poder. Mas, señora, ¿qué me dirés°? ¿e quién non tiene, que pasase el mes y el año que non vos daría fe que moneda corre? Que mi vida nunca es synón° de día e de noche trabajar e nunca medrar°, e lo peor que non soy conoscida nin presciada°; ¡soy desfavorecida! Pues, otro era mi padre que non era su abuelo. ¡Loado sea Dios, que me quiso tanto mal! Mi ventura lo fizo; que si Dios andoviese por la tierra... Treynta° mill en axuar truxe°, en dineros contados; aquélla en camisa la tomó su marido°. Peor so que amigada°, nunca más medro° desta saya que esta otra que tengo. ¡Perdone Dios a mi padre, que él me la dejó y él se la ganó! Pues, ¿qué medré, amigo, después que estó con vos? Fadas malas, filar de noche e de día. Esta es mi bienandanza°: echarme a las doce, levantarme a las tres, y duerma quien pudiere; comer a mediodía y aun Dios si lo toviere. ¡Guay° de la que en casa de su padre se crió—¡y con cuánto vicio°!—y esperó venir a estas fadas malas! Y ¿por qué, y aun sobre qué, cuitada, desaventurada, mal fadada°?».

E el amigada° dice a su amigo: «¡Ay de mí! Más me valiera ser casada; que fuera más honrada y en mayor estima tenida. ¡Perdíme, cuitada, que en hora mala vos creí! Non es esto lo que vos me prometistes°, nin lo que me jurastes; que non he ganado el dinero cuando me lo avés arrebatado°, diciendo que debes y que jugastes. Y como un rufián amenazando vuestro sonbrero°, dando coces en él, diciendo: «A ti lo digo, sonbrero» ¡donde me he yo enpeñado° y

de... muy bella

pañuelo

la reina de Saba (que visitó a Salomón en el *Antiguo Testamento*.) / adornos colgantes / hilos / zafiro / guantes

aliento / brillo

una / **para**... es decir, para que el aliento le suba a la cara y haga que la pintura (afeites) se ponga correosa con la humedad o el calor / una pieza / un broche

chapines... zapatos con tacones de un palmo de alto

perfumada, toda perfumada hasta las cejas / esta fulana

miserable / se

soy

nunca... con este falso (de mi marido) nunca pude obtener una criada / pliegue / llevo

falda

suerte / destino

más bella / voy / ricamente vestida

allý... allí por donde va / **con**... aún con todos sus adornos no es mi igual / sin gracia

caído / formada

si... si la gente supiera

plomo (para blanquear los dientes)

huele / limpia / bien vestida y adornada

la... a blanca (moneda de poco valor) en mi mano es como florín (de más valor) en otra mano / dirás

nada, excepto

salir delante / **conoscida**... conocida ni apreciada

Treinta / traje como dote

en... se casó ella sin nada / **Peor**... Estoy peor que una amante / tendré

suerte

Ay

cuánto... tanto lujo

desafortunada

la concubina

prometiste

me... me lo has quitado

sombrero

esforzado

envergonzado muchas vezes por vos, buscando para pagar vuestras debdas° e baratos°! Ya non lo puedo bastar, y ¿dónde lo tengo de aver°, amigo, ya? ¡Dios perdone al que mis menguas conplía° e mis trabajos cobría! Non queda ya sinón que me ponga a la vergüenza con aquéllas del público. ¡Guay de mí, captiva! ¿Así medran las otras°? ¡Landre, Señor, rabia y dolor de costado!»

Estas y otras maneras de fablar tienen las mujeres: de las otras murmurar, detraer e mal fablar, e quijarse de sí mesmas, que fazer otra cosa inposible° les sería. Esto proviene de uso malo e luengamente° continuado, non conosciendo su defallimiento°; que es un pecado muy terrible la persona non conoscer a sí°, nin a su fallimiento°.

Pues, por Dios, cada cual así fable de su prójimo que de ofenderlo se abstenga°.

deudas / pérdidas / **dónde**... dónde encontraré mi dinero / cumplía

Así... Las demás salen mejor en la vida

imposible

por mucho tiempo / **conosciendo**... reconocer sus defectos

sí mismo

sus vicios

por... quiera Dios que todos hablen de sus vecinos de una manera que no ofenda

ENRIQUE DE VILLENA

Arte Cisoria

CAPÍTULO QUINTO

EN QUÉ MANERA SE DEBE SERVIR EL OFIÇIO DEL CORTAR E CONTINUAR CUROSAMENTE°

cuidadosamente

Curoso° e solíçito debe ser el que tal ofiçio tiene, continuando el palaçio Real, mayormente en las horas del comer, de guisa° que lo non ayan desperar° e llamar e con enojo resçebir, pues en tan cuirioso° e de fiança° ministerio es deputado, al cual por su espeçialidat espeçial prática se requiere, ansí que uniformemente e reglada sea basado, como conviene a cosa artisada° e doctada. Onde cuando viere que es presto° para se el Rey asentar a la mesa, vaya al logar do° tienen la plata los reposteros° aparejada; e desto, el arqueta suso dicha° suya, por él ya trayda°, ábrala e ponga en un baçín de plata los paños de linpiar° los cuchillos, del lienzo algunt poco vasto porque su asperura mejor lieve° consigo e linpie la inmundiçia del cuchillo e sean dos o tres de guisa que abonde°; si el comer se alongare° que non ayan de° pedir tal paño estando al serviçio del cortar, cuanto más si los salsamentos° e adobos se multiplicaren: sobre éstos ponga los paños delgados, para linpiar la boca e las manos del Rey al comer o sean media docena porque el uno habiendo° servido, le dé el otro, antes que la inmundiçia de linpiaduras en él carguen e mucho parescan°; e aunque todos non se untasen cada día, es grant providençia e bien paresçer e podría venir caso, en que menester fuesen: e por eso es lo mejor que aya abondo° de tales paños; e luego, ençima dellos ponga los cuchillos cinco suso dichos° e otros estrumentos° de los que nonbré en el preçedente capítulo; e sobre todo un paño delgado, labrado, que lo cubra; e déjelos ansy, en guarda de repostero, que sea tal persona de quien lo pueda fiar°.

cuidadoso

manera

ayan... tengan que esperar / importante

confianza

hecha con arte

preparado / **al**... al lugar donde / Los reposteros eran los oficiales del palacio encargados de todo relativo a la mesa. / antedicha / traída

limpiar / lleve

de... de manera que abunde / dilata / **non**... no tengan que

las salsas

parezcan

aya... haya una abundancia

antedichos / instrumentos

confiar

ALFONSO DE LA TORRE

Visión delectable de la filosofía

(Acompañado por las diferentes formas de saber, el narrador sube a la cima de un monte en que se halla la Verdad. En esta selección, habla la Lógica, personificada por una doncella.)

CAPÍTULO II.

DE LA LÓGICA, CÓMO ES PESO ET MEDIDA DE CONOCER VERDAD ET FALSÍA,[1] ET DICE CUÁNTAS MANERAS HAY DE PROPOSICIONES DE LÓGICA.

Andada la segunda jornada, llegaron, ya gran pieza[2] subidos en el monte, a un valle de gente muy engañosa et astuta a primera cara, el de que eran entrados, eran muy agradables de conversación, aunque siempre eran un poco litigiosos; e vista una casa en medio del valle, ocurrieron a ella, do[3] hallaron la señora de aquella tierra, la cual era una doncella que bien parecía en su disposición de cara que había gastado velando gran multitud de candelas, y esto demostraban los ojos, et la blancura et amarillez de su gesto en la faz. Las junturas de los dedos tanto eran de delgadas, que no se hallaba ahí vestigio alguno de carne; los cabellos, aunque fuesen en forma conveniente de longura[4] et color asaz[5] agradable, con la imaginación que tenía, habíase olvidado de peinarlos et distinguirlos por orden; y en la mano derecha tenía un manojo de flores et un título en letras griegas, que decían así: *Verum et falsum*; en la siniestra tenía un muy ponzoñoso scorpión.[6] E a muchos mientra[7] se deleitaban en mirar la diversidad de las flores et olerlas, no era vacua la otra mano de inferir nocumento[8] et gran daño. La cual debidamente saludada, el Entendimiento le comenzó a fablar en esta manera: «Con gran deseo que tengo de subir al sagrado monte, he tomado el trabajo fasta aquí recebido, he habido[9] nuevas de vuestro ingenio et aptitud; por ende[10] yo vos suplico me queráis decir vuestro principio et fin et oficio, et vuestra vida por orden.» La doncella, después que le fizo el recebimiento[11] según a él era notificado, le comenzó a decir las siguientes cosas: «Claro es que toda utilidad et provecho es inútil en comparación de la bienaventuranza eterna, la cual consiste en dos cosas principalmente; conviene a saber: que sea limpiada la ánima de las engañosas opiniones et torpes fantasías; asimesmo que sean en ella pintadas las certidumbres de la verdad, a las cuales no se pueda contradecir, et asimesmo sean en ella plantadas et radicadas las morales et intelectuales virtudes. E cierto es que el espejo, si por ventura le pudiésemos decir bienaventurado, sería cuando él fuese alimpiado[12] de toda suciedad et fuesen a él presentadas figuras de hermosas formas.

Así es el alma cuando de las intelectuales virtudes consigue las pláticas et morales. Cierto es que para distinguir entre torpe et honesto, vicio et virtud, bueno y malo, el hombre ha menester[13] conocimiento. Esto no puede ser sin claro entendimiento, en el cual consista verdad sin duda et sin temor del contrario; e yo soy aquella, la cual sé distinguir et hacer diferencia entre verdad et mentira; pues, como ya dije, como yo sea causa del entender, y el entendimiento sea causa del obrar, y estas dos causas juntas sean causa de la bienaventuranza, manifiesto es que yo sería al hombre, no solamente provechosa, mas necesaria. Verdad sea que nuestro Señor ha criado buenas disposiciones de entendimientos que ven la verdad fácilmente sin ningún artificio o doctrina; pero si el artificio fuese, sería semejante a un hombre que tiene buena fuerza et sube cantos[14] a una torre encima de sus hombros, si después le daban el artificio de la polea o torno, muy más ligeramente subiría aquellas piedras sin comparación, et con menos trabajo. E así es que, cuando yo vengo sobre el entendimiento bien dispuesto, aquello que con gran dificultad et muy tarde sabría, hago que lo sepa muy fácil et prontamente...

[1] falsedad.
[2] **gran**... gran distancia.
[3] donde.
[4] largura.
[5] bastante.
[6] escorpión.
[7] mientras.
[8] nocividad.
[9] tenido.
[10] por eso.
[11] salutación.
[12] limpiado.
[13] **ha**... necesita.
[14] piedras.

LEONOR LÓPEZ DE CÓRDOBA

Memorias

(Después de dos años de resistencia contra las fuerzas de los Trastamara, el padre de Leonor López y otros petristas se rinden al Rey Enrique. En vez de perdonar a los rebeldes, una de las condiciones de la rendición, el rey manda la ejecución de los líderes petristas y el encarcelamiento de sus familias. Se destacan en esta selección la descripción de las atrocidades ordenadas por Enrique de Trastamara y el énfasis que la narradora pone en la valentía de su padre.)

...y el Señor Rey mandó que le cortasen la cabeza a mi padre en la Plaza de San Francisco de Sevilla, y que le fuesen confiscados sus bienes, y los de su yerno, valedores, y criados; y yéndole a cortar la cabeza encontró con Mosén Beltrán de Clequin,[1] caballero francés, que fue el caballero que el Rey don Pedro se había fiado dél, que lo ponía en salvo estando cercado en el Castillo de Montiel, y no cumpliendo lo que le prometió, antes le entregó al rey don Enrique para que lo matase, y como encontró a el Maestre díjole: señor Maestre no os decía yo que vuestras andanzas habían de parar en esto? y él le respondió: Más vale morir como leal, como yo lo he hecho, que no vivir como vos vivís, habiendo sido traidor°: Y estuvimos los demás que quedamos presos nueve años hasta que el señor rey don Enrique falleció; y nuestros maridos tenían sesenta libras de hierro cada uno en los pies, y mi hermano don Lope López tenía una cadena encima de los hierros en que había setenta eslabones; él era niño de trece años, la más hermosa criatura que había en el mundo, e a mi marido en especial poníanlo en el algive de la hambre, e teníanlo seis, o siete días que nunca comía, ni bebía por que era primo de las Señoras Infantas, hijas del señor rey don Pedro: En esto vino una pestilencia, e murieron todos mis dos hermanos e mis cuñados, e trece caballeros de la casa de mi padre; e Sánchez Miñez de Villendra, su camarero mayor, decía a mí, y a mis hermanos: hijos de mi señor: rogad a Dios que os viva yo, que si yo os (vivo), nunca moriréis pobres; e plugó[2] a Dios que murió el tercero día sin hablar; e todos los sacaban a desherrar al desherreradero como moros,[3] después de muertos a el triste de mi hermano Don Lope López pidió al alcayde[4] que no tenía, que dijesen a Gonzalo Ruíz Bolante que nos hacía mucha charidad,[5] e mucha honra por amor de Dios: señor alcayde sea agora vuestra merced que me tirase estos hierros en antes que salga mi ánima, e que no me sacasen al desherradero; a él (díjole) como a moro, si en mí fuese yo lo faría; y en esto salió su ánima en mis manos; que había él un año más que yo, e sacáronlo en una tabla al desherradero como a moro, e enterráronlo con mis hermanos, e con mis hermanas, e con mis cuñados en San Francisco de Sevilla, e mis cuñados trayan sendos[6] collares de oro a la garganta, que eran cinco hermanos, e se pusieron aquellos collares en Santa María de Guadalupe, e prometieron de no quitárselos, hasta que todos cinco se los tirasen a Santa María, que por sus pecados el uno murió en Sevilla, y el otro en Lisbona, y el otro en Inglaterra, e así murieron derramados, e se mandaron enterrar con sus collares de oro, e los frailes con la codicia después de enterrado le quitaron el collar. Y no quedaron en la atarazana de la casa de mi señor el Maestre, sino mi marido y yo...

[1] El famoso mercenario francés que traicionó al Rey Pedro, entregándole a su hermano, quien le mató cerca del Castillo de Montiel.

[2] plació.
[3] Se solía enterrar a los prisioneros moros con los hierros puestos. El enterramiento de los cristianos con los hierros constituía una degradación póstuma.
[4] alcalde (oficial de la cárcel).
[5] caridad.
[6] **trayan**... ambos traían.

TERESA DE CARTAGENA

Arboleda de los enfermos

Cuando miro esta mi pasión en los tenporales° negocios°, véola muy penosa y de grandísima angustia, mas cuando aparto el pensamiento de las cosas ya dichas, recogéndole° a mi propio seno, e veo la soledat que me hace sentir, apartándome de las negociaciones mundanas, llámola soledat amable, soledat bienaventurada, soledat que me haze ser sola de peligrosos males e aconpañada° de seguros bienes, soledat que me aparta de cosas enpeçibles° e dañosas al ánima e aun al cuerpo no muy provechosas. E paresçe haber acaesçido° a mí lo que vehemos acaesçer° cuando fablan muchos en un tropel y les paresçe que en otra parte oyen voces. Ca fazen señal° con la mano porque callen y escuchen, e ansí tienen silençio por mejor poder entender las voces que en otra parte les paresçe responder. E algunos hay; que no

temporales / preocupaciones
recogiéndole
acompañada
corruptas
parece haber acaecido
vemos acaecer
Ca... porque hacen señal

atendiendo prudentemente que aquel fin porque les mandan callar, que puede ser cosa que mucho les cunple saber, no dejan por eso de palabrear.

Pero si entr'ellos está algund hombre discreto e conosçe° que aquellas voces trahen algund° provecho en las oir, faze señal con el dedo en la boca, e así les da a entender que les cunple° callar, y estonces° çesa del todo su nesçia° porfía. E aunque les pesa, tienen silençio, mayormente si el que faze estas señas es persona a quien deben temor e obidençia°. Donde se sigue que escuchan por fuerça lo que de grado escuchar no querían. E así yo, estando envuelta en el tropel de las fablas mundanas e bien rebuelto e atado mi entendimiento en el cuidado de aquéllos, no podía oýr las voces de la santa dotrina° que la Escritura nos enseña e amonesta; mas la piadat de Dios que estaba comigo en este ya dicho tropel e con discreto acatamiento° veía la mi perdición e conosçía quánto era a mi salud conplidero° çesar aquellas fablas para major entender lo que a mi salvaçión cumplia, hízome de la mano que callase...

sabe
traen algún
cumple
entonces / necia
obediencia
doctrina
atención
conosçía... sabía lo que necesitaba para mi salud

LA PROSA IMAGINATIVA

En la Edad Media, como hemos visto, la literatura se veía como un medio de edificación. Mientras la importancia del propósito didáctico es innegable, conviene señalar que este período dio lugar igualmente a una actitud más tolerante hacia la diversión literaria. El placer que pudiera producir el estilo o el argumento de una obra había de considerarse un fin en sí. Se trata de un concepto de la literatura como *recreatio*, que la ética medieval justificaba citando el valor terapéutico que se derivara del goce de una composición. Basándose en la filosofía de Aristóteles, Santo Tomás de Aquino expuso en el siglo XIII la necesidad de distraerse; el placer o *gaudium* proveniente de la literatura y de otros pasatiempos razonables ofrecía al hombre un reposo y un alivio que eran saludables para el cuerpo y el espíritu. Este reconocimiento de los efectos benéficos de la ficción, tanto como el incremento del público lector seglar, hizo que la narrativa imaginativa fuera cultivada como una actividad legítima que no se adhería a los límites de la literatura estrictamente didáctica. Aunque las obras que servían de recreación no carecían de elementos moralizantes, su objeto más destacado era el de entretener y conmover a los lectores.

Uno de los factores más significativos en la evolución de la prosa imaginativa en la península fue la aparición de los libros de caballerías, basados, por lo general, en las leyendas del ciclo bretón. Estas narraciones sobre las hazañas del rey Arturo y sus paladines introdujeron en la literatura occidental una idealización de los valores caballerescos, creando una ficción en que predominan el misterio, la fantasía, los mitos y los elementos simbólicos. En España, como en el resto de la Europa medieval, las numerosas adaptaciones y traducciones de estos cuentos eran muy difundidas, gozando de enorme popularidad, sobre todo entre los jóvenes de la alta nobleza. Alusiones a los héroes artúricos se hallan ya hacia 1170 en poemas trovadorescos y, un siglo más tarde, en la *General estoria* de Alfonso el Sabio. La fuente más importante en el desarrollo del género fue, no obstante, la *Post-Vulgata* o *Roman du Graal*, una compilación francesa que había sido escrita primero en latín en el siglo XII. Este libro fue traducido en España en las primeras décadas del siglo XIV; no se sabe a ciencia cierta si la lengua de la versión original fue castellano, leonés, o portugués. El material temático que proporcionaron estas leyendas se fundió con las tradiciones de la poesía épica. Se trata en estas novelas, como en la epopeya, de la glorificación de un individuo ejemplar y el relato de heroicidades. Algunas narraciones de caballerías, incluso, recurren a las fór-

Argumēto del primer auto desta comedia.

Melibea Calisto

Entrādo Calisto vna huerta empos d̃ vn falcon suyo fallo y a Melibea de cuyo amor preso comēçole de hablar: dela qual rigorosamēte despedido: fue para su casa muy sangustiado. hablo con vn criado suyo llamado sempronio. el qual despues de muchas razones le endereço a vna vieja llamada celestina: en cuya casa tenia el mesmo criado vna enamorada llamada elicia: la qual viniēdo sempnio a casa d̃ celestina cō el negocio de su amo tenia a otro consigo llamado crito: al qual escondierō. Entre tanto q̃ sempronio esta negociādo con celestina: calisto esta razonando cō otro criado suyo por nōbre parmeno: el qual razonamiēto dura fasta q̃ llega Sempronio ⁊ celestina a casa de calisto. Parmeno fue conoscido de celestina: la qual mucho le dize delos fechos ⁊ co-

a 1.

Ilustración de una edición antigua de la *Comedia de Calisto y Melibea*.

mulas verbales tan propias del estilo épico. Por otro lado, mientras las hazañas narradas en la epopeya se inspiran de los valores colectivos del pueblo, el protagonista caballeresco es animado por el amor a su dama, una actitud que une el sentimentalismo del individuo con el espíritu guerrero. Esta deificación de la mujer según los criterios del amor cortés, tanto como la idealización del adulterio en algunas leyendas, hacía que la literatura de caballerías fuera condenada por los moralistas como una influencia corruptora. Entre las novelas derivadas directamente del ciclo artúrico, hay que señalar el *Baladro del sabio Merlín*, impreso en Burgos a finales del siglo XV. Basado en una obra anterior llamada la *Estoria de Merlín*, este libro es una relación de episodios en la corte del Rey Arturo y de las profecías del mago.

Por lo general, las traducciones hispánicas del ciclo bretón representan poca originalidad. De más mérito literario son las novelas neo-artúricas de España que suponían una reelaboración de los temas de las leyendas antiguas. Entre estas obras se destaca *Amadís de Gaula*, refundición de un texto del siglo XV realizada por Garci Rodríguez de Montalvo entre 1492 y 1506. El descubrimiento por Antonio Rodríguez Moñino de algunos fragmentos tempranos del *Amadís* ha sido una contribución significante al estudio de la novela de caballerías. La versión primitiva de esta narración habría sido difundida ya en el siglo XIV en Castilla; en su *Libro rimado del palaçio*, el cronista y poeta López de Ayala confiesa que pasó el tiempo de su juventud leyendo «Amadís e Lançalote e burlas estancadas». Por su enaltecimiento del amor ideal y la cortesía, y por la elegancia artificiosa de su estilo, la composición de Montalvo llegó a ser uno de los libros favoritos de los cortesanos del siglo XVI. Narra una serie de aventuras cuyo protagonista es Amadís de Gaula «flor de los caballeros», y «el caballero del mundo que más lealmente mantendrá amor». En el primero, se divulgan las circunstancias que rodean el nacimiento y la identidad secreta del héroe, su educación separado de sus padres, su valentía prodigiosa y enamoramiento de la bella Oriana, la iniciación de su misión caballeresca, y los numerosos combates que gana contra monstruos, gigantes y malos caballeros. En el segundo libro aparece Amadís como el prototipo de la fidelidad y el sacrificio amorosos; al creerse rechazado por Oriana, el héroe se retira en desesperación a una ermita. Más tarde, los amantes se reconcilian y se casan en secreto. Nace su hijo Esplandián. En los libros tercero y cuarto, se relatan más aventuras fantásticas de Amadís, incluyendo su rescate de Oriana, llevada presa, tras una singular batalla naval. Termina la novela felizmente con la reunión de los amantes en la Insula Firme (que sólo podían cruzar los amantes fieles), su matrimonio canónico y presagios de la grandeza de Esplandián. Los temas de la devoción a una dama como ímpetu que incita las hazañas del héroe, la superación de arduas pruebas, y el amor prohibido que se mantiene contra todo obstáculo son motivos que proceden de las historias épico-amorosas de Lanzarote y Tristán. Hay que señalar, sin embargo, una diferencia: mientras se trata en las dos leyendas artúricas de una pasión adúltera que termina trágicamente, el amor de Amadís y Oriana es, al final, consagrado por la Iglesia. El mismo afán moral se revela en el sentido alegórico que se concede a los personajes en la obra española. El héroe y su dama simbolizan las virtudes y las fuerzas del bien contra sus enemigos, que encarnan los pecados capitales y los vicios. Se destacan igualmente en Amadís de Gaula los episodios sobrenaturales propios de los libros caballerescos, por ejemplo, el encantamiento del héroe por el brujo Arcalaus, y las numerosas intervenciones del hada protectora Urganda. La importancia de *Amadís de Gaula* se debe no sólo a su representación de la imaginación y sensibilidad cortesana de la Edad Media tardía, sino también a la influencia que ejerció como pauta inspiradora de las novelas de caballerías españolas. Se inició con esta obra una serie de narraciones que prosiguieron la historia de Amadís hasta la muerte del héroe en el undécimo libro publicado en 1535.

Las leyendas artúricas no constituyeron la única fuente para estos libros de aventuras. Como ya hemos señalado en el capítulo anterior, el *Libro del caballero Cifar* está considerado por muchos críticos la primera novela de caballerías autóctona de España, aunque algunos historiadores disputan esta designación, manteniendo que las hazañas de Cifar suponen una narración derivada más de la literatura didáctica árabe que de las leyendas caballerescas. Otra manifestación de la literatura de caballerías del siglo XIV es *La gran conquista de Ultramar*, una crónica novelesca de las cruzadas del siglo XII. Se interpolan en esta obra numerosos cuentos legendarios junto a los discursos históricos con el fin de establecer los linajes de los héroes de la empresa. El relato más significativo de este conjunto es la *Leyenda del Caballero del Cisne*, en la que se atribuye una identidad mítica al abuelo de uno de los personajes de las Cruzadas para comprobar la divinidad de sus descendientes. Se basa la obra en varias fuentes francesas y provenzales que tratan el motivo folklórico de la transformación de los seres humanos en animales. Gracias a la enorme popularidad de esta leyenda, el cisne llegó a ser un importante símbolo heráldico para los nobles de este período.

Las novelas de caballerías fueron leídas con avidez a lo largo del siglo XVI. Durante este período se escribió *Palmerín de Inglaterra*, una obra que formaba parte de una serie de libros que también aparecieron en portugués. Llama la atención en esta obra el predominio de elementos fantásticos y las numerosas hazañas que imitan episodios de *Amadís de Gaula*. También merece mención *El espejo de príncipes y cavalleros* o *El Caballero de Febo*, una obra extensa situada en la antigüedad que versa sobre las andanzas del Caballero de Febo y su hermano gemelo Rosicler, hijos del rey de Hungría. Se trata en esta narración de un argumento muy enredoso, compuesto de múltiples combates, separaciones, equivocaciones de identidad y reuniones. Diego Ortúñez de Calahorra, autor de la primera parte de la obra, buscó su inspiración no sólo en las novelas caballerescas anteriores, sino también en la literatura clásica de Homero y Ovidio. *El espejo de príncipes y cavalleros* fue uno de los últimos libros de caballerías que gozó de un éxito comercial. En lengua catalana escribió Joanot Martorell *Tirant lo blanch*, insólita novela de caballerías por su realismo y su punto irónico. Traducido pronto al castellano, mereció de boca de uno de los personjes del *Quijote* el calificativo de «el mejor libro del mundo».

Durante el período en que estaban de moda las novelas de caballerías, los españoles también leían otras clases de libros de aventuras. Entre los modelos más importantes de este tipo de literatura, hay que señalar la tradición bizantina de relatos compuestos de innumerables peripecias. Como hemos visto anteriormente, el *Libro de Apolonio* es una adaptación en cuaderna vía de este estilo. El material temático de estas narraciones procedió de las epopeyas, la hagiografía, las leyendas clásicas y el folklore. Se narra en la *Ystoria del noble Vespasiano*, por ejemplo, un relato de la antigüedad cristiana sobre un emperador romano que fue curado de la lepra por su fe en Cristo. Uno de los ejemplos más notables de los libros de aventuras cortesanos es *Flores y Blanca Flor*, una obra que trata el tema universal de los amantes separados por el destino y perseguidos por las intrigas de los demás. Versiones cultas y populares de esta historia aparecen en la poesía y la prosa de todos los países europeos durante la Edad Media. En la novela castellana, compuesta probablemente en el siglo XV, se relata la historia de los amores entre Blanca Flor, una cautiva cristiana nacida en la corte de los moros, y Flores, el hijo del rey. Tras numerosos peligros y separaciones, Flores se convierte al cristianismo y los amantes se casan. Termina la novela con el ascenso de Flores al trono de Roma, donde reina virtuosamente con Blanca Flor.

A la par de los libros de aventuras también floreció en España la novela sentimental, un género en que se mezclan los motivos novelescos de las leyendas de caballerías con los elementos alegóricos y psicológicos de la ficción amorosa de Italia. Hay que señalar también la influencia de la poesía de cancionero, sobre todo en el recurso a imágenes que enlazan la devoción amorosa con el éxtasis espiritual. Se trata, en efecto, de una última interpretación de las convenciones del amor cortés en la que se describe la enajenación de un amante que rinde culto a una dama inaccesible. En algunos casos, el melancólico apasionamiento de estas víctimas les conduce al suicidio. Por lo general, la trama de este género se caracteriza por muy poca acción externa, cediendo al análisis de los sentimientos íntimos y la evolución de la pasión. Muchas narraciones de este género ofrecen la forma epistolar, un vehículo de expresión que servía al enfoque autobiográfico e introspectivo. La técnica de debate es también típica: numerosas narraciones contienen polémicas en torno a las virtudes y los defectos de las mujeres. Se destaca en el estilo de estas obras la naturaleza elaborada del lenguaje, su énfasis en las sutilezas emotivas, la utilización de latinismos, y la afectación sintáctica de colocar los verbos al final de la frase. En vista de la importancia que se otorgaba a la dama como eje del relato en esta literatura, apenas sorprende que la novela sentimental hubiera gozado de gran éxito entre el público femenino.

Una de las primeras manifestaciones de este género es el *Siervo libre de amor*, escrita por Juan Rodríguez de la Cámara (o del Padrón), un clérigo gallego, hacia 1439. El autor relata sus propias desventuras amorosas dividiendo su tratado en tres partes que corresponden a las tres condiciones del amor: la primera sobre el tiempo en que uno ama y es amado, la segunda cuando uno ama y es «desamado», y la tercera cuando uno ni ama ni es amado. Para ofrecer una imagen paralela a su aflicción, el narrador intercala en la segunda parte de su discurso autobiográfico una breve narración de aventuras sentimentales, la «Estoria de dos amadores», en la que se relata el trágico fin de Ardanlier y Liessa. En este caso, el amor de la pareja es frustrado, no por la pasión no correspondida, sino por el asesinato de Liessa por el rey Creos, el padre de Ardanlier. Se inspira esta narración de la historia real de Inés de Castro, amante de un príncipe de Portugal que fue ejecutado por el rey por motivos políticos. Se destacan en el *Siervo libre de amor* el análisis de los sentimientos y la nostalgia lírica típicos de este género. Predomina en esta narración la influencia de los libros caballerescos y la poesía de cancionero; la impronta de la ficción sentimental de Italia no sería evidente en Castilla hasta la segunda mitad del siglo XV.

Las mismas condiciones se reflejan en otro ejemplo temprano de la novela sentimental, la *Triste deleytaçión*, escrita en castellano por un autor catalán desconocido. Se divide esta composición en dos partes. La primera es una narración sentimental basada en el cuento *Fiammetta* de Boccaccio en la que se incorporan los recursos propios de la introspección: cartas, visiones y monólogos. La segunda sección, escrita en verso, es de índole alegórica; el narrador describe en esta parte sus visitas al infierno, a la isla de los ángeles y al paraíso de los amantes.

Para muchos críticos, las obras de Diego de San Pedro, un poeta cancioneril de la corte de los Reyes Católicos, representan la cumbre de este género. Su primera novela, *Tractado de amores de Arnalte y Lucenda*, es una narración de los tormentos que sufre Arnalte ante el rechazo de su amada Lucenda, una historia que el Autor mismo escucha del desgraciado amante. Arnalte le cuenta cómo fue engañado por Lucenda y Elierso, el amigo que le había servido de medianero en sus amores con la dama.

Muerto Elierso en un duelo con Arnalte, Lucenda entra en un convento. El Autor se encuentra con Arnalte en el desierto (símbolo de la desesperación) donde se ha retirado para morir de pena.

Se halla en la *Cárcel de amor*, la obra magna de San Pedro, el mismo tema de amor no correspondido. A causa de su amor por la princesa Laureola, el noble Leriano debe vivir en una cárcel alegórica donde sufre el desprecio de su amada. Gracias a la intervención del Autor, los dos comienzan a escribirse cartas. Tras una entrevista con Leriano, la honra de Laureola es puesta en entredicho, y éste la defiende de las calumnias. Cuando Laureola se niega a verle otra vez, Leriano decide suicidarse, dejándose morir de hambre, pero no sin haber presentado un largo discurso en alabanza del sexo femenino.

La actitud de San Pedro hacia las mujeres en estas novelas es un asunto problemático. Según algunos críticos, se trata de un anti-feminismo de gran sutileza que se insinúa en el contraste entre los elogios a sus amadas que pronuncian los protagonistas y la crueldad de las damas en cuestión. Otros estudiosos de esta ficción mantienen, en cambio, que las mujeres son víctimas, tanto como sus galanes, de un represivo código moral. Sobre todo en la *Cárcel de amor* se destaca el conflicto que siente Laureola entre el amor y su honra. No obstante, el propósito principal del autor era el de despertar lástima por el varón, insistiendo en su heroica fidelidad ante la implacabilidad de la mujer. En la *Cárcel de amor*, incluso, la muerte de Leriano, el prototipo del amante ideal, es una escena de martirio que evoca la pasión de Cristo. Debido a esta santificación de lo profano, y la idea que exponía el autor del amor a la mujer como un sentimiento que elevaba al hombre y lo aproximaba a Dios, la *Cárcel de amor* resultó ser uno de los libros prohibidos por la Inquisición.

Otro escritor notable de novelas sentimentales es Juan de Flores, un cortesano que gozó de la protección de los Reyes Católicos. Los dos libros de Flores tuvieron mucho éxito durante la primera mitad del siglo XVI y fueron traducidos a varios idiomas. En el primero, *Grisel y Mirabella*, se relata la trágica historia de la princesa Mirabella y su galán Grisel, cuyo amor ilícito es descubierto por el rey. Puesto que la ley exige que se ejecute a la persona culpable de la inmoralidad, los dos amantes rivalizan en asumir la responsabilidad. Para averiguar quién es verdaderamente culpable, el rey manda que se celebre un debate entre sabios de cada sexo. Una mujer llamada Brasaida debe abogar por las damas, y Torrellas, un poeta misógino, se encarga de defender a los varones. Gana Torrellas el debate de una manera injusta y, por no ver la ejecución de Mirabella, Grisel se suicida echándose al fuego. Aunque es perdonada por su padre, Mirabella se arroja a unos leones. Más tarde, Torrellas se enamora de Brasaida, y le escribe una carta declarando su amor. Cuando Torrellas acude a una cita con ella, Brasaida y las otras mujeres de la corte le atacan para vengar la muerte de Mirabella. Después de infligirle numerosas torturas, las damas le matan. Conviene subrayar que el autor se declara aquí en favor del castigo y condena a Torrellas por sus juicios contra el sexo femenino.

La segunda novela de Juan de Flores, *Grimalte y Gradissa*, es una narración que se presenta como una continuación de la *Fiammetta*, el cuento de Boccaccio. En el relato italiano se cuenta la historia de una dama adúltera llamada Fiammetta que contempla el suicidio cuando su amante Pánfilo la abandona. En la novela de Flores, la amada Gradissa exige a su pretendiente Grimalte que logre una reconciliación entre Pánfilo y Fiammetta como prueba de su amor. Tras numerosas peripecias, Grimalte fracasa en su intento, y Fiammetta, abandonada de nuevo, se suicida. Para vengarse contra los hombres, Gradissa decide rechazar a Grimalte, quien, al final, se reúne con el arrepentido Pánfilo para esperar la muerte. Las dos obras de Flores suponen varias evoluciones en la novela sentimental. Se halla en su prosa una reducción de los elementos alegóricos y de los artificios estilísticos tan propios de este género. La técnica de utilizar cartas como vehículo de introspección aparece con menos frecuencia en sus novelas y está más incorporada en el argumento del relato. Hay igualmente una importante novedad en cuanto a las protagonistas: en contraste con las damas frías e indiferentes de las obras de San Pedro, las heroínas de Flores son mujeres que se entregan a la pasión. El tono trágico que domina en sus novelas proviene de los agravios que sufren ambos sexos.

El epígono de la novela sentimental en España es el *Processo de cartas de amores* de Juan de Segura, una obra escrita completamente en forma epistolar a mediados del siglo XVI. Datos sobre la vida de este escritor son inexistentes, pero los rasgos lingüísticos de su prosa indican que era probablemente gallego. Se narra en *Processo de cartas de amores* una historia sentimental que se desarrolla totalmente en las cartas que intercambian dos jóvenes enamorados. Termina la novela trágicamente cuando los parientes de la doncella intervienen para separar a los amantes, mandándola a un lugar desconocido. Llama la atención en esta narración la reducción de los recursos retóricos que ya se manifiesta en la *Cárcel de amor*, y el realismo psicológico, sobre todo en las cartas de la dama.

La evolución de la novela sentimental en el período entre el ocaso de la Edad Media y el advenimiento del Renacimiento señaló una nueva orientación cultural en España. Como hemos visto, se halla en esta literatura un enfoque más en los valores emotivos que en las hazañas de armas. El florecimiento de dos géneros tan dispares como el libro de caballerías y la novela sentimental es evidencia de la coexistencia de los antiguos ideales caballerescos con la incipiente sensibilidad humanista que exaltaba los sentimientos como facultad del hombre.

Las siguientes ediciones serán útiles al estudiante: *Ba-*

lardo del sabio Merlín, ed. Adolfo Bonilla y San Martín; *El Caballero del Cisne*, ed. Louis Cooper (Madison: Hispanic Seminary of Medieval Studies, 1989); *Amadís de Gaula*, ed. Edwin Bray Place (Madrid: Consejo Superior de Investigaciones Científicas 1959-1969); *Espejo de príncipes y caballeros*, ed. Daniel Eisenberg (Madrid: Espasa-Calpe, 1975 [6 Vols.]); *Palmerín de Inglaterra*, ed. Adolfo Bonilla y San Martín (Madrid: Nueva Biblioteca de Autores Españoles, Vol. 11); *La Historia del noble Vespesiano*, eds. David Hook y Penny Newman (Exeter: Exeter Hispanic Texts, 1983); *Flores y Blanca Flor*, ed. Adolfo Bonilla y San Martín (Madrid, 1916); *Siervo libre de amor* en Juan Rodríguez de Padrón, *Obras completas*, ed. César Hernández Alonso (Madrid: Nacional, 1982); *Triste deteylación*, ed. E. Michael Gerli (Washington, D.C.: Georgetown University Press, 1982); Diego de San Pedro, *Cárcel de amor*, Tomo II de *Obras completas* ed. Keith Whinnom (Madrid: Castalia, 1972); Juan de Flores, *Grisel y Mirabella*, ed. Barbara Matulka (New York: Institute of French Studies, 1931); *Grimalte y Gradissa*, ed. Pamela Waley (London: Támesis, 1971); Juan de Segura, *Processo de cartas de amores*, ed. Joaquín de Val (Madrid: Sociedad de Bibliófilos Españoles, 1956).

BALADRO DEL SABIO MERLÍN

En esta selección del Baladro del sabio Merlín se narra un episodio que tiene lugar en la corte del rey Arturo. Llega al palacio la dama que dio a Arturo su espada Escaliber y le pide las cabezas de un caballero y una doncella para vengar unos agravios que han hecho a sus parientes.

. . . E cuando el rey esto oyó, fue muy espantado e dixo:

—Ay doncella, por Dios os ruego que me demandés al°, ca tal don no vos podría dar sin mi deshonra, ca no ha onbre° que lo sepa que lo no toviese° por muy grand mal e por muy grand desafuero°, matar ninguno déstos que mal no me fizieron°.

E cuando el caballero vio que la doncella pedía su cabeza, fue contra ella e díxole:

—Doncella, más ha de° tres años que vos ando buscando, tanto que no sosegué jamás, ca vós matastes a mi padre con ponzoña°, e porque vos no podía fallar, maté a vuestro hermano; e pues vos fallo aquí, yo no vos iré buscar alueñe°.

Entonces sacó la espada de la vaina e cuando ella la vio, quiso fuir fuera del palacio por escapar. E el caballero le dixo:

—No es menester, ca en lugar de mi cabeza, que pedistes al rey, le daré yo la vuestra.

Entonces le dio un tal golpe que le echó la cabeza en tierra, e tomóla e dixo al rey:

—Señor, sabed que ésta es la cabeza de la más alevosa doncella que nunca entró en vuestra corte, e si mucho con vuestra merced viviera, grand dampño° vos ende veniera°. E yo vos digo que tan gran alegría nunca fue fecha, como será fecha en el reino de Uberlanda, cuando supieren° que esta doncella es° muerta.

Cuando el rey esto oyó, fue sañudo e dixo:

—Caballero, cierto, vós fezistes la mayor villanía que yo nunca vi a tal caballero, como creía que vós érades°, que cierto es que ningún caballero estraño° ni conocido me tan grand deshonra fiziera°, ca° mayor deshonra no me podía hombre fazer° que matar doncella después que ante mí estoviese o en mi corte. Aunque hobiera fecho mal, no debiera mal rescebir, que atal° es la costumbre de mi corte, e vós fuestes° el primero que la quebrantastes° por vuestra soberbia, e yo vos digo que si mi hermano fuésedes° que os pugniría° criminalmente por ello, e agora os id de mi casa e no parezcáys° ante mí que, cierto, no seré alegre fasta que esta soberbia sea vengada e con todo rigor de justicia.

otra cosa
ca... porque no hay hombre
tuviese / ofensa, crimen
hicieron
más... hace más de
veneno
en otro sitio
daño / **ende**... vendría de ella
sepan / está
erais
extraño / hiciera / porque
hacer
así
fuiste / quebrantaste
fuerais / castigaría
aparezcas

EL CABALLERO DEL CISNE

(La malvada condesa Ginesa encarga a sus dos escuderos que maten a seis de sus nietos, los hermanos del Caballero del Cisne, mandándoles que quiten a los mozos los collares de plata que llevan antes de hacerlo. Al quitárselos, los hermanos se convierten en cisnes. Vuelan a un lago cerca de donde vive el Caballero del Cisne con un ermitaño. Más tarde, el Caballero del Cisne vuelve a la corte de su padre, el conde Eustacio, para defender a su madre de una falsa acusación de adulterio. Después de esta reunión, el conde hace que la condesa Ginesa confiese su crimen, revelando que sus hijos se han convertido en cisnes. El Caballero acompaña a su padre al lago para rescatar a sus hermanos, poniéndoles los collares de plata para que se transformen de nuevo en seres humanos. En un episodio anterior, uno de los collares fue fundido por un orfebre. Por eso, sólo quedan cinco collares, y, por lo tanto, uno de los hermanos ha de permanecer como cisne.)

. . . E el Conde túvolo por bien°, e descendió e tomó su fijo ante sí, e el ermitaño con él. E fuéronse llegando contra el lago; e así como el Conde se iba llegando a la ribera de ese lago, e así° los cisnes iban saliendo más a la orilla de él. El Conde e las compañas, catando° los cisnes e viendo cómo salían e lo que facían, fasta que salieron fuera del lago, por el campo, yendo contra el ermitaño e contra el mozo, e otrosí°, contra el Conde, por recibirlos. E cuando fueron arredrados° del agua, cuanto podían ser cuatro pasadas°, fuéronse para el Conde e abajaron las cabezas cada uno de ellos, e llegaron a él, e besáronle las manos con sus picos. E desí°, fuéronse para el mozo, su hermano, e para el ermitaño, e ficieron con ellos muy gran alegría.

E el Conde, cuando estas señales vio, entendió muy bien que aquéllos eran los sus fijos, e hubo° en ello muy gran placer consigo; e demandó el Conde, luego, por los collares, e diéronselos muy aína°. E el Conde, desde que los tuvo, sentóse en tierra; e los cisnes, desde que lo vieron así sentado, fuéronse para él, e llegáronse más e besáronle las manos, e así como iban llegando por besarle las manos, así les ponía él su collar de plata a cada uno al cuello e luego se tornaba mozo°. E acaeció una gran maravilla entonces: que ninguno de aquellos cisnes que se tornaron mozos, como ante° eran, ninguno de ellos non quiso recibir otro°, si non aquel que fuera suyo de ante que se los tolliesen°.

E así los puso el Conde sus cinco collares a los cinco cisnes, e así se tornaron todos cinco, mozos de aquella edad que era el mozo su hermano, e tan grande e tan alto cada uno: e cumplían ellos, entonces, diez y seis años de edad de cuando nacieran; e tanto había morado el Conde, su padre, en la frontera con su señor el Rey, según lo habéis oído . . .

el... al Conde le pareció bien
al mismo tiempo
mirando
también / **fueron**... habían salido
pasos
entonces
tuvo
rápidamente
se... se convertía en mozo
antes
el collar de otro
quitasen

GARCI RODRIGUEZ DE MONTALVO

Amadís de Gaula

(Después de vencer a los caballeros que la llevaban presa, Amadís libera a Oriana.)

Amadís, como quiera que lo mucho desamase e desease matar, no fue más adelante° por no perder a su señora, e tornóse° donde ella estaba; e descendiendo de su caballo, se le fue fincar de hinojos delante° e le besó las manos, diciendo: «Agora haga Dios de mí lo que quisiere°, que nunca, Señora, os cuidé° ver.» Ella estaba tan espantada, que le no podía hablar, e abrazóse con él, que gran miedo había de los caballeros muertos que cabe° ella estaban. La doncella de Dinamarca° fue a tomar el caballo de Amadís, e vio la espada de Arcalaus° en el suelo, e tomándola la trajo a Amadís, e dijo: «Ved, Señor, qué fermosa espada.» El la cató° e vio ser aquella con que le

Aunque habría querido seguir luchando, no lo hizo. / volvió
se... se puso de rodillas delante de ella
quiera / pensé
al lado de
una acompañante de Oriana
el brujo que es enemigo de Amadís
miró

echaron en la mar, e se la tomó Arcalaus cuando lo encantó°, e así estando, como oís, sentado cabe su señora, que no tenía esfuerzo para se levantar, llegó Gandalín° . . .

Amadís fue encantado por Arcalaus en un episodio anterior. El brujo le robó su espada y se presentó en la corte diciendo que había vencido y matado a Amadís. / el escudero de Amadís

Entonces mandó Amadís que pusiese a la doncella de Dinamarca en un caballo de los que estaban sueltos, y él puso a Oriana en el palafrén de la doncella e movieron de allí tan alegres, que más ser no podía. Amadís llevaba a su señora por la rienda, y ella le iba diciendo cuán° espantada iba de aquellos caballeros muertos, que no podía en sí tornar; mas él le dijo: «Muy más espantosa e cruel es aquella muerte que yo por vos padezco; e, Señora, doledvos° de mí, e acordaos de lo que me tenéis prometido; que si hasta aquí me sostuve, no es por al°, sino creyendo que no era más en vuestra mano ni poder de me dar más de lo que me daba. Mas si de aquí adelante, viéndovos, Señora, en tanta libertad, no me acorriésedes°, ya no bastaría ninguna cosa que la vida sostener me pudiese; antes sería fenecida con la más rabiosa esperanza que nunca persona murió.» Oriana le dijo: «Por buena fe, amigo, nunca, si yo puedo, por mi causa vos seréis en ese peligro. Yo haré lo que queréis, e vos haced cómo, aunque aquí yerro o pecado parezca, no lo sea ante Dios.»

qué

tened misericordia

otra cosa

socorréis

Así anduvieron tres leguas hasta entrar en un bosque muy espeso de árboles, que cabe una villa cuanto una legua estaba°. A Oriana prendió gran sueño, como quien no había dormido ninguna cosa la noche pasada, e dijo: «Amigo, tan gran sueño me viene, que me no puedo sufrir.» «Señora—dijo él—vamos aquel valle e dormiréis.» E desviando de la carrera se fueron al valle, donde hallaron un pequeño arroyo de agua e yerba verde muy fresca; allí descendió Amadís a su señora e dijo: «Señora, la siesta entra muy caliente°, aquí dormiréis hasta que venga la fría; y en tanto enviaré a Gandalín aquella villa, e traernos ha° con qué refresquemos.» «Vaya—dijo Oriana—, mas, ¿quién se lo dará?» Dijo Amadís: «Dárselo han sobre° aquel caballo, e venirse a pie.» «No será así—dijo Oriana—, mas lleve este mi anillo, que ya nunca nos tanto como agora valdrá.» E sacándolo del dedo, lo dio a Gandalín; y cuando él se iba dijo paso contra Amadís°: «Señor, quien buen tiempo tiene e lo pierde, tarde lo cobra°.» E esto dicho, luego se fue. E Amadís entendió bien por qué lo él decía°. Oriana se acostó en el manto de la doncella en tanto que Amadís se desarmaba, que bien menester lo había°; y como desarmado fue, la doncella se entró a dormir en unas matas espesas, e Amadís tornó a su señora, e cuando así la vio tan hermosa y en su poder, habiéndole ella otorgado su voluntad, fue tan turbado de placer e de empacho°, que sólo mirar no la osaba; así que, se puede bien decir que en aquella verde yerba, encima de aquel manto, más por la gracia e comedimiento de Oriana que por la desenvoltura ni osadía de Amadís, fue fecha dueña° la más hermosa doncella del mundo; e creyendo con ello las sus encendidas llamas resfriar, aumentándose en muy mayor cantidad, más ardientes e con más fuerza quedaron, así como en los sanos e verdaderos amores acaescer° suele. Así estuvieron de consuno° con aquellos autos° amorosos cuales pensar e sentir puede aquél e aquélla que de semejante saeta sus corazones heridos son, hasta que el empacho de la venida de Gandalín hizo a Amadís levantar, e llamando la doncella, dieron buena orden de aderezar como comiesen, que bien les hacía menester; donde, aunque los muchos servidores e las grandes vajillas de oro e de plata allí faltaron, no quitaron aquel dulce e gran placer que en la comida sobre la yerba hubieron . . .

cabe... un pueblo estaba a una legua de allí

la... va a hacer mucho calor por la tarde

traernos... nos traerá

Dárselo... se lo darán por

dijo... le dijo en voz baja a Amadís

Señor... Gandalín quiere decir que Amadís debe aprovechar la oportunidad de estar solo con Oriana. / **lo**... se lo decía

bien... tenía mucha necesidad de hacerlo

timidez, vergüenza

mujer

ocurrir / **de**... juntos / actos

Donde los dejaremos holgar e descansar, e contaremos qué le avino a don Galaor en la demanda del Rey.

ESPEJO DE PRÍNCIPES Y CABALLEROS

Trebacio, el emperador de los griegos, se ha enamorado de Briana, la hija de su enemigo Tiberio, el rey de Hungría, aunque no la ha visto. Tiberio ha decidido invadir Grecia y ofrece la mano de Briana a su aliado, el príncipe inglés Teoduardo. En la siguiente selección, Tiberio oye hablar de Briana después de haber rechazado un ataque de Tiberio.

CAPÍTULO III

CÓMO EL EMPERADOR TREBACIO, OYENDO DECIR LA GRANDE HERMOSURA DE LA PRINCESA BRIANA, SE ENAMORA DELLA, E LO QUE SOBRE ELLO HIZO

Algunos días estuvo el emperador Trebacio sobre la gran ciudad de Belgrado esperando quel rey Tiberio saldría a le dar batalla, porque tenía gran voluntad de se vengar de los grandes daños que le había hecho en Grecia. Mas como el rey no quisiese salir, esperando la venida del príncipe Teoduardo, muy maravillado, mandó traer ante sí un prisionero de algunos que había habido[1] en los conbates[2] pasados, al cual preguntó qué era la causa porqué el rey Tiberio, teniendo tantos e tan buenos caballeros consigo, se estaba en la ciudad encerrado sin querer salir a le dar batalla. Y si le decía verdad, le prometía libertad, y de otra manera le amenazó a muy cruda muerte. El prisionero, que se vio ante el grande emperador con temor de la muerte y esperanza de lo prometido, no osó decir otra cosa sino la verdad. E ansí le dixo:

—Sabed, poderoso emperador, que cuando el rey de Hungría determinó de entrar por Grecia no lo hiciera, aunque tenía tan grueso e poderoso exército como es visto, sino con esperanza que antes que te apercibieses para le dar la batalla llegaría en su ayuda el príncipe Teoduardo, hijo del rey de la Gran Bretaña, con veinte mil caballeros que le tiene prometidos, porque le dé por mujer a su hija la princesa Briana, ques la más hermosa doncella que creo que sea en el mundo, e por su gran fama el príncipe se enamoró della. Y es ya partido[3] de la Gran Bretaña con toda la gente que he dicho, y ansí, será[4] muy presto[5] en esta tierra. Que cada día le está esperando el rey Tiberio, y venido, tiene acordado de te dar la batalla con la gente quel príncipe trae y la que tiene, que será harto[6] grueso y poderoso exército.

Como esto dixo el prisionero, el emperador, deseoso de saber más, le preguntó dónde estaba la princesa Briana, y de qué edad fuese. El prisionero le respondió:

—Señor, está con la reina Augusta su madre en el Monesterio de la Ribera, ques[7] cerca de Buda, y es una fresca y deleitosa casa; que no hay en ella sino monjas y doncellas de la reina. E la prencesa será de edad de quince años. Que cierto, a cualquiera que la viese le parescería más divina que humana, según es su hermosura grande y muy estraña[8] sobre todas las doncellas del mundo. Y luego quel príncipe sea venido[9] se ha de ir[10] a desposar con ella al Monesterio de la Ribera, porque ansí está concertado por el rey, aunquél no irá con él por no se ausentar de la ciudad en tal tiempo.

Como esto acabó de decir el prisionero, luego el emperador Trebacio le mandó soltar. Sin hablar a nadie de los suyos, con el semblante triste y muy turbado se mete en un retraimiento[11] de su imperial tienda, y allí encerrado, viérades[12] al gran emperador en otros nuevos y muy profundos cuidados[13] ofuscado, y en varios e congoxosos pensamientos muy revuelto. Porque aquel que los fuertes encuentros de las lanzas de sus enemigos, ni los crueles golpes de muchos gigantes con quien él se había combatido no pudieron domar, de sólo oír loar una doncella fue vencido. Y aquel su bravo corazón, que tenía esfuerzo para conquistar el mundo, ya le falta el ánimo para defenderse de una delicada doncella que aún no había visto. ¿Qué fuerza es la deste mal tan fuerte, pues con tan blando encuentro derriba tan duros corazones y tan recios cuerpos, y con tan flaca atadura liga tan ligeros pies y tan fuertes brazos?

Así se ardía el fuerte emperador Trebacio en amor de la princesa Briana, que ya olvidados todos los daños de su tierra, y no se acordando que había salido de Grecia con tan innumerables gentes y gastos de sus rentas por tomar venganza del rey Tiberio, solamente piensa en cómo dará remedio a su amorosa pasión.

PALMERÍN DE INGLATERRA

(Don Duardos, príncipe de Inglaterra y yerno del emperador de Grecia Palamerín, se pierde un día en una floresta encantada. Después de caminar mucho, se en-

[1] capturado.
[2] combates.
[3] **es**... ha partido ya.
[4] estará.
[5] pronto.
[6] bastante.
[7] que está.
[8] extraña.
[9] **sea**... haya venido.
[10] **se**... se irá.
[11] sitio aislado.
[12] veis.
[13] pensamientos, preocupaciones.

cuentra frente a una torre maravillosa construida encima de un puente. Llama a la puerta.)

. . . No tardó mucho que en las almenas se paró un hombre, que, por lo ver desarmado, le fue luego a abrir. Al cual preguntó cúyo era aquel castillo. El portero le respondió que subiese arriba, que allá se lo dirían, y como su corazón no temió los peligros antes que los viese, perdido todo temor, entró en el patio, y de ahí subió a una sala, donde fue recebido de una dueña, que en su presencia representaba ser persona de merecimiento. Don Duardos, después de hacelle[1] la cortesía que le pareció necesaria, le dijo:

—Señora, estoy tan espantado[2] de lo que aquí veo, que quería saber de vos quién sois y cúya es esta casa tan encubierta a todos y tanto para no encubrirse a nenguno.

La dueña le tomó por la mano, y le llevó a una ventana que sobre el río caía, diciendo:

—Señor don Duardos, la fortaleza y el dueño della está toda a vuestro servicio; reposá[3] aquí esta noche, que por la mañana sabréis lo que deseáis.

No tardó mucho que llamaron a cenar, siendo tan bien servido como lo pudiera ser en casa del rey su padre; de ahí le llevaron a una cámara, donde había de dormir, en la cual estaba una cama tan bien obrada e rica, que parecía más para ver que para ocuparla en aquello para que fue hecha. Don Duardos se acostó, espantado de lo que vía[4]; aunque pensar en Flérida[5] no le dejase descansar, el trabajo pasado le hizo bien dormir. La señora del castillo, que no esperaba otra cosa, viéndole vencido y ocupado del sueño, mandó a una doncella, que en la cámara entró, tomar la su muy rica espada[6] que traía siempre consigo, que la tenía a la cabecera, y después de tomada, sintiendo que su deseo podía venir a lo que siempre deseara,[7] dijo a otra:

—Di a mi sobrino que venga, que con menos trabajo de lo que pensamos puede tomar venganza de la muerte de su padre, pues en nuestro poder está éste, que es nieto y yerno de aquel que le mató.

En esto bajó de lo más alto de la torre un gigante mancebo, acompañado de algunos hombres armados, y entró dentro en la cámara así acompañado, diciendo:

—¡Don Duardos, don Duardos!—en alta voz—: con menos reposo que eso habías de estar en esta casa.

Don Duardos recordó a sus voces; queriendo tomar su espada, no la halló. Entonces el gigante le mandó prender, sin él poderse resestir, que sólo con el corazón, sin otras armas, le tomaron; de ahí le llevaron a una torre en lo más alto de la fortaleza, adonde, cargado de hierro, le dejaron con intención de nunca soltalle.[8] Cuando don Duardos se vio solo y así tratado, con ira que de sí mesmo tenía, comenzó a decir palabras de tanto dolor y lástima, que nenguno lo pudiera oír que no la hubiera dél . . .

---

[1] hacerle.
[2] sorprendido.
[3] reposad.
[4] veía.
[5] su esposa.
[6] **la**... su espada, que era muy adornada.
[7] había deseado.
[8] soltarle.

LA HISTORIA DEL NOBLE VESPESIANO

A cabo de cuarenta y dos años que Jesus Cristo nuestro señor fue puesto en la cruz, había un hombre que era emperador en Roma, el cual había° nombre Vespesiano, el cual señoreaba° el inperio Romano, y Lonbardia°, y Tuscana, y Jerusalem, y muchas partidas del mundo, y había° un fijo que había nombre Titus. Este emperador Vespesiano adoraba los ídolos, y había grandes riquezas, y deleitaba se en los vicios carnales deste mundo. E por el pecado en que vivía, nuestro señor Jesucristo embio° le una enfermedad muy grande en la su faz, y aquesta° enfermedad o llaga que tenía, todos días le crecía tanto, que todos los de la corte del Emperador veían que cada día empeoraba, y hobieron° de acuerdo que hobiesen físicos y curujanos°, los mejores que pudiesen haber, así que hobieron de emviar por muchas partes del imperio que viniesen los mejores físicos y curujanos a Roma por sanar al Emperador, así que en pocos días fueron ayuntados° muchos físicos y curujanos en Roma por sanar al Emperador, y así como fueron ayuntados hobieron de consejo que fuesen todos a ver al Emperador. E cuando fueron ante él, y vieron la su dolencia, acordaron cada uno por sí que todos en uno curasen del Emperador.

tenía / reinaba
Lombardia
tenía
envió
esta
tuvieron (estuvieron) / médicos y cirujanos
ajuntados

E cuando más le facían, más crescía, e tanto, que hombre no le podía ver los dientes y los quexares°. Así que los físicos, des que° vieron que no lo podían sanar ni guarescer, de todos días se iban para sus tierras, de manera que no quedó físico ninguno ni curujano en Roma, que todos le desampararon, y por miedo del Emperador allí no quedaron. E desque vido° el Emperador que todos los fésicos y curujanos lo habían desamparado, pensó entre sí que no sería mucho la su vida, pero que antes que muriese quería que fuese su hijo Titus emperador, porque rigiese y gobernase todo el imperio. Y fizo venir ante sí el su senescal, el cual había° nombre Gays, y mandó le que ficiese fazer cartas, y mandó por todo el imperio de parte del Emperador a todos los Reyes y duques y condes que dende en ciertos días fuesen juntados en Roma, por razón que el Emperador quería tener cortes y quería coronar a su hijo Titus emperador. E así que las cartas y los mandados se fizieron por todo el imperio, e en pocos días fueron ajuntados en Roma reyes y duques y condes, y de otros muchos grandes hombres y muy muchas compañas. y cuando fueron llegados, fueron a ver al Emperador a los palacios donde estaba, y ficieron le reverencia, y miraron le en la su faz, y vieron le tan feo y de mala dolencia, que no pudieron estar que no llorasen del fiero mal del su señor; y el Emperador, cuando los vido así llorar a todos, empezó les de decir tales palabras: «Nobles reyes y hermanos, no lloredes° por esta dolencia que los nuestros dioses nos han dado, mas cuando a ellos placera°, ellos nos sanarán, mas rogad les que nos quieran dar salud.»
. . .

quijadas / cuando

vio

tenía

lloréis

placiera

FLORES Y BLANCA FLOR

(El padre de Flores se opone a los amores de su hijo con la doncella cristiana, y le manda a Montorio para separarle de Blanca Flor. En esta selección, Flores revela a su tío las razones de su melancolía.)

—Sabrá vuestra señoría°, que yo soy criado con una doncella en el palacio del Rey mi padre, la cual era hija de una cristiana cativa°, que los dos nos habemos° siempre criado juntos, y fuimos nascidos en un día°; a la cual tengo tanto amor, que no hay cosa en este mundo que yo tanto ame, y, la hora que no la veo, no hay cosa que bien me esté. Y el rey, mi padre, ha tenido todas las maneras que ha podido para me la llevar de la fantasía°; pero no basta todo el mundo, que yo la amo tanto como a mí mismo.

Y el Duque, pareciéndole que, haciendo venir algunas damas, perdería el amor que tenía a Blanca Flor, mandó a un mayordomo suyo que supiese qué damas había en la ciudad y que las hiciese venir allí. El mayordomo hizo lo que su señoría mandó, y, entre las otras damas, había tres hermanas, hijas de un gentil hombre pobre, muy hermosas y grandes músicas de toda manera de instrumentos.

Y, como fueron en el palacio de Flores, Flores no sabía cosa ninguna; pero él recibiólas muy bien, y mandóles dar colación°, y, como hobieron hecho colación°, empezaron de tañer y cantar, todas muy acordadas, y a danzar. Pero a Flores ninguna cosa parecía bien, y, cuando se quisieron despedir de Flores y del Duque, mandó Flores a su camarero les diese a cada una de las tres hermanas cient pesantes° de oro, y así se fueron muy contentas.

Aquella misma noche, pidió por merced Flores al Duque su tío, quisiese escrebir al Rey su padre le quisiese enviar a Blanca Flor, y

Flores se dirige a su tío, el Duque de Montorio.
cautiva
hemos
en... en el mismo día
para... para hacerme olvidar a Blanca Flor

comida
como... cuando habían merendado

una cantidad de dinero

que en ello le haría mucha merced°; y el Duque dijo que le placía. Y luego el Duque hizo un correo al Rey diciéndole que, si su alteza no le enviaba a Flores su hijo a Blanca Flor, que con ninguna cosa le podían alegrar que creía que él se tornaría° loco o perdería el seso.

El rey, vistas las cartas del Duque, fuese para donde estaba la Reina, diciéndole cómo ya sabía lo que se era recrecido a causa de aquella cativa suya; que sería lo mejor darle la muerte, en cualquiera manera que fuese, para salir de artigas° y enojos; y que, en otra manera, no creía que salirían de tan gran fatiga . . .

le... sería muy agradecido

se volvería

problemas

JUAN RODRÍGUEZ DEL PADRÓN (¿1395?–¿1440?)

Siervo libre de amor

(El padre de Ardanlier, celoso del amor que su hijo siente por Liesa, se encuentra con ella durante la ausencia de Ardanlier. Furioso, el rey comienza a agredir a su nuera encinta.)

—«Traidora Liesa, adversaria de mí! Demandas merçed al que embiudaste° de un solo hijo, que más no había, inducido por ti robar a mí, su padre, e fuir a las glotas° e concavidades de los montes, por más acreçentarme la pena! E deviérasgelo estrañar°, y no consentir; desviar, y no dar en consejo! Demandas merçed! Rey soy; no te la puedo negar; mas dice el verbo antigo°: «Merced es al rey° vengarse de su enemigo.» E en punto escrimió la cruel espada contra la adfortunada° Liesa; la cual, agramente° llorando, fincada la rodilla° delante dél, gritando y diciendo tales temerosas palabras:—«¡A señor, piadat de tu verdadero nieto que traigo en mis ¡jadas! No seas carniçero de tu propia sangre! No te duelas de mí, inoçente, mas de tu limpia y clara sangre! Condenas la triste madre; salva la imagen suya, no por memoria de mí, mas de tu único hijo Ardanlier, al cual obedeçí!» Dando fin a las dolorosas palabras, el infamado de grand crueldat tendió la aguda espada, y siguió una falsa punta que le atravesó las entrañas, atravesando por medio de la criatura; e tendida en el suelo, dio el trabajado espíritu. E desí vino contra Lamidoras°, que ya no dubdava de gostar el fiero trago de la muerte°, a grand furia, diciendo tales palabras:

—«Di, traidor, no menos digno de las penas graves, al mi desconoçido hijo, tu criado°, Ardanlier, que pues falleçió aquella por la cual trocado me había°, que no tarde de me seguir°; e que lo yo entiendo esperar a la muy antiga cibdat° de Venera, dos jornadas de aquí!»—E veyendo° que su espada apuntaba de la otra parte del finado cuerpo, turbia, tinta de sangre, dexada en la abertura de la fuerte llaga, cabalga con grand compaña de los suyos, e a todo más andar se va por la montaña.

enviudaste (quitaste)

grutas, cuevas

debieras extrañárselo

antiguo / **Merced**... Es el derecho del rey

desafortunada / amargamente / **fincada**... se puso de rodillas

El ayo de Ardanlier, quien se encontraba con Liesa.

no... No dudaba de que el rey le iba a matar también.

Ardanlier fue criado por Lamidoras.

trocado... me había cambiado (a Ardanlier) en seguirme

ciudad

viendo

TRISTE DELEYTACIÓN

(Se cita aquí el Prólogo de la obra.)

Venido a conocimiento mío, aun que por vía indirecta, un auto° de amores de una muy garrida° e más virtuosa doncella y de un gentil honbre°, de mí como de sí mismo amigo, en el tiempo de cincuenta y ocho, concorriendo en el auto mismo otro gentil honbre y dueña,

una historia

hermosa

hombre

madrastra de aquélla, yo, consideradas las demasiadas penas y afanes que, ellos obedeciendo, amor procurando les había, quise para siempre en scrito pareciesen°. Es verdat que si la fin destos amores en la presente obra no se muestra, la causa fue no aplicar fición, por ser más obligado en tal caso a la verdat que al amigo, que, loándolo él haber habido° más parte en ella del que hubo°, me sería atribuído a lisonja más que a buena amistat en la opinion no sólo d'aquél mas aun de todos aquellos que para delante de la verdat fuesen informados, si bien la strema° voluntat de la Señora doncella y del Enamorado ajuntamiento de gran amor el pensamiento mío siempre me representaba. Mas por cuanto hasta donde me dexé el scritura° mía verdadera se mostraba, no quise adelante proçeder, sperando° tiempo que del fin relatador conforme al principio me hiçiese; porque si aquella Señora de quien soy, que por complimiento° de más valer la potençia del grado consiente ser más querida, por nueva fantasía le fuesen absentes° mis deseos, fatiguas° y daños, por aquella olvidança° que luenga absençia° es causa, la presente obra liendo°, non sólo a ella vuelva en la elecçión primera, mas a todas las otras stimadas° señoras, que de gran sangre tienen hábito de sclareçido renonbre°, las haga de ingratitut delibres, ajuntándolas en uno con aquellos que por bien querer les habían la principal fin de amor ofreçido; que mi deseo, traspostado° en aquella señora que por más bien y útil fue de mí siempre querida, esta invençión como propio bien le quise notar en suma, porque aquel . . . guarneçido de tanta perfeción por flaqueza d'esperanza qu'es causa dar fin amor, viniese a perder aquella voluntad que la hizo tanto mía, siguiendo el entento° del investigado decir mío, venga a cobrar por contrarias obras aquel grado que hizo a ella e a mí tanto cativos°; y el mi caso terrible empresençia° d'ellas venido, por yo ser el más mal tractado° de amor y el más leal de cuantos posee, movidos a compasión rogarán con más afiçión ad° aquellos que de bien ordenar tienen el poder complido en fazer la presente scritura endreçen° mi mano, por que los leydores° de mi dolor y tristura°, costrenidos° por innumerables suplicaçiones, inclinen ad aquel que sobre los enamorados tiene infinida° fuerza vuelva la Señora doncella y Enamorado en aquel stado° y ser de bien querer que en la mala aventurada despedida los había dexado. . . .

en... que apareciesen en forma escrita
haber tenido / tuvo
extrema
dexe... dejé la escritura
esperando
cumplimiento
ausentes / fatigas / olvido
luenga... una larga ausencia / leyendo
estimadas
sclarecido... esclarecido renombre
transportado
intento
cautivos / presencia
tratado
a
escritura enderecen / lectores
tristeza / constreñidos
infinita
estado

DIEGO DE SAN PEDRO

Arnalte y Lucenda (Tratado de amores)

CARTA DE ARNALTE A LUCENDA

Lucenda, si yo tanto saber tuviese para de ti quexarme, como tú poder para quexoso hacerme, no menos discreto que tú hermosa sería. Pero non a los desconciertos de mis razones, mas la fe de mis lágrimas mira, las cuales por testigos de mis males te do.[1] Non sé qué ganancia de mi pérdida esperas. Nin sé qué bien de mi mal te pueda venir. Escribíte faciéndote[2] saber que soy mucho tuyo, y con enojo grande pedazos mi carta feziste.[3] Bastárate que con tu grand hermosura otro tanto en la vida de su fazedor[4] habías fecho. Dexárasle[5] su embaxada[6] decir, y vieras en ella cuantas pasiones después que te vi me he visto.

¡O! En tan mal propósito non perseveres: que dañas la condición tuya, y destruyes la salud mía. ¿Qué escusa[7] puedes poner, que de mal condicionada te desculpe? Pues que oyes las ansias con que mi lengua el remedio te pide, bien sabes tú cuanto la virtud y el desagradecimiento en la

[1] doy.
[2] haciendo.

[3] hiciste.
[4] hacedor.
[5] Le dejaras.
[6] embajada (mensaje).
[7] excusa.

condición diversan, pues non puedes tú virtuosa decirte sin agradescida llamarte. Pues mis servicios, con ligera merced satisfacerlos podrás, que en sola tu habla está mi consuelo: ya non querría mayor bien que poder con tu voluntad señora llamarte, que en la vanagloria de ser tuyo se consumería el daño que de ti recibiese.

Espantado me tienes, cómo para merced tan pequeña razonamiento tan largo consientes. Cata[8] que ya mis sospiros te muestran cuanto el manso defender mío e el recio herir tuyo son edeficios más para derribar que para enfortalecer[9] el vivir. Si dices que para ti es grand graveza[10] fablarme, teniendo tú honra, non te engañes, que mayor invirtud será matarme que remediarme te será fealdad. Non quieras nombre de matadora cobrar, nin quieras por precio tan poco servicios de fe tan grande perder. Non sé, para hacer a mí deudor y a ti pagadora, qué pueda decirte; nin sé qué diga en que acierte, porque yo non para acertar, mas para ser cierto nascí. Y siempre de mí doler más que de remediarme supe.

E porque mi parescer y tu hermosura medida non tienen, non quiero en mucho alargar desmedirme: pero basta que de vista vees[11] si el esperanza has de alargar, cuan corto será mi vivir.

[8] Mira.
[9] fortalecer.
[10] gravedad.
[11] ves.

Cárcel de amor

Carta de Leriano a Laureola

Si toviera tal razón para escrebirte como para quererte, sin miedo lo osara hacer; mas en saber que escribo para ti se turba el seso y se pierde el sentido, y desta causa antes que lo comenzase tove conmigo grand confusión: mi fe decía que osase, tu grandeza que temiese; en lo uno hallaba esperanza y por lo otro desesperaba, y en el cabo acordé esto. Mas, guay de mí, que comencé tenprano[1] a dolerme y tarde a quexarme, porque a tal tienpo[2] soy vinido, que si alguna merced te meresciese, no hay en mí cosa viva para sentirla, sino sola mi fe. El corazón está sin fuerza y el alma sin poder y el juicio sin memoria. Pero si tanta merced quisieses hacerme que a estas razones te plugiese responder, la fe con tal bien podríe[3] bastar para restituir las otras partes que destruiste. Yo me culpo porque te pido galardón sin haberte hecho servicio, aunque si recibes en cuenta del servir el penar, por mucho que me pagues sienpre[4] pensaré que me quedas en deuda.

Podrás decir que cómo pensé escrevirte: no te maravilles, que tu hermosura causó el afición,[5] y el afición el deseo, y el deseo la pena y la pena el atrevimiento; y si porque lo hice te pareciere[6] que merezco muerte, mándamela dar, que muy mejor es morir por tu causa que vevir sin tu esperanza. Y hablándote verdad, la muerte, sin que tú me la dieses yo mismo me la daría, por hallar en ella la libertad que en la vida busco, si tú no hubieses de quedar infamada por matadora; pues mal aventurado fuese el remedio que a mí librase de pena y a ti te causase culpa. Por quitar tales inconveniencias, te suplico que hagas tu carta galardón de mis males, que aunque no me mate por lo que a ti toca, no podré vevir por lo que yo sufro, y todavía quedarás condenada. Si algund[7] bien quisieres hacerme, no lo tardes, si no podrá ser que tengas tienpo[8] de arepentirte[9] y no lugar de remediarme.

(El Autor describe aquí la muerte de Leriano al final de la novela.)

El auctor

El lloro que hacía su madre de Leriano crecía la pena a todos los que en ella participaban; y como él sienpre[10] se acordase[11] de Laureola, de lo que allí pasaba tenía poca memoria. Y viendo que le quedaba poco espacio para gozar de ver las dos cartas que della tenía, no sabía qué forma se diese con ellas. Cuando pensaba rasgallas,[12] parecíale que ofendería a Laureola en dexar perder razones de tanto precio; cuando pensaba ponerlas en poder de algún suyo, temía que serían vistas de donde para quien las envió se esperaba peligro. Pues tomando de sus dudas lo más seguro, hizo traer una copa de agua, y hechas las cartas pedazos echólos en ella; y acabado esto, mandó que le sentasen en la cama, y sentado, bebióselas en el agua y así quedó contenta su voluntad. Y llegada la hora de su fin, puestos en mí los ojos, dixo: «Acabados son mis males», y así quedó su muerte en testimonio de su fe.

[1] temprano.
[2] tiempo.
[3] podría.

[4] siempre.
[5] **el**... la afición.
[6] parece.
[7] algún.
[8] tiempo.
[9] arrepentirte.
[10] siempre.
[11] acordaba.
[12] rasgarlas.

Lo que yo sentí y hice, ligero está de juzgar. Los lloros que por él se hicieron son de tanta lástima que me parece crueldad escrivillos.[13] Sus honras fueron conformes a su merecimiento, las cuales acabadas, acordé de partirme. Por cierto con mejor voluntad caminara[14] para la otra vida que para esta tierra: con suspiros caminé, con lágrimas partí, con gemidos hablé, y con tales pensamientos llegué aquí a Peñafiel, donde quedo besando las manos de vuestra merced.[15]

[13] escribirlos.
[14] caminaba.
[15] El autor se dirige aquí al caballero a quien dedicó su obra.

JUAN DE FLORES

Grisel y Mirabella

Se cita aquí un pasaje del debate entre Brasaida y Torrellas, en defensa de las mujeres.

BRASAIDA CONTRA TORRELLAS:

A gran ventura lo he,[1] Torrellas, que sois[2] venido a tiempo de satisfacer y pagar a las damas las de vos recibidas[3] injurias, que soy cierta que ganaréis aquí dos cosas: la una, que muera Grisel de quien parte y defensión[4] vos mostráis; y la otra, cómo la escondida malicia de los hombres se publique. Ansí que creed que vinistes a facer enmienda de las cosas por vos contra las mujeres compuestas; por ende, en remuneración del trabajo de vuestro camino, bien se os emplea que llevéis tal galardón en pago del vuestro malicioso propósito. Y por comienzo de mis demandas diré de vuestros más civiles yerros, porque si contradecís o negáis, para el fin se guarden los más criminosos.

Digo, pues, Torrellas: cómo a todos sea manifiesto la vuestra solicitud ser grande en el seguimiento nuestro; y si algunas con sano consejo se apartan de oír vuestras engañosas fablas,[5] no pueden apartarse de oír en las calladas noches el dulzor[6] de los instrumentos y cantos de la suave música, la cual para el engaño nuestro fue por vosotros inventada. Y bien se conoce ser una sutil red para las erradas nuestras; y si algunas de esto refuyen,[7] de las danzas, justas, torneos, toros y cañas y otros muchos sin cuenta deportes todos para nos atraer a veros engañosamente,[8] fuir no pueden: porque los castos ojos ocupados en vuestras deleitosas obras, de algunas de ellas sean presos. Y por ventura algunas que por grande virtud se retraen de los tales deportes,[9] otras mil maneras buscáis: que con las sutiles embajadas y muy enamoradas letras por fuerza las conqueréis por donde aun en las encerradas cámaras do se esconden por no veros, con sutiles motes de sus siervas y cartas entráis . . . Y no deis lugar que más de vuestras escondidas malicias publique, las cuales por honestad me callo . . . Y pues en tierra tan justa estamos, espero de vos justicia.

[1] tengo.
[2] habéis.
[3] han recibido.
[4] defensa.

[5] declaraciones.
[6] dulzura.
[7] se escapan.
[8] Habla Brasaida de los modos que utilizan los hombres para seducir a las mujeres.
[9] diversiones.

Grimalte y Gradissa

(En esta carta a Grimalte, Gradissa justifica su indiferencia a su galán, manteniendo que si ella le quisiera, entonces se comportaría como Pánfilo. Hay que señalar igualmente los motivos que revela Gradissa por su intervención en los amores de Pánfilo y Fiameta.)

GRADISSA A GRIMALTE

¿Quién se podrá defender de vuestro continuo seguir? Que si de una parte honestidat me defiende, de la otra vuestras recuestas y servicios me vencen, de las cuales aquexada° no puedo con justa causa scusarme°; mas así como cercada en flaquilla fortaleza menguada de victuallas° y toda pertrechería, así a partido° me viene ser con vos. El cual pues, son notorias a vos las quexas° que Fiometa con justa causa de Pamphilo scrive°, y, por cierto, en sus males pensando, quasi° como ella las siento, en special° que muchas veces me veo temerosa que si por vuestra mi diese, yo misma me daría al peligro que ella tiene. Por

aquejada
excusarme / alimentos
en conflicto
quejas
Pamphilo... Pánfilo escribe / casi
especial

la cual causa, si algunas veces yo quiero pensar conmigo de condescender en vuestros ruegus°, el tomar castiguo° en aquella no me da tal lugar, mayormente que por ciertas speriencias° tengo conocimiento de vosotros ser muy dulces en los principios de amor, y en los fines amarguos°. Y mirad si bien lo miro: que quasi como si ya de vos me viese enguanyada, agora° que tengo tiempo me vengo°. Porque cuando entera vuestra me hayáys° soy cierta, seréis a mí un otro Pamphilo a Fiometa, y de esta contemplación serán a mí más levianas sus penas, pues antes os las fize padecer; lo cual ella hacer no supo. Y por esto, si culpa alguna me ponéis, temor de vuestra mudanza me scusa°.

Mas porque ya mi crueldat y vuestra mucha porfía no hayan lugar de más adelante proceder, diguo° que bien me place pensar en vuestra salut, pues no sé ni puedo defenderme. Mas quiero, porque aparesqua° que tan gran mercet como la que me offresquo° a fazeros desculpe en parte mi culpa, es razón que algún vuestro señalado servicio para ello me convide. El cual es bueno que se ha de disponer vuestra persona en favor de Fiometa, y que muestren vuestras obras con ella los deseos que para me recuestar mostrastes°. Y si con aquella voluntad habéis seguido a mí, que decís, con ella trebajáis° en su servicio, soy cierta que Pamphilo de ser suyo no se defienda.

Y cierto a ello la voluntad me manda que yo vaya en persona adoquiere° que ella esté; pero el fazerlo, sin duda la vergüenza me lo estorba y lo defiende. Remítolo a vos que mis menguas supláys°, y a lo que yo poderosa de hacer no soy, querría con vos en aquello soplir. Así que por mi contemplación vos pido vuestra persona a tal afán se dispongua°, y doquiere° que ella sea° se busque. Y cuando con Fiometa seáis°, sepa ser vuestra venida en favor suyo y ruego mío, y por mis males alevianar° algún tanto. Por la compasión suya con que ella quexa sus daños a las enamoradas dueñas, parezqua° que alguna hubo que con piadad° tocó sus orejas, la cual quiero ser yo. Y pues dicen su partida ser en busqua° de su amante, paréceme ser tiempo de haber° menester tercero que sus amores conformen, y bien quisiera ser yo aquella tercera, si el freno de la vergüenza no me templara . . .

ruegos / castigo
experiencias
amargos
enguanyada... engañada, ahora / Se trata del verbo «vengarse».
tengáis
excusa
digo
aparezca / ofrezco
mostraste
trabajáis
a donde quiera
supláis
disponga / dondequiera / esté
estáis
aliviar
parezca
piedad
busca
tener

JUAN DE SEGURA

Processo de cartas de amores

(En esta carta a su amante, la dama le revela que no puede resistir más a sus atenciones y que la indiferencia que demostraba antes era mera convención.)

X

Señor:

No sé a qué hechar vuestra sobrada porfía, salvo a comenzar a dar algún crédito a lo que por mí decís que pasáis; y he conocido por lo que con vos he pasado que me ha acaescido[1] según suele acaescer a la continua gotera en la dura piedra. Y esto me hace confesar haber rescibido pasión de vuestra tan cruel vida como os dais, lo que de aquí adelante enmendar podéis, pues también el perverso Amor ha hecho su tan antiguo cuan acostumbrado uso, que es no dexarme hacer lo que tanto a mi gravedad y honestidad tocaba, que era jamás palabra sabrosa os embiar[2] para que adelante en vuestro deseo no passárades[3] más. Pues así es que con ésta, os abro la puerta para vuestra voluntad. Mirá que la mucha alegría suele quererse comunicar y pudíe[4] ser que fuese de vos vos comunicada con persona donde fuese en menos tenida que hasta aquí, y vos perdiésedes[5] lo ganado. No os quiero más esto encargar de avisaros miréis la gravedad del caso y el secreto que requiere. Y porque mis padres me

[1] pasado.

[2] enviar.
[3] pasaréis.
[4] puede.
[5] perderíais.

llaman, no puedo más en esto alargar, aunque quisiera en ello no ser corta porque me consuelo que os dotó. Dignos de subtil[6] entendimiento donde no es menester mucho almacén con vos gastar.[7] No más, y así quedo presta a vuestro servicio.

[6] sutil.
[7] no hay que explicar mucho.

FERNANDO DE ROJAS (¿1475?–1541)

A Fernando de Rojas se le atribuye *La Celestina*, uno de los monumentos de la literatura española. La primera edición apareció en 1499, aunque algunos críticos creen que la obra puede haberse escrito cerca de 1492. Considerada precursora tanto de la novela como del drama, *La Celestina* está escrita enteramente en diálogo, sin acotaciones para los actores. Demasiado larga para representarse, la versión original consiste en dieciséis *autos* o actos. En 1502 salió una versión que consiste en veintiún actos, alargada a pedido de los lectores.

Más de sesenta ediciones de *La Celestina* aparecieron durante el siglo XVI, testimonio de su gran popularidad. Después, disminuyó el interés y la obra no volvió a atraer a numerosos lectores hasta fines del siglo XIX. En la primera edición no se menciona el nombre del autor. En la de 1501 se afirma, en algunos versos acrósticos que aparecen al principio de la obra, que Fernando de Rojas la completó. También se menciona a Fernando de Rojas como autor de *Melibea* en un juicio legal que tuvo lugar en 1525. Hoy en día, muchos críticos creen que Fernando de Rojas fue el autor de todo el texto, con la excepción del primer acto, que él afirma haber encontrado y que difiere estilísticamente del resto de la obra.

La primera edición no tiene título, pero ediciones posteriores llevan el nombre *Comedia de Calisto y Melibea*. La de 1502 introduce el término *tragicomedia*, detalle que tiene importancia para la comprensión de la obra, como se verá más adelante. No fue hasta mucho después que se le dio el título por el que hoy se conoce—*La Celestina*—inspirado por el personaje central que avanza la acción y sirve de vínculo entre los demás personajes.

Poco se sabe de Fernando de Rojas. El crítico Peter N. Dunn calcula que nació cerca de 1475, probablemente en La Puebla de Montalbán, al oeste de Toledo. Estudió derecho en Salamanca hasta tal vez 1502 o 1503. El número considerable de latinismos que se encuentran en *La Celestina* y la abundancia de influencias clásicas, medievales y renacentistas sugieren que Rojas fue un hombre de amplia cultura. Antes de 1507 se mudó a Talavera. Se casó con Leonor de Alvarez, hija de Alvaro de Montalbán, dato que es significativo porque en 1525 su suegro, interrogado por la Inquisición, pidió que Fernando de Rojas lo representara. En este pedido se refiere a Rojas como un *converso* (judío que se ha convertido al catolicismo). De hecho, la crítica ha comprobado sus orígenes judíos. Parece que Rojas se quedó en Talavera, donde era un abogado respetado y aun llegó a ser alcalde, hasta su muerte en abril de 1541.

El argumento de *La Celestina* es bastante sencillo. Calisto, un caballero joven, entra en el huerto de Pleberio en busca de su halcón. Allí se enamora de Melibea, quien lo rechaza. Siguiendo los consejos de su criado Sempronio, le pide a Celestina que intervenga. Celestina, conocida como prostituta vieja, curandera, hechicera y alcahueta, acepta—por un precio. Uno de los numerosos oficios de Celestina es el de vendedora de hilos y afeites, lo cual le permite entrar en casas decentes y hablar con las hijas de señores respetables. En su trato con Melibea, demuestra grandes conocimientos de psicología práctica. Primero, despierta la curiosidad de la doncella; entonces, apela a su compasión. Antes de que se vaya Celestina, ya ha arraigado la semilla de la pasión que se sembró el día del primer encuentro de los jóvenes. Cerrando los ojos a su educación moral y al juicio recto, Melibea pide ver a Calisto. Celestina promete arreglar una cita. Mientras tanto, Sempronio y Pármeno, sirvientes de Calisto, riñen con la hechicera por el pago y la asesinan. Poco después, ellos a su turno son muertos. Calisto, al volver de los brazos de Melibea, tropieza en la escala, cae y muere. Melibea, desconsolada, se suicida, dejando a su padre vituperando contra la crueldad del mundo.

En la versión de 1502, los amantes no mueren inmediatamente después de la primera cita sino que se extiende el período de amores. Elicia y Areúsa, dos prostitutas de la casa de Celestina que habían sido amantes de Sempronio y Pármeno, mandan a unos matones a tomar venganza. Al oírlos llegar, Calisto corre a amparar a sus nuevos criados. Pisa mal y se despeña.

La Celestina responde a antiguas tradiciones literarias al mismo tiempo que apunta hacia un nuevo concepto de la literatura y de la vida. Muchos de los temas y técnicas que emplea Rojas tienen su origen en la comedia romana, especialmente la de Terencio. El asunto amoroso y los tipos de personajes (enamorados, padres, sirvientes) recuerdan modelos antiguos. El monólogo de Celestina sobre la vejez imita a Séneca. También hay una profunda influencia de la literatura medieval española. Celestina tiene sus orígenes en la figura de Trotaconventos, la intermediaria que aparece en el episodio de don Melón y doña Endrina en el *Libro de buen amor* (pág. 50–85). Mucha de la retórica del amor que emplea Calisto proviene de la tradición cortés provenzal y de la poética renacentista italiana. También de origen italiano son algunos de los discursos filosóficos; el planto de Pleberio, por ejemplo, es una imitación de Petrarca (1304–1374).

A pesar de las numerosas influencias que se distinguen en *La Celestina*, es una obra sumamente original. Enfoca un concepto del hombre que es claramente contemporáneo y humanístico. El mundo medieval daba poca importancia al individuo. Las grandes catedrales de la Edad Media fueron diseñadas por arquitectos anónimos y construidas por miles de trabajadores anónimos. El hombre medieval creía tener poco control sobre su destino; veía un mundo regido por la voluntad de Dios. En casos de tribulación, buscaba consuelo o amparo en la imagen de un Dios misericordioso, generoso y todopoderoso. Heredaba su lugar en la estructura social, la cual era inflexible.

El Renacimiento introdujo un nuevo concepto del hombre que hacía hincapié en la capacidad del ser humano para influir en su destino. Celestina articula esta idea cuando dice: «Ninguna cosa a los hombres, que quieren hacerla, es imposible». El hombre empieza a buscar soluciones en su propio ingenio, no sólo en la bondad de Dios. Aunque la jerarquía social sigue intacta, gana importancia la idea de que el hombre tiene que valer por sí mismo. En el acto segundo (que no se incluye aquí) Sempronio dice: «E dicen algunos que la nobleza es una alabanza, que proviene de los merecimientos e antigüedad de los padres; yo digo que la ajena luz nunca te hará claro, si la propia no tienes. E por tanto, no te estimes en la claridad de tu padre, que tan magnífico fue; sino en la tuya.» El nuevo concepto del individuo va de mano con el desarrollo de la clase mercantil. La creciente importancia del dinero se refleja en el materialismo de los criados y de Celestina. El enfoque individualista dio ímpetu al interés en la psicología. Durante el siglo dieciséis se escribieron numerosos tratados sobre diversos aspectos de la psique humana. El humanismo produce una literatura en que los personajes dejan de funcionar como simples convenciones literarias. Demuestran una independencia de criterio y son responsables por su destino. *La Celestina* es una de las obras más tempranas y más significantes del humanismo español.

La Celestina pertenece a un género artístico—*la comedia humanística*—que tiene sus orígenes en Italia. Durante la primera mitad del siglo XIV, Petrarca escribió una o más de estas obras, hoy perdidas, iniciando así un nuevo tipo de drama que florece hasta principios del siglo XVI. Aunque conserva bastante influencia de la comedia romana y del teatro devoto medieval, la comedia humanística aspira a una imagen más realista de la vida. Contribuyen a la verosimilitud el uso del aparte y la representación del lugar y del tiempo. La comedia humanística es más libre, movida y diversa que sus antecesoras. Aunque se repiten las situaciones—que generalmente giran alrededor de un amor ilícito—por medio del matiz se explora la complejidad del comportamiento humano. Típicamente se alternan las quejas amorosas elocuentes y los chistes escabrosos. El argumento es sencillo, pero se expande mediante elaboraciones y subargumentos. Aunque incluye muchas de las categorías de personajes que se encuentran en el teatro antiguo, introduce otros tomados de la vida contemporánea.

La Celestina se distingue especialmente por sus personajes complejos y psicológicamente convincentes. Mientras que los dramas clásicos se construían a base de figurones heredados, *La Celestina* retrata a individuos reconocibles dentro del contexto contemporáneo. Aunque los amantes, los padres y los sirvientes astutos son tipos que se encuentran en el teatro clásico, en *La Celestina* los personajes son individuos que funcionan independientemente, según su propia personalidad y sus propios valores y metas. Cada uno prosigue de acuerdo con un riguroso sistema de lógica que le permite justificar sus actos. En *La Celestina: Arte y estructura* Stephen Gilman demuestra cómo los personajes utilizan la lógica al momento de persuadirse y persuadir a los otros. En *La Celestina*, la lógica se pone al servicio de objetivos preconcebidos. A Calisto lo motiva el deseo; a Celestina, la avaricia. Ninguno es víctima ni de la providencia ni de la justicia divina. A los personajes de Rojas no los condena el destino, sino sus propias obsesiones.

Rojas distingue la perspectiva individual de cada uno por medio del contraste. Cuando Calisto alaba la belleza de Melibea, Sempronio rebaja a la mujer. Cuando el amo se queja de las angustias del amor, el criado se burla de él. No se trata de una verdad absoluta, sino de puntos de vista contrastantes. El perspectivismo que Cervantes desarrollará en *Don Quijote* ya es evidente en *La Celestina.*

La obsesión de Calisto tergiversa sus percepciones. Arde en deseos de conocer a Celestina, aunque todos saben que es una mujer perversa y peligrosa que deshonra a quien entre en relaciones con ella. Por si se tuviera cualquier duda al respecto, Pármeno pone los puntos sobre las íes, afirmando que Celestina es una «puta vieja» y una hechicera. Y sin embargo, Calisto se oculta lo que no quiere oír. Rechaza las advertencias de Pármeno: «Asaz soy de ti avisado.» Al encontrarse con Celestina, elogia su gran virtud «¡Oh vejez virtuosa! ¡Oh virtud envejecida!», aun sabiendo que es una mujer bribona y ruin. Su pasión lo ha vuelto ciego e irracional.

En la comedia romana, la figura femenina está poco desarrollada. Melibea, por lo tanto, representa una ruptura con la tradición, ya que es un personaje finamente dibujado y psicológicamente complejo. Al principio de la obra, rechaza a Celestina, de acuerdo con las exigencias de su clase. Pero cuando la alcahueta le pica la curiosidad, baja poco a poco sus defensas. Cada vez que amenaza con echar a Celestina, encuentra una excusa para hacer que la vieja siga hablando. O pide clarificaciones o alega que no ha oído bien: «¿Qué dices, enemiga? Habla que te pueda oír . . . Responde, pues dices que no has concluido . . .» Como Calisto, Melibea es imprudente, caprichosa, voluntariosa, obstinada. Aunque está consciente de los peligros, sigue tratando con Celestina, ocultando las visitas a su madre, llamando a Calisto y, finalmente, cediendo a la pasión. La guía sólo su deseo de satisfacción. Cuando sus desatinos conducen al desastre, no se arrepiente, sino que lamenta no haber gozado más largamente del placer. Convencida de poder reunirse con

Calisto después de la muerte, se arroja de la torre, a pesar de reconocer cuánto sufrirán sus padres con su muerte.

Pero la madre de Melibea no queda libre de culpa, porque, sabiendo el peligro que representaba Celestina, deja de vigilar a su hija. Lucrecia, la criada de Melibea, subraya el hecho de que todos saben quién es Celestina: «No hay niño en toda la ciudad que no lo sepa.» Más tarde, Alisa advierte a Melibea de la amenaza que supone la presencia de la vieja: «Guárdate, hija, de ella, que es gran traidora . . . Daña la fama. A tres veces que entra en una casa, engendra sospecha.» Sin embargo, a pesar de estos conocimientos, Alisa permite que Celestina entre en su casa.

La cuestión de la responsabilidad moral está ligada a la de los poderes sobrenaturales de Celestina. La magia es el tema de varios estudios celestinescos. Las detalladas descripciones de la práctica de las artes oscuras demuestran que Rojas tenía amplios conocimientos de este campo. A fines del siglo XV la magia empieza a perder prestigio entre la elite intelectual, aunque la mayoría de la gente creía en los poderes de los hechiceros. Pármeno, que conoce a Celestina desde la infancia, afirma que la vieja no tiene verdadero poder sobrenatural; al contrario, sus ardides son «burla y mentira». Sin embargo, el hecho de que sus víctimas puedan creer en la magia, le da a la hechicera una gran ventaja psicológica sobre ellos. A pesar de esto, aunque Celestina avanza la acción, la responsabilidad del infausto fin de los amantes no es enteramente suya. Celestina no fuerza la voluntad de Melibea. La fascinación de la joven por Calisto empieza antes de la aparición de Celestina. Si la hechicera manipula las emociones de Melibea, ésta se deja llevar. Al principio lucha por mantener su equilibrio moral, pero una vez picada su curiosidad, finge hipócritamente un desinterés en Calisto mientras anima a Celestina a hablar de él. Que Melibea misma no se dé cuenta de lo equívoco de sus protestas es un testimonio tanto de la sutileza artística de Rojas como de sus conocimientos psicológicos. Celestina tampoco provoca la muerte de Calisto. Es el atolondramiento de los personajes lo que conduce al desastre. Calisto es tan temerario, tan absurdamente inatento al peligro, que aun se niega a ponerse la armadura antes de salir a combatir.

Aunque se afirma al principio de *La Celestina* que la obra se ha escrito «en reprehensión de los locos enamorados», no se sabe bajo qué condiciones estas palabras se agregaron al texto. Puede ser que se hayan incluido para satisfacer a los moralistas o puede ser que reflejen el intento didáctico de Rojas. De hecho, la actitud moral del autor ha sido el tema de numerosas polémicas académicas. La acción de los personajes parece encerrar una crítica del concepto del amor que prevalecía en los círculos aristocráticos. Durante la Edad Media el concepto del amor cortés llegó a tener una gran influencia entre la aristocracia. Con su énfasis en la abnegación y la esclavitud del amante, el ideal trovadoresco premia la devoción a una mujer inalcanzable. Se trata casi siempre de una relación adúltera, ya que el matrimonio se efectuaba por motivos más bien políticos o sociales y, por lo tanto, el amor puro se debía realizar fuera del matrimonio. Los moralistas se oponían a la deificación de la mujer. Alegaban que la obsesión con la pasión era malsana y contraria a la fe católica.

A través de *La Celestina* los personajes funcionan dentro de un vacío moral, no porque no sepan distinguir entre el bien y el mal, sino porque no les interesa hacerlo. Sempronio advierte a Calisto que «si perseveras, o de muerto o loco no podrás escapar»; sin embargo, Calisto sigue adelante con su plan. Cuando Sempronio le señala que su idolización de Melibea es herética, Calisto niega ser cristiano, afirmando que es «melibeo». Su pasión se ha convertido en religión. El foco de su adoración no es Dios, sino Melibea. Sempronio implica que la fascinación de Calisto con la doncella es diabólica. Ni Calisto ni Melibea—ni ninguno de los demás personajes—se preocupan por lo que debe ser la meta de todo creyente: la salvación. Celestina, la más diabólica de todos, conoce bien la doctrina y la cita repetidamente, torciéndola de acuerdo con sus propósitos. Aunque los personajes practican los ritos católicos y su lenguaje está repleto de referencias religiosas, su fe es insincera y maquinal. Aun Pleberio, lamentando la muerte de su hija, se olvida de buscar consuelo en las enseñanzas de la Iglesia. Algunos críticos han concluido que la actitud de Pleberio indica que es un converso, de fe heterodoxa. Sin embargo, Rojas pinta una sociedad que en su esencia es irreligiosa—una sociedad en la que aun los curas utilizan los servicios de Celestina.

Rojas presenta un panorama de la España urbana de fines del siglo XV. Sus personajes son de todas las clases sociales. Su actitud ante esta sociedad es claramente pesimista. Pinta un mundo en el que reina el egoísmo y la ceguera moral, el materialismo y la sed de gratificación. Es la concupiscencia y no el amor lo que mueve la voluntad de Calisto y Melibea; su relación no demuestra ni el respeto ni la consideración mutua que exige el verdadero amor.

Es significativo que en la versión de 1502, el autor designó la obra una *tragicomedia*, género que combina lo funesto y lo jocoso, pero cuyo desenlace carece de elementos estrictamente trágicos. En la tragedia, un personaje noble lucha heroicamente pero es derrotado por una debilidad única o por obstáculos insuperables. El hecho de fracasar no disminuye ni el valor de la lucha ni el mérito del héroe. Pero en *La Celestina* no hay tal combate. Los personajes sencillamente sufren las consecuencias lógicas de un comportamiento irresponsable.

Para el estudio de *La Celestina* recomendamos la edición de Miguel Marciales (Urbana: University of Illinois Press, 1985) y la de Dorothy S. Severin, con un prólogo de Stephen Gilman (Madrid: Alianza, 1969).

La Celestina

Síguese: La comedia o tragicomedia° de Calisto e Melibea, compuesta en reprehensión de los locos enamorados, que, vencidos en su desordenado apetito, a sus amigas llaman e dicen ser su dios, asimismo hecha en aviso de los engaños de las alcahuetas e malos e lisonjeros sirvientes

obra dramática que combina elementos trágicos y cómicos y cuyo desenlace funesto no se considera propiamente trágico; el término no aparece en la primera versión de *La Celestina*.

Aucto° primero

acto

ARGUMENTO DEL PRIMER AUTO° DE ESTA COMEDIA

acto. El hecho de que en la misma edición se use **aucto, auto** y **acto** da una idea del estado de la lengua de la época.

Entrando CALISTO en una huerta en pos de un halcón suyo, halló allí a MELIBEA, de cuyo amor preso, comenzóle a hablar. De la cual rigurosamente despedido, fue para su casa muy sangustiado°. Habló con un criado suyo llamado SEMPRONIO, el cual, después de muchas razones, le enderezó a una vieja llamada CELESTINA, en cuya casa tenía el mesmo criado una enamorada llamada ELICIA. La cual, viniendo SEMPRONIO a casa de CELESTINA con el negocio de su amo, tenía otro consigo, llamado CRITO, al cual escondieron. Entretanto que SEMPRONIO está negociando con CELESTINA, CALISTO está razonando con otro criado suyo, por nombre PÁRMENO. El cual razonamiento dura hasta que llega° SEMPRONIO e CELESTINA a casa de CALISTO...

angustiado

llegan

CALISTO. En esto veo, Melibea, la grandeza de Dios°.

MELIBEA. ¿En qué, Calisto?

CALISTO. En dar poder a natura que de tan perfecta hermosura te dotase e fazer a mí inmérito° tanta merced que verte alcanzase e en tan conveniente lugar, que mi secreto dolor manifestarte pudiese...

MELIBEA. ¿Por grand premio tienes esto, Calisto?

CALISTO. Téngolo por tanto, en verdad, que, si Dios me diese en el cielo la silla sobre sus sanctos°, no lo tendría por tanta felicidad.

MELIBEA. Pues aun más igual galardón te daré yo, si perseveras.

CALISTO. ¡O bienaventuradas orejas mías, que indigamente tan gran palabra habéis oído!

MELIBEA. Más desaventuradas° de que me acabes de oír. Porque la paga será tan fiera, cual meresce tu loco atrevimiento. E el intento de tus palabras, Calisto, ha seído° de ingenio° de tal hombre como tú, haber de salir para se perder en la virtud de tal mujer como yo. ¡Vete! ¡Vete de ahí, torpe! Que no puede mi paciencia tollerar° que haya subido en corazón humano comigo° el ilícito amor comunicar su deleite°...

CALISTO°. ¡Sempronio, Sempronio, Sempronio! ¿Dónde está este maldito?

SEMPRONIO. Aquí estoy, señor, curando de° estos caballos...

CALISTO. Abre la cámara e endereza la cama.

SEMPRONIO. Señor, luego hecho es.

CALISTO. Cierra la ventana e deja la tiniebla acompañar al triste e al desdichado la ceguedad. Mis pensamientos tristes no son dignos de luz. ¡O bienaventurada muerte aquella, que deseada a los afligidos viene! ¡O si viniésedes agora, Hipócrates e Galenos°, médicos, ¿sentiríades mi mal? ¡O piedad de silencio, inspira en el Plebérico° corazón, porque° sin esperanza de salud no envíe el espíritu perdido con el desastrado Píramo e de la desdichada Tisbe°!

Es un lugar común de la tradición neoplatónica que la grandeza de Dios se refleja en la belleza de la amada.

fazer... aunque no merezco el favor

santos

desafortunadas

sido / índole nativa, tendencia natural

tolerar

conmigo

que... que me haya comunicado su deleite el ilícito amor

Rojas no incluye acotaciones para los actores. Está claro que Calisto ahora está en casa con su criado Sempronio. / cuidando

A lo largo de la obra se desarrolla el concepto del amor como una enfermedad para la cual el enamorado (el enfermo) busca una cura. Hipócrates se considera el padre de la medicina; Galeno fue otro famoso médico griego.

Se refiere a Melibea, hija de Pleberio.

para que

SEMPRONIO. ¿Qué cosa es?

CALISTO. ¡Vete de ahí! No me fables; si no, quizá antes del tiempo de mi rabiosa muerte mis manos causarán tu arrebatado° fin.

SEMPRONIO. Iré, pues solo quieres padecer tu mal.

CALISTO. ¡Ve con el diablo!

SEMPRONIO. No creo, según pienso, ir conmigo el que contigo queda°. ¡Oh desventura! ¡Oh súbito mal! ¿Cuál fue tan contrario acontecimiento, que así tan presto robó la alegría de este hombre e, lo que peor es, junto con ella el seso? ¿Dejarle he° solo o entraré allá? Si le dejo, matarse ha; si entro allá, matarme ha. Quédese; no me curo°. Más vale que muera aquél a quien es enojosa la vida, que no yo, que huelgo con ella. Aunque por al° no desease vivir, sino por ver mi Elicia, me debría° guardar de peligros. Pero, si se mata sin otro testigo, yo quedo obligado a dar cuenta de su vida. Quiero entrar. Mas puesto que° entre, no quiere consolación ni consejo. Asaz° es señal mortal no querer sanar. Con todo, le quiero dejar un poco desbrave°...

CALISTO. ¡Sempronio!

SEMPRONIO. ¡Señor!

CALISTO. Dame acá el laúd.

SEMPRONIO. Señor, vesle aquí°.

CALISTO. «¿Cuál dolor puede ser tal
que se iguale con mi mal?»

SEMPRONIO. Destemplado está ese laúd°.

CALISTO. ¿Cómo templará el destemplado? ¿Cómo sentirá la armonía aquél que consigo está tan discorde? ¿Aquél en quien la voluntad a la razón no obedece? ¿ Quién tiene dentro del pecho aguijones, paz, guerra, tregua, amor, enemistad, injurias, pecados, sospechas, todo a una causa? Pero tañe e canta la más triste canción que sepas.

SEMPRONIO.
«Mira Nero, de Tarpeya,
a Roma cómo se ardía:
gritos dan niños e viejos
e él de nada se dolía.»°

CALISTO. Mayor es mi fuego e menor la piedad de quien agora digo.

SEMPRONIO°. No me engaño yo, que loco está este mi amo.

CALISTO. ¿Qué estás murmurando, Sempronio?

SEMPRONIO. No digo nada.

CALISTO. Di lo que dices, no temas.

SEMPRONIO. Digo que cómo puede ser mayor el fuego que atormenta un vivo que el que quemó tal cibdad° e tanta multitud de gente?

CALISTO. ¿Cómo? Yo te lo diré. Mayor es la llama que dura ochenta años que la que en un día pasa, e mayor la que mata un ánima que la que quema cient° mil cuerpos. Como de la apariencia a la existencia, como de lo vivo a lo pintado, como de la sombra a lo real, tanta diferencia hay del fuego que dices al que me quema. Por cierto, si el del purgatorio es tal, más querría que mi espíritu fuese con los de los brutos animales que por medio de aquél ir a la gloria de los sanctos.

SEMPRONIO°. ¡Algo es lo que digo! ¡A más ha de ir este hecho°! No basta loco, sino hereje°.

CALISTO. ¿No te digo que fables alto cuando fablares? ¿Qué dices?

SEMPRONIO. Digo que nunca Dios quiera tal; que es especie de herejía lo que agora dijiste.

CALISTO. ¿Por qué?

SEMPRONIO. Porque lo que dices contradice la cristiana religión.

Píramo y Tisbe son amantes mitológicos. Según el mito clásico, al llegar al lugar que habían concertado para encontrarse, Tisbe vio un león y se asustó. Huyó, dejando el manto. Al encontrar el manto entre los dientes del león, el amante dio por muerta a su amada y se mató. Ella, al encontrar su cadáver, también se suicidó. La mención del mito presagia el fin de Calisto y Melibea.

precipitoso, repentino

Sempronio implica que su amo está poseído; el diablo no puede ir con el criado porque se queda con el amo.

Le dejaré / **no**... no me importa / otra cosa

debería

aunque / suficiente, bastante

alivio, descanso

vesle... aquí lo tienes

Las palabras de Sempronio indican que el mundo interior de Calisto está destemplado—desordenado, caótico.

Según la leyenda, el emperador romano Nerón Claudio César quedó indiferente mientras un incendio destruía la ciudad de Roma en 65 después de Cristo.

Sempronio dice esto aparte.

ciudad

cien

Sempronio dice esto aparte. / Es peor de lo que yo pensaba.

Porque Calisto le da más importancia a Melibea que a su propia salvación.

CALISTO. ¿Qué a mí°?

¿Qué... ¿Qué me importa?

SEMPRONIO. ¿Tú no eres cristiano?

CALISTO. ¿Yo? Melibeo° so° e a Melibea adoro, e en Melibea creo e a Melibea amo.

Es decir, la religión de Calisto es el culto a Melibea. / soy

SEMPRONIO. Tú te lo dirás. Como Melibea es grande, no cabe en el corazón de mi amo, que por la boca le sale a borbollones. No es más menester. Bien sé de qué pie coxqueas°. Yo te sanaré.

cojeas (**Bien**... Yo sé lo que te pasa.)

CALISTO. Increíble cosa prometes.

SEMPRONIO. Antes fácil. Que el comienzo de la salud es conocer hombre la dolencia del enfermo.

CALISTO. ¿Cuál consejo puede regir lo que en sí no tiene orden ni consejo?

SEMPRONIO. ¡Ha! ¡ha! ¡ha! ¿Esto es el fuego de Calisto? ¿Estas son sus congojas? ¿Como si solamente el amor contra él asestara sus tiros°! ¡Oh soberano Dios, cuán altos son tus misterios! . . . Mandaste al hombre por la mujer dejar el padre e la madre; ahora no sólo aquello, mas a Ti e a tu ley desamparan, como ahora Calisto°. Del cual no me maravillo, pues los sabios, los santos, los profetas, por él° te olvidaron.

Referencia a Cupido, que dirige sus flechas contra los seres humanos para hacer que se enamoren.

La unión entre hombre y mujer es ley de Dios, pero los que aman como Calisto la distorsionan y abusan de ella.

el amor

CALISTO. ¡Sempronio!

SEMPRONIO. ¡Señor!

CALISTO. No me dejes.

SEMPRONIO. De otro temple está esta gaita°.

De... Ha cambiado de tono; ahora dice otra cosa.

CALISTO. ¿Que te parece de mi mal?

SEMPRONIO. Que amas a Melibea.

CALISTO. ¿Y no otra cosa?

SEMPRONIO. Harto mal es tener la voluntad en un solo lugar cautiva°...

Es decir, es malo estar enamorado de una sola mujer. / repruebas

CALISTO. ¿Qué me reprobas°?

SEMPRONIO. Que sometes la dignidad del hombre a la imperfección de la flaca° mujer.

débil

CALISTO. ¿Mujer? ¡Oh, grosero! ¡Dios, Dios°!

¡Dios... ¡Es un dios, un dios!

SEMPRONIO. ¿Y así lo crees? ¿O burlas?

CALISTO. ¿Que burlo? Por Dios la creo, por Dios la confieso e no creo que hay otro soberano en el cielo; aunque entre nosotros mora.

SEMPRONIO. ¿Vistes qué ceguedad? . . . Por ser tú hombre eres más digno.

CALISTO. ¿En qué?

SEMPRONIO. En que ella es imperfecta, por el cual defeto° desea e apetece a ti e a otro menor que tú. ¿No has leído el filósofo°, do° dice: Así como la materia apetece a la forma, así la mujer al varón?

defecto

Aristóteles / donde

CALISTO. ¡O triste, e cuándo veré yo eso entre mí e Melibea!

SEMPRONIO. Posible es. E aunque la aborrezcas, cuanto agora la amas, podrá ser alcanzándola e viéndola con otros ojos, libres del engaño en que agora estás.

CALISTO. ¿Con qué ojos?

SEMPRONIO. Con ojos claros.

CALISTO. E agora, ¿con qué la veo?

SEMPRONIO. Con ojos de alinde°, con que lo poco parece mucho e lo pequeño grande. E porque no te desesperes, yo quiero tomar esta empresa de complir tu deseo.

aumento (ojos que la aumentan y la embellecen)

CALISTO. ¡O! ¡Dios te dé lo que deseas! ¡Qué glorioso me es oírte, aunque no espero que lo has de hacer!

SEMPRONIO. Antes lo haré cierto.

CALISTO. Dios te consuele. El jubón de brocado que ayer vestí, vístele tú . . . ¿Cómo has pensado de fazer esta piedad°?

acto de piedad

SEMPRONIO. Yo te lo diré. Días ha grandes° que conozco en fin de° esta vecindad una vieja barbuda que se dice Celestina, hechicera, astuta, sagaz en cuantas maldades hay . . . A las duras peñas promoverá e provocará a lujuria si quiere°.

Días... Hace mucho tiempo / **en**... al extremo de

Es decir, es tan poderosa que puede hacer a una roca amar.

CALISTO. ¿Podríala yo fablar?

SEMPRONIO. Yo te la traeré hasta acá. Por eso, aparéjate°, séyle° gracioso, séyle franco°. Estudia, mientras vo° yo, de le decir tu pena tan bien como ella te dará el remedio.

prepárate / séle

generoso / voy

CALISTO. ¿Y tardas°?

¿Y... ¿Qué esperas?

SEMPRONIO. Ya voy. Quede Dios contigo...

SEMPRONIO°. Madre° mía, bien ternás° confianza e creerás que no te burlo. Toma el manto e vamos, que por el camino sabrás lo que, si aquí me tardase en decirte, impediría tu provecho e el mío.

Sempronio está en casa de Celestina. / término que expresa respeto y amistad, usado cuando se habla con una mujer mayor / tendrás

CELESTINA. Vamos . . . ¡Adiós, paredes!

SEMPRONIO. ¡Oh madre mía! Todas cosas dejadas aparte, solamente séy atenta e imagina en lo que te dijere e no derrames tu pensamiento en muchas partes°...

Es decir, no pienses en otra cosas mientras te hablo.

CELESTINA. Abrevia e ven al fecho, que vanamente se dice por muchas palabras lo que por pocas se puede entender.

SEMPRONIO. Así es. Calisto arde en amores de Melibea. De ti e de mí tiene necesidad. Pues juntos nos ha menester, juntos nos aprovechemos. Que conocer el tiempo e usar el hombre de la oportunidad hace los hombres prósperos.

CELESTINA. Bien has dicho, al cabo estoy°. Basta para mecer el ojo°. Digo que me alegro de estas nuevas como los cirujanos de los descalabrados°. E como aquéllos dañan en los principios las llagas e encarecen el prometimiento de la salud°, así entiendo yo fazer a Calisto. Alargarle he la certidumbre del remedio, porque, como dicen, la esperanza luenga° aflige el corazón e cuanto él la perdiere, tanto ge° la promete. ¡Bien me entiendes!

al... ya entiendo / **mecer**... guiñar

como... tanto como los cirujanos cuando alguien se cae y se rompe la cabeza (Tanto el cirujano como Celestina—doctora de amor—viven de las desgracias de los demás.)

Y como aquéllos (los cirujanos), que abren más la llaga para que el enfermo sufra más y desee más intensamente la cura... / larga

se

SEMPRONIO. Callemos, que a la puerta estamos e, como dicen, las paredes tienen oídos.

CELESTINA. Llama.

SEMPRONIO. Ta, ta, ta°.

Golpea a la puerta.

CALISTO. ¡Pármeno!

PÁRMENO. ¡Señor!

CALISTO. ¿No oyes, maldito, sordo?

PÁRMENO. ¿Qué es, señor?

CALISTO. A la puerta llaman, corre.

PÁRMENO. ¿Quién es?

SEMPRONIO. Abre a mí e a esta dueña°.

PÁRMENO. Señor, Sempronio e una puta vieja alcoholada° daban aquellas porradas.

término que se usa para referirse a una mujer mayor casada o viuda / pintada, maquillada

CALISTO. Calla, calla, malvado, que es mi tía°. Corre, corre, abre. Siempre lo vi, que por huir hombre de un peligro, cae en otro mayor. Por encubrir yo este fecho de Pármeno, a quien amor o fidelidad o temor pusieran° freno, cae en indignación de esta, que no tiene menor podería en mi vida que Dios°.

como **madre,** término de respeto y de amistad que se emplea con una mujer mayor

habían puesto

Calisto cree que al no contarle a Pármeno lo importante que es Celestina para su proyecto, ha causado inavertidamente que el criado insulte a la mujer, a quien acaba de llama «puta vieja». Pármeno explica que Celestina está orgullosa de este título.

PÁRMENO. ¿Por qué, señor, te matas? ¿Por qué, señor, te congojas? ¿E tú piensas que es vituperio en las orejas de ésta el nombre que la llamé? No lo creas, que así se glorifica en le oír, como tú, cuando dicen: ¡diestro caballero es Calisto! E demás° de esto, es nombrada e por tal título conocida. Si entre cient mujeres va e alguno dice: ¡puta vieja! sin ningún empacho luego vuelve la cabeza e responde con alegre cara...

además

CALISTO. ¿Y tú cómo la conoces?

PÁRMENO. Saberlo has. Días grandes son pasados° que mi madre, mujer pobre, moraba en su vecindad, la cual, rogada por esta Celestina, me dio a ella por sirviente; aunque ella no me conoce°, por lo poco que la serví e por la mudanza que la edad ha hecho.

CALISTO. ¿De qué le servías?

PÁRMENO. Señor, iba a la plaza e traíale de comer e acompañábala; suplía en aquellos menesteres que mi tierna fuerza bastaba. Pero de aquel poco tiempo que la serví recogía la nueva memoria lo que la vejez no ha podido quitar. Tiene esta buena dueña al cabo de la ciudad, allá cerca de las tenerías°, en la cuesta del río, una casa apartada, medio caída, poco compuesta e menos abastada. Ella tenía seis oficios, conviene saber: labrandera°, perfumera, maestra de fazer afeites° e de fazer virgos°, alcahueta e un poquito hechicera. Era el primer oficio cobertura de los otros so color° del cual muchas mozas de estas sirvientas entraban en su casa a labrar camisas e gorgueras° e otras muchas cosas. Ninguna venía sin torrezno°, trigo, harina o jarro de vino e de las otras provisiones que podían a sus amas furtar°. Y aun otros furtillos de más calidad allí se encubrían. Asaz era amiga de estudiantes e despenseros° e mozos de abades°. A éstos vendía aquella sangre inocente de las cuitadillas°, la cual ligeramente aventuraban en esfuerzo de la restitución, que ella las prometía. Subió su fecho a más°: que por medio de aquéllas° comunicaba con las más encerradas°, fasta traer a ejecución su propósito. Muchas encubiertas° vi entrar en su casa. Tras ellas, hombres descalzos°, contritos e rebozados°, que entraban allí a llorar sus pecados. ¡Qué tráfagos°, si piensas°, traía! . . . Tenía para remediar amores e para quererse bien. Tenía huesos de corazón de ciervo, lengua de víbora, cabezas de codornices, sesos de asno, soga de ahorcado, flor de yedra, espina de erizo e otras mil cosas. Venían a ellas muchos hombres e mujeres e a unos demandaba el pan donde mordían; a otros, de su ropa; a otros, de sus cabellos; a otros pintaba en la palma letras con azafrán; a otros, con bermellón°; a otros daba unos corazones de cera, llenos de agujas e quebradas e otras cosas en barro e en plomo hechas, muy espantables al ver. ¿Quién te podrá decir lo que esta vieja facía? E todo era burla e mentira°.

CALISTO. Bien está Pármeno. Déjalo para más° oportunidad. Asaz soy de ti avisado . . .

CELESTINA. Pasos oigo. Acá descienden. Haz° Sempronio, que no lo oyes. Escucha e déjame hablar lo que a ti e a mí me conviene.

SEMPRONIO. Habla.

CELESTINA. No me congojes ni me importunes, que sobrecargar el cuidado es aguijar al mal congojoso. Así sientes la pena de tu amo Calisto, que parece que tú eres él e él tú e que los tormentos son en un mismo sujecto°. Pues cree que yo no vine acá por dejar este pleito indeciso o morir en la demanda . . .

CALISTO. ¡Sempronio!

SEMPRONIO. ¡Señor!

CALISTO. ¿Qué haces, llave de mi vida? Abre. ¡O Pármeno! ya la veo: ¡sano soy, vivo so! ¡Miras qué reverenda persona, qué acatamiento! Por la mayor parte, por la fisonomía es conocida la virtud interior. ¡Oh vejez virtuosa! ¡Oh virtud envejecida! ¡Oh gloriosa esperanza de mi deseado fin! ¡Oh fin de mi deleitosa esperanza! ¡Oh salud de mi pasión, reparo de mi tormento, regeneración mía, vivificación de mi vida, resurrección de mi muerte! Deseo llegar a ti, cobdicio° besar esas manos llenas de remedio. La indignidad de mi persona lo

Días... Hace mucho tiempo

reconoce

fábricas de curtidos

costurera

maquillajes / **fazer**... coser los deshechos con seda (Como la mujer decente tenía que casarse virgen, a Celestina le tocaba reconstituir la virginidad perdida.) / pretexto / adorno de lienzo para el cuello / tocino

hurtar, robar

monje encargado de la despensa del monasterio / aquí, curas / pobrecitas

Subió... hizo aún más / las sirvientas

las doncellas nobles que se encerraban en casas / mujeres que se ocultaban la cara con mantilla o capilla / aquí, humildes

con la cara cubierta

vaivén, movimiento / imagínate

rojo

Es decir, todas las hechicerías de Celestina eran mentiras. No tenía verdadero poder sobrenatural. / otra

Finge

Es decir, parece que son una sola persona porque tú sufres tanto como él.

codicio, deseo

embarga°. Desde aquí adoro la tierra que huellas e en reverencia tuya beso.

impide

CELESTINA. Sempronio, ¡de aquéllas° vivo yo! ¡Los huesos que yo roí piensa este necio de tu amo de darme a comer°! Pues al le sueño°. Al freír lo verá°. Dile que cierre la boca e comience a abrir la bolsa, que de las obras dudo, cuanto más de las palabras.

palabras

Los... ¿Tu amo cree que me puede pagar con huesos roídos? / **Pues**... Pues otra cosa deseo

Al... Ya verá.

PÁRMENO. ¡Guay de orejas°, que tal oyen! Perdido es quien tras perdido anda. ¡O Calisto desaventurado, abatido, ciego! Deshecho es, vencido es, caído es: no es capaz de ninguna redención ni consejo ni esfuerzo.

Guay... Ay de orejas, pobres orejas

CALISTO. ¿Qué decía la madre? Paréceme que pensaba que le ofrecía palabras por excusar galardón°.

premio, pago

SEMPRONIO. Así lo sentí.

CALISTO. Pues ven conmigo: trae las llaves, que yo sanaré su duda . . .

PÁRMENO. ¿Qué le dio, Sempronio?

SEMPRONIO. Cient monedas en oro.

PÁRMENO. ¡Hi! ¡Hi! ¡Hi!

SEMPRONIO. ¿Habló contigo la madre?

PÁRMENO. Calla, que sí.

SEMPRONIO. ¿Pues cómo estamos?

PÁRMENO. Como quisieres; aunque estoy espantado.

SEMPRONIO. Pues calla, que yo te haré espantar dos tanto°.

dos... doblemente

PÁRMENO. ¡O Dios! No hay pestilencia más eficaz, que el enemigo de casa para empecer°.

dañar

CALISTO. Ve ahora, madre, e consuela tu casa e después ven e consuela la mía, e luego.

CELESTINA. Quede Dios contigo.

CALISTO. Y él te me guarde.

El aucto cuarto

ARGUMENTO DEL CUARTO AUTO

CELESTINA, andando por el camino, habla consigo misma fasta llegar a la puerta de PLEBERIO°, onde° halló a LUCRECIA, criada de PLEBERIO. Se pone con ella en razones°. Sentidas por ALISA, madre de MELIBEA e sabido que es CELESTINA, fázela entrar en casa. Viene un mensajero a llamar a ALISA. Se va. Queda CELESTINA en casa con MELIBEA e le descubre la causa de su venida.

padre de Melibea / donde

Se... Se pone a hablar con ella.

CELESTINA. Agora, que voy sola, quiero mirar bien lo que Sempronio ha temido de este mi camino°. Porque aquellas cosas, que bien no son pensadas, aunque algunas veces hayan buen fin, comúnmente crían desvariados efectos. Así que la mucha especulación nunca carece de buen fruto. Que, aunque yo he disimulado con él°, podría ser que, si me sintiesen en estos pasos de parte de Melibea, que no pagase con pena que menor fuese que la vida°, muy amenguada quedase, cuando matarme no quisiesen, manteándome° o azotándome cruelmente. Pues amargas cient monedas serían éstas. ¡Ay cuitada° de mí! ¡En qué lazo me he metido! ¿Que por me mostrar solícita e esforzada pongo mi persona al tablero°? ¿Qué faré, cuitada, mezquina° de mí, que ni el salir afuera° es provechoso ni la perseverancia carece de peligro? . . . Cada camino descubre sus dañosos e hondos barrancos°. Si con el furto soy tomada, nunca de muerta o encorozada° falto°, a bien librar°. Si no voy, ¿qué dirá

Sempronio había expresado sus miedos con respecto al papel de intermediaria entre Calisto y Melibea que piensa desempeñar Celestina. Ahora la alcahueta expresa sus dudas y preocupaciones. / Sempronio

Es decir, puede ser que le hagan pagar tal atrevimiento con la vida.

lanzándome al aire repetidas veces en una manta

pobre

al... a riesgo

miserable / Es decir, abandonar el proyecto

Es decir, cada ruta tiene grandes peligros

cubierta de vergüenza / quedo falta / **a**... si me libro

Sempronio? Que todas éstas eran mis fuerzas, saber e esfuerzo, ardid e ofrecimiento, astucia e solicitud. Y su amo Calisto, ¿qué dirá? ¿Qué hará? ¿Qué pensará, sino que hay nuevo engaño en mis pisadas e que yo he descubierto la celada, por haber más provecho de esta otra parte, como sofística prevaricadora°? O si no se le ofrece pensamiento tan odioso, dará voces como loco. Diráme en mi cara denuestos° rabiosos. Propondrá mil inconvenientes, que mi deliberación presta le puso, diciendo: Tú, puta vieja, ¿por qué acrecentaste mis pasiones con tus promesas? Alcahueta falsa, para todo el mundo tienes pies, para mí lengua; para todos obra, para mí palabra; para todos remedio, para mí pena; para todos esfuerzo, para mí te faltó; para todos luz, para mí tiniebla. Pues, vieja traidora, ¿por qué te me ofreciste? Que tu ofrecimiento me puso esperanza; la esperanza dilató mi muerte, sostuvo mi vivir, púsome título de hombre alegre. Pues no habiendo efecto°, ni tú carecerás de pena ni yo de triste desesperación. ¡Pues triste yo! ¡Mal acá, mal acullá°: pena en ambas partes! Cuando a los extremos falta el medio, arrimarse el hombre al más sano, es discreción. Más quiero ofender a Pleberio, que enojar a Calisto. Ir quiero. Que mayor es la vergüenza de quedar por cobarde, que la pena, cumpliendo como osada lo que prometí, pus° jamás al esfuerzo desayudó la fortuna. Ya veo su puerta. En mayores afrentas me he visto. ¡Esfuerza, esfuerza, Celestina! ¡No desmayes! Todos los agüeros se aderezan° favorables o yo no sé nada de esta arte. Cuatro hombres, que he topado, a los tres llaman Juanes° e los dos son cornudos. La primera palabra que oí por la calle, fue de achaque de amores. Nunca he tropezado como otras veces° . . . Ni perro me ha ladrado ni ave negra he visto, tordo ni cuervo° ni otras nocturnas. Y lo mejor de todo es que veo a Lucrecia a la puerta de Melibea°. . . .

LUCRECIA. ¿Quién es esta vieja, que viene haldeando°?

CELESTINA. Paz sea en esta casa.

LUCRECIA. Celestina, madre, seas bienvenida . . .

ALISA. ¿Con quién hablas, Lucrecia?

LUCRECIA. Señora, con aquella vieja de la cuchillada°, que solía vivir en las tenerías, a la cuesta del río . . .

ALISA. ¿Qué oficio tiene?

LUCRECIA. Señora, perfuma tocas°, hace solimán° e otros treinta oficios. Conoce mucho en hierbas, cura niños e aun algunos la llaman «la vieja lapidaria°».

ALISA. Todo eso dicho no me la da a conocer; dime su nombre, si le sabes.

LUCRECIA. ¿Si le sé, señora? No hay niño ni viejo en toda la cibdad que no lo sepa. ¿Habíale de ignorar yo?

ALISSA. ¿Pues por qué no le dices?

LUCRECIA. ¡He vergüenza!

ALISA. Anda, boba, dile. No me indignes con tu tardanza.

LUCRECIA. Celestina, hablando con reverencia°, es su nombre.

ALISA. ¡Hi! ¡Hi! ¡Hi! ¡Mala landre te mate°, si de risa puedo estar, viendo el desamor° que debes de tener a esa vieja, que su nombre tienes vergüenza de nombrar! Ya me voy recordando de ella. ¡Una buena pieza! No me digas más. Algo me vendrá a pedir. Di que suba.

LUCRECIA. Sube, tía.

CELESTINA. Señora buena, la gracia de Dios sea contigo e con la noble hija. Mis pasiones° e enfermedades han impedido mi visitar tu casa, como era razón°; mas Dios conoce mis limpias entrañas, mi

sofística... oportunista que engaña con las palabras, diciéndole que sí a uno y después arreglándoselas con su adversario

insultos

logrando el propósito

Es decir, haga lo que haga, las consecuencias serán nefastas

pues

se muestran

tontos (El tonto es buen agüero porque no pone obstáculos.)

Tropezar es mal agüero. El pasaje consiste en una enumeración de agüeros en los que la gente del siglo XV creía.

Desde los tiempos antiguos las aves nocturas y negras son de mal agüero.

Celestina conoce a Lucrecia porque la criada es prima de una de las prostitutas de la alcahueta. Celestina toma su presencia por buen agüero porque las criadas a menudo avanzaban los amores de sus amas, así traicionando el honor de la casa.

tan de prisa

una cicatriz hecha con cuchillo. Se creía que el diablo imprimía una señal de reconocimiento en los que van al aquelarre.

adorno que se usa en la cabeza / sublimado corrosivo que se empleaba par borrar manchas de la piel / experta en piedras preciosas, a las cuales se les atribuían propiedades curativas o mágicas

perdón (Se dice antes de pronunciar una palabra fea o grosera.) / **Mala**... Que se te lleve la peste / odio

sufrimientos, achaques

era... debía

verdadero amor, que la distancia de las moradas no despega el querer de los corazones . . .

ALISA. Hija Melibea, quédese esta mujer honrada contigo, que ya me parece que es tarde para ir a visitar a mi hermana, su° mujer de Cremes, que desde ayer no la he visto, e también que viene su paje a llamarme, que se le arreció desde un rato acá el mal.

la

CELESTINA. (*aparte.*) Por aquí anda el diablo aparejando oportunidad.

ALISA. ¿Qué dices, amiga?

CELESTINA. Señora, que maldito sea el diablo e mi pecado, porque en tal tiempo hubo de crecer el mal de tu hermana, que no habrá para nuestro negocio oportunidad . . .

ALISA. Ruega tú, vecina, por amor mío, en tus devociones por su salud a Dios.

CELESTINA. Yo te prometo, señora, en yendo de aquí me vaya por esos monasterios, donde tengo frailes devotos míos° e les dé el mismo cargo que tú me das.

Celestina implica que algunos de sus mejores clientes son clérigos.

ALISA. Pues, Melibea, contenta a la vecina en todo lo que razón fuere darle por el hilado°. E tú, madre, perdóname, que otro día se verná° en que más nos veamos.

Celestina entra en las casas vendiendo hilo y otras cosas para coser / vendrá

CELESTINA. Señora, el perdón sobraría donde el yerro falta. De Dios seas perdonada, que buena compañía me queda. Dios la deje gozar su noble juventud e florida mocedad, que es el tiempo en que más placeres e mayores deleites se alcanzarán. Que, a mi fe, la vejez no es sino mesón de enfermedades, posada de pensamientos, amiga de rencillas, congoja continua, llaga incurable, mancilla de lo pasado, pena de lo presente, cuidado triste de lo por venir, vecina de la muerte, choza sin rama, que llueve por cada parte, cayado de mimbre, que con poca carga se doblega.

MELIBEA. ¿Por qué dices, madre, tanto mal de lo que todo el mundo con tanta eficacia gozar e ver desean?

CELESTINA. Desean harto mal para sí, desean harto trabajo . . .

MELIBEA. Bien conozco que dice cada uno de la feria segund° le va en ella; así, que otra canción cantarán los ricos.

según

CELESTINA. Señora, hija, a cada cabo hay tres leguas de mal quebranto°. A los ricos se les va la bienaventuranza, la gloria e descanso por otros albañares° de asechanzas°, que no se parecen, ladrillados por encima con lisonjas . . . Cada rico tiene una docena de hijos e nietos, que no rezan otra oración, no otra petición, sino rogar a Dios que le saque de en medio; no ven la hora que tener a él bajo la tierra e lo suyo entre sus manos e darle a poca costa su morada para siempre.

a... se encuentra la pena en todas partes

albañal (canal que da salida a las aguas inmundas) / engaños

MELIBEA. Madre, pues que así es, gran pena ternás por la edad que perdiste. ¿Querrías volver a la primera?

CELESTINA. Loco es, señora, el caminante que, enojado del trabajo del día, quisiese volver de comienzo la jornada para tornar otra vez a aquel lugar . . . No hay cosa más dulce ni graciosa al muy cansado que el mesón. Así que, aunque la mocedad sea alegre, el verdadero viejo no la desea . . .

MELIBEA. Siquiera por vivir más es bueno desear lo que digo.

CELESTINA. Tan presto, señora, se va° el cordero como el carnero. Ninguno es tan viejo que no pueda vivir un año, ni tan mozo que hoy no pudiese morir. Así que en esto poca ventaja nos lleváis . . .

muere, se lleva al matadero (Presagio del triste fin de Melibea.)

MELIBEA. Celestina amiga, yo he holgado mucho en verte e conocerte. También me has dado placer con tus razones. Toma tu dinero e vete con Dios, que me parece que no debes haber comido.

CELESTINA. ¡Oh, angélica imagen! ¡Oh perla preciosa, e cómo te lo dices! Gozo me toma° en verte fablar . . . Si tú me das licencia, diréte la necesitada causa de mi venida, que es otra que la que fasta agora has oído, e tal, que todos, perderíamos en tornarme en balde sin que la sepas.

Gozo... me da placer

MELIBEA. Di, madre, todas tus necesidades que, si yo las pudiere remediar, de muy buen grado lo haré, por el pasado conocimiento e vecindad°, que pone obligación a los buenos.

Celestina y los padres de Melibea habían sido vecinos anteriormente.

CELESTINA. ¿Mías, señora? Antes ajenas, como tengo dicho; que las mías de mi puerta adentro me las paso sin que las sienta la tierra°, comiendo cuando puedo, bebiendo cuando lo tengo. Que con mi pobreza jamás me falta, a Dios gracias, una blanca° para pan e un cuarto° para vino, después que enviudé . . .

las mías... guardo mis penas para mí misma y no se las cuento a nadie

moneda de poco valor

moneda de poco valor

MELIBEA. Pide lo que querrás, sea para quien fuere.

CELESTINA. ¡Doncella graciosa e de alto linaje! Tu suave fabla e alegre gesto, junto con el aparejo de liberalidad° que muestras con esta pobre vieja, me dan osadía a te lo decir. Yo dejo un enfermo a la muerte, que con sola una palabra de tu noble boca salida, que le lleve metida en mi seno, tiene por fe que sanará, según la mucha devoción tiene en tu gentileza.

generosidad

MELIBEA. Vieja honrada, no te entiendo, si más no declarás tu demanda . . . Que yo soy dichosa, si de mi palabra hay necesidad para salud de algún cristiano. Porque hacer beneficio es semejar a Dios, e el que le da le recibe, cuando a persona digna de él le hace. Y demás° de esto, dicen que el que puede sanar al que padece, no lo faziendo, le mata. Así, no ceses tu petición por empacho ni temor.

además

CELESTINA. El temor perdí mirando, señora, tu beldad. Que no puedo creer que en balde pintase Dios unos gestos más perfetos° que otros, más dotados de gracias, más hermosas facciones, sino para fazerlos almacén de virtudes, de misericordia, de compasión, ministros de sus mercedes e dávidas, como a ti*.

perfectos (Se creía que la belleza encerraba la bondad interior.)

MELIBEA. Por Dios, sin más dilatar me digas quién es ese doliente . . .

CELESTINA. Bien ternás, señora, noticia en esta cibdad de un caballero mancebo, gentilhombre de clara° sangre, que llaman Calisto.

pura, distinguida

MELIBEA. ¡Ya, ya, ya! Buena vieja, no me digas más, no pases adelante. Ese es el doliente por quien has hecho tantas premisas° en tu demanda? . . . De locura será su mal . . . No se dice en vano que el más empecible° miembro del mal hombre o mujer es la lengua. ¡Quemada seas, alcahueta falsa, hechicera, enemiga de honestidad, causadora de secretos yerros! ¡Jesú, Jesú! ¡Quítamela, Lucrecia, de delante, que me fino°, que no me ha dejado gota de sangre en el cuerpo! Bien se lo merece esto e más quien a estas tales° da oídos. Por cierto, si no mirase a mi honestidad e por no publicar su osadía de ese atrevido, yo te fiziera, malvada, que tu razón e vida acabaran en un tiempo°.

has... has tardado tanto en nombrarlo

dañino

muero

estas... estas viejas así

tu... tu habla y tu vida terminaran inmediatamente

CELESTINA. (*aparte*) ¡ En hora mala acá vine, si me falta mi conjuro°! ¡Ea, pues! Bien sé a quien digo°.

Celestina ha conjurado al diablo. / Le habla al diablo.

MELIBEA. ¿Aun hablas entre dientes delante mí, para acrecentar mi enojo e doblar tu pena? ¿Querrías condenar mi honestidad por dar vida a un loco°? ¿Dejar a mí triste por alegrar a él e llevar tú el provecho de mi perdición, el galardón de mi yerro? ¿Perder e destruir la casa e la honra de mi padre por ganar la de una vieja

Calisto

* Suprimimos, por razones de espacio, una larguísima parrafada de Celestina que es una obra maestra de creación de impaciencia, curiosidad, y «suspense» en Melibea.

maldita como tú? ¿Piensas que no tengo sentidas tus pisadas e entendido tu dañado mensaje? Pues yo te certifico que las albricias° que de aquí saques no sean sino estorbarte de más ofender a Dios, dando fin a tus días. Respóndeme, traidora: ¿cómo osaste tanto fazer?

CELESTINA. Tu temor, señora, tiene ocupada mi disculpa°. Mi inocencia me da osadía, tu presencia me turba en verla irada°, e lo que más siento e me pena es recibir enojo sin razón ninguna. Por Dios, señora, que me dejes concluir mi dicho, que ni él quedará culpado ni yo condenada. E verás cómo es todo más servicio de Dios que pasos deshonestos; más para dar salud al enfermo que para dañar la fama al médico. Si pensara, señora, que tan de ligero habías de conjeturar de lo pasado nocibles sospechas, no bastara tu licencia para me dar osadía a hablar en cosa que a Calisto ni a otro hombre tocase.

MELIBEA. ¡Jesú! No oiga yo mentar más ese loco, saltaparedes, fantasma de noche, luengo como cigüeña, figura de paramento° malpintado; sinó, aquí me caeré muerta . . . Avísale que se aparte de este propósito e serle ha sano° . . . E tú tórnate con su misma razón°; que respuesta de mí otra no tendrás ni la esperes . . . E da gracias a Dios, pues tan libre vas de esta feria°. Bien me habían dicho quién tú eras, e avisado de tus propiedades, aunque agora no te conocía.

CELESTINA. (*aparte*) ¡Más fuerte estaba Troya°, e aun otras más bravas he yo amansado! Ninguna tempestad mucho dura.

MELIBEA. ¿Qué dices, enemiga? Fabla que te pueda oír. ¿Tienes disculpa alguna para satisfacer mi enojo e excusar tu yerro e osadía?

CELESTINA. Mientras viviere tu ira más dañara mi descargo°. Que estás muy rigurosa, e no me maravillo: que la sangre nueva poca calor ha menester para hervir°.

MELIBEA. ¿Poca calor? ¿Poco lo puedes llamar, pues quedaste tú viva e yo quejosa sobre tan gran atrevimiento? ¿Qué palabra podías tú querer para ese tal hombre que a mí bien me estuviese°? Responde, pues dices que no has concluido: ¡quizá pagarás lo pasado!

CELESTINA. Una oración, señora, que le dijeron que sabías de Sancta Polonia para el dolor de las muelas°. Asimismo tu cordón, que es fama que ha tocado todas las reliquias que hay en Roma e Jerusalén. Aquel caballero, que dije, pena e muere de ellas. Esta fue mi venida°. Pero pues en mi dicha estaba tu airada respuesta, padézcase él su dolor, en pago de buscar tan desdichada mensajera. Que pues en tu mucha virtud me faltó piedad, también me faltará agua si a la mar me enviara°.

MELIBEA. Si eso querías, ¿por qué luego no me lo expresaste? ¿Por qué me lo dijiste en tan pocas palabras?

CELESTINA. Señora, porque mi limpio motivo me hizo creer que, aunque en menos lo propusiera°, no se había de sospechar mal. Que si faltó el debido preámbulo fue porque la verdad no es necesario abundar de muchos colores. Compasión de su dolor, confianza de tu magnificencia, ahogaron en mi boca la expresión de la causa . . .

MELIBEA. Por cierto, tantos e tales loores° me han dicho de tus mañas, que no sé si crea° que pedías oración.

CELESTINA. Nunca yo la rece e si la rezare no sea oída, si otra cosa de mí se saque, aunque mil tormentos me diesen . . .

MELIBEA. Tanto afirmas tu ignorancia que me haces creer lo que puede ser. Quiero, pues, en tu dubdosa disculpa, tener la sentencia en peso° e no disponer de tu demana al sabor de ligera

premio (que se le da a uno por traer buenas noticias)

tiene... tiene interrumpida la explicación de mi disculpa / airada, enojada

adorno de altar (Se usa el término para referirse a alguien que es alto o largo y raro.)

serle... se sanará

parlamento

aquí, asunto

ciudad del Asia Menor, que sostuvo contra los griegos un sitio de diez años. Los griegos construyeron un gigantesco caballo de madera que abandonaron delante de la ciudad. Los troyanos lo introdujeron a la plaza y los soldados griegos que estaban escondidos en el vientre del caballo salieron y vencieron a los troyanos.

Mientras... No puedo responder a tu acusación mientras estás enojada.

la... los jóvenes necesitan poca provocación para enojarse (En el español antiguo, **calor** es femenino.)

que... que fuese apropiada para que yo la dijera

En la Edad Media y el Renacimiento, dolor de muelas es un eufemismo por deseo sexual.

Esta... Esta fue la razón por la cual vine.

Es decir, si no puedo encontrar piedad en tu gran virtud, tampoco encontraré agua en el mar. (Una mujer virtuosa como lo es usted seguramente siente compasión por los que sufren.) Celestina le baja la resistencia a Melibea haciendo que se sienta culpable por su falta de compasión.

aunque... aunque me expresara en menos palabras

alabanzas (Nótese el sentido irónico de la frase.) / **no**... debo creer

tener... suspender el juicio, no juzgarte inmediatamente

interpretación°. No tengas en mucho° ni te maravilles de mi pasado sentimiento, porque concurrieron dos cosas en tu habla que cualquiera de ellas era bastante para sacarme de seso°: nombrarme ese tu caballero, que conmigo se atrevió a hablar, e también pedirme palabra sin más causa, que no se podía sospechar sino daño para mi honra. Pero pues todo viene de buena parte, de lo pasado haya perdón. Que en alguna manera es aliviado mi corazón, viendo que es obra pía e santa sanar los pasionados° e enfermos.

Es decir, no quiero juzgar tu historia sin haberla escuchado toda. / **No**... No le des importancia

sacarme... volverme loca

los que sufren

CELESTINA. ¡E tal enfermo, señora! Por Dios, si bien le conocieses, no le juzgases por el que has dicho e mostrado con tu ira. En Dios e en mi alma, no tiene hiel; gracias, dos mil°: en franqueza, Alejandro; en esfuerzo, Etor°; gesto, de un rey, gracioso, alegre; jamás reina en él tristeza. De noble sangre, como sabes. Gran justador, pues verlo armado, un Sant George°. Fuerza e esfuerzo, no tuvo Hércules tanta. La presencia e facciones, dispusición°, desenvoltura, otra lengua había menester para las contar. Todo junto semeja ángel del cielo. Por fe, tengo que no era tan hermoso aquel gentil Narciso° que se enamoró de su propia figura cuando se vio en las aguas de la fuente. Agora señora, tiénele derribado una sola muela, que jamás cesa de quejar.

Tiene dos mil virtudes. Sigue una enumeración de las gracias y los talentos de Calisto en la cual Celestina lo compara con grandes figuras mitológicas y religiosas.

Héctor, el más valiente de los jefes troyanos

San Jorge, uno de los grandes defensores de la fe en el Asia Menor. Patrono de Inglaterra. A menudo se representa en arte matando un dragón.

disposición

Según el mito, Narcisco era tan bello que se enamoró de su propia imagen mirándose en las aguas de una fuente. Al tratar de besar el reflejo, se precipitó en el fondo y se ahogó. La mención de Narciso es un presagio de la muerte de Calisto.

MELIBEA. ¿Y qué tanto tiempo ha?

CELESTINA. Podrá ser, señora, de veintitrés años°; que aquí está Celestina que le vio nacer e le tomó a los pie de su madre.

Celestina finge entender mal la pregunta de Melibea para darle más datos personales sobre Calisto. Así va despertando el interés de la joven.

MELIBEA. Ni te pregunto eso ni tengo necesidad de saber su edad; sino qué tanto que tiene el mal.

CELESTINA. Señora, ocho días. Que parece que ha un año en su flaqueza°. E el mayor remedio que tiene es tomar una vihuela° e tañe tantas canciones e tan lastimeras, que no creo que fueron otras las que compuso aquel emperador e gran músico Adriano de la partida del ánima°, por sufrir sin desmayo la ya vecina muerte . . . Mirá, señora, si una pobre vieja como yo si se hallará dichosa en dar la vida° a quien tales gracias tiene. Ninguna mujer le ve que no alabe a Dios, que así le pintó°. Pues si le habla, acaso no es más señora de sí de lo que él ordena. Y pues tanta razón tengo, juzgá, señora, por bueno mi propósito, mis pasos saludabes e vacíos de sospecha.

Que... Aunque está tan débil como si hubiera estado enfermo por un año. / instrumento semejante a la guitarra

Adriano, emperador de Roma, compuso un poema a su ánima justo antes de morir.

Celestina «dio la vida» a Calisto en el sentido de que atendió a su madre durante el parto.

Ninguna... Toda mujer que lo vea alaba a Dios por haberle hecho tan hermoso.

MELIBEA. ¡Oh, cuánto me pesa con la falta de mi paciencia! Porque siendo él ignorante e tú inocente, habéis padecido las alteraciones de mi airada lengua. Pero la mucha razón me relieva de culpa, la cual tu habla sospechosa causó. En pago de tu buen sofrimiento, quiero cumplir tu demanda e darte luego mi cordón. E porque para escribir la oración no habrá tiempo sin que venga mi madre, si esto no bastare, ven mañana por ella muy secretamente°.

El hecho de que Melibea quiera que Celestina venga secretamente indica que está consciente de actuar mal.

LUCRECIA. (*aparte*) ¡Ya, ya perdida es mi ama! ¿Secretamente quiere que venga Celestina? ¡Fraude hay! ¡Más le querrá dar que lo dicho!

MELIBEA. ¿Qué dices, Lucrecia?

LUCRECIA. Señora, que baste lo dicho, que es tarde.

MELIBEA. Pues, madre, no le des parte° de lo que pasó a ese caballero, porque no me tenga por cruel o arrebatada o deshonesta.

no... no le digas

LUCRECIA. (*aparte*) No miento yo, que ¡mal va este fecho!

El décimo aucto

ARGUMENTO DEL DÉCIMO AUTO

Mientra° andan CELESTINA e LUCRECIA por el camino°, está hablando MELIBEA consigo misma. Llegan a la puerta. Entra LUCRECIA primero.

Mientras / Melibea, que ahora reconoce su amor por Calisto, ha mandado a Lucrecia a buscar a Celestina.

Hace entrar a CELESTINA. MELIBEA, después de muchas razones, descubre a CELESTINA arder en amor de CALISTO. Ven venir a ALISA, madre de MELIBEA. Despídense d'en uno°. Pregunta ALISA a MELIBEA de los negocios de CELESTINA, defendiéndole° su mucha conversación.

d'en... en seguida

prohibiéndole

MELIBEA. ¡Oh lastimada de mí! ¡Oh malproveída° doncella! ¿E no me fuera mejor conceder su petición e demanda ayer a Celestina, cuando de parte de aquel señor, cuya vista me cautivó, me fue rogado, e contentarle a él e sanar mí, que no venir por fuerza a descobrir mi llaga°, cuando ya, desconfiando de mi buena respuesta, haya puesto sus ojos en amor de otra? ¡Cuánta más ventaja toviera mi prometimiento rogado, que mi ofrecimiento forzoso°! ¡Oh mi fiel criada Lucrecia! ¿Qué dirás de mí? ¿Qué pensarás de mi seso cuando me veas publicar lo que a ti jamás he querido descobrir? ¡Cómo te espantarás del rompimiento de mi honestidad e vergüenza, que siempre como encerrada doncella acostumbré tener! No sé si habrás barruntado° de dónde proceda mi dolor. ¡Oh, si ya vinieses con aquella medianera de mi salud°! ¡Oh soberano Dios! A ti que todos los atribulados llaman, los apasionados piden remedio, los llagados medicina; a ti, que los cielos, mar e tierra con los infernales centros obedecen; a ti, el cual todas las cosas a los hombres sojuzgaste, humildemente suplico des a mi herido corazón sufrimiento e paciencia, con que mi terrible pasión pueda disimular. No se desdore aquella hoja de castidad°, que tengo asentada sobre este amoroso deseo, publicando ser otro mi dolor°, que no el que me atormenta. Pero, cómo lo podré hacer, lastimándome tan cruelmente el ponzoñoso bocado, que la vista de su presencia de aquel caballero me dio? ¡Oh género femíneo°, encogido e frágil! ¿Por qué no fue también a las hembras concedido poder descobrir su congojoso e ardiente amor, como a los varones? Que ni Calisto viviera quejoso ni yo penada.

que no sabe prever las cosas

descobrir... revelar mi amor

Es decir, habría sido mejor darle mi amor a Calisto cuando Celestina se me acercó que verme ahora obligada a ofrecérselo.

adivinado

Ahora, en vez de «enemiga» «alcahueta falsa», Melibea llama a Celestina «medianera de mi salud.» Ha caído en la trampa. De aquí en adelante, se usará el vocabulario de la medicina para referirse a la situación. El amor es la enfermedad y Celestina es el médico.

No... No se manche mi castidad

Melibea ha dicho que está sufriendo de otra cosa para no publicar la verdadera fuente de su dolor.

femenino

LUCRECIA. Tía, detente un poquito cabe° esta puerta. Entraré a ver con quién está hablando mi señora. Entra, entra, que consigo lo ha°.

junto a

consigo... está hablando sola

MELIBEA. Lucrecia, echa esa antepuerta°. Oh, vieja sabia e honrada, ¡tú seas bienvenida! ¿Qué te parece, cómo ha querido mi dicha e la fortuna ha rodeado que yo tuviese de tu saber necesidad, para que tan presto me hubieses de pagar en la misma moneda el beneficio que por ti me fue demandado para ese gentilhombre, que curabas con la virtud de mi cordón?

cortina o reja que se encuentra delante de una puerta

CELESTINA. ¿Qué es, señora, tu mal, que así muestra las señas de tu tormento en las coloradas colores de tu gesto°?

Melibea ha enrojecido.

MELIBEA. Madre mía, que comen este corazón serpientes dentro de mi cuerpo.

CELESTINA. (*aparte*) Bien está. Así lo quería yo. Tú me pagarás, doña loca, la sobra de tu ira.

MELIBEA. ¿Qué dices? ¿Has sentido en verme alguna causa, donde mi mal proceda?

CELESTINA. No me has, señora, declarado la calidad del mal. ¿Quieres que adevine° la causa? Lo que yo digo es que recibo mucha pena de ver triste tu graciosa° presencia.

adivine

bella, atractiva

MELIBEA. Vieja honrada, alégramela tú, que grandes nuevas me han dado de tu saber.

CELESTINA. Señora, el sabedor solo es Dios; pero, como para salud e remedio de las enfermedades fueron repartidas las gracias° en las gentes de hallar las melecinas°, de ellas° por experiencia, de ellas° por arte, de ellas por natural instinto, alguna partecica° alcanzó a esta pobre vieja, de la cual al presente podrás ser servida°.

talentos

medicinas / **de**... algunas / **de**... otras

parte

La idea es: Dios le dio a la gente los talentos necesarios para curar las enfermedades; yo

MELIBEA. ¡Oh qué gracioso e agradable me es oírte! Saludable es al enfermo la alegre cara del que le visita. Paréceme que veo mi corazón entre tus manos fecho pedazos. El cual, si tu quisieses, con muy poco trabajo juntarías con la virtud de tu lengua° . . . Pues, por amor de Dios, te despojes° para muy diligente entender en mi mal e me des algún remedio.

con... curarías fácilmente (mi corazón) con tus palabras

te saques el manto

CELESTINA. Gran parte de la salud es desearla, por lo cual creo menos peligroso ser tu dolor. Pero para darte saludable melecina, es necesario saber de ti tres cosas. La primera, a qué parte de tu cuerpo más declina e aqueja el sentimiento. Otra: si es nuevamente por ti sentido, porque más presto se curan las tiernas enfermedades en sus principios, que cuando han hecho curso en la perseveración de su oficio . . . La tercera, si procede de algún cruel° pensamiento, que asentó en aquel lugar°. Y esto sabido, verás obrar mi cura. Por ende°, cumple° que al médico como al confesor se hable toda verdad abiertamente.

doloroso

la parte del cuerpo que duele / por lo tanto

es esencial

MELIBEA. Amiga Celestina, mujer bien sabia e maestra grande, mucho has abierto el camino por donde mi mal te pueda especificar°. Por cierto, tú lo pides como mujer bien experta en curar tales enfermedades. Mi mal es de corazón, la izquierda teta° es su aposentamiento, tiende sus rayos a todas partes. Lo segundo, es nuevamente nacido en mi cuerpo. Que no pensé jamás que podía dolor privar el seso, como éste hace. Túrbame la cara, quítame el comer, no puedo dormir, ningún género de risa querría ver. La causa o pensamiento, que es la final cosa por ti preguntada de mi mal, ésta no sabré decir. Porque ni muerte de debdo° ni pérdida de temporales bienes ni sobresalto de visión ni sueño desvariado ni otra cosa puedo sentir, que fuese, salvo la alteración, que tú me causaste con la demanda que sospeché de parte de aquel caballero Calisto, cuando me pediste la oración.

aclarar

seno (el lugar en el que se encuentra el corazón)

deudo, pariente

CELESTINA. ¿Cómo, señora, tan mal hombre es aquél? ¿Tan mal nombre es el suyo, que en sólo ser nombrado trae consigo ponzoña su sonido? No creas que sea ésa la causa de tu sentimiento, antes otra que yo barrunto. Y pues, que así es, si tú licencia me das, yo, señora, te la diré.

MELIBEA. ¿Cómo, Celestina? ¿Qué es ese nuevo salario°, que pides? ¿De licencia tienes tú necesidad para darme la salud? ¿Cuál físico° jamás pidió tal seguro para curar al paciente? Di, di, que siempre la tienes de mí, tal que° mi honra no dañes con tus palabras°.

condición, pago, cosa que se pide

doctor

con tal de que / Melibea todavía mantiene el deseo que conservar su honor intacto. Pronto su pasión llegará a ser tan fuerte que abandonará esta pretensión.

CELESTINA. Véote, señora, por una parte quejar el dolor, por otra temer la melecina. Tu temor me pone miedo, el miedo silencio, el silencio tregua entre tu llaga e mi melecina. Así que será causa, que ni tu dolor cese ni mi venida aproveche.

MELIBEA. Cuanto más dilatas la cura, tanto más me acrecientas e multiplicas la pena e pasión° . . . Oh, cómo me muero con tu dilatar! Di, por Dios, lo que quisieres, haz lo que supieres, que no podrá ser tu remedio tan áspero que iguale con mi pena e tormento. Agora toque en mi honra, agora dañe mi fama, agora lastime mi cuerpo, aunque sea romper mis carnes para sacar mi dolorido corazón, te doy mi fe ser segura e, si siento alivio, bien galardonada°.

Celestina tarda otra vez en definir la solución para aumentar el deseo de la doncella y obligarla a rogar.

generosa

LUCRECIA. (*aparte*) El seso tiene perdido mi señora. Gran mal es éste. Cativádola ha° esta hechicera.

Cativádola... La ha cautivado

CELESTINA. (*aparte*) Nunca me ha de faltar un diablo acá e acullá: escapóme Dios de Pármeno, tópome con Lucrecia°.

Ahora que se ha deshecho de Pármeno, Lucrecia le pone obstáculos.

MELIBEA. ¿Qué dices, amada maestra? ¿Qué te fablaba esa moza?

CELESTINA. No le oí nada. Que es muy necesario para tu salud que no esté persona delante e así que la debes mandar salir. E tú, hija Lucrecia, perdona.

MELIBEA. Salte fuera presto.

LUCRECIA. ¡Ya! ¡ya! (*aparte*) ¡Todo es perdido! (*en voz alta*) Ya me salgo, señora.

CELESTINA. También me da osadía tu gran pena, como ver que con tu sospecha has ya tragado alguna parte de mi cura°; pero todavía es necesario traer más clara melecina e más saludable descanso de casa de aquel caballero Calisto.

Celestina está contenta de ver que Melibea recela de Lucrecia porque esto indica que ya está dispuesta a entregarse por entero a la alcahueta.

MELIBEA. Calla, por Dios, madre. No traigan de su casa cosa para mi provecho ni le nombres aquí.

CELESTINA. Sufre, señora con paciencia, que es el primer punto e principal. No se quiebre; si no, todo nuestro trabajo es perdido. Tu llaga es grande, tiene necesidad de áspera cura. E lo duro con duro se ablanda más eficacemente. E dicen los sabios que la cura del lastimero médico deja mayor señal e que nunca peligro sin peligro se vence. Ten paciencia, que pocas veces lo molesto sin molestia se cura. E un clavo con otro se expele e un dolor con otro. No concibas odio ni desamor ni consientas a tu lengua decir mal de persona tan virtuosa como Calisto, que si conocido fuese . . .

MELIBEA. ¡Oh por Dios, ¡que me matas! ¿E no te tengo dicho que no me alabes ese hombre ni me le nombres en bueno ni en malo?

CELESTINA. Señora, éste es otro e segundo punto, el cual si tú con tu mal sofrimiento no consientes, poco aprovechará mi venida, e si, como prometiste, lo sufres, tú quedarás sana e sin debda e Calisto sin queja e pagado. Primero te avisé de mi cura e de esta invisible aguja, que sin llegar a ti, sientes en sólo mentarla en mi boca.

MELIBEA. Tantas veces me nombrarás ese tu caballero, que ni mi promesa baste ni la fe, que te di, a sofrir tus dichos . . . Más agradable me sería que rasgases mis carnes e sacases mi corazón, que no traer esas palabras aquí.

CELESTINA. Sin te romper las vestiduras se lanzó en tu pecho el amor: no rasgaré yo tus carnes para le curar.

MELIBEA. ¿Cómo dices que llaman a este mi dolor que así se ha enseñoreado en lo mejor de mi cuerpo?

CELESTINA. Amor dulce.

MELIBEA. Eso me declara qué es, que en sólo oírlo me alegro.

CELESTINA. Es un fuego escondido, una agradable llaga, un sabroso veneno, una dulce amargura, una delectable dolencia, un alegre tormento, una dulce e fiera herida, una blanda muerte.

MELIBEA. ¡Ay mezquina de mí! Que si verdad es tu relación, dubdosa será mi salud. Porque, según la contrariedad que esos nombres entre sí muestran, lo que al uno fuere provechoso acarreará al otro más pasión°.

lo... lo que es provechoso para una persona puede ser dañino para otra

CELESTINA. No desconfíe, señora, tu noble juventud de salud, que, cuando el alto Dios da la llaga, tras ella envía el remedio. Mayormente que sé yo al mundo nacida una flor que de todo esto te dé libre°.

sé... yo conozco una flor que pondrá fin a tu sufrimiento

MELIBEA. ¿Cómo se llama?

CELESTINA. No te lo oso decir.

MELIBEA. Di, no temas.

CELESTINA. ¡Calisto! ¡Oh por Dios, señora Melibea! ¿Qué poco esfuerzo es éste? ¿Qué descaecimiento°? ¡Alza la cabeza! ¡Oh malaventurada vieja! ¡En esto han de parar mis pasos! Si muere, matarme han; aunque viva, seré sentida°, que ya no podrá sofrirse de no publicar su mal e mi cura. Señora mía Melibea, ángel mío, ¿qué has sentido?

Melibea se ha desmayado.

oída, descubierta. (Nótese que a Celestina no le importa que muera Melibea con tal de que ella [Celestina] no salga perjudicada.)

¿Qué es de tu habla graciosa? ¿Qué es de tu color alegre? Abre tus claros ojos. ¡Lucrecia! ¡Lucrecia! ¡Entra presto acá! Verás amortecida a tu señora entre mis manos. Baja presto por un jarro de agua.

MELIBEA. Paso, paso°, que yo me esforzaré. No escandalices la casa.

CELESTINA. ¡Oh cuitada° de mí! No te descaezcas, señora, háblame como sueles.

MELIBEA. Y muy mejor. Calla, no me fatigues.

CELESTINA. ¿Pues qué me mandas que faga, perla graciosa? ¿Qué ha sido este tu sentimiento? Creo que se van quebrando mis puntos°.

MELIBEA. Quebróse mi honestidad, quebróse mi empacho, aflojó mi mucha vergüenza e como muy naturales, como muy domésticos°, no pudieron tan livianamente despedirse de mi cara, que no llevasen consigo su color por algún poco de espacio, mi fuerza, mi lengua e gran parte de mi sentido. ¡Oh! pues ya, mi buena maestra, mi fiel secretaria°, lo que tú tan abiertamente conoces, en vano trabajo por te lo encubrir. Muchos e muchos días son pasados que ese noble caballero me habló en amor. Tanto me fue entonces su habla enojosa, cuanto, después que tú me le tornaste a nombrar, alegre. Cerrado han tus puntos mi llaga, venida soy en tu querer . . . Pospuesto° todo temor, has sacado de mi pecho lo que jamás a ti ni a otro pensé descubrir . . .

CELESTINA. Pues así, señora, has querido descubrir la gran merced, que nos has hecho, declara tu voluntad, echa tus secretos en mi regazo, pon en mis manos el concierto de este concierto°. Yo daré forma cómo tu deseo e el de Calisto sean en breve cumplidos.

MELIBEA. ¡Oh mi Calisto e mi señor! ¡Mi dulce e suave alegría! Si tu corazón siente lo que agora el mío, maravillada estoy cómo la absencia te consiente vivir. ¡Oh mi madre e mi señora! haz de manera como luego le pueda ver, si mi vida quieres.

CELESTINA. Ver e hablar.

MELIBEA. ¿Hablar? Es imposible.

CELESTINA. Ninguna cosa a los hombres que quieren hacerla, es imposible.

MELIBEA. Dime cómo.

CELESTINA. Yo lo tengo pensado, yo te lo diré: por entre las puertas de tu casa.

MELIBEA. ¿Cuándo?

CELESTINA. Esta noche.

MELIBEA. Gloriosa° me serás, si lo ordenas°. Di a qué hora.

CELESTINA. A las doce.

MELIBEA. Pues ve, mi señora, mi leal amiga, e fabla con aquel señor e que venga muy paso e se dará concierto, según su voluntad, a la hora que has ordenado.

CELESTINA. Adiós, que viene hacia acá tu madre.

MELIBEA. Amiga Lucrecia e mi fiel secretaria, ya has visto cómo no ha sido más en mi mano. Cativóme el amor de aquel caballero. Ruégote, por Dios, se cubra con secreto sello, porque yo goce de tan suave amor. Tú serás de mí tenida en aquel lugar que merece tu fiel servicio . . .

LUCRECIA. Pues ya no tiene tu merced otro medio, sino morir o amar, mucha razón es que se escoja por mejor aquello que en sí lo es.

ALISA. ¿En qué andas acá, vecina, cada día?

CELESTINA. Señora, faltó ayer un poco de hilado al peso° e vínelo a cumplir, porque di mi palabra e, traído, voyme. Quede Dios contigo.

ALISA. E contigo vaya.

silencio, silencio

pobre

Celestina ha entrado en la casa como costurera.

como... porque están establecidos tan firmemente en mi ser

confidente

Dejado atrás, puesto detrás mío

el... el desempeño de este proyecto

Doble sentido; **Gloriosa** es tambien uno de los epitetos clásicos de la Virgen María. / arreglas

faltó... no tenía bastante hilo para darle la cantidad que me pidió

ALISA. Hija Melibea, ¿qué quería la vieja?
MELIBEA. Venderme un poquito de solimán.
ALISA. Eso creo yo más que lo que la vieja ruin dijo. Pensó que recibiría yo pena de ello e mintióme. Guárdate, hija, de ella, que es gran traidora. Que el sotil ladrón siempre rodea las ricas moradas. Sabe ésta con sus traiciones, con sus falsas mercadurías, mudar los propósitos castos. Daña la fama. A tres veces que entra en una casa, engendra sospecha.
LUCRECIA. (*aparte*) Tarde acuerda nuestra ama.
ALISA. Por amor mío, hija, que si acá tornare sin verla yo, que no hayas por bien su venida ni la recibas con placer. Halle en ti honestidad en tu respuesta e jamás volverá. Que la verdadera virtud más se teme que espada.
MELIBEA. ¿De ésas es? ¡Nunca más! Bien huelgo, señora, de ser avisada, por saber de quién me tengo de guardar.

Aucto décimonono

ARGUMENTO DEL DÉCIMONONO ACTO

Yendo CALISTO con SOSIA e TRISTÁN° al huerto de PLEBERIO a visitar a MELIBEA, que lo estaba esperando e con ella LUCRECIA, cuenta SOSIA lo que aconteció con AREUSA°. Estando CALISTO dentro del huerto con MELIBEA, viene TRASO e otros por mandado de CENTURIO° a complir lo que había prometido a AREUSA e a ELICIA, a los cuales sale SOSIA; e oyendo CALISTO desde el huerto, donde estaba con MELIBEA, el ruido que traían, quiso salir fuera; la cual salida fue causa que sus días pereciesen, porque los tales° este don reciben por galardón e por esto han de saber desamar los amadores . . .

En un acto anterior, Pármeno y Sempronio asesinaron a Celestina y fueron ajusticiados. Sosia y Tristán son los nuevos criados de Calisto / una de las prostitutas de Celestina; amiga de Pármeno / enemigo de Calisto

los amantes locos

CALISTO. Señora, Sosia es aquél que da voces. Déjame ir a valerle, no le maten, que no está sino un pajecico con él. Dame presto mi capa, que está debajo de ti.
MELIBEA. ¡Oh triste de mi ventura! No vayas allá sin tus corazas; tórnate a armar.
CALISTO. Señora, lo que no hace espada e capa e corazón no lo fazen corazas e capacete° e cobardía.
SOSIA. ¿Aun tornáis? . . .
CALISTO. Déjame, por Dios, señora, que puesta está la escala°.
MELIBEA. ¡Oh desdichada yo! ¿Y cómo vas tan recio° e con tanta prisa e desarmado a meterte entre quien no conoces? Lucrecia, ven presto acá, que es ido Calisto a un ruido. Echémosle sus corazas por la pared, que se quedan acá.
TRISTÁN. Tente, señor, no bajes, que idos son; que no era sino Traso el cojo e otros bellacos, que pasaban voceando. Que ya se torna Sosia. Tente, tente, señor, con las manos a la escala.
CALISTO. ¡Oh, válgame Santa María°! ¡Muerto soy! ¡Confesión!
TRISTÁN. Llégate presto, Sosia, que el triste de nuestro amo se ha caído de la escala e no habla ni se bulle°.
SOSIA. ¡Señor, señor! ¡A esotra puerta°! ¡Tan muerto está como mi abuelo! ¡Oh gran desventura!
LUCRECIA. ¡Escucha, escucha! ¡Gran mal es éste!
MELIBEA. ¡Qué es esto? ¡Qué oigo? ¡Amarga de mí!
TRISTÁN. ¡Oh mi señor e mi bien muerto! ¡Oh mi señor despeñado! ¡Oh triste muerte sin confesión! Coge, Sosia, esos sesos de esos

armadura que cubre la cabeza

Los criados han puesto una escala de cuerda para que Calisto pueda bajar.

impetuosamente

Se ha caído Calisto.

se mueve

Del dicho: «A esotra puerta, que ésta no se abre.» Se dice cuando no responde un sordo u otra persona.

cantos°, júntalos con la cabeza del desdichado amo nuestro, ¡Oh día de aciago°! ¡Oh arrebatado fin!

piedras (que se usan para pavimentar la calle)

ave mala (mala suerte, amargura)

MELIBEA. ¡Oh desconsolada de mí! ¿Qué es esto? ¿Qué puede ser tan áspero acontecimiento como oigo? Ayúdame a sobir, Lucrecia, por estas paredes, veré mi dolor; si no, hundiré con alaridos la casa de mi padre. ¡Mi bien e placer, todo es ido en humo! ¡Mi alegría es perdida! ¡Consumióse mi gloria!

LUCRECIA. Tristán, ¿qué dices, mi amor? ¿Qué es eso, que lloras tan sin mesura?

TRISTÁN. ¡Lloro mi gran mal, lloro mis muchos dolores! Cayó mi señor Calisto de la escala e está muerto. Su cabeza está en tres partes. Sin confesión pereció. Díselo a la triste e nueva amiga, que no espere más su penado amador. Toma tú, Sosia, de esos pies. Llevemos el cuerpo de nuestro querido amo donde no padezca su honra detrimento, aunque sea muerto en este lugar°. Vaya con nosotros llanto, acompáñenos soledad, síganos desconsuelo, visítenos tristeza, cúbranos luto e dolorosa jerga°.

Tristán desea proteger el honor de su amo, el cual sería dañado si se publicara el hecho de que Calisto había muerto saliendo del huerto de Melibea. / tela gruesa

MELIBEA. ¡Oh la más de las tristes triste! . . . ¿Oyes lo que aquellos mozos van hablando? ¿Oyes sus tristes cantares? ¡Rezando llevan con responso° mi bien todo! ¡Muerta llevan mi alegría! ¡No es tiempo de yo vivir! ¿Cómo no gocé más del gozo?° ¿Cómo tuve en tan poco la gloria que entre mis manos tove? ¡Oh ingratos mortales! ¡Jamás conocéis vuestros bienes sino cuando de ellos carecéis!

rezo de difuntos

Melibea lamenta el hecho de no haberse entregado a Calisto la primera vez que Celestina le pidió que lo recibiera. Al tardar en ceder a las demandas de la alcahueta, disminuyó el tiempo de sus amores con Calisto.

LUCRECIA. Avívate, aviva, que mayor mengua° será hallarte en el huerto que placer sentiste con la venida ni pena con ver que es muerto. Entremos en la cámara, acostarte has. Llamaré a tu padre e fingiremos otro mal, pues éste no es para poderse encobrir°.

vergüenza, descrédito, deshonor

Lucrecia sabe que será imposible ocultar el desfallecimiento de Melibea. Por lo tanto, será necesario inventar una explicación para satisfacer la curiosidad de los de la casa.

El veinteno aucto

ARGUMENTO DEL VEINTENO AUTO

LUCRECIA llama a la puerta de la cámara de PLEBERIO. Pregúntale PLEBERIO lo que quiere. LUCRECIA le da priesa que vaya a ver a su hija MELIBEA. Levantado PLEBERIO, va a la cámara de Melibea. Consuélala, preguntando qué mal tiene. Finge MELIBEA dolor de corazón. Envía MELIBEA a su padre por algunos instrumentos músicos. Sube ella e LUCRECIA en una torre. Envía de sí a LUCRECIA. Cierra tras ella la puerta. Llégase su padre al pie de la torre. Descúbrele MELIBEA todo el negocio que había pasado. En fin, déjase caer de la torre abajo.

PLEBERIO. ¿Qué quieres, Lucrecia? ¿Qué quiere tan presurosa? ¿Qué pides con tanta importunidad e poco sosiego? ¿Qué es lo que mi hija ha sentido? ¿Qué mal tan arrebatado puede ser, que no haya yo tiempo de vestirme ni me des aun espacio a me levantar?

LUCRECIA. Señor, apresúrate mucho si la quieres ver viva, que ni su mal conozco de fuerte° ni a ella ya de desfigurada°.

porque es tan fuerte / porque su mal la ha desfigurado tanto

PLEBERIO. ¿Qué es esto, hija mía? ¿Qué dolor e sentimiento es el tuyo? ¿Qué novedad es ésta? ¿Qué poco esfuerzo es éste? Mírame, que soy tu padre. Fabla comigo, cuéntame la causa de tu arrebatada pena. ¿Qué has?° ¿Qué sientes? ¿Qué quieres? Háblame, mírame, dime la razón de tu dolor, por que° presto sea remediado. No quieras enviarme con triste postrimería al sepulcro. Ya sabes que no tengo otro bien sino a ti. Abre esos alegres ojos e mírame.

tienes

para que

MELIBEA. ¡Ay dolor!

PLEBERIO. ¿Qué dolor puede ser que iguale con ver yo el tuyo? Tu madre está sin seso en oír tu mal. No pudo venir a verte de turbada. Esfuerza tu fuerza, aviva tu corazón, arréciate de manera que puedas tú comigo ir a visitar a ella. Dime, ánima mía, la causa de tu sentimiento.

MELIBEA. ¡Pereció mi remedio!

PLEBERIO. Hija, mi bienamada e querida del viejo padre, por Dios, no te ponga desesperación el cruel tormento de esta tu enfermedad e pasión, que a los flacos corazones el dolor los arguye°. Si tú me cuentas tu mal, luego será remediado. Que ni faltarán medicinas ni médicos ni sirvientes para buscar tu salud, agora consista en hierbas o en piedras o en palabras o esté secreta en cuerpos de animales°. Pues no me fatigues más, no me atormentes, no me hagas salir de mi seso e dime: ¿Qué sientes?

descubre, deja ver con claridad

Muchas de las curas de la época se basaban en hierbas, piedras mágicas o de poderes curativos y animales que se usaban para el sacrificio o para la fabricación de medicinas.

MELIBEA. Una mortal llaga en medio del corazón, que no me consiente hablar. No es igual a los otros males; menester es sacarle para ser curada, que está en lo más secreto de él.

PLEBERIO. Temprano cobraste los sentimientos de la vejez. La mocedad toda suele ser placer e alegría, enemiga de enojo. Levántate de ahí. Vamos a ver los frescos aires de la ribera; alegrarte has con tu madre, descansará tu pena. Cata°, si huyes de placer, no hay cosa más contraria a tu mal.

Mira

MELIBEA. Vamos donde mandares. Subamos, señor, a la azotea alta, porque° desde allí goce de la deleitosa vista de los navíos; por ventura aflojará algo mi congoja.

para que

PLEBERIO. Subamos, e Lucrecia con nosotros.

MELIBEA. Mas, si a ti placerá, padre mío, manda traer algún instrumento de cuerdas con que se sufra mi dolor o tañendo o cantando, de manera que, aunque aqueje° por una parte la fuerza de su accidente, lo mitigarán por otra los dulces sones e alegre armonía.

lamente

PLEBERIO. Eso, hija mía, luego es hecho. Yo lo voy a aparejar.°

preparar

MELIBEA. Lucrecia, amiga mía, muy alto es esto°. Ya me pesa por dejar la compañía de mi padre. Baja a él e dile que se pare al pie de esta torre, que le quiero decir una palabra que se me olvidó que hablase a mi madre.

Melibea y Lucrecia han subido a la torre.

LUCRECIA. Ya voy, señora.

MELIBEA. De todos soy dejada. Bien se ha aderezado° la manera de mi morir. Algún alivio siento en ver que tan presto estaremos juntos yo e aquel mi querido amado Calisto. Quiero cerrar la puerta, porque ninguno suba a estorbarme mi muerte. No me impidan la partida, no me atajen° el camino por el cual en breve tiempo podré visitar en este día al que me visitó la pasada noche. Todo se ha hecho a mi voluntad. Buen tiempo terné para contar a Pleberio mi señor la causa de mi ya acordado fin. Gran sinrazón hago a sus canas, gran ofensa a su vejez. Gran fatiga le acarreo con mi falta. En gran soledad le dejo; pero no es más en mi mano. Tú, Señor°, que de mi habla eres testigo, ves mi poco poder; ves cuán cativa° tengo mi libertad, cuán presos mis sentidos de tan poderoso amor del muerto caballero, que priva al que tengo° con los vivos padres.

dispuesto

impidan que siga

Se dirige ahora a Dios.

cautiva

Es decir, el amor que le tengo a Calisto supera el que les tengo a mis padres.

PLEBERIO. Hija mía, Melibea, ¿qué haces sola? ¿Qué es tu voluntad decirme? ¿Quieres que suba allá?

MELIBEA. Padre mío, no pugnes° ni trabajes por venir adonde yo estó°, que estorbarás la presente habla que te quiero fazer. Lastimado serás brevemente con la muerte de tu única fija. Mi fin es llegado, llegado es mi descanso e tu pasión°, llegado es mi alivio e tu pena, llegada es

luches / estoy

sufrimiento

mi acompañada hora° e tu tiempo de soledad. No habrás, honrado padre, menester instrumentos para aplacar mi dolor, sino campanas para sepultar mi cuerpo. Si me escuchas sin lágrimas, oirás la causa desesperada de mi forzada e alegre partida. No la interrumpas con lloro ni palabras; si no, quedarás más quejoso en no saber por qué me mato, que doloroso por verme muerta. Ninguna cosa me preguntes ni respondas, más de lo que de mi grado decirte quisiere. Porque, cuando el corazón está embargado de pasión, están cerrados los oídos al consejo e en tal tiempo las frutuosas palabras, en lugar de amansar, acrecientan la saña. Oye, padre mío, mis últimas palabras e, si como yo espero las recibes, no culparás mi yerro. Bien ves e oyes este triste e doloroso sentimiento que toda la ciudad hace. Bien oyes este clamor de campanas, este alarido de gentes, este aullido de canes, este gran estrépito de armas. De todo esto fui yo la causa. Yo cobrí de luto e jergas en este día casi la mayor parte de la cibdadana caballería°, yo dejé hoy muchos sirvientes descubiertos° de señor, yo quité muchas raciones e limosnas a pobres e envergonzantes°, yo fui ocasión que los muertos toviesen compañía del más acabado hombre que en gracia nació, yo quité a los vivos el dechado° de gentileza, de invenciones galanas, de atavíos e bordaduras°, de habla, de andar, de cortesía, de virtud; yo fui causa que la tierra° goce sin tiempo° el más noble cuerpo e más fresca juventud que al mundo era en nuestra edad criada . . . Muchos días son pasados, padre mío, que penaba por amor un caballero que se llamaba Calisto, el cual tú bien conociste. Conociste asimismo sus padres e claro linaje: sus virtudes e bondad a todos eran manifiestas. Era tanta su pena de amor e tan poco el lugar para hablarme, que descubrió su pasión a una astuta e sagaz mujer que llamaban Celestina. La cual, de su parte venida a mí, sacó mi secreto amor de mi pecho. Descubría a ella lo que a mi querida madre encobría. Tovo manera cómo ganó mi querer, ordenó cómo su deseo e el mío hobiesen efecto. Si él mucho me amaba, no vivía engañado°. Concertó el triste concierto de la dulce e desdichada ejecución de su voluntad. Vencida de su amor, dile entrada en tu casa. Quebrantó con escalas las paredes de tu huerto, quebrantó mi propósito. Perdí mi virginidad. A la vuelta de su venida . . . no vido° bien los pasos, puso el pie en el vacío e cayó . . . Su muerte convida a la mía, convídame y fuerza que sea presto, sin dilación; muéstrame que ha de ser despeñada, por seguirle en todo . . . ¡Oh padre mío muy amado! Ruégote, si amor en esta pasada e penosa vida me has tenido, que sean juntas nuestras sepulturas; juntas nos hagan nuestras obsequias. Algunas consolatorias palabras te diría antes de mi agradable fin, colegidas° e sacadas de aquellos antiguos libros que tú, por más aclarar mi ingenio, me mandabas leer; sino que la ya dañada memoria, con la grand turbación, me las ha perdido, e aun porque veo tus lágrimas mal sufridas decir° por tu arrugada haz. Salúdame a mi cara° e amada madre, sepa de ti largamente la triste razón por qué muero. ¡Gran placer llevo de no la ver presente! Toma, padre viejo, los dones de tu vejez. Que en largos días largas se sufren tristezas°. Recibe las arras° de tu senectud antigua, recibe allá tu amada hija. Gran dolor llevo de mí, mayor de ti, muy mayor de mi vieja madre. Dios quede contigo e con ella. A El ofrezco mi ánima. Pon tú en cobro este cuerpo que allá baja.

Melibea estará «acompañada» porque piensa reunirse con Calisto después de la muerte.

la... los caballeros de la ciudad / privados

gente pobre pero digna

ejemplar

de... de adornos y galas

donde están enterrando a Calisto / **sin**... eternamente

no correspondido

vio

seleccionadas

caer

querida

Que... Cuando uno tiene una vida muy larga, sufre mucho. / regalo de matrimonio

Veinte e un aucto

ARGUMENTO DEL VEINTE E UN AUTO

PLEBERIO, tornando a su cámara con grandísimo llanto, pregúntale ALISA su mujer la causa de tan súbito mal. Cuéntale la muerte de su hija MELIBEA, mostrándole el cuerpo de ella todo hecho pedazos e haciendo su planto concluye.

ALISA. ¿Qué es esto, señor Pleberio? ¿Por qué son tus fuertes alaridos? . . .

PLEBERIO. ¡Ay, ay, noble mujer! Nuestro gozo en el pozo°. Nuestro bien todo está perdido. ¡No queramos más vivir! E porque el incogitado° dolor te dé más pena, todo junto sin pensarlo, porque más presto vayas al sepulcro, porque no llore yo solo la pérdida dolorida de entramos°, ves allí a la que tú pariste e yo engendré, hecha pedazos . . .

Nuestro... todo nuestro placer destruido
no pensado, inesperado
ambos

¡Oh vida de congojas llena, de miserias acompañada! ¡Oh mundo mundo! Muchos mucho de ti dijeron, muchos en tus cualidades metieron la mano, a diversas cosas por oídas te compararon; yo por triste experiencia lo contaré, como a quien las ventas e compras de tu engañosa feria no prósperamente sucedieron, como aquél que mucho ha fasta agora callado tus falsas propiedades, por no encender con odio tu ira, porque no me secases sin tiempo esta flor que este día echaste de tu poder. Pues agora sin temor, como quien no tiene qué perder, como aquél a quien tu compañía es ya enojosa, como caminante pobre, que sin temor de los crueles salteadores va cantando en alta voz. Yo pensaba en mi más tierna edad que eras e eran tus hechos regidos por alguna orden; agora, visto el pro e la contra de tus bienandanzas°, me pareces un laberinto de errores, un desierto espantable, una morada de fieras, juego de hombres que andan en corro°, laguna llena de cieno°, región llena de espinas, monte alto, campo pedregoso, prado lleno de serpientes, huerto florido e sin fruto, fuente de cuidados, río de lágrimas, mar de miserias, trabajo sin provecho, dulce ponzoña, vana esperanza, falsa alegría, verdadero dolor . . .

felicidad
en... en un círculo, sin llegar a ninguna parte / suciedad, inmundicias

¡Oh amor, amor! ¡Que no pensé que tenías fuerza ni poder de matar a tus subjectos! Herida fue de ti mi juventud, por medio de tus brasas pasé: ¿cómo me soltaste, para me dar la paga de la huida en mi vejez? Bien pensé que de tus lazos me había librado, cuando los cuarenta años toqué, cuando fui contento con mi conyugal compañera, cuando me vi con el fruto que me cortaste el día de hoy. No pensé que tomabas en los hijos la venganza de los padres . . . Dulce nombre te dieron; amargos hechos haces . . .

Enemigo de amigos, amigo de enemigos, ¿por qué te riges sin orden ni concierto? Ciego te pintan, pobre e mozo°. Te ponen un arco en la mano, con que tiras a tiento°; más ciegos son tus ministros, que jamás sienten ni ven el desabrido galardón que saca de tu servicio. Tu fuego es de ardiente rayo, que jamás hace señal do° llega. La leña, que gasta tu llama, son almas e vidas de humanas criaturas. Las cuales son tantas, que de quien comenzar pueda, apenas me ocurre. No sólo de cristianos; mas de gentiles e judíos e todo en pago de vuestros servicios . . .

Se refiere a la imagen de Cupido.
Cupido tira sus flechas ciegamente.
donde

Del mundo me quejo, porque en sí me crió, porque no me dando vida, no engendrara en él a Melibea; no nacida, no amara; no amando, cesara mi quejosa e desconsolada postrimería. ¡Oh mi compañera buena! ¡Oh mi hija despedazada! ¿Por qué no quesiste que estorbase tu muerte? ¿Por qué no hobiste lástima de tu querida e amada madre? ¿Por qué te mostraste tan cruel con tu viejo padre? ¿Por qué me dejaste, cuando yo te había de dejar°? ¿Por qué me dejaste penado? ¿Por qué me dejaste triste e solo *in hac lachrymarum valle*°?

Es decir, Pleberio, siendo mayor, debería haber muerto antes que Melibea.

in... en este valle de lágrimas

FRANCISCO DELICADO (c.1480–c.1534)

La Lozana Andaluza, una novela dialogada compuesta por Francisco Delicado en 1524 y retocada para entregar a la imprenta en 1528, cabe bien dentro de la corriente celestinesca. Relata la historia de Aldonza, conocida por el nombre de Lozana por su belleza y gracia, quien, después de ser abandonada en Marsella por su amante, llega a ser una famosa cortesana en Roma. En las primeras páginas se cuenta que nació en Córdoba. Su padre era un hombre vicioso que dejó a su mujer e hijas en la miseria al morir. Al fallecer su madre, Lozana se encuentra sola en el mundo y se amanceba con Diomedes, un mercader genovés, para poder sobrevivir. Diomedes le ofrece riquezas, viajes y criados, pero su buena fortuna dura poco. El padre de Diomedes encarcela a su hijo y hace que se arroje a Lozana al agua. Ella sobrevive y logra llegar a Roma, ciudad donde reina la corrupción y el libertinaje. Allí ejerce numerosos oficios: alcahueta, vendedora de afeites y perfumes, prostituta. La novela se desenvuelve en el barrio de Pozo Blanco, donde vivían muchos españoles a principios del siglo dieciséis. Se ha sugerido que Delicado era de una familia judía, y que describe con simpatía a los sefarditas que estaban refugiados en Roma en aquella época.

Como *La Celestina,* la novela de Delicado pinta un mundo corrupto, materialista y cínico. Para sobrevivir, los personajes tienen que desarrollar su ingenio. Lozana es, como la Celestina, una mujer práctica y amoral que sabe adaptarse a las circunstancias. Una vecina a quien le pide información al llegar a Pozo Blanco la describe así: «ante de ocho días sabrá toda Roma que ésta en són la veo yo, que con los cristianos será cristiana, y con los jodíos, jodía, y con los turcos, turca, y con los hidalgos, hidalga, y con los ginoveses, ginovesa, y con los franceses, francesa; que para todos tiene salida». Lozana sabe aprovecharse de la gente; entiende la psicología humana, lo cual le permite manipular a hombres y mujeres a través de sus emociones, supersticiones y vanidad. A causa de su astucia y adaptabilidad, algunos críticos la han llamado precursora del pícaro, un tipo de personaje que alcanzará gran popularidad en el siglo diecisiete.

Rampín, el criado y amante de Lozana, comparte varias características con Lazarillo de Tormes, protagonista del más conocido precursor de la novela picaresca. Como Lazarillo, sirve a varios amos. Antes de conocer a Lozana, trabaja para un escudero y un canónigo; sus experiencias le enseñan que hay hombres egoístas, avaros e hipócritas en todos los estados sociales. También se nota en Rampín el mismo cinismo e ironía que en Lazarillo.

La Lozana Andaluza comparte con *La Celestina* no sólo el enfoque humanístico que se concentra en la psicología humana, sino la forma dialogada. Un aspecto curisoso de la novela de Delicado es la intervención del Autor, quien no sólo escribe sobre lo que observa, sino que conversa con sus personajes y participa en la acción. El Autor-Personaje no es una invención totalmente original. En *El libro de buen amor,* el Arcipreste se convierte en personaje para dialogar con don Amor y doña Venus y en *Cárcel de amor,* el Autor hace el papel de intermediario entre el enamorado y su dama. Sin embargo, como Luigi Imperiale ha demonstrado en un estudio completado en 1990, Delicado lleva este recurso mucho más lejos, haciendo que Rampín esté consciente de su propia existencia fictiva.

Otro aspecto interesante de *La Lozana Andaluza* es el lingüístico. La novela está escrita en el lenguaje italohispano empleado por los españoles de clase baja que vivían en Roma. Aunque hacía tiempo que se radicaban en la capital italiana, no dominaban el idioma del nuevo país; hablaban una jerigonza en la cual se incorporaban muchos italianismos. También el uso de refranes, proverbios y dichos populares enriquece el aspecto lingüístico de la novela.

Los críticos han expresado ideas radicalmente divergentes sobre *La Lozana Andaluza.* A principios del siglo veinte, Marcelino Menéndez y Pelayo opinó que era un libro pornográfico de poca consecuencia para el desarrollo de las letras españolas. La crítica moderna ha sido más favorable. El profesor Bruno Damiani ha visto un mensaje moral en la novela. Según él, el cuadro realista del ambiente rufianesco y decadente de la capital italiana cobra mayor valor si recordamos el saco de Roma que ocurrió en 1527. Delicado describe los horrores de la destrucción de la ciudad en su epílogo, terminando su narración libertinesca con una nota trágica.

Para el estudio de *La Lozana Andaluza* recomendamos la edición de Bruno Damiani (Madrid: Castalia, 1969).

La Lozana Andaluza

MAMOTRETO XLII

CÓMO, ESTANDO LA LOZANA SOLA, DICIENDO LO QUE LE CONVENÍA HACER PARA TRATAR Y PLATICAR EN ESTA TIERRA SIN SERVIR A NADIE, ENTRÓ EL AUTOR CALLANDO, Y DISPUTARON LOS DOS; Y DICE EL AUTOR:

—Si está en casa la Lozana, quiero vella . . . En casa está . . .

SEÑORA LOZANA. ¿tiene algo de bueno a que me convide?, que vengo cansado, y parecióme que no hacía mi deber si no entraba a veros, que, como vos sabéis, os quiero yo muncho° por ser de hacia mi tierra. Bien sabéis que los días pasados me hecistes° pagar unas calzas a la Maya, y no quería yo aquello, sino cualque° viuda que me hiciese un hijo y pagalla bien, y vos que no perdiésdes nada en avisarme de cosa limpia sobre todo, y haremos un depósito que cualquier mujer se contente, y vos primero.

LOZANA. Señor, «a todo hay remedio sino a la muerte». Asentaos, y haremos colación con esto que ha traído mi criado, y después hablaremos.

—Va por vino. ¿Qué dices? ¡Oh buen grado haya tu agüelo! ¿Y de dos julios° no tienes cuatrín°? ¡Pues busca, que yo no tengo sino dos cuatrinos!

AUTOR. Deja estar: toma, cambia, y trae lo que has de traer.

LOZANA. ¡Por mi vida, no le deis nada, qu'él buscará! D'esa manera no le faltará a él qué jugar.

—¡Caminá pues, vení presto!

—¿Sabéis, señor, qué he pensado? Que quizá Dios os ha traído hoy por aquí. A mí me ha venido mi camisa°, y quiero ir esta tarde al estufa°, y como venga, que peguemos con ello, y yo soy d'esta complisión°, que como yo quiero, luego encajo, y mirá, llegar y pegar todo será uno. Y bástame a mí que lo hagáis criar vos, que no quiero otro depósito. Y sea mañana, y veníos acá, y comeremos un medio cabrieto, que sé yo hacer apedreado.

AUTOR. ¡Hi, hi! Veis, viene el vino *in quo est luxuria*°.

LOZANA. Dame a beber, y da el resto del ducado° a su dueño.

RAMPÍN. ¿Qué resto? Veislo ahí, todo es guarnacha° y malvasía° de Candía°, que cuesta dos julios el bocal, ¿y queréis resto?

LOZANA. ¡Mirá el borracho! ¿Y por fuerza habéis vos de traer guarnacha? ¡Trajérades corso o griego, y no expendiera tanto!

AUTOR. Anda, hermano, que bien hecistes traer siempre de lo mejor. Toma, tráeme un poco de papel y tinta, que quiero notar aquí una cosa que se me recordó agora.

LOZANA. ¡Mirá, manecebo, sea ese julio como el ducado, hacé de las vuestras!

—Señor, si él se mete a jugar no torna acá hoy, que yo lo conozco.

AUTOR. ¿En qué pasáis tiempo, mi señora?

LOZANA. Cuando vino vuestra merced, estaba diciendo el modo que tengo de tener para vivir, que quien venza° a los papagayos a hablar, me vezará a mí a ganar. Yo sé ensalmar° y encomendar y santiguar cuando alguno está aojado°, que una vieja me vezó, que era saludadera y buena como yo. Sé quitar ahitos, sé para lombrizes, sé encantar° la terciana°, sé remedio para la cuartana y para el mal de la madre°. Sé cortar frenillos de bobos y no bobos, sé hacer que no duelan los riñones y sanar las renes, y sé medicar la natura de la mujer y la del hombre, sé sanar la sordera y sé ensolver sueños, sé conocer en la frenta la fisionomía, y la quiromancía° en la mano, y prenosticar°.

muncho: mucho
hecistes: hiciste
cualque: cualquier, alguna
julios / cuatrín: moneda romana / moneda de poco valor
camisa: menstruo
estufa: baño de vapor
complisión: constitución
in... en el cual hay lujuria
ducado: moneda
guarnacha / malvasía: vino fino / vino muy dulce
Candía: Creta
venza: enseña
ensalmar: sanar, curar
aojado: hechizado (de mal de ojo)
encantar / terciana: curar / calentura intermitente que vuelve cada tres días
madre: útero
quiromancía: adivinación por las rayas de la mano
prenosticar: pronosticar

AUTOR. Señora Lozana, a todo quiero callar, mas a esto de los sueños, ni mirar en abusiones, no lo quiero comportar. Y pues sois mujer de ingenio notá que el hombre, cuando duerme sin cuidado, y bien cubierto y harto el estómago, nunca sueña, y al contrario, asimismo, cuando duerme el hombre sobre el lado del corazón, sueña cosas de gran tormento, y cuando despierta y se halla que no cayó de tan alto como soñaba, está muy contento, y si miráis en ello, veréis que sea verdad. Y otras veces sueña el hombre que comía o dormía con la tal personal, que ha gran tiempo que no la vido°, y otro día veràla o hablarán d'ella, y piensa que aquello sea lo que soñó, y son los humos del estómago, que fueron a la cabeza, y por eso conforman los otros sentidos con la memoria. Ansí que, como dicen los maestros que vezan los niños en las materias, «munchas veces acaece qu'el muchacho sueña dineros, y a la mañana se le ensuelven en azotes». También decís que hay aojados; esto quiero que os quitéis de la fantasía, porque no hay ojo malo, y si me decís cómo yo vi una mujer que dijo a un niño que su madre criaba muy lindo, y dijo la otra: «¡ay, que lindo hijo y qué gordico!» y alora° el niño no alzó cabeza, esto no era mal ojo, mas mala lengua, y dañada intención y venenosa malicia, como sierpe que trae el veneno en los dientes, que si dijera «¡Dios sea loado que lo crió!», no le pudiera empecer. Y si me decís cómo aquella mujer lo pudo empecer con tan dulce palabra, digo que la culebra con la lengua hace caricias, y da el veneno con la cola y con los dientes. Y notá: habéis de saber que todas vosotras, por la mayor parte, sois más prestas al mal y a la envidia que no al bien, y si la malicia no reinase más en unas que en otras, no conoceríamos nosotros el remedio que es signarnos con el signo de la cruz contra la malicia y dañada intención de aquéllas, digo, que líctamente se podrían decir miembros del diablo. A lo que de los agüeros y de las suertes decís, digo que si tal vos miráis, que hacéis mal, vos y quien tal cree, y para esto notá que munchos de los agüeros en que miran, por la mayor parte, son alimañas° o aves que vuelan. A esto digo que es suciedad° creer que una criatura criada tenga poder de hacer lo que puede hacer su Criador, que tú que viste aquel animal que se desperezó°, y has° miedo, mira que si quieres, en virtud de su Criador, le mandarás que reviente y reventará. Y por eso tú debes creer en el tu Criador, que es omnipotente, y da la potencia y la virtud, y no a su criatura. Ansí que, señora, la cruz sana con el romero, no el romero sin la cruz, que ninguna criatura os puede empecer, tanto cuanto la cruz os puede defender y ayudar. Por tanto, os ruego me digáis vuestra intención.

LOZANA. Cuanto vos me habéis dicho es santo y bueno, mas mirá bien mi respuesta, y es que, para ganar de comer, tengo de decir que sé muncho más que no sé, y afirmar la mentira con ingenio, por sacar la verdad. ¿Pensáis vos que si yo digo a una mujer un sueño, que no le saco primero cuanto tiene en el buche°? Y dígole yo cualque cosa que veo yo que allí tiene ella ojo, y tal vuelta el ánima apasionada no se acuerda de sí misma, y yo dígole lo que ella otra vez ha dicho, y como ve que yo acierto en una cosa, piensa que todo es ansí, que de otra manera no ganaría nada. Mirá el prenóstico que hice cuando murió el emperado Maximiliano°, que decían quién será emperado. Dije «yo oí aquel loco que pasaba diciendo: oliva d'España°, d'España, d'España, que más de un año turó, que otra cosa no decían sino d'España, d'España». Y agora que ha un año que parece que no se dice otro sino carne, carne, carne salata°, yo digo que gran carnecería se ha de hacer en Roma°.

vido: vio

alora: ahora

alimañas: animales

suciedad: pecado

desperezó, has: despertó, alteró / tienes

buche: bolsa

Maximiliano: Maximiliano I, emperador germánico de 1493 a 1519; casó a su hijo con Juana la Loca, hija de los reyes católicos, Fernando e Isabel

oliva d'España: grito con el sentido de «gloria de España» (Damiani)

carne salata / Roma: grito que se usa en los tumultos populares (Damiani) / presagio del saco de Roma en 1527

AUTOR. Señora Lozana, yo me quiero ir, y estó siempre a vuestro servicio. Y digo que es verdad un dicho que munchas veces leí, que, *quidquid agunt homines, intentio salvat omnes*°. Donde se ve claro que vuestra intinción es buscar la vida en diversas maneras, de tal modo que otro cría las gallinas y vos coméis los pollos sin perjudicio ni sin fatiga. Felice Lozana, que no habría putas si no hubiese rufianas que las injiriesen a las buenas con las malas.

quidquid... cualquier cosa que hagan los hombres, les salva a todos la intención

EL TEATRO MEDIEVAL

Los orígenes del teatro medieval castellano están envueltos en el misterio debido al hecho de que, hasta el momento, se han encontrado fragmentos de una sola obra. Aunque algunos historiadores creen que debió haber existido una rica tradición teatral tanto profana como religiosa—y han encontrado indicaciones en las *Siete partidas* de Alfonso el Sabio para apoyar su hipótesis—nos han llegado únicamente las cinco escenas de la obra conocida como *Auto de los Reyes Magos*.

Descubiertos en la catedral de Toledo en el siglo XVIII, estos fragmentos pertenecen a una obra de Navidad. En la primera escena, aparece la estrella de Belén y cada uno de los Reyes Magos—Gaspar, Baltasar y Melchor—reacciona, preguntándose qué puede significar tal maravilla. En la segunda escena, ya reunidos, van a adorar al niño Jesús. En la tercera, los Reyes Magos comunican a Herodes que «un rey es nacido»; él les dice que vayan a adorarlo y promete ir él también. La cuarta consiste en el monólogo de Herodes, en el cual el rey expresa consternación y rabia. En la quinta escena, Herodes pregunta a los rabinos respecto al asunto; ellos, al principio, tratan de ocultar la verdad, pero al fin se la revelan, reconociendo que, a fuerza de tanto mentir, les cuesta decirla. Esta última escena demuestra la disposición del autor anónimo de incorporar el humor en la representación de acontecimientos sagrados. Aunque el *Auto de los Reyes Magos* es una obra muy sencilla y primitiva, en la caracterización de Herodes y de los rabinos hay rasgos psicológicos muy auténticos.

El *Auto* es una de las obras más antiguas que existe en una lengua vulgar. El uso de la métrica, la caracterización, el movimiento dramático y el humor implican que pertenecía a una corriente teatral ya basante desarrollada. También apunta en esta dirección el hecho de que hubiera un teatro litúrgico en Cataluña y danzas y representaciones populares, tal vez de origen mozárabe, en Andalucía y en otras partes de España. Sin embargo, no es sino hasta trescientos años más tarde cuando aparecen las próximas muestras de dramas en romance—los de Gómez Manrique—en Castilla.

Véase *Textos medievales*, ed. Ramón Menéndez Pidal (Madrid: Espasa-Calpe, 1976).

AUTO DE LOS REYES MAGOS (*CIRCA* 1200)

GASPAR, *solo*.

Dios criador; ¡cuál° maravilla!
¡No sé cuál es aquesta estrella!
Agora primas la he veída°,
poco tiempo ha que es nacida.
¿Nacido es el Criador
que es de las gentes señor?
Non es verdad, non sé qué digo,
todo esto non vale un figo°;
otra noche me lo cataré°,
si es verdad, bien lo sabré. (*Pausa.*)
¿Bien es verdad lo que yo digo?
En todo, en todo lo prohío°.
¿Non puede ser otra señal?
Aquesto es y non es al°;
nacido es Dios, por ver°, de fembra

qué

agora... ahora la he visto por primera vez

un higo, nada

me... lo observaré

en... lo sostengo completamente

non... no otra cosa

por... verdaderamente

en aqueste mes de diciembre.
Allá iré o que fuere°, adorarlo he°,
por Dios de todos lo tendré.

que... dondequiera que esté / **adorarlo**... lo adoraré

BALTASAR, *solo.*

Esta estrella non sé dond'° viene,
quién la trae o quién la tiene.
¿Por qué es aquesta señal?
En mis días non vi atal°.
Ciertas° nacido es en tierras
aquel que en pace° y en guerra
señor ha seer° de oriente
de todos hasta en occidente.
Por tres noches me lo veré
y más de vero° lo sabré. (*Pausa.*)
¿En todo, en todo es nacido?
Non sé si algo he veído°;
iré, lo adoraré
y pregaré° y rogaré.

de donde
tal cosa
ciertamente
paz
ha... será
de... verdad
visto
rezaré

MELCHOR, *solo.*

Val, Criador, atal facienda°
¿fue nunca alguandre fallada
o en escritura trovada°?
Tal estrella non es en cielo,
de esto soy yo buen estrellero°;
bien lo veo sin escarno°
que un hombre es nacido de carne,
que es señor de todo el mundo,
así como el cielo es redondo;
de todas gentes señor será
y todo siglo° juzgará.
¿Es? ¿Non es?
Cudo° que verdad es.
Veer lo he otra vegada°,
si es verdad o si es nada. (*Pausa.*)
Nacido es el Criador
de todas las gentes mayor°;
bien lo veo que es verdad,
iré allá, por caridad.

Val... Válgame Dios si un hecho como éste
¿fue... fue hallado alguna vez o contado en los escritos (occurrió alguna vez o se ha descrito en alguna profecía de la Biblia)
astrólogo
duda
todo... todo el mundo
creo
vez
señor, rey

GASPAR *a* BALTASAR.

Dios vos salve, señor; ¿sodes° vos estrellero?
decidme la verdad, de vos saberlo quiero.
¿Vedes tal maravilla?
Nacida es una estrella.

sois

BALTASAR.

Nacido es el Criador,
que de las gentes es señor.
Iré, lo adoraré.

GASPAR.

Yo otrosí rogar lo he°.

otrosí... también le rezaré

MELCHOR, *a los otros dos.*

Señores, ¿a cuál tierra queredes andar?
¿Queredes ir conmigo al Criador rogar?
¿Habedes lo veído? Yo lo voy adorar°.

voy... voy a adorar

GASPAR.
Nos imos otrosí, si le podremos fallar°.
Andemos tras la estrella, veremos el lugar.

nos... nosotros vamos también a ver si le podemos hallar

MELCHOR.
¿Cómo podremos probar si es hombre mortal
o si es rey de tierra o si celestial?

BALTASAR.
¿Queredes bien saber cómo lo sabremos?
Oro, mirra, incienso a él ofreceremos:
si fuere° rey de tierra, el oro querrá;
si fuere hombre mortal, la mirra tomará;
si rey celestial, estos dos dejará,
tomará el incienso quel'° pertenecerá.

futuro del subjuntivo (Hoy día se usa **fuera**.)

que le

GASPAR *y* MELCHOR.
Andemos y así lo fagamos.

GASPAR *y los otros dos reyes a* HERODES.
Sálvete el Criador, Dios te curie° de mal,
un poco te diremos, non te queremos al,°,
Dios te dé longa° vida y te curie de mal;
imos en romería aquel rey adorar°
que es nacido en tierra, nol' podemos fallar.°

guarde

otra cosa

larga

imos... vamos en romería para adorar a aquel rey

nol'... no podemos dejar de hacerlo

HERODES.
¿Qué decides, o ides°? ¿A quién ides buscar?
¿De cuál tierra venides, o queredes andar?
Decidme vuestros nombres, no m' los querades
celar.°

o... adónde vais

no... no me los queráis ocultar

GASPAR.
A mí dicen Gaspar;
este otro, Melchor; a aquéste, Baltasar.
Rey, un rey es nacido que es señor de tierra,
que mandará el siglo° en gran paz, sin guerra.

a todo el mundo

HERODES.
¿Es así por verdad?

GASPAR.
Sí, rey, por caridad.

HERODES.
¿Y cómo lo sabedes?
¿Ya probado lo habedes°?

¿Ya... ¿Ya lo habéis probado?

GASPAR.
Rey, verdad te diremos,
que probado lo habemos.

MELCHOR.
Esto es gran maravilla,
una estrella es nacida.

BALTASAR.
Señal face que es nacido
y en carne humana venido.

HERODES.

¿Cuánto í ha que la visteis°
y que la percibisteis?

¿Cuánto... Cuánto tiempo hace que la visteis allí

GASPAR.

Trece días ha,
y más non habrá
que la habemos veída°
y bien percebida.

la... la hemos visto (Nótese que en el español antiguo, como en el francés actual, el participio pasado concuerda con el complemento directo.)

HERODES.

Pues andad y buscad,
y a él adorad,
y por aquí tornad.
Yo allá iré,
y adorarlo he.

HERODES, *solo.*

¿Quién vio nunca tal mal?
¡Sobre rey otro tal!
¡Aún non soy yo muerto,
ni so° la tierra puesto!
¿Rey otro sobre mí?
¡Nunca atal non vi!
El siglo va a zaga°,
ya non sé qué me faga;
por verdad no lo creo
hasta que yo lo veo.
Venga mío mayordoma
que míos haberes toma.

bajo

El... el mundo va para atrás

Sale el mayordomo.

Idme por míos abades,
y por mis podestades°,
y por míos escribanos,
y por míos gramatgos°,
y por míos estrelleros,
y por míos retóricos;
decirme han la verdad, si yace en escrito,
o si lo saben ellos, o si lo han sabido.

magistrados

gramáticos

Salen los sabios de la corte.

Rey, ¿qué te place? Henos venidos°.

Henos... Aquí estamos.

HERODES.

¿Y traedes vuestros escritos?

LOS SABIOS.

Rey, sí traemos,
los mejores que nos habemos°.

nos... nosotros tenemos

HERODES.

Pues catad°,
decidme la verdad,
si es aquel hombre nacido
que estos tres reyes me han dicho.
Di, rabí, la verdad, si tú lo has sabido.

mirad

EL RABÍ.

Por veras vos lo digo
que no lo fallo escrito.

Otro RABÍ, *al primero.*

Hamihala°, ¡cómo eres enartado°!
¿Por qué eres rabí llamado?
Non entiendes las profecías,
las que nos dijo Jeremías.
Por mi ley°, ¡nos somos errados°!
¿Por qué non somos acordados°?
¿Por qué non decimos verdad?

exclamación que los críticos no han logrado explicar / engañado

fe / **somos**... estamos equivocados
non... no nos ponemos de acuerdo

RABÍ PRIMERO.

Yo non la sé, por caridad.

RABÍ SEGUNDO.

Porque no la habemos usada,
ni en nuestras bocas es fallada°.

Porque... porque nunca la usamos (decimos) ni se encuentra en nuestras bocas

GÓMEZ MANRIQUE (¿1412?–1490?)

Casi trescientos años pasan entre la composición del *Auto de los Reyes Magos*—la más antigua obra teatral en castellano que conservamos—y la próxima pieza dramática que nos ha llegado. Gómez Manrique, poeta destacado de la época del cancionero, escribe dos pequeñas obras sacras, que son las primeras que nos han llegado de autor conocido. Son la *Representación del nacimiento de Nuestro Señor* y las *Lamentaciones fechas para la Semana Santa*, ambas de limitado movimiento escénico, pero de gran sensibilidad emotiva.

Gómez Manrique escribió la *Representación del nacimiento de Nuestro Señor* para un monasterio de monjas del cual su hermana era vicaria. La obra posee un lirismo delicado y gracioso. La ingenuidad de José, que ve a su mujer preñada sin saber «de quién nin de cuánto», el tono severo del Angel que le riñe llamándolo «el principal de los locos» y la pureza de la fe de los que llegan a adorar al Niño colocan la obra dentro de la sensibilidad religiosa de la Edad Media. Pero si la sencillez y el candor de los personajes son característicos de la expresión primitiva, la *Representación del nacimiento de Nuestro Señor* ya anticipa el desarrollo del teatro religioso durante el renacimiento. En la mezcla de lo humorístico y lo serio y en la introducción en la historia bíblica de elementos pastorales y alegóricos se ven rasgos de Juan del Encina y aun de los autos de Lope y de Calderón.

Las *Lamentaciones fechas para la Semana Santa* consisten en una serie de trozos poéticos que tratan de la Pasión de Cristo, tema que será importante más tarde en el drama litúrgico.

Gómez Manrique también escribió algunos *momos*, fragmentos teatrales profanos que consistían en burlas o chistes y se representaban durante juegos, danzas y fiestas públicas.

El estudiante podrá consultar *Cancionero del siglo XV*, Vol. II, no. 372, ed. R. Foulché-Delbosc. (Madrid: Bailly-Baillière, 1912–1915).

La Representación del Nacimiento de Nuestro Señor

A Instancia de Doña María Manrique, Vicaria en el Monasterio de Calabazanos, Hermana Suya

LO QUE DICE JOSÉ, SOSPECHANDO DE NUESTRA SEÑORA.

¡Oh viejo desventurado!
Negra dicha fue la mía
en casarme con María
por quien fuese deshonrado.
Yo la veo bien preñada,
no sé de quién nin de cuánto;
dicen que de Espíritu Santo,
mas yo de esto non sé nada.

LA ORACIÓN QUE FACE LA GLORIOSA.

¡Mi solo Dios verdadero,
cuyo ser es inmovible,
a quien es todo posible,
fácil e bien facedero![1]
Tú que sabes la pureza
de la mi virginidad,
alumbra la ceguedad
de José e su simpleza.

[1] posible de hacer.

EL ANGEL A JOSÉ.

¡Oh viejo de muchos días,
en el seso de muy pocos,[2]
el principal de los locos,
¿tú no sabes que Isaías
dijo: «Virgen parirá»,
lo cual escribió por esta
doncella gentil, honesta,
cuyo par nunca será?

LA QUE REPRESENTA A LA GLORIOSA, CUANDO LE DIEREN EL NIÑO.

Adórote, rey del cielo,
verdadero Dios e hombre;
adoro tu santo nombre,
mi salvación e consuelo;
adórote, fijo e padre,
a quien sin dolor parí,
porque quisiste de mí
facer de sierva tu madre.[3]
Bien podré decir aquí
aquel salmo glorioso
que dije, fijo precioso,
cuando yo te concebí:
que mi ánima engrandece
a ti, mi solo señor,
y en ti, mi salvador,
mi espíritu florece.
Mas este mi gran placer
en dolor será tornado;
pues tú eres enviado
para muerte padecer
por salvar los pecadores,
en la cual yo pasaré,
non menguándome la fe,
innumerables dolores.
Pero mi precioso prez,[4]
fijo mío muy querido,
dame tu claro sentido
para tratar tu niñez
con debida reverencia,
e para que tu pasión
mi femenil corazón
sufra con mucha paciencia.

LA DENUNCIACIÓN[5] DEL ANGEL A LOS PASTORES.

Yo vos denuncio, pastores,
que en Belén es hoy nacido
el señor de los señores,
sin pecado concebido;
e porque non lo dudedes,
id al pesebre del buey,
donde cierto fallaredes
al prometido en la ley.

EL UN[6] PASTOR.

Dime tú, hermano, di,
si oíste alguna cosa,
o si viste lo que vi.

EL SEGUNDO.

Una gran voz me semeja
de un ángel reluciente
que sonó en mi oreja.

EL TERCERO.

Mis oídos han oído
en Belén ser esta noche
nuestro salvador nacido;
por ende[7] dejar debemos
nuestros ganados e ir
por ver si lo fallaremos.

LOS PASTORES VIENDO AL GLORIOSO NIÑO.

Este es el Niño excelente
que nos tiene de salvar;
hermanos, muy omilmente[8]
le lleguemos adorar.

LA ADORACIÓN DEL PRIMERO.

Dios te salve, glorioso
infante santificado,
por redimir enviado
este mundo trabajoso;
dámoste grandes loores
por te querer demostrar
a nos,[9] míseros pastores.

DEL SEGUNDO.

Sálvete Dios, niño santo,
enviado por Dios padre,
concebido por tu madre
con amor e con espanto[10];
alabamos tu grandeza
que en el pueblo de Israel
escogió nuestra simpleza.

---

[2] **en**... con el seso de una persona que ha vivido pocos días (Es decir, José es tan ignorante como un niño.)
[3] Cristo hace «de sierva» a su madre en el sentido de que ella les sirve a él y a la humanidad dando a luz al Salvador.
[4] honor, gloria.
[5] anunciación.
[6] **el**... un.
[7] **por**... por lo tanto.
[8] humildemente.
[9] **por**... por querer mostrarte a nosotros.
[10] asombro.

DEL TERCERO.

Dios te salve, salvador,
hombre que ser Dios creemos;
muchas gracias te facemos
porque quisiste, Señor,
la nuestra carne vestir,[11]
en la cual muy cruda muerte
has por nos de recibir.

LOS ÁNGELES.

Gloria al Dios soberano
que reina sobre los cielos,
e paz al linaje humano.

SAN GABRIEL.

Dios te salve, Gloriosa,
de los maitines estrella,[12]
después de madre, doncella,[13]
e antes que fija, esposa;
yo soy venido, Señora,
tu leal embajador,
para ser tu servidor
en aquesta santa hora.

SAN MIGUEL.

Yo, Micael, que vencí
las huestes luciferales,[14]
con los coros celestiales
que son en torno de mí,
por mandado de Dios padre
vengo tener compañía
a ti, beata María,
de tan santo niño madre.

SAN RAFAEL.

Yo, el ángel Rafael,
capitán de estas cuadrillas,
dejando las altas sillas,
vengo a ser tu doncel;
e por facerte placeres,
pues tan bien los mereciste,
¡oh, María, mater Criste,
bendicha[15] entre las mujeres!

[11] **la**... tomar forma humana.
[12] **de**... estrella del alba.
[13] Es decir, María permanenció virgen aún después de dar a luz.
[14] San Miguel Arcángel es jefe de la milicia celestial y venció a las fuerzas de Lucifer.
[15] bendita.

LOS MARTIRIOS[16] QUE PRESENTAN AL NIÑO: EL CÁLIZ.

¡Oh santo niño nacido
para nuestra redención!
Este cáliz dolorido
de la tu cruda pasión
es necesario que beba
tu sagrada majestad,
por salvar la humanidad,
que fue perdida por Eva.

EL ASTELO[17] E LA SOGA.

E será en este astelo
tu cuerpo glorificado,
poderoso rey del cielo,
con estas sogas atado.

LOS AZOTES.

Con estos azotes crudos
romperán los tus costados
los sayones muy sañudos
por lavar nuestros pecados.

LA CORONA.

E después de tu persona
ferida con disciplinas,[18]
te pondrán esta corona
de dolorosas espinas.

LA CRUZ.

En aquesta santa cruz
el tu cuerpo se pondrá;
a la hora no habrá luz
y el templo caerá.

LOS CLAVOS.

Con estos clavos, Señor,
te clavarán pies e manos;
grande pasarás dolor
por los míseros humanos.

LA LANZA.

Con esta lanza tan cruda
foradarán tu costado,
e será claro sin duda
lo que fue profetizado.

[16] Se representan alegóricamente los objetos que participaron en el martirio de Cristo.
[17] columna.
[18] **ferida**... azotada.

CANCIÓN PARA CALLAR AL NIÑO
CALLAD, FIJO MÍO CHIQUITO.

Callad, vos, Señor,
nuestro redentor,
que vuestro dolor
durará poquito.
Angeles del cielo,
venid dar consuelo
a este mozuelo
Jesús tan bonito.

Este santo dino,[19]
niño tan benino,[20]
por redimir vino
el linaje aflito.[21]
Cantemos gozosas,
hermanas[22] graciosas,
pues somos esposas
del Jesús bendito.

[19] digno.
[20] benigno.
[21] afligido.
[22] Se refiere a las monjas para quienes Gómez Manrique escribió la obra y que la representan en el monasterio.

PHOTO CREDITS

Page 1 Anderson Roma/Art Resource.

Page 15 From the *Cantigas of Alfonso X*; El Escorial, Madrid/Laurie Platt Winfrey, Inc.

Page 29 *La Virgen de Tobed con Enrique II de Trastamara y su mujer e hijas*; Jaime Sena; 1410; Collection of the Sres. Birk, Barcelona/Laurie Platt Winfrey, Inc.

Page 47 From the *Cantigas of Alfonso X*; El Escorial, Madrid/Laurie Platt Winfrey, Inc.

Page 95 From the *Cantigas of Alfonso X*; El Escorial, Madrid/Laurie Platt Winfrey, Inc.

Page 102 *Cancería*; painting on the ceiling of the Sala de los Reyes; late 14th century; Alhambra, Granada/Laurie Platt Winfrey, Inc.

Page 158 From *Tratato de Ajedrez, Dados y Tablas*; c. 1283; El Escorial, Madrid/Laurie Platt Winfrey, Inc.

Page 165 *Santiago fighting the Arabs*; Juan de Flandes; c. 1500; Museo Lazaro Galdiano, Madrid/Laurie Platt Winfrey, Inc.

Page 184 From Research Libraries of the New York Public Library/Laurie Platt Winfrey, Inc.

INDICE GENERAL

Por lo general, excepto en casos de obras anónimas, el nombre del autor en vez del título del libro aparece en el Indice.